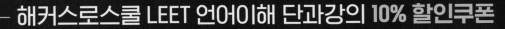

강의경력 15년,
출제자의 시선으로 보는

LEET 언어이해
문덕윤

글을 읽는 기초적인 학습부터 제대로 가르칩니다.

LEET는 '빠른 시간에' 보다 '정확한 방식으로'가 중요한 시험입니다.
단순한 독서보다 **체계적인 학습전략을 통해 근본적으로 독해 실력을 끌어올리는 것**이 중요하죠.

해커스 LEET

MOONLABO

언어이해

기본

해커스로스쿨

문덕윤

이력
- 서울대학교 외교학과 졸업
- (현) 해커스로스쿨 LEET 언어이해 교수
- (현) 해커스로스쿨 자기소개서/면접 교수
- (현) 중앙대학교 공공인재학부 강사
- (현) 중앙대학교 로스쿨 준비반 언어이해 강사
- (전) 메가로스쿨 언어이해 교수
- (전) 메가로스쿨 자기소개서/면접 교수
- (전) 서울대, 고려대, 이화여대, 한양대 언어이해 특강 강사

저서
- 해커스 LEET MOONLABO 언어이해 기초(2022)
- 해커스 LEET MOONLABO 언어이해 기출문제+해설집(2023)
- 해커스 LEET MOONLABO 언어이해 기본(2024)
- 해커스 LEET MOONLABO 언어이해 핵심 정리노트(2022)
- 해커스 LEET MOONLABO 언어이해 고난도 지문독해(2023)
- 해커스 LEET MOONLABO 언어이해 파이널 모의고사(2023)
- 3P 적중 모의고사(2020)
- 언어의 정석 시리즈(2018)
- 로스쿨 이야기(2017)

LEET 언어이해 궁금증 해결!
문덕윤 선생님과 직접 소통할 수 있습니다.
@moondeokyun

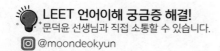

서문

언어이해의 독해 원리 학습을 위한
『해커스 **LEET MOONLABO** 언어이해 기본』을 내면서

『해커스 LEET MOONLABO 언어이해 기본』은 본격적으로 독해력을 키우는 훈련을 위해 제작했습니다. 기본편 교재의 특징은 다음과 같습니다.

1. 선배들의 목소리를 담았습니다.

『해커스 LEET MOONLABO 언어이해 기본』을 만들면서 '이 책으로 공부하는 제자들'을 계속 생각했습니다. 저와 함께 공부했고 변호사가 된 혹은 로스쿨에 다니는 제자들, 안타깝게도 고배를 마신 제자들, 그리고 지금 저와 로스쿨에 입학하기 위해 공부를 함께 하는 제자들 모두에게 선배들의 경험이라는 징검돌을 놓아드려서 정도(正道)를 걸어갈 수 있게 도움을 드리고 싶었습니다. 그동안 교수 카페 질문게시판에 올라온 300개가 넘는 질문의 답변을 추려 교재에 반영했습니다. PART 01 언어이해 학습 조언은 순수하게 선배들의 경험으로만 구성했습니다. LEET 성적이 눈에 띄게 상승한 선배들의 공부법을 실었고, 학습법 질문을 토대로 이 책을 활용하는 방법을 구체적으로 안내했습니다. PART 03 언어이해 실전 연습에서도 시간 관리법 질문을 정리해 두었으니, 문제풀이 전에 읽어보시면 책을 알차게 활용할 수 있을 것입니다. 그리고 비슷한 방향의 질문이 자주 들어왔던 문제에는 Q&A "선생님! 궁금해요!"를 넣어두었습니다. 다른 친구들도 쉽게 하는 실수를 보면서 독해 시 주의해야 할 지점을 환기하면 좋을 것 같습니다.

2. 구조독해의 구체적인 방법을 제시합니다.

언어이해에서 가장 중요한 것은 질문자의 의도를 파악하는 것입니다. 언어이해는 긴 지문 하나에 문제 세 개가 유기적으로 연결되어 있는 구성이기 때문에 한 번 흐름을 잘못 파악하면 세 문제가 동시에 흔들릴 수 있습니다. 그래서 기초편에서는 문제 유형을 읽고 지문의 정보를 다루는 방향을 파악하는 연습을 했고, 다음 단계인 기본편에서는 지문에 표현된 글쓴이의 의도를 읽는 연습을 합니다. PART 02 언어이해 핵심 원리는 지문의 구조를 파악하기 위해서 어떤 부분에 초점을 두면 되는지, 독해방법은 어떤 이론적 개념에 바탕을 두고 있는지 정리해 두었습니다. 그리고 관련 예제를 풀면서 이론을 활용하는 경험을 할 수 있게 구성했습니다.

3. 다양한 훈련 상황을 제시합니다.

PART 03 언어이해 실전 연습은 실전에서의 문제풀이를 위한 다양한 상황을 만들었습니다. 여섯 번의 실전 연습문제를 푸는 훈련을 하면서 내가 얼마나 유연하게 상황에 적응하는지, 예측 불가능한 상황에서도 흔들리지 않고 논증적으로 읽는 것이 잘 되는지 점검하게 될 것입니다. 역대 적성시험 기출문제 중에서 최신 경향을 기준으로 판단할 때 중간 난이도 선에서 독해 원리를 적용하는 데 도움이 되는 문제들을 배치했습니다. 고난도 문제들을 다루는 심화편으로 넘어가기 전에 중심을 잡는 장으로 활용해 주시면 좋겠습니다.

LEET 언어이해에서 여러분이 성장할 수 있는 구체적인 길을 제안하고자 했습니다. 여러분의 한 해가 알차게 꾸려질 수 있도록, 값진 노력이 성장으로 결실을 맺을 수 있도록, 저와 문덕윤언어연구소의 연구원들은 각자의 자리에서 최선을 다하겠습니다.

문덕윤

목차

PART 03 언어이해 실전 연습

정답 및 해설 [책속의 책]

언어이해 고득점을 위한 **이 책의 활용법**

01 최신 출제 경향을 파악하여 시험을 전략적으로 대비한다.

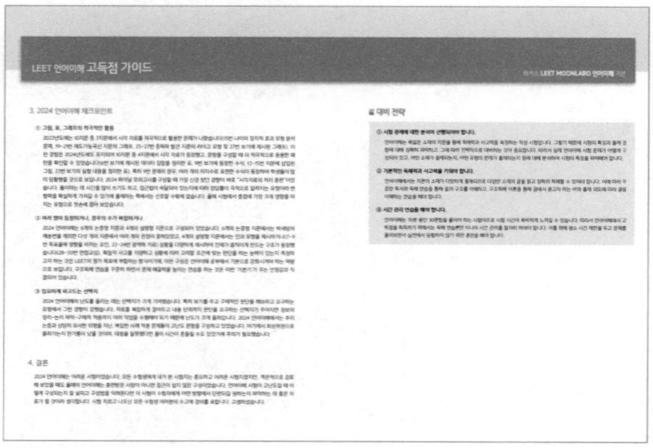
LEET 언어이해 고득점 가이드

- 기출문제의 최신 출제 경향 및 유형을 학습하여 언어이해에 대한 이해를 높이고 효과적으로 LEET 언어이해를 대비할 수 있습니다.

02 구조독해 원리를 학습하여 독해력을 향상시킨다.

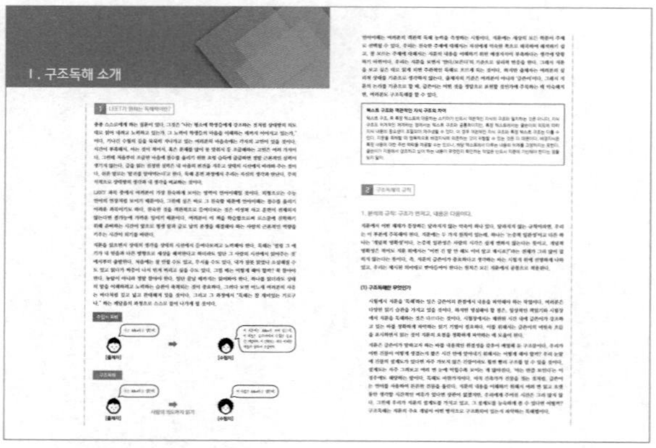
I. 구조독해 소개

- 문제의 출제 의도에 따라 지문의 내용을 효과적으로 파악하는 구조독해 원리를 학습하여 문제풀이의 기본이 되는 독해력을 향상시킬 수 있습니다. 이를 통해 어떤 지문이라도 독해와 문제풀이에 필요한 내용을 정확하게 파악할 수 있습니다.

03 실전 연습문제로 문제풀이 능력을 향상시킨다.

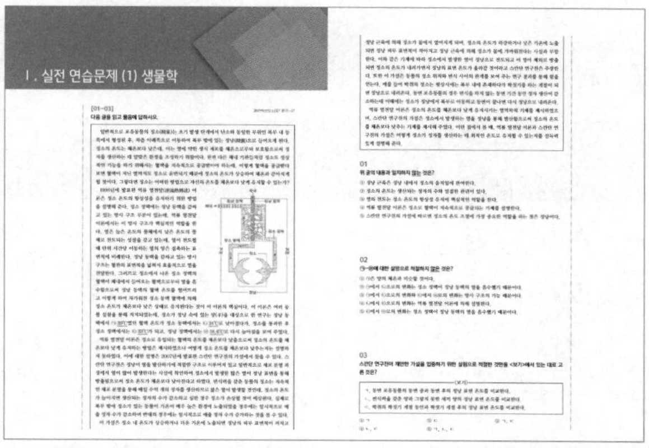

· LEET 전문가가 엄선한 LEET 필수 기출문제를 풀면서 문제풀이 실력을 키우고, 실전 감각을 익힐 수 있습니다.

04 상세한 해설로 완벽하게 정리한다.

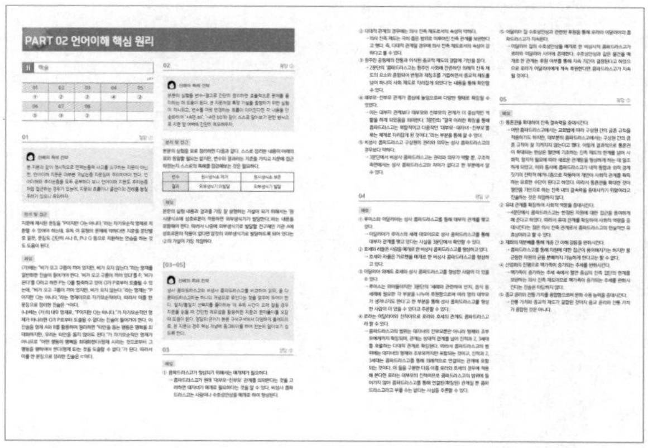

· 지문별로 제시된 '선배의 독해 전략'으로 각 지문에 꼭 맞는 독해법을 공략할 수 있습니다.
· 또한 문제의 '분석 및 접근'법으로 기출문제의 출제 의도와 효과적인 풀이법을 명확하게 파악할 수 있습니다.
· 모든 선택지에 대한 정답 및 오답의 이유가 상세하게 설명되어 있어 문제를 정확하게 이해할 수 있습니다.

기간별 맞춤 학습 플랜

자신에게 맞는 일정의 학습 플랜을 선택하여 학습 플랜에 따라 매일 그 날에 해당하는 분량을 공부해 보세요.

2주 완성 학습 플랜

언어이해 이론을 하루에 2 PART씩 학습한 후, 실전 연습문제를 하루에 1 회씩 풀며 마무리합니다.

진도	1주차				
날짜	___ 월 ___ 일	___ 월 ___ 일	___ 월 ___ 일	___ 월 ___ 일	___ 월 ___ 일
학습 내용	PART 01 PART 02 Ⅰ. 구조독해 소개 Ⅱ. 핵술	PART 02 Ⅲ. 대비 Ⅳ. 나열	PART 02 Ⅴ. 연역논증 Ⅵ. 귀납논증 (1)	PART 02 Ⅶ. 귀납논증 (2) Ⅷ. 선택지 구성 원리	PART 03 Ⅰ. 실전 연습문제 (1)
진도	2주차				
날짜	___ 월 ___ 일	___ 월 ___ 일	___ 월 ___ 일	___ 월 ___ 일	___ 월 ___ 일
학습 내용	PART 03 Ⅱ. 실전 연습문제 (2)	PART 03 Ⅲ. 실전 연습문제 (3)	PART 03 Ⅳ. 실전 연습문제 (4)	PART 03 Ⅴ. 실전 연습문제 (5)	PART 03 Ⅵ. 실전 연습문제 (6)

4주 완성 학습 플랜

언어이해 이론을 꼼꼼하게 학습한 후, 실전 연습문제를 하루에 1 회씩 풀고, 복습을 통해 출제 의도와 접근법을 분석하며 마무리합니다.

진도	1주차				
날짜	___ 월 ___ 일	___ 월 ___ 일	___ 월 ___ 일	___ 월 ___ 일	___ 월 ___ 일
학습 내용	PART 01	PART 02 Ⅰ. 구조독해 소개	PART 02 Ⅱ. 핵술	PART 02 Ⅲ. 대비	PART 02 Ⅳ. 나열
진도	2주차				
날짜	___ 월 ___ 일	___ 월 ___ 일	___ 월 ___ 일	___ 월 ___ 일	___ 월 ___ 일
학습 내용	PART 02 Ⅰ~Ⅳ 복습	PART 02 Ⅴ. 연역논증	PART 02 Ⅵ. 귀납논증 (1)	PART 02 Ⅶ. 귀납논증 (2)	PART 02 Ⅷ. 선택지 구성 원리
진도	3주차				
날짜	___ 월 ___ 일	___ 월 ___ 일	___ 월 ___ 일	___ 월 ___ 일	___ 월 ___ 일
학습 내용	PART 02 Ⅴ~Ⅷ 복습	PART 03 Ⅰ. 실전 연습문제 (1)	PART 03 Ⅱ. 실전 연습문제 (2)	PART 03 Ⅲ. 실전 연습문제 (3)	PART 03 Ⅰ~Ⅲ 복습
진도	4주차				
날짜	___ 월 ___ 일	___ 월 ___ 일	___ 월 ___ 일	___ 월 ___ 일	___ 월 ___ 일
학습 내용	PART 03 Ⅳ. 실전 연습문제 (4)	PART 03 Ⅴ. 실전 연습문제 (5)	PART 03 Ⅵ. 실전 연습문제 (6)	PART 03 Ⅳ~Ⅵ 복습	전체 복습

LEET 언어이해 고득점 가이드

LEET 소개

1. LEET란?

LEET(Legal Education Eligibility Test, 법학적성시험)는 법학전문대학원 교육을 이수하는 데 필요한 수학 능력과 법조인으로서 지녀야 할 기본적 소양 및 잠재적인 적성을 가지고 있는지를 측정하는 시험을 말합니다. LEET는 법학전문대학원 입학전형에서 적격자 선발 기능을 제고하고 법학교육 발전을 도모하는데 그 목적이 있습니다.

2. 응시자격 및 시험성적 활용

LEET의 응시자격에는 제한이 없으나, 법학전문대학원에 입학하기 위해서는 『법학전문대학원 설치·운영에 관한 법률』 제22조에 따라 학사학위를 가지고 있는 자 또는 법령에 의하여 이와 동등 이상 학력이 있다고 인정된 자, 해당년도 졸업예정자(학위취득 예정자 포함)이어야 합니다. 또한 LEET 성적은 『법학전문대학원 설치·운영에 관한 법률』 제23조에 따라 당해 학년도에 한하여 유효하며 개별 법학전문대학원에서 입학전형 필수요소 중 하나로 활용됩니다.

3. 시험영역 및 시험시간

언어이해와 추리논증 영역의 문제지는 홀수형과 짝수형으로 제작되며, 수험번호 끝자리가 홀수인 수험생에게는 홀수형, 짝수인 수험생에게는 짝수형 문제지가 배부됩니다. 한편 논술 영역의 문제지는 단일 유형으로 제작됩니다.

교시	시험영역	문항 수	시험시간	문제형태
1	언어이해	30	09:00~10:10(70분)	5지선다형
2	추리논증	40	10:45~12:50(125분)	5지선다형
점심시간			12:50~13:50(60분)	
3	논술	2	14:00~15:50(110분)	서답형
계	3개 영역	72문항	305분	

※ 출처: 법학전문대학원협의회 홈페이지

언어이해 알아보기

1. 출제 방향

언어이해는 법학전문대학원 지원자들의 언어 소양과 통합적 언어 능력을 평가하는 것을 목표로 하고 있습니다. 이에 따라 여러 분야의 고차적이고도 다층적인 텍스트를 대상으로 수험생의 사실 이해와 재구성 능력, 그리고 추론과 적용 능력의 정도를 시험하는 데 출제의 기본 방향을 두고 있습니다.

2. 출제 범위

언어이해에서는 여러 분야의 고차적이고도 다층적인 글을 통해, 제시된 정보를 이해하는 능력, 제시된 정보를 재구성 또는 종합하여 주제를 파악하는 능력, 제시된 정보를 바탕으로 적절한 추론이나 비판을 이끌어 내는 능력, 글의 정보를 관련 상황에 적용하는 능력 등을 평가합니다. 이를 위해 다양한 학문 분야의 근본적이면서도 심화된 주제나 최신 연구 동향을 기본으로 삼되, 각 학문의 전문적인 배경지식 없이도 풀 수 있는 범위에서 출제되고 있습니다.

3. 문제 구성

① 내용 영역

언어이해는 인문, 사회, 과학기술, 규범의 총 네 가지 내용 영역으로 출제되며, 각 세트당 3문제, 총 10세트로 총 30문제가 출제됩니다.

내용 영역	내용
인문	인간의 본질과 문화에 대한 탐구와 설명을 목적으로 하는 영역
사회	사회 현상에 대한 탐구와 설명을 목적으로 하는 영역
과학기술	자연 현상, 기술 공학에 대한 탐구와 설명을 목적으로 하는 영역
규범	법과 윤리에 대한 탐구와 설명을 목적으로 하는 영역

② 인지 활동 유형

언어이해는 지문에 따른 문제들을 '주제, 구조, 관점 파악', '정보의 확인과 재구성', '정보의 추론과 해석', '정보의 평가와 적용' 등의 인지 활동 유형에 따라 독해 능력을 균형 있게 평가하도록 출제됩니다. 언어이해에서 주로 출제되는 인지 활동 유형의 종류와 특징은 다음과 같습니다.

인지 활동 유형	내용
주제, 요지, 구조 파악	지문 전체 또는 부분의 주제, 중심 생각과 요지를 파악할 수 있는지 묻는 유형
의도, 관점, 입장 파악	글쓴이 또는 지문에 소개된 인물이 가진 의도, 관점, 입장, 태도를 파악할 수 있는지 묻는 유형
정보의 확인과 재구성	지문에 나타난 정보 및 정보의 관계를 정확히 파악하여 다른 표현으로 재구성할 수 있는지 묻는 유형
정보의 추론과 해석	지문에 제시된 정보를 바탕으로 새로운 정보를 추론할 수 있는지 묻는 유형
정보의 평가와 적용	지문에 제시된 논증이나 설명의 타당성을 평가하거나 지문에 소개된 원리를 새로운 사례나 상황에 적용할 수 있는지 묻는 유형

최신 출제 경향

1. 분야별 분류

분야	2022		2023		2024	
인문	2	철학2	3	철학2 역사1	3	철학2 역사1
사회	3	정치학2 경제학1	2	사회학1 경제학1	2	정치학1 경제학1
규범	2	법경제학1 법철학1	2	법철학2	2	법철학1 민법1
문학예술	1	평론	1	신유형 (가)평론 (나)작품	1	평론
과학기술	2	생물학1 기술1	2	생물학1 우주과학1	2	정보기술1 의과학1

2. 세부 구성

문항	2022		2023		2024	
1세트	법학	부랑아 정책	법학	판사의 진솔함	법학	법학의 학문성 논쟁
2세트	인문	환경 위기	인문	도덕적 고려의 기준	과학	개인정보 비식별화 기술
3세트	문학	소설의 시점	과학	단백질	사회	투표율
4세트	과학	망막 신호 전달 메커니즘	인문	미국 역사학의 주요 입장	인문	진리 논증
5세트	사회	파시즘	사회	나이의 정치적 효과	사회	가치와 가격
6세트	과학	클러스터링	문학	이민선 (가)평론 (나)작품	문학	시적 진실
7세트	사회	소유와 지배의 분리	사회	제도가능곡선 모델	인문	박세당, 예송변
8세트	사회	민주주의의 위기	인문	헤겔의 '낭만적인 것'	과학	광역학 치료
9세트	인문	인공 지능과 인공 감정	과학	중력파 검출	인문	흄의 논증에 대한 해석
10세트	법학	칸트의 법규범 설명 체계	법학	법과 폭력의 관계	법학	자녀면접교섭에 대한 협약

3. 2024 언어이해 체크포인트

① 그림, 표, 그래프의 적극적인 활용

2023년도에는 10지문 중 3지문에서 시각 자료를 적극적으로 활용한 문제가 나왔습니다(15번 나이의 정치적 효과 모형 분석 문제, 19~21번 제도가능곡선 지문의 그래프, 25~27번 중력파 발견 지문의 라이고 모형 및 27번 보기에 제시된 그래프). 이런 경향은 2024년도에도 유지되어 10지문 중 4지문에서 시각 자료가 등장했고, 문항을 구성할 때 더 적극적으로 응용한 패턴을 확인할 수 있었습니다(6번 보기에 제시된 데이터 집합을 정리한 표, 9번 보기에 등장한 수식, 13~15번 지문에 삽입된 그림, 23번 보기의 실험 내용을 정리한 표). 특히 9번 문제의 경우, 여러 개의 미지수로 표현한 수식이 등장하여 학생들이 많이 당황했을 것으로 보입니다. 2024 파이널 모의고사를 구성할 때 가장 신경 썼던 경향이 바로 "시각자료의 처리 훈련"이었습니다. 풀이하는 데 시간을 많이 쓰기도 하고, 접근법이 숙달되어 있는지에 따라 정답률이 극적으로 달라지는 유형이라 변별력을 확실하게 가져갈 수 있기에 출제하는 쪽에서는 선호할 수밖에 없습니다. 올해 시험에서 총점에 가장 크게 영향을 미치는 유형으로 첫손에 꼽아 보았습니다.

② 여러 명이 등장하거나, 경우의 수가 복잡하거나

2024 언어이해는 6개의 논증형 지문과 4개의 설명형 지문으로 구성되어 있었습니다. 6개의 논증형 지문에서는 박세당의 예송변을 제외한 다섯 개의 지문에서 여러 개의 관점이 얽혀있었고, 4개의 설명형 지문에서는 인과 모형을 제시하거나(7~9번 투표율에 영향을 미치는 요인, 22~24번 광역학 치료) 상황을 다양하게 제시하여 전제가 움직이게 만드는 구조가 등장했습니다(28~30번 면접교섭). 획일적 사고를 지양하고 상황에 따라 고려할 조건에 맞는 판단을 하는 능력이 있는지 측정하고자 하는 것은 LEET의 평가 목표에 부합하는 방식이기에, 이런 구성은 언어이해 공부에서 기본으로 강화시켜야 하는 역량으로 보입니다. 구조독해 연습을 꾸준히 하면서 문제 해결력을 높이는 연습을 하는 것은 이런 '기본기'가 주는 안정감과 직결되어 있습니다.

③ 집요하게 파고드는 선택지

2024 언어이해의 난도를 올리는 데는 선택지가 크게 기여했습니다. 특히 보기를 주고 구체적인 판단을 해보라고 요구하는 유형에서 그런 경향이 강했습니다. 자료를 복잡하게 깔아두고 내용 단위까지 판단을 요구하는 선택지가 주어지면 정보의 정리-논리 파악-구체적 적용까지 여러 작업을 수행해야 되기 때문에 난도가 크게 올라갑니다. 2024 언어이해에서는 추리논증과 상당히 유사한 외형을 지닌, 복잡한 사례 적용 문제들이 고난도 문항을 구성하고 있었습니다. 여기에서 최상위권으로 올라가는지 판가름이 났을 것이며, 대응을 잘못했다면 풀이 시간이 흔들릴 수도 있었기에 주의가 필요했습니다.

4. 결론

2024 언어이해는 어려운 시험이었습니다. 모든 수험생에게 내가 본 시험지는 중요하고 어려운 시험지겠지만, 객관적으로 검토해 보았을 때도 올해의 언어이해는 훈련받은 사람이 아니면 접근이 쉽지 않은 구성이었습니다. 언어이해 시험이 고난도일 때 어떻게 구성되는지 잘 살피고 구성법을 익혀둔다면 이 시험이 수험자에게 어떤 방향에서 단련되길 원하는지 파악하는 데 좋은 자료가 될 것이라 생각합니다. 시험 치르고 나오신 모든 수험생 여러분의 수고에 경의를 표합니다. 고생하셨습니다.

■ 대비 전략

① 시험 문제에 대한 분석이 선행되어야 합니다.

언어이해는 폭넓은 소재의 지문을 통해 독해력과 사고력을 측정하는 적성 시험입니다. 그렇기 때문에 시험의 특징과 출제 경향에 대해 정확히 파악하고, 그에 따라 전략적으로 대비하는 것이 중요합니다. 따라서 실제 언어이해 시험 문제가 어떻게 구성되어 있고, 어떤 소재가 출제되는지, 어떤 유형의 문제가 출제되는지 등에 대해 분석하여 시험의 특징을 파악해야 합니다.

② 기본적인 독해력과 사고력을 키워야 합니다.

언어이해에서는 지문의 소재가 다양하게 출제되므로 다양한 소재의 글을 읽고 정확히 독해할 수 있어야 합니다. 이에 따라 꾸준한 독서와 독해 연습을 통해 글의 구조를 이해하고, 구조독해 이론을 통해 글에서 묻고자 하는 바와 출제 의도에 따라 글을 이해하는 연습을 해야 합니다.

③ 시간 관리 연습을 해야 합니다.

언어이해는 70분 동안 30문항을 풀어야 하는 시험이므로 시험 시간이 촉박하게 느껴질 수 있습니다. 따라서 언어이해에서 고득점을 획득하기 위해서는 독해 연습뿐만 아니라 시간 관리를 철저히 하여야 합니다. 이를 위해 평소 시간 제한을 두고 문제를 풀어보면서 실전에서 당황하지 않기 위한 훈련을 해야 합니다.

PART 01

언어이해 학습 조언

Ⅰ. 합격생 인터뷰

Ⅱ. MOONLABO 수강후기

Ⅲ. 초고득점 재수 성공기

Ⅳ. Q&A "선생님! 궁금해요!"

Ⅴ. MOONLABO 추천도서

Ⅰ. 합격생 인터뷰

법학적성시험 대비 언어이해를 위한 기본 강의는 매해 1월부터 시작된다. 시험을 처음 접한 학생들의 이해를 돕기 위해 언어이해 백분위 29.3%에서 87.3%로 향상시킨 학생이 언어이해에 감을 잡지 못하는 학생에게 보내는 조언을 정리했다.

초시 성적표		
영역	표준점수	백분위
언어이해	44.7	29.3
추리논증	50.1	47.4
총점	94.8	76.7

➡

재시 성적표		
영역	표준점수	백분위
언어이해	55.4	87.3
추리논증	73.9	87.5
총점	129.3	174.6

연세대 로스쿨, 경희대 로스쿨 합격

Q 가장 먼저 언어이해 시험의 특징이 무엇이라고 생각하는지 말씀해주시겠어요?

A 제가 느낀 언어이해 시험은 짧은 시간 내에 중요한 내용을 뽑아내서 언뜻 보면 전부 맞는 것 같은 선택지에서 가장 맞는 말을 고르는 독해 능력 평가 시험이에요.

Q 듣기에는 일반 시험과 다를 게 없어 보여요. 언어이해가 어려운 이유는 무엇일까요?

A 복잡한 내용을 길게 서술한 지문이 출제되기 때문이에요. 평소에 책을 읽듯이 지문을 읽고 문제를 풀면 추리고 추린 두 개의 선택지 중 결국 항상 틀린 선택지를 찍게 되거든요. 그래서 단순히 글을 많이 읽고 요약을 많이 해봤다거나 수능 국어에서 좋은 점수를 받았다는 것으로는 높은 점수를 받기 어려워요.

Q 그냥 독서하듯 글을 읽으면 안 된다는 뜻인가요?

A 네, 사실 그게 가장 중요해요. 책을 감상하는 것과 지문을 읽어내는 것은 목적이 달라요. 질문에서 미리 읽을 방향을 주고 있고, 정확히 그 내용만 파악해내면 되는 만큼, 지문을 읽을 때 불필요한 내용은 버리고 읽어야 효율적이에요. 중요한 것은 '빠르게'가 아닌 '바르게'를 연습하는 거예요. 문덕윤 선생님은 이런 효율적인 글 읽기를 '구조독해'라고 말씀하세요. 구조를 잡아서 중요한 내용만 남기는 거죠.

Q 구조독해가 말은 쉽지만 연습하기 어려운 방법 같아요. 어떻게 연습하셨나요?

A 가장 좋은 방법은 정리노트를 작성해보는 거예요. 가장 중요한 내용을, 정확히는 문제에서 물어보는 내용을 정리하다 보면 효율적으로 읽는 방법이 체화되니까요. 정리노트 작성 방법은 수업에서 배우겠지만 연습과 적응 기간이 좀 필요한 방법이에요. 하지만 확실하죠.

Q 다른 과목 준비도 해야 하는데 시간 관리는 어떻게 하셨어요?

A 저는 요일을 정했어요. 강의를 듣고 복습하는 시간을 충분히 확보하려면 하루를 통째로 투자하는 게 좋겠더라고요. 월요일과 수요일은 언어이해, 화요일과 목요일은 추리논증, 금요일은 논술, 토요일은 오전에 언어이해 기출문제, 오후에 추리논증 기출문제를 공부했어요. 일요일은 여유시간으로 확보하여 혹시라도 일이 있어서 부족해진 공부가 있으면 보충하도록 했어요.

Q 사실 공부보다 어려운 것이 멘탈 관리인 것 같아요. 어떻게 버티셨는지 듣고 싶어요.

A 맞아요. 쉽게 조급해지고, 쉽게 오르지도 않아서 괴롭죠. 소문도 많아요. 책을 100권 읽어야 한다. 배경지식 없으면 못 푼다. 이런 말들 전부 헛소문이거든요. 저는 SNS나 인터넷 카페 정보는 거의 보지 않고 강의와 복습에 집중했어요. 노력하고 있을 때 가장 불안감이 적거든요. 또, 반드시 산책이나 취미생활 시간을 확보했어요. 지치지 않아야 하니까요.

Q 언어이해는 '해도 안 늘고, 안 해도 점수 안 떨어지는 과목'이라는 소문이 있던데 이 말에 대해서는 어떻게 생각하세요?

A 그럴 리가 없죠. 제가 올랐잖아요. 저 말고도 큰 폭으로 상승한 사례는 많아요. 문덕윤 선생님 교수 홈페이지에도 있으니까요. 제가 하고 싶은 말은 반드시 오를 수 있으니 의심할 시간에 차라리 문제를 풀라는 거예요. 문제가 안 읽힐 정도로 불안하다면 잠깐 휴식시간을 갖는 것이 좋아요. 핸드폰은 잠시 꺼두길 추천해요.

Q 그럼 마지막으로 언어이해 공부를 시작하려는 학생에게 한 말씀 부탁드릴게요.

A 긴 수험기간 동안 지치지 않으려면 믿음이 필요해요. 맹목적인 믿음이 아니라 충분한 시간을 투자하고 있는 자신의 노력에 대한 믿음이요. 길은 문덕윤 선생님께서 이정표를 달아두었으니까 믿고 따라가다 보면 반드시 점수가 나올 거예요. 자신과 선생님을 믿고 하세요. 그러면 다음에 이 인터뷰를 작성하는 학생은 당신이 될지도 모르니까요.

II. MOONLABO 수강후기

LEET 118.9로 중앙대 로스쿨에 합격한 비결은?

중앙대 로스쿨 합격

1 나의 법조인 지망동기

저는 제가 가진 지식과 능력으로 타인에게 도움을 주어 문제를 해결했을 때 가장 큰 행복과 성취감, 만족감을 느끼는 사람입니다. 그래서 타인 혹은 사회가 직면해 있는 문제들을 해결함으로써 좋은 영향을 끼치는 전문 직업인이 되고 싶었습니다. 여러 전문직종 중에서 가장 저의 가치관에 부합하고 학업적인 흥미도 컸던 직업이 법조인(변호사)이었기에 이 길을 선택하게 되었습니다. 대학교 2학년 때부터 본전공 외에 법학을 융합전공으로 선택했습니다. 법학 수업을 수강하며 흥미를 느꼈고, 큰 어려움 없이 좋은 성적을 받을 수 있었기에 적성이 없지는 않다는 판단하에 로스쿨 진학이라는 목표를 세웠습니다.

2 해커스로스쿨에서 수강한 강의와 해커스로스쿨을 선택한 이유

저는 2022년 10월부터 2023년 10월까지 약 1년의 기간을 해커스로스쿨과 함께하며 전체 커리큘럼을 수강하였습니다. LEET 기초 강의, 기본 강의, 심화·실전, 파이널 강의에서 언어이해 문덕윤 선생님, 추리논증 김우진 선생님, 논술 김종수 선생님의 커리큘럼을 수강하였습니다. POST-LEET 시즌에는 문라보 팀의 자소서, 면접 커리큘럼을 모두 수강하였습니다.

저는 첫 LEET를 망치고 난 뒤 '왜 좋은 성적을 받지 못했을까'에 대하여 오랫동안 고민하고 성찰하는 시간을 가졌습니다. 그 결과, LEET라는 시험을 잘 치르기 위해서는 기존의 공부 방법과는 다른 새로운 방식의 접근이 필요하다는 것을 깨달았습니다. 또한 그렇게 접근하는 방식이 진심으로 공감이 되어서 체화할 수 있어야 하고, 시험장에서 쓸 수 있는 것이어야 한다는 생각이 들었습니다. 이를 바탕으로 학원과 강사 선생님을 선택하는 3가지 기준을 세웠습니다.
① 초시 때 공부하던 방식과는 다른 방법론인가?
② 실제로 내가 시험에서 적용할 수 있는 방법론인가?
③ 선생님의 강의 방식과 말씀하는 톤 등 세부적인 특성과 전반적인 느낌을 봤을 때 나랑 핏이 맞나?

저는 재시를 어디서 어떻게 준비할지 결정하기 위해서 서울에 있는 모든 로스쿨 학원에 직접 방문하여 상담을 받았습니다. 그중에서 해커스로스쿨을 최종적으로 선택하게 된 가장 큰 이유는 해커스로스쿨의 문덕윤 선생님 수업이었습니다. 자신있었던 언어이해 영역에서 평소보다 좋지 못한 성적을 받고 낙심해있을 때, 우연히 유튜브 알고리즘을 타고 문덕윤 선생님의 영상을 보게 되었는데, 제가 세웠던 세 가지 기준에 모두 부합하는 강의라는 생각이 들었습니다. 그렇게 해커스로스쿨 기초 강의부터 파이널까지 문덕윤 선생님의 강의를 수강하게 되었고, 올해 LEET 언어이해에서도 백분위 94.5%라는 좋은 성적을 거둘 수 있었습니다. POST-LEET에서도 역시 선생님과 핏이 잘 맞을 것이라는 생각이 들어 문라보 팀의 커리큘럼을 선택하게 되었습니다. 로스쿨에 최종 합격한 현시점에서 돌이켜볼 때, 제게 해커스로스쿨 영상을 추천해준 유튜브 알고리즘에 매우 감사할 따름입니다.

3 LEET 학습법

1. 언어이해: 객관적으로 자신의 독해 습관을 파악하고 개선하기

첫째, 자신이 가지고 있던 기존의 습관이 언어이해 문제를 푸는 데 얼마나 도움이 되는지, 혹은 얼마나 방해가 되는지를 객관적으로 바라봐야 합니다. 문덕윤 선생님께서는 기초 강의 커리큘럼에서부터 정확하고 효율적인 문제 풀이를 할 수 있는 독해 방법을 알려주십니다. 예를 들어, 발문을 먼저 보고 지문을 읽는 순서, 세모와 동그라미 등으로 관점과 개념 등을 표시하는 습관, 무작정 밑줄 긋지 않고 논점을 파악해 중요한 부분에만 밑줄을 긋는 습관 등이 있습니다. 이렇게 했을 때 가장 효율적으로 글의 구조를 파악하고 효과적으로 정답을 골라낼 수 있기 때문에, 본인이 가지고 있던 읽기 습관과 문덕윤 선생님께서 알려주신 문제 풀이 방식을 비교해보고 적절하게 취사선택하여 행동 지침을 만드시길 바랍니다. 저는 최종적으로 제가 취할 행동 지침을 노트 한 페이지로 정리하여 LEET 시험장에 들고 갔고, 현장에서 90% 수준으로 실천에 옮겨 좋은 결과를 얻어낼 수 있었습니다.

둘째, 문덕윤 선생님의 구조독해 방법론을 체화하기 위해 '정리노트'를 끝까지 놓지 않고 작성하는 것이 무엇보다 중요하다고 생각합니다. 처음에는 정리노트를 작성하는 것이 어려울 수 있고 막막할 수 있습니다. 그렇지만 몇 개월 동안 반복해서 작성하다 보면 작성 시간도 줄어들 뿐 아니라, 언어이해 지문을 풀고 있을 때 머릿속으로 동시에 표가 그려지는 경험을 하실 수 있을 겁니다. 저도 다른 분들의 합격수기를 보았을 당시에는 정리노트의 효과를 반신반의했습니다만, 머릿속으로 정리노트를 그리는 것이 실제로 가능하다는 것을 직접 경험했기 때문에 지금은 이렇게 합격수기에 당당하게 정리노트의 효과를 이야기할 수 있게 되었습니다. 5~6월에 모의고사를 많이 치르게 되면 정리노트를 안 쓰는 학생들이 많아지게 되는데, 저는 끝까지 정리노트를 작성하려고 했습니다. 이러한 꾸준한 노력들이 모여 구조독해를 체화하는 데 큰 도움이 되었고, 덕분에 안정적으로 각종 모의고사에서 20개 이상의 정답을 맞히면서 언어이해의 하방을 튼튼히 할 수 있었다고 생각합니다.

셋째, 문라보 모의고사를 충분히 활용하시길 바랍니다. 문라보 팀 변호사님들께서 제작에 참여하시는 하프 모의고사, 실전 파이널 모의고사는 여타 사설 모의고사와 비교했을 때 매우 양질의 것이라고 생각합니다. 초심을 잃고 기출문제의 논리와 동떨어진 정답 구성 논리를 보여주거나 기본적인 오타 검수도 이루어지지 않아 로준생들에게 실망을 안겼던 몇몇 사설 모의고사와 달리, 문라보 모의고사는 오류 없이 항상 납득이 되는 논리로 정답과 오답 선지를 구성하였다는 점에서 실전 연습에 큰 도움이 되었기 때문입니다. 이에 더해 문라보 모의고사를 제대로 활용하기 위해서는 문덕윤 선생님의 해설강의를 놓치지 않고 들으시길 추천드립니다. 해설강의를 들으면서 1) 출제자의 의도, 글쓴이가 말하고자 한 것이 무엇이었는지, 2) 문제를 풀 때 내가 파악한 의도와 그것이 일치하는지, 3) 내가 자주 빠지는 함정이 무엇인지를 확인하며 셀프 피드백 과정을 거치는 것이 중요하기 때문입니다.

2. 추리논증: 나만의 유형별 접근법 구축하기

추리논증은 유형마다 다른 관점으로 접근하는 것을 기본 스탠스로 삼았습니다.

① 법학 문제의 경우, 개념정의 규정/원칙과 예외 표현/날짜/기간/숫자 등 정오판단에 무조건 활용되는 세부 정보들을 절대 그냥 넘기면 안 된다는 점을 강조하고 싶습니다. 디테일하게 꼼꼼히 보면서도, 1번부터 14번 언저리의 초반대 문제라는 점에서 시간 관리에도 힘을 써야 하니 많은 연습이 필요합니다.

② 인문 문제의 경우, 저를 극단적 언고추저형의 인간으로 만든 장본인이라 할 수 있습니다. 미묘한 뉘앙스 차이가 답을 가르는 유형이기 때문에 저의 경우에는 특별한 방법론을 구축하지 못했고, LEET 당일까지 이를 극복하지 못해 쓴맛을 보게 되었다는 점에서 다른 분의 합격수기를 참고하시기를 추천드리는 바입니다.

③ 논리게임의 경우, 초시에는 풀기를 포기하였으나 재시에서는 꽤 자신있었던 파트였습니다. 김우진 선생님께서 큰 도움을 주셨는데, 선생님께서 강조하신 대로 논리게임 바이블을 계속해서 반복하여 풀었습니다. 형식논리, 경우의 수, 순서배치, 그림 그리기 등 여러 유형들을 반복해서 풀다 보면 어느새 알아서 자연스럽게 움직이고 있는 손을 발견하실 수 있을 것입니다.

④ 사회추론의 경우, 강화약화 문제를 해결하는 본인의 기준을 정립하는 것이 관건입니다. 저는 '강화약화 매뉴얼(걍약매)'과 추리논증 기출 해설서를 정독하며 강화약화를 판단하는 기준을 세웠고, 기출문제 및 모의고사에 적용하는 연습을 하면서 계속해서 기준의 수정 및 보완을 해나갔습니다. 또한, 문과적인 배경지식이 문제를 빠르게 이해하는 데 도움이 될 때도 있지만 선지를 판단하는 데 활용하는 것은 매우 위험한 행동이기 때문에 저와 같은 사회과학 전공자분들께서는 사회추론 파트를 접근하실 때 배경지식의 활용 정도가 과해지지 않도록 경계하셨으면 합니다.

⑤ 과학추론의 경우, 역시 초시에는 겁을 많이 먹었으나 재시에서는 자신감을 가졌던 파트였습니다. 앞선 유형들처럼 꼼꼼히 내용을 따지기보다는 물질 A의 작용원리와 같은 메커니즘, 즉 핵심만을 파악해서 거시적인 시각으로 접근해 푸는 것이 가장 좋습니다. 과학적인 배경지식이 부족하시다면 유튜브로 과학 영상을 보시거나 과학 만화책 GRAVITY 시리즈를 읽으시는 것도 좋습니다.

4 자기소개서 및 면접 준비방법

1. 자기소개서

문라보 팀은 지원교 선정 과정부터 자기소개서 구조 및 내용 첨삭 과정까지 다수의 전문가의 의견을 들어볼 수 있는 기회를 제공합니다. 저 역시 여러 변호사님들과 만날 수 있는 기회가 있다는 점에 끌려서 문라보 팀을 선택하게 되었습니다. 이처럼 전문성과 경험을 갖고 있는 입시 전문가이자 법조계 종사자분들이 많은 도움을 주시기는 하지만, 문라보 팀과 합을 맞춰 최상의 자기소개서를 완성하는 데에는 학생 스스로의 노력이 8할을 차지한다고 생각하기 때문에 자기소개서를 작성하시는 학생분들이 가져야 할 태도에 대해서 말씀드리고자 합니다.

(1) 눈앞에 있는, 내가 할 수 있는 일을 성실하게 하자.

첫 자소서 상담 시간에는 118.9점이라는 낮은 LEET 점수 때문에 다소 주눅 든 상태에서 지거국, 지사립 라인의 대학을 생각하고 있다고 말씀드렸습니다. 그런데 문덕윤 선생님께서는 제가 작성해 간 '사례정리표'를 보시며 LEET 점수 외에 99.1이라는 높은 학점과 대학 4년 동안 쌓아 온 정성요소들이 풍부하기 때문에 중앙대 로스쿨에 충분히 도전할 수 있겠다고 말씀하셨습니다. 처음에는 '과연 이 LEET 점수로 가능할까'라고 생각하며 반신반의했었지만, 문덕윤 선생님께서 제 상황과 스토리에 가장 적합한 학교를 추천해주신 것이라는 믿음을 바탕으로 자소서를 한 주 한 주 써 내려갔습니다. 자소서를 매주 고쳐나가면서 '어쩌면 가능할지도?'라는 생각이 들었고, 점차 저 자신에 대한 믿음과 자신감을 회복할 수 있었습니다. 사례정리표를 채워가며 대학생활을 곱씹어보고, 초안을 꽉꽉 채워 제출하고, 매주 과제를 성실하게 수행해가면서 제가 할 수 있는 일에만 집중하며 8월과 9월을 성실하게 채웠습니다.

원서접수 시즌이 되었을 때, 모의 지원 때문에 걱정하는 친구들이 많았습니다. 그런데 저는 '내가 몇 배수에 있든 지금 시점에서 내가 쓴 학교를 바꿀 생각도 없고 바꿀 수도 없으니 걱정하지 말자. 마지막까지 자소서를 갈고 닦는 데 집중하자'는 생각으로 큰 고민 없이 원서접수를 마칠 수 있었습니다. 중앙대 로스쿨은 1차 서류심사에서 4배수를 선발하는데, 마지막으로 모의 지원 배수를 확인했을 때의 기억으로는 제 점수대가 이미 4배수를 넘긴 상황이었습니다. 그렇지만 모의 지원 배수는 자소서 점수가 배제된 순수 정량 점수였기 때문에, 모든 노력을 쏟아부어서 어딜 내놔도 부끄럽지 않을 만큼 만족스러운 자소서를 쓴 저로서는 자소서 점수로 충분히 순위를 뒤집을 수 있다고 생각하여 멘탈이 흔들릴 이유가 없었습니다.

(2) 남들보다 한 발 더 앞서 움직이자.

저는 자기소개서와 면접으로 LEET 점수를 극복해야 하는 입장이었습니다. 그래서 남들보다 앞서 움직여야 한다는 생각을 가지고 POST-LEET 과정에 임했습니다. 공동입시설명회에 갈 때도 변호사님이 제공해주신 기본 질문 외에 제게 필요한 구체적인 질문들을 넣어 질문 리스트를 정성 들여 준비해 갔습니다. 문덕윤 선생님의 제자이자 중앙대 로스쿨을 졸업하신 이○○ 변호사님의 연락처를 받아서 궁금한 부분에 대해 질문하기도 했습니다. 또한 자소서 첨삭을 받으러 갈 때는 한 문항을 두세 가지의 버전으로 작성해 가져감으로써 최상의 구조와 내용을 뽑아내고자 노력했습니다. 이처럼 주어진 형식과 커리큘럼을 단순히 따라가며 수행하는 것에서 그치지 않고, 귀찮더라도 조금 더 움직이고 자기 자신에게 필요한 부분을 채울 수 있도록 적극적으로 임하는 태도가 중요하다고 생각합니다. 사소해보일 수 있지만 그 '한끗 차이'가 모여서 마지막 순간에 합격과 불합격을 가를 수 있기 때문입니다.

2. 면접

류현준 변호사님과 최경준 변호사님이 맡으셨던 면접 수업은 문라보 팀 커리의 피날레와 같다고 생각합니다. 최초합이라는 유종의 미를 거둘 수 있게 큰 도움을 주었던 면접 수업의 장점과 함께, 면접 수업을 수강하는 학생분들이 갖춰야 할 태도에 대해서 말씀드리겠습니다.

(1) 장점 1: 기본기를 바탕으로 '법학적 사고'를 할 수 있게 된다.

로스쿨 면접은 일반적인 면접과는 구별되는 방식의 논리와 논증을 요구합니다. 따라서 법학적 사고력과 면접 수업 초반부터 법조인이 사고하는 방식에 익숙해지는 것, '기본'을 탄탄히 하는 것이 중요하다고 생각합니다. 최경준 변호사님께서 진행하신 법학적 사고력 수업을 통해서는 일반인이 아닌 '법률가의 시선'에서 특정 사건이나 사례 혹은 면접 문제에 제시된 상황을 어떻게 바라보아야 하는지를 배울 수 있었습니다. 발문 분석 방법과 문제 풀이 순서를 터득하고, 법학적 개념(과잉금지원칙, 각종 기본권의 내용 등)을 활용하여 논증하는 방법을 배우며 기본기를 탄탄히 쌓을 수 있었습니다. 특히 기본 강의 초반에 발문 분석법과 문제 풀이 순서를 미친 듯이 반복하게 되는데, 지겨워하지 마시고 면접장 들어가기 전까지 반복하시길 추천드립니다. 저는 발문 유형 중 비판형 문제를 중앙대학교 면접에서 만나게 되었습니다. 당황하지 않고 변호사님과 연습했던 논증 구조를 알차게 활용함으로써 3가지 측면에서 비판 논리를 만들어내었고, 이를 통해 다른 지원자들과 차별화된 답변을 구성할 수 있었습니다.

기본 강의에서 기본기를 탄탄히 한 후에는 10개 빈출 테마별 쟁점을 정리하게 됩니다. 1) 문제 상황, 2) 이를 바라보는 관점들의 대비, 3) 각 입장에서 펼칠 수 있는 주장과 근거들, 4) 해결책, 5) 연관된 쟁점이나 실제 사례 등을 테마별로 총정리하며 머릿속에 구체적인 내용들을 채워나갈 수 있습니다. 저는 Notion에 정리하는 방식으로 배운 내용을 복습하였고, 각 테마에 연관된 최신 이슈들을 리서치한 부분까지 넣어 정리함으로써 시사 이슈 질문에 대비하였습니다. 최종 면접장에 들어가기 전까지 정리한 내용을 반복해서 읽고 말해보는 연습을 거쳤습니다.

(2) 장점 2: 실제 면접보다 더 혹독할 수 있지만, 그 결과는 달다.

류현준 변호사님께서 진행하신 면접 수업의 경우, 기본 강의부터 실전 강의까지 매 수업마다 무작위로 변호사님과의 질의응답이 이루어졌기 때문에 한시도 긴장을 놓치지 않을 수 없었다는 점이 부담스러웠습니다. 이때 조금이라도 덜 고통받기 위해서는 '결론 먼저 말하기', '형식-내용', '원칙-예외'와 같이 답변 구조와 형식을 갖추는 법을 (흔히 말하는 '무지성'으로) 반복하는 연습이 필요합니다. 저는 Notion에 배운 내용을 적으면서 일차적인 복습을 했고, 그 이후에는 생각이 날 때마다 머릿속으로 답변을 시뮬레이션 해봤습니다. 반복 연습을 통해 말하기 구조를 잡아놓았다면, 알맹이는 법학적 사고력 강의와 리서치 스터디를 통해 채울 수 있으니 걱정하지 않으셔도 됩니다. 변호사님들께서 요구하신 대로 성실하게 과제를 이행하셨다면 파이널 시즌에 도달했을 때에는 어느 정도 평타를 치는 수준으로 구체적인 내용을 채우실 수 있을 것입니다.

문라보 팀의 면접 파이널의 경우, 실제 면접보다 더 혹독한 환경을 조성함으로써 실제 면접장에 갔을 때 '이 정도면 뭐 나쁘지 않은데'라는 생각이 드는 강한 멘탈을 만들어 준다는 점에서 많은 도움이 되었습니다. 실제 면접보다 강한 압박 면접이 이루어지기도 하고, 예상치 못한 분야의 문제가 등장하기도 하고, 면접관분들이 선보이는 다양한 방식의 어그로성(?) 행위를 통해 면접자를 당황하게 하는 상황이 연출되기도 합니다. 그렇지만 이러한 요소들 역시 변호사님들께서 치밀하게 계획하신 큰 그림의 일종이기 때문에 저는 '오늘은 또 어떠한 방식으로 괴롭히실까' 궁금해하며 학원에 나갔던 것 같습니다. 지치고 힘들더라도 비척비척 학원에 나가서 끝까지 결석하지 않고 꿋꿋이 버티신다면 좋은 결과가 있으리라 생각합니다. 마지막으로, 파이널 시즌에는 면접에서 실제로 입을 정장과 구두를 착용한 채 면접 연습을 하게 되어 불편함에 미리 익숙해질 수 있다는 점이 좋았습니다. 커리큘럼이 끝날 즈음에는 주말 강남역 거리를 혼자 정장 입고 돌아다녀도 아무렇지 않을 정도로 강한 멘탈과 편안한 정장핏을 갖게 되실 수 있을 거라 생각합니다.

(3) 태도: 피드백을 받는 것을 두려워하지 말자.

문라보 팀에서 매주 내주시는 리서치 과제, 글을 쓰는 과제, 면접 영상을 복기하는 과제 등을 수행하다 보면, 본인이 얼마나 비논리적인 사람이었는지 깨닫는 순간들이 있습니다. 저 역시 면접 영상을 복기하면서 제가 알지 못했던 언어 습관이나 논증의 빈 구멍들을 발견하며 적잖은 충격을 받기도 했습니다. 영상 속에서 보이는 단점과 실수를 적나라하게 직면하는 순간은 고통스러웠고, 냉철한 피드백을 받는 순간에는 속이 쓰리기도 했습니다. 그렇지만 전문가인 변호사님들과 대화하고 피드백을 받을 수 있는 시간은 매우 소중한 기회이기 때문에 피드백을 받는 것을 두려워하지 않고 그 시간을 최대한 잘 활용하는 것이 중요하다고 생각합니다. 때로는 냉철하게 개선해야 할 지점을 말씀해주시고 때로는 다정하게 응원을 해주신 변호사님들 덕분에 조금이나마 논리적으로 글을 쓰고 말을 할 수 있는 사람이 된 것 같아 감사한 마음입니다.

POST-LEET 강의는 주말에 이루어졌기 때문에 8월부터 10월까지 약 석 달간 주말을 반납해야 했습니다. 쉬는 날이 없어서 지치기도 했지만, 힘든 만큼 좋은 결과가 있을 것이라고 믿었고, 이 정도도 못 견디면 로스쿨에 가서는 어떻게 버틸 거냐라는 생각으로 마음을 다잡았습니다. 몸과 마음이 지쳤지만 저는 단 한 번도 POST-LEET 수업에 결석하지 않았습니다. 그 결과 파이널 커리큘럼이 끝난 뒤에는 면접이라는 상황이 더 이상 두렵지 않았고, 정장을 입는 것이 편하다고 느끼는 수준에 다다를 수 있었습니다. 내년 수험생분들도 스터디원들과 함께 마지막까지 면접 커리를 잘 버티고 포기하지 않으셨으면 좋겠습니다!

5 입시 전후 가장 힘들었던 점 & 나만의 멘탈 케어 비법

저는 올해 LEET 시험이 끝난 뒤 자신감을 상실했던 순간이 가장 힘들었던 것 같습니다. 해커스 실전 파이널 및 모의고사에서 안정적으로 상위권 순위에 들어왔고 다른 사설 모의고사를 10회 이상 치르면서 실전 경험을 많이 쌓았다고 생각했음에도 불구하고, 초시 점수에서 크게 상승하지 못했기 때문입니다. 언어이해에서 백분위 94.5%라는 좋은 성적을 거뒀음에도 불구하고 추리논증의 하방을 튼튼하게 다지지 못해 언어이해의 반타작 수준의 백분위를 받아버리는 아찔한 경험을 했습니다. 약 8개월간 한 번도 학원 수업을 빠지지 않고 독서실에서 공부한 결과가 단순히 수치화된 점수뿐이라는 점에 허무했습니다. '노력에 비례하는 점수가 나오지 않았다, LEET 따위가 나를 평가할 수는 없다!'는 생각에 억울하기도 했습니다.

그렇지만 저를 둘러싼 부정적인 감정에 휩싸여서 좌절하고 POST-LEET라는 다음 스텝으로 넘어가지 않고 포기한다면 작년의 나와 달라질 게 없겠다는 생각이 들었습니다. 그래서 일단 해보자는 마음으로 POST-LEET를 시작했습니다. 물론 마음이 아팠습니다. 그렇지만 눈 딱 감고 POST-LEET 설명회에 참석했고, 수업을 등록했습니다. 일단 지금 내가 할 수 있는 것을 하나씩 해나가면서 앞으로 나아가는 것, 그 과정에서 작은 성취를 이루어내며 자신감을 회복하는 것이 저의 멘탈 케어 방법의 핵심이라고 생각합니다. 설령 눈앞에 원하지 않는 결과가 나타났다 할지라도, 바꿀 수 없는 것에 목매지 말고 앞으로 바꿀 수 있는 것에 시간과 노력을 투자하자는 마인드가 중요하다고 생각합니다.

6 합격 소감 및 내년 수험생들을 위해 남기고 싶은 한마디

우선, 끝이 보이지 않는 터널을 달리는 것 같은 로스쿨 입시의 과정을 끝까지 완주해낸 저 자신에게 수고했다는 말을 해주고 싶습니다. 또한 120점도 안 되는 LEET 점수로 중앙대 로스쿨 입학을 꿈꾸게 하고 최초 합격이라는 결과를 현실로 이루어낼 수 있도록 도와주신 문덕윤 선생님께 감사드립니다. 그리고 항상 응원과 격려를 보내주시며 면접을 끝까지 잘 치를 수 있도록 지원해주신 류현준, 최경준 변호사님께 진심으로 감사드립니다! 최종 합격이라는 좋은 결과와 더불어 해커스로스쿨 학원에서 소중한 인연들을 만날 수 있었기에 20대의 소중한 1년을 입시에 투자한 것이 결코 아깝지 않다는 생각이 듭니다.

내년 수험생들께는 '중꺾그마(중요한 건 꺾여도 그냥 하는 마음)'로 임하시라는 말씀을 드리고 싶습니다. LEET 공부를 하면서 원하는 만큼 좋은 성적을 받지 못할 수도, 자소서의 빈칸을 채우는 것이 고통스러울 수도, 면접 파이널에서 머리가 새하얘지는 경험을 할 수도 있습니다. 지금까지 겪어보지 못한 종류의 좌절감이나 불안, 당혹감을 느낄 수도 있을 것입니다. 저 역시 로스쿨 입시를 시작하기 전까지는 원하는 것들을 대부분 이뤄내며 큰 좌절 없이 비교적 평탄한 삶을 살아온 부류의 사람이었기에, 낮은 LEET 점수를 받고서 한껏 꺾여 있는 상태였습니다. 그렇지만 꺾여서 힘들다는 생각이 들더라도, '그래도 그냥 또 하는 마음'이 중요하다고 생각합니다. 그렇게 한 발 한 발 나아가다 보면, 최종 합격이라는 좋은 때를 만나게 될 것이라고 생각합니다. 형식적인 합격수기를 작성하고 싶지 않아 진솔하게 작성하다 보니 글이 상당히 길어졌습니다. 제 이야기가 저릿고학 로준생들의 희망이 되기를 바라면서 이만 합격수기를 마치겠습니다!

언어이해 백분위 21.7% → 90.3%
나는 날마다 모든 면에서 점점 더 좋아지고 있다는 믿음이 만든 재시 성공기

부산대/아주대 로스쿨 합격

1 들어가며

안녕하세요. 부산대학교와 아주대학교 법학전문대학원에 최초 합격하여 진학을 앞두고 있는 16기 예비 로스쿨생입니다. 2년 전 2022학년도 LEET에서 언어이해 백분위 21.7, 추리논증 백분위 31.9(총 표준점수 92.1)이었던 것을 고려하면, 올해 로스쿨 입시에서 제가 거둔 성과는 성공적이라고 생각합니다. 성적을 올리기 어렵다는 언어이해를 백분위 90.3까지, 총 표준점수는 126.6으로 30점 이상 상승시켰기 때문입니다. 그렇다고 해서 제가 한 공부법이 특별하다거나 정답이라고 생각하지 않기 때문에 거창하게 합격수기를 작성하는 것이 여러모로 조심스럽지만, 조금이나마 도움이 되실 수 있도록 최대한 구체적으로 적어보았습니다. 로스쿨 입시를 준비하는 사람이 99명이 있으면 공부법도 99가지가 된다는 말이 있을 정도로, 이 수험생활에는 정답이 없다고 생각합니다. 그러니 여러 합격수기를 참고하시면서 자신에게 꼭 맞는 방법을 찾으시길 바랍니다.

2 LEET

1. 준비기간 및 하루 일과

저는 2023년 1월부터 LEET 본시험까지 약 7개월의 수험기간을 가졌습니다. 전업 수험생으로 LEET를 준비했으며, 월요일부터 토요일까지 별도의 일정이 있지 않은 한 평균 8~10시간 이상의 공부 시간을 가지려고 했습니다. 일과를 정리해보자면 다음과 같습니다. 아침 6시 30분쯤 기상해서 7시 30분부터 8시 30분까지 아침수영을 했습니다. 그리고 집으로 돌아와 아침으로 통밀 식빵 2장과 계란, 사과를 먹고, 점심(샐러드)과 저녁(닭가슴살 주먹밥) 도시락을 챙겨 도서관에 오전 10시 전에 도착해 밤 11시 정도까지 공부했습니다.

LEET 수험 기간 중 하루를 꾸릴 때 제게 도움이 되었던 일반적 습관과 마음가짐은 크게 4가지였던 것 같습니다. 첫째는 매일 똑같은 안정적인 루틴을 만드는 것입니다. 상술한 것과 같이, 매일 식단마저 똑같이 유지하려고 했던 것은 불안정한 LEET 성적에도 최대한 흔들리지 않기 위해서였습니다. LEET라는 시험 자체가 적성시험이다 보니, 적성이 특출나지 않은 이상 성적이 그날의 컨디션, 해당 회차의 제재 등 다양한 외부 요소에 영향을 받을 수밖에 없습니다. 게다가 추리논증 일부 유형을 제외하면 문제를 푸는 공식이 뚜렷하게 있는 것도 아니고, 공부 방법도 추상적으로 느껴지며, 실력이 향상되고 있는지는 눈에 보이지도 않습니다. 이렇게 모호하고 불안정한 시험 준비에서 유일하게 내가 가시적으로 통제할 수 있는 것은 내 일과밖에 없다고 생각했습니다. 그래서 성적이 들쭉날쭉해서 잘 나아가고 있는지 불안할 때에도, 매일 똑같이 하루를 무사히 마무리하는 것으로 스스로 잘 해내고 있다고 다독였습니다.

둘째는 "잘하는" 운동을 병행하는 것입니다. 수험 생활에서 운동은 10번을 강조해도 지나치지 않다고 생각합니다. 체력 유지, 컨디션 환기, 하루 루틴 형성 등 다양한 긍정적인 효과가 있기 때문입니다. 그런데 한 가지 더 추천 드리는 점은 "잘하는" 운동을 하는 것입니다. 자존감 회복에 도움이 되기 때문입니다. 공부를 하면서 아무리 해도 성적은 오르지 않고, 시간 압박 속에서 어김없이 똑같은 실수를 하는 나를 발견할 때, 왜 이렇게 못하는지 스스로 미워질 때가 많았습니다. 다행히 저는 루틴을 만들기 위해 시작했던 수영이 저와 잘 맞았고, 운동을 할 때 강사님이나 다른 어머님들께 칭찬을 받은 것이 공부에 있어서도 '잘 해낼 수 있다'는 생각을 다시금 할 수 있게 했습니다.

셋째는 욕심내지 않는 것입니다. 1월, LEET 기출 스터디에서 2023학년도 LEET를 처음 풀었을 때 언어이해는 8문제를 아예 손도 대지 못했고, 맞은 문제는 10개밖에 되지 않았습니다. 아마 이때 온라인 커뮤니티에 '로스쿨 입시에 진입해도 될까요?'라는 글을 남겼다면, 원천불가 판정을 받았을 겁니다. 갈 길은 까마득했지만 멀리 보지 않고 욕심내지 않고, 딱 다음 주 스터디 때 한 문제만 더 풀고, 한 문제만 더 맞히자고 마음먹었습니다. 그랬더니 그다음 주에는 3문제를 더 풀었고, 3문제를 더 맞혔습니다. 여전히 한없이 부족한 성적이었지만, 그렇게 계속 공부를 해나갈 수 있는 동기를 부여했습니다. 당시 제게 도움이 되었던 생각은 'LEET에서 요구하는 법학적성은 신체의 근육과 같다는 것'이었습니다. 근력 운동을 전혀 하지 않던 사람이 갑자기 3대 500을 칠 수 없는 것처럼, 언어이해에 익숙하지 않은 사람이 10지문을 잘 풀어낼 수 없는 것은 당연하다고 생각했습니다. 저중량 고반복으로 근력을 일정 수준 이상 키우면 중량도 점점 늘릴 수 있는 것처럼, 처음에는 욕심내지 않고 1지문, 3지문, 하프로 분량을 줄여 기초 독해력을 높일 수 있도록 했습니다. 2. 준비방법에서 보다 자세히 서술하겠지만, 문덕윤 교수님의 커리큘럼이 부담되지 않고 자연스럽게 풀(full) 세트를 풀어낼 수 있도록 체력을 향상할 수 있게끔 짜여 있다고 생각합니다.

넷째는 도망치지 않는 것입니다. 공부를 하다 보니 다들 그렇겠지만 너무 하기 싫을 때가 있었고, 심지어는 언어이해를 풀어야 하는데 표현 그대로 활자가 눈에서 튕겨 나가는 경험도 했습니다. 그런 중에 성적마저 안 올라 책상 앞에 앉아있는 것만으로 고역인 순간들이 찾아왔습니다. 그럴 때 원래 해내던 공부 퍼포먼스의 100%를 하지 못하더라도, 30%밖에 퍼포먼스가 안 나오는 것 같더라도 꾸역꾸역 지문을 봤습니다. 물이 끓는 데 필요한 열량이 정해져 있는 것처럼 실력이 변화하는 데에 필요한 공부량도 정해져 있다고 생각했기 때문입니다. 오늘 10을 채워 넣을 수 없더라도 3이라도 채워 넣으면 조금이나마 더 빨리 임계치에 다다를 수 있을 거라고 되뇌었습니다. 도망치면 0이니 너무 잘하려고 하지 말고 도망치지만 말자고 다짐했습니다.

2. 준비방법

앞서 말씀드린 것들은 추상적인 마음가짐이었다면, 구체적인 공부 방법은 크게 1) 인터넷 강의, 2) LEET 기출 풀이 스터디, 3) 사설 모의고사 응시, 4) 독서 및 배경지식 쌓기로 이뤄졌습니다.

(1) 인터넷 강의

저는 언어이해의 경우 문덕윤 교수님의 기본 강의부터 파이널까지 커리큘럼을 따라갔습니다. 비교적으로 추리논증은 논리학 등 새로운 지식을 배워야 할 필요를 느껴 인강을 듣는 수험생이 많지만, 언어이해는 '글을 읽는 데 무슨 특별한 지식이 필요한가' 하는 생각에 필요를 못 느끼는 분들이 많은 것 같습니다. 하지만 문제풀이에 최적화된 독해 방법을 시행착오 없이 얻고 싶으신 분들이라면 언어이해 역시 강의의 힘을 빌리는 것이 도움된다고 생각합니다. 스스로 자신만의 문제풀이 방법을 단기간에 찾을 수 있다면 매우 좋겠지만, 수험기간을 길게 가져가서 도움이 될 게 하나도 없는 LEET에서는 선험자가 찾은 최적의 방법을 답습하고 익히는 것도 나쁘지 않기 때문입니다. 앞서 말씀드린 것처럼 저는 2022학년도 본시험에서는 언어이해 백분위 21.7%이었고, 2023년 첫 기출 스터디에서 10문제밖에 못 맞춘 사람이었기 때문에, 제 독해습관을 원천적으로 뜯어고쳐야 한다고 일찍이 판단하고 인강을 듣기로 결정했습니다.

그러던 중 해커스에서 무료로 제공하는 기초 강의 일부를 듣고 문덕윤 교수님을 선택했습니다. 그 이유는 크게 4가지를 꼽을 수 있을 것 같습니다. 첫째는 구체적인 행동 강령을 알려주신다는 점입니다. 사소하게는 지문에 무조건 문단 번호를 매기도록 하는 것부터, 지문에 어떻게 밑줄을 쳐야 하는지, 발문 분석은 유형에 따라 어떻게 해야 하는지 등까지 문제 풀이 매뉴얼을 상세하게 차근차근 가르쳐 주십니다. 이것을 반복해서 점점 몸에 익히고 속도를 빠르게 하게 되었을 때의 효과는 분명하다고 개인적으로는 생각합니다. 왜냐하면 문제가 어렵든 쉽든, 제재가 익숙하든 낯설든, 지문에 문단 번호를 매기는 순간, 자동적으로 평소에 해왔던 일련의 과정들을 해낼 수 있게 되기 때문입니다. 마치 운동선수들이 시합 전 자기만의 루틴을 만드는 것과 같습니다. 앞서도 LEET를 운동으로 비유했는데, 실제로 LEET는 지식을 가지고 푸는 시험이 아니라 엄청난 시간 압박 속에서 평소의 독해력과 문제풀이 습관으로 풀어내는 것이기 때문에 몸을 이용한 운동경기와 비슷하다는 생각을 많이 했습니다. 그렇기 때문에 막연하게 지문을 분석하고 문제를 풀이하는 데 그치는 강의보다는 몸을 어떻게 움직여야 하는지 알려주신다는 점에서 저에게 훨씬 도움이 되었습니다.

둘째는 구조독해 방법을 통해 근본적으로 독해력을 향상시킬 수 있도록 해주시기 때문입니다. 구조독해가 효과적인 이유는 단어에서 드러나지만 지문의 구성이 어떻게 될 것인지 눈치를 빠르게 챌 수 있기 때문입니다. 시간과 체력 안배가 매우 중요한 시험에서 모든 문장, 모든 문단에 힘을 주어 읽는 것은 효율적이지 않습니다. 저의 경우 문제에서 무엇을 요구하는지를 중심으로 지문의 구조를 파악하고 세부 내용을 붙이는 식으로 구조독해를 하게 된 후, 힘 조절이 가능해지고 풀 세트에 대한 부담도 줄어들었던 것 같습니다. 다만, 이 역시 습관으로 형성해야 하는 것이기 때문에 처음부터 바로 잘 되지 않습니다. 그냥 될 때까지 시키는 대로 계속하는 수밖에 없습니다. 구조독해가 가능하게 시키시는 것이 바로 '정리노트'입니다. 문제를 풀고 난 후에 지문을 다시 구조에 따라 간단한 표로 정리하는 것입니다. 저는 처음에 1지문에 1시간씩도 걸렸던 것 같습니다. 하지만 점점 익숙해질수록 시간을 단축할 수 있었고, 마지막쯤에는 70분에 9~10지문의 정리노트를 작성할 수 있게 되었습니다. 사실 이미 풀었던 지문을 다시 보면서 정리노트로 작성하는 과정은 매우 귀찮고 따분합니다. 그래도 저는 이 방법이 무조건 제 방법보다는 나을 것이라고 믿고, 파이널 모의고사까지도 모두 정리노트를 작성했습니다. 이러한 습관이 언어이해 성적을 비약적으로 상승시키는 데 도움이 되었다고 생각합니다.

셋째는 풀 세트를 풀 수 있는 체력을 자연스럽게 기를 수 있도록 구성된 커리큘럼 때문입니다. 이를 통해 기본 강의에서는 지문 구성 유형별로 3개 지문을 한 번에, 실전 강의에서는 제재별로 5개 지문을 한 번에, 그리고 파이널에서는 새롭게 보는 10개 지문을 한 번에 풀어낼 수 있게 처음부터 무리하지 않고 차츰차츰 나아질 수 있었습니다. 만약 혼자 공부했었더라면 처음부터 10개 지문을 냅다 풀면서 '왜 안 될까' 부정적인 생각을 많이 가졌을 텐데, 시기별로 수준에 맞게 공부를 할 수 있도록 하는 좋은 길잡이가 되었습니다.

넷째는 안심을 잘 시켜주신다는 점이었습니다. 저처럼 LEET 신내림을 받지 않은 분들은 수험기간 내내 자신에 대한 의심과 싸우셔야 할 가능성이 높습니다. '이렇게 한다고 되는 건가', '어쩌면 애초에 불가능한 싸움을 하고 있는 것은 아닌가'. 그럴 때마다 화면 속 선생님의 '지금은 잘 안되는 것이 정상이다', '시험장 들어가기 전까지 무조건 되게 만들겠다'는 단호한 말씀이 왠지 모르게 믿어졌고 힘이 되었습니다.

(2) 기출 풀이 스터디

저는 1월부터 본시험 하루 전날까지 매주 토요일마다 본시험 시간표와 동일하게 기출 풀이 스터디를 진행했습니다. 2023학년도 시험부터 거꾸로 거슬러 올라갔고, 2013학년도 시험까지 풀고 난 후에는 각자 사설 모의고사를 들고 와 풀었고, 마지막에는 평일에도 만나 최근 기출을 다시 풀었습니다. 제게 스터디가 도움이 되었던 이유는 4가지 정도라고 생각합니다. 첫째는 로스쿨 입시에 본격적으로 뛰어들었다는 마음가짐을 가질 수 있습니다. LEET는 과목도 사실상 2개밖에 되지 않고, 풍문에 따르면 학기든, 취준이든 무언가를 병행하지 않는 것이 이상하다는 이야기가 들릴 정도로 해이하게 준비하려면 한도 없이 해이하게 준비할 수 있는 독특한 시험이라고 생각합니다. 그래서 내가 본격적으로 시험을 준비하겠다는 마음을 굳게 가지는 것이 중요하다고 생각했고, 그 일환으로 스터디를 조직하고 스스로 스터디장이라는 책임감을 부여했습니다. 둘째는 풀 세트에 익숙해질 수 있습니다. 언어이해 70분, 추리논증 125분을 최고로 집중한 상태로 풀어내는 것은 시험 당일날까지도 쉽지 않을 정도로 고통 그 자체입니다. 그래서 처음에 혼자서 풀 때에는 말도 안 되는 이유를 대며 중간에 그만두기 일쑤였습니다. 하지만 스터디에서 문제를 풀게 되면 적어도 중간에 멈출 수 없으니 강제로라도 풀 세트에 익숙해질 수 있었습니다. 실제로 처음에는 금요일 밤만 되면 토요일 해가 뜨는 것이 죽도록 싫었는데, 점점 심적인 부담이나 스트레스가 확연히 주는 것을 경험할 수 있었습니다. 셋째는 집단지성을 발휘할 수 있습니다. 수험 과정에서 내가 놓친 정보를 얻을 수 있거나, 풀이를 봐도 이해가 되지 않는 문제에 대해 함께 논의할 수 있기 때문입니다. 또한, 건전한 승부욕으로 실력 향상에 긍정적 효과가 발생하기도 했습니다. 마지막으로 실제 시험 전 여러 가지 시도를 해볼 수 있습니다. 단적인 예로, 저의 경우 문제를 풀이할 때 더 편한 펜을 찾기 위해 굵기, 색상을 매번 달리 했고, 결국 가장 잘 맞는 펜을 찾아낼 수 있었습니다. 이외에도 지문 순서나 시계를 손목에 찰지, 책상에 붙일지 등 시험장에서 그나마 자신이 통제할 수 있는 요소들을 스터디에서 미리 경험해보시는 것을 추천 드립니다.

(3) 사설 모의고사 응시

저는 두 곳의 사설 모의고사 전 회차(총 9회)를 현장 응시했습니다. 그리고 기출 풀이 스터디가 알파 테스트라면, 사설 모의고사는 베타 테스트 격으로 활용했습니다. 스터디에서 효과를 본 요령이 실제 시험장과 보다 유사한 사설 모의고사장에서도 효과를 나타내는지 확인하고, 어떻게 행동해서 틀리게 되었는지에 집중하려 했습니다. 이를 위해 사설 모의고사를 응시할 때에는 구체적으로 2가지는 꼭 지키려고 했습니다.

첫째는 시험을 치러가기 전날 "시도해볼 것" 목록을 만들었습니다. 부끄럽지만 제가 직접 작성했던 파일을 그대로 가져오면 다음과 같습니다.

제2회 ○○ 시도해볼 것

시간도 중요하지만, 세부 지침 사항을 최대한 지키려고 의식적으로 노력하면서, 관조적인 태도로 시험에 임하자!

① 순서: 처음부터 쭉, 과학/기술 뛰어넘지 말고.
② 시간: 최대한 1지문당 7분 내로 끊으려고 노력하되, 9지문만 제대로 푼다는 마음가짐으로 임할 것. 따라서 지문 각을 봤는데, 아닌 것 같다 싶으면 일단 넘기고 뒤엣것부터 풀고 돌아오자.
③ 펜: 제트스트림 0.7 주황색 다시 한번.
④ 세부 지침
- 연구자가 4인 이상이면 무조건 이름에 형광펜!!!
- 상관관계는 머리로 어떻게 해볼 생각하지 말고, 무조건 손으로 써라!!!
- "옳지 않은" 것 묻는 문항 → 단정형 선지부터 확인.
- 견해가 다양하게 나오는 지문의 사례 적용 문항 → 무조건 기준별로 표 그려서 판단.
- 익숙한 개념이 나오면 오히려 지문에서는 어떻게 정의하는지 더 경계하면서 확인할 것.

(후략)

위와 같이 그동안 강의 및 스터디에서 획득한 저만의 노하우를 "행동 지침"으로 구체화해서 시험장에 갔고, 모의고사에서 최대한 시도해보려고 노력했습니다. 그래서 평소 실수를 발생시켰던 습관들이 교정되었는지 최종적으로 확인했습니다. 이때 사설 모의고사 성적에 연연하지 않고, 내가 시도하려고 했던 것들을 잘 해내었는지를 체크하여 성취 지표로 삼았습니다.

둘째는 시험을 치고 와서 "시험 소감"을 작성했습니다. 모의고사를 치고 나면 아무것도 하기 싫은 녹초 상태가 되지만, 그날의 현장감은 당일에 정리하는 것이 가장 좋았습니다. 그래서 너무 잘 작성하려고 하지 않고, 일기 쓰듯 짧게라도 소감을 작성해두려고 했던 것 같습니다. 예를 들면, "생각보다 긴장되니까 몰입되기 전에 언어이해 첫 번째 지문이 눈에 안 들어왔다. 긴장되고 더 잘 안 읽힐수록 더 거시적으로 묶어서 보려고 해야 할 것 같다. (…) 더 천천히, 처음에 침착하게 하려고 접근했던 것은 좋은 것 같다. 오히려 조급하게 빠르게 가려던 것보다는 시간적으로 덜 모자랐던 듯. 실제 시험장에서도 급하게 가려고 하지 말고, 침착하게 더 차분하게 임하자." 식이었습니다. 이렇게만 해두어도 이후에 비교적 정확한 현장감을 되살리는 데 큰 도움이 되었습니다.

개인적으로 사설 모의고사를 응시할 때 가장 중요한 점은 "풀던 대로 풀지 않는 것"이라고 생각합니다. 안 좋은 습관을 가지고 있는데 풀던 대로 많이 풀기만 하면 힘은 힘대로 들고 악습관은 악습관대로 굳히는 슬픈 상황이 발생합니다. 아마 "LEET 신수설"은 기존의 독해 습관이 운이 좋게도 시험에 적합한 사람들에 관한 것일 겁니다. 갖고 있던 독해 습관이 오히려 문제를 틀리기에 적합했던 저는 아예 다 버리고 새로 만들어야 한다고 생각했습니다. 그런데 엄청난 시간 압박 속에서는 기존의 습관을 버리는 것도 힘들고, 새로운 것을 만들어내는 것도 어렵습니다. 관성의 법칙이 대단해서 사람은 계속하던 대로 하려고 하기 때문입니다. 그래서 평일에는 처음에는 시간이 오래 걸리더라도 올바른 문제풀이 습관을 반복해서 동작 하나하나가 완성형이 될 수 있도록 했고, 모의고사에서는 이 스킬을 실전 활용했습니다. 〈스트릿 우먼 파이터〉에서 댄서들이 평소에 기본 동작들을 갈고 닦고, 댄스 배틀에서 음악에 맞는 동작들을 자동적으로 해내는 것과 비슷하다고 보면 될 것 같습니다. 사설 모의고사는 실전 배틀과 같은 셈이죠.

(4) 독서

LEET가 아무리 배경지식으로 치는 시험이 아니라고는 하지만, 아는 것이 많을수록 도움이 되는 것은 분명하다고 생각합니다. 그래서 식사 시간과 정 공부가 잘 되지 않을 때를 활용해서 독서를 했습니다. 독서는 문덕윤 선생님이 추천해주신 도서 리스트에서 특히 부족하다고 생각하는 분야의 것들을 뽑아 읽었습니다. LEET 수험에 도움이 되는 책읽기는 흥미로운 분야 하나를 깊게 파는 것보다는 넓고 얕게 최대한 많은 소재에 대해 눈에 발라 놓을 수 있게 하는 것이라고 생각하는데, 직접 찾지 않아도 언어이해 지문에 출제될 만한 제재가 풍성하게 담긴 책들을 소개해주셔서 도움이 되었습니다. 특히 도움이 많이 되었던 책은 과학기술 분야의 조진호 작가님의 '~~ 익스프레스' 시리즈와 철학 분야의 '철학고전 32선'이었습니다. 이외에도 개인적으로 도움이 많이 되었던 책들을 몇 권 소개해드리자면 다음과 같습니다.

① 위대한 ○○ 고전 30권을 1권으로 읽는 책(출판사: 빅피시)

현재까지 철학, 과학, 경제학까지 출판되어 있는데, 고전 한 권당 20페이지 내외로 소개되어 있어 부담이 없고, 매우 쉽게 풀어져 있으며, 학자의 일생도 가볍게 소개되어 있어 LEET 수험에 정말 최적입니다. 한나 아렌트, 칼 포퍼, 대런 애쓰모글루 등 언제 나와도 이상하지 않을 학자들이 각 권당 30명씩이나 소개되어져 있는 만큼 시간 내어 읽어 보셔도 후회 없을 것 같습니다.

② 2024 미래 과학 트렌드(출판사: 위즈덤하우스)

저는 문과이기 때문에 특히 과학기술 지문이 어렵게 느껴졌는데, 해당 도서는 최신에 화제가 되고 있는 국내외 과학기술 분야의 이슈를 가장 빠르게 다루고 있다는 생각이 듭니다. 특히 소재별로 발췌독을 하기에 매우 적합하고, 책의 끝부분에는 전년도 노벨상 수상 연구들을 소개해주기 때문에 다소 이해가 어렵더라도 한번 봐 놓는다면 좋을 듯싶습니다.

③ 과학 원리: 인포그래픽 과학 팩트 가이드(출판사: 사이언스북스)

문덕윤 교수님께서는 과학기술 분야가 문과생들에게 어려운 이유가 '익숙하지 않다 보니 머릿속에 잘 그려지지 않아서'라고 말씀하셨는데, 저 역시 그에 전적으로 동의합니다. 해당 도서는 과학 전 분야에 대해 그림을 통해 설명해주는 전과이기 때문에, 과학기술 지문을 읽고 이해가 되지 않는 내용을 찾아보는 데 도움이 될 것이라고 생각합니다.

활자가 정말 눈에 들어오지 않을 때에는 EBS나 KBS 다큐멘터리 등을 유튜브에서 찾아 보았습니다. 배경지식을 쌓는 것은 어디까지나 부수적인 것이기 때문에, 이 정도로만 하셔도 충분하지 않을까 싶습니다.

3. 시험 당일

LEET를 준비하는 과정에 있어 최선을 다했다고 생각했기 때문에, 오히려 당일에는 크게 떨리지 않았던 것 같습니다. 이 이상 더할 수 없었기 때문에 결과가 좋지 않다면 그것이 운명이라고, 그냥 스카이다이빙 같은 비싼 액티비티 하러 간다고 생각했습니다. 평소와 같은 식단으로 아침을 먹고, 시험장 가서는 사설 모의고사와 마찬가지로 미리 준비한 체크리스트를 복기했습니다. 이렇게 차분한 상태로 임했던 것이 성적 상승에 도움이 되었던 것 같습니다.

3 포스트 LEET

다행히 로스쿨에 지원할 수 있을 만한 LEET 성적을 받아, 포스트 LEET를 준비해볼 수 있는 기회를 얻었을 때 다시 고민이 시작되었습니다. 학원에 다니는 것이 적은 비용이 아닌데 그만큼 효과가 있을지, 자기소개서나 면접 답변이 천편일률적으로 만들어지지는 않을지가 주된 고민이었습니다. 모든 과정이 다 끝난 지금, 적어도 이 두 개에 대한 스스로의 결론은 '고민할 필요 없었다'는 것입니다. 그 이유에 대해 자세히 말씀드리기에 앞서 제가 포스트 LEET에서 현장 강의를 듣기로, 그중에서도 문라보 팀을 선택하게 된 과정을 말씀드리면 다음과 같습니다.

첫째는 '돈도 쓸 수 있을 때 쓰자'라는 마음이었습니다. 현장 강의가 비용적 측면에서 부담이 되지 않는다면 거짓말일 것입니다. 특히 저는 포스트 LEET 풀 커리큘럼을 패키지로 들을 마음이었기 때문에 학생인 제게는 머뭇거려질 수밖에 없었습니다. 그렇지만 LEET라는 관문을 통과해서 원서를 접수해볼 수 있는 기회가 어쩌면 마지막일 수도 있다는 생각에, 불필요한 시행착오를 겪고 싶지 않았습니다. LEET 응시자 수가 기하급수적으로 증가하고 최소 지원가능 점수의 하방이 계속 높아지고 있는 현 상황에서, 괜히 혼자 해보려 오기를 부렸다가 안타깝게 기회를 놓친다면 내년에는 돈을 쓰고 싶어도 쓰지 못하는 상황이 올 수도 있겠다는 생각에 닿자 학원의 힘을 빌리기로 마음먹었습니다.

둘째는 '자기소개서와 면접은 현장 강의여야 한다'는 마음이었습니다. 그래도 지필 시험인 LEET의 경우, 인터넷 강의를 통해서도 충분히 양질의 학습을 할 수 있다고 생각합니다. 하지만 자기소개서와 면접은 1:1로 직접 만나 즉각적으로 피드백을 받는 과정, 그리고 현장에서 실제로 내 입으로 말해보는 경험이 필수적입니다. 그래서 이 부분에 있어서는 큰 고민 없이 인강과 현강 중 후자를 택할 수 있었습니다.

셋째는 '이왕이면 문라보 팀이 좋겠다'는 마음이었습니다. 우선, 저는 언어이해 성적 향상에 문덕윤 교수님의 도움을 받았기 때문에, 남은 3개월의 과정도 신뢰할 수 있었기 때문입니다. 게다가 수험과정에서는 불필요한 에너지 낭비를 줄이는 것이 매우 중요하다고 생각하는데, 이미 7개월 동안 많이 뵈면서 익숙해진 분을 두고 굳이 다른 교수님과 잘 맞을지 시험하며 에너지를 쓸 이유가 없다는 생각도 있었습니다. 언어이해가 문덕윤 교수님과 잘 맞는다면 LEET와 포스트 LEET의 연속성과 에너지 효율 측면에서도 문라보 팀이 장점이 있다고 생각합니다. 언어이해(추리논증)와 자기소개서/면접을 같이 하시는 교수님이 많이 없기 때문입니다. 또한, 단순히 모범 답안을 준비하는 것이 아니라 어떤 문제든 법학적으로 사고할 수 있도록 만들어 준다는 점이 매력적이었습니다. 면접 문제도 언어이해 지문과 같아서 전혀 예상하지 못한 것이 나올 가능성을 배제할 수 없습니다. 그렇기 때문에 예상 문제와 모범 답안에 집중되어 있는 것보다 사고방식을 배우는 것이 좋을 것이라 생각했고, 이에 대해 가르쳐 주실 때에도 구체적인 행동 강령을 반복적으로 알려주시는 점이 좋았습니다. 저는 비법학사에, 학부 때 들은 법학 과목도 민사소송법 단 한 과목밖에 없어 사실상 법학적 지식이 전무한 상황이었음에도, 10월쯤에는 나름 법학적으로 문제에 접근할 수 있었던 것을 보면 법학 무식자에게 좋은 강의가 아닐까 생각합니다. 무엇보다도, 3배의 관심을 받을 수 있다는 점이 큰 장점이라고 생각했습니다. 아무리 유능한 선생님이라 하더라도 인간의 시간과 체력 등 물리적 한계를 피해 갈 수는 없습니다. 특히 개인적 특성을 파악하여 지도하는 것이 필요한 포스트 LEET 과정에서 한 분이 모든 것을 전담하게 된다면, 학생 1인에게 떨어질 관심이 비교적 약할 수밖에 없다고 느꼈습니다. 문라보 포스트 LEET 커리큘럼은 문덕윤 교수님, 류현준 변호사님, 최경준 변호사님 세 분이 각각 자기소개서, 면접, 법학적 사고력을 담당하여 진행될 뿐만 아니라, 세 분 모두 입시 과정에서 전방위적으로 관심을 기울여 주시기 때문에 든든했습니다.

여기까지는 학원 강의를 선택하는 사전 과정에 대한 이야기였다면, 지금부터는 처음 두 가지 고민에 대해 사후적인 소회를 말씀드리고자 합니다. 첫째로, 개인적으로 저에게는 학원이 비용 그 이상의 가치를 가져다주었습니다. 지식적 측면은 물론이거니와 최선을 다해볼 수 있는 기회와 좋은 인연을 안겨주었기 때문입니다. 우선, 저는 학원에 다녔기에 최선의 한계를 뛰어넘을 수 있었다고 생각합니다. 로스쿨 입시를 준비하는 과정은 정말 제각각이기 때문에 표준이라는 것이 없습니다. 그래서 무엇이 나의 최선인지 파악하기도 어렵습니다. 혼자였다면 포스트 LEET를 이렇게까지 열심히 해야 하는지 가늠도 되지 않았을 것이고 힘들 때는 쉽게 타협했을 텐데, 옆에서 당근과 채찍으로 더욱더 열심히 할 수 있도록 해주신 것 같습니다. 실제로 정량으로는 합격한 두 학교 모두 모의지원 2배수 정도였는데, 최초 합격할 수 있었던 것은 자기소개서와 면접을 최선을 다해 준비한 것이 컸다고 생각합니다. 뿐만 아니라, 선생님과 친구들이라는 좋은 인연을 만날 수 있었습니다. 정말 솔직하게 이야기하면 처음에는 입시학원에 대해 큰 기대가 없었습니다. '딱 지불한 만큼 해주시겠지'라고 생각했고, 딱 그 정도만 기대했습니다. 그런데 제가 3개월 동안 함께한 선생님들은 그렇지 않았습니다. 매주 애정이 담긴 메일을 받아볼 수 있었고, 힘들어하는 모습을 보이면 위로해주셨습니다. 이 과정에서 누구보다 나와 진심으로 함께하고 있다는 느낌을 받았습니다. 함께한 수강생도 경쟁자가 아닌 평생 갈 좋은 친구로 남았습니다. 아마 이런 분위기는 선생님들부터 계산적이지 않은 모습을 보인 것의 영향이 크지 않을까 싶습니다.

둘째로, 천편일률적으로 만들어지지 않는다고 생각합니다. 학생마다 가지고 있는 소재가 다르고, 사람도 다르기 때문에 자기소개서 자체가 같아질 가능성은 작기 때문입니다. 면접의 답변 역시 3개월 만에 그 사람이 가지고 있던 기본 가치관이나 신념이 달라지는 것은 아니기 때문에, 같은 반에서 강의를 들은 수강생이라도 마지막까지 같은 문제에 대해 저마다 다른 답을 내놓았습니다. 표준화되는 것이 있다면 그것은 '수준'이 아닐까 싶습니다. 문라보 선생님들 모두 높은 내부 기준을 가지고 절대 타협해주시지 않기 때문에, 3개월이 지난 후에는 등 떠밀려서라도 향상한 자신의 실력을 발견하실 수 있을 겁니다. 이렇게 과정에서 최선을 다해볼 수 있어 후회가 남지 않았고 좋은 사람들을 만날 수 있었기 때문에, 만약 결과가 '합격'이 아니었더라도 문라보와 함께한 것을 후회하지 않았을 것이라고 생각합니다.

1. 준비기간 및 하루 일과

저는 LEET가 끝나자마자 8월부터 시작하여, 약 3개월간의 포스트 LEET 준비기간을 가졌습니다. 이 과정을 지나기 전에는 3개월이면 길지 않을까 생각했는데, 지금에서는 3개월도 넉넉하지 않다는 생각이 듭니다. 8월 말 공동입시설명회까지 자기소개서 초안을 만들고, 9월 중순까지 증빙 서류를 모두 준비하면서, 법학적 사고력과 면접 기초를 닦다 보면 초반 2개월이 눈 깜짝할 새에 지나갑니다. 그렇게 추석이 지나고 나면 면접이 채 한 달밖에 남지 않습니다. 그러니 여건이 되신다면 LEET 끝나고 힘드시더라도 최대한 빠르게 포스트 LEET를 시작하시는 것을 추천 드립니다.

포스트 LEET 때는 학원의 일정에 맞춰 하루를 보냈습니다. 저는 수요일에 자기소개서 첨삭을 위해 문덕윤 교수님과 1:1 면담을 가졌고, 토, 일요일에 면접과 법학적 사고력 수업을 듣기 위해 아침 9시부터 저녁 8시쯤까지 학원에 있었습니다. 각 수업 전까지는 자기소개서 작성, 리서치 스터디, 면접 서면 및 영상 과제, 법학적 사고력 서면 과제를 제출해야 하기 때문에, 이것들을 해내다 보면 평일도 순식간에 지나갔습니다. 구체적으로 월요일은 쉬고, 화, 수요일은 자기소개서 작성, 목, 금요일은 그 외 과제, 토, 일요일은 학원 강의로 일주일이 구성되었습니다. 포스트 LEET를 준비할 때 많은 수험생 분들이 무엇을 해야 하는지 모르겠기에 고민하시는 것 같은데, 학원에 다니게 되면 그런 고민을 할 시간조차 사치가 되는 경험을 하실 수 있습니다.

2. 준비방법

포스트 LEET 때에는 자기소개서와 면접을 위한 1), 2), 3) 학원 강의와 더불어 학원 내외에서 참여한 4) 스터디, 기초 철학과 법학적 배경지식을 보강하기 위한 5) 독서를 통해 준비했습니다.

(1) 자기소개서 1:1 첨삭 강의

문덕윤 교수님 강좌의 가장 큰 장점은 논증적인 자기소개서를 쓸 수 있게 된다는 점입니다. 논증적인 자기소개서의 장점은 나의 메시지를 설득력 있게 전달할 수 있고, 구조적으로 매끄럽게 개인적인 경험을 녹여낼 수 있으며, 예비 법조인으로서의 논증 능력을 은연중에 드러낼 수 있다는 것입니다. 하지만 자신을 드러내는 글을 논리적으로 작성한다는 것이 혼자서 감을 잡기는 쉽지 않습니다. 저 역시 처음에는 주장하는 바 없이 내가 가진 경험들 중 가장 좋아 보이는 것을 단편적으로 설명하는 식으로 자기소개서를 썼습니다. 그러다 보니 질문에 대한 답이 아닌 내가 하고 싶은 말을 하게 되었습니다. 그럴 때마다 선생님께서 글의 구조적 측면에서 어떻게 접근해야 할지에 대한 조언을 주셨고, 이를 통해 결과적으로 좋은 자기소개서를 완성할 수 있었다고 생각합니다. 특히 쉽게 타협하지 않을 수 있도록 제출 직전까지 검토해주신 점이 글의 질을 높이는 데 큰 도움이 되었습니다.

(2) 면접 강의

면접을 준비하는 데는 크게 말의 외관을 잘 다듬고, 좋은 내용을 채우는 것이 필요하다고 생각됩니다. 류현준 변호사님의 면접 강의는 전자에 초점이 맞춰진 강의라고 생각하면 좋을 것 같습니다. 보기 좋은 떡이 먹기도 좋은 것처럼, 아무리 내용이 좋더라도 구조가 엉망이면 설득력이 떨어질 수밖에 없습니다. 따라서 답변의 구조가 어떻게 이뤄졌을 때 보다 논리적이게 보일 수 있는지를 3개월 동안 바로바로 피드백을 받으면서 수정을 거듭할 수 있었다는 점에서 큰 도움이 되었습니다.

8~9월에는 중요한 기출문제들을 비교적 자유로운 분위기에서 일단 입 밖으로 답을 내뱉는 연습을 하며 말하기에 대한 기본적 역량을 길렀다면, 10월부터는 의상부터 대기 시간, 면접 시간 등 실제 면접장과 유사한 세팅으로 진행되는 시뮬레이션 강의가 진행됩니다. 이것이 문라보 팀의 면접 강의의 차별화 포인트라고 생각합니다. 한 달 동안 실제와 유사한 상황에서 수업이 진행되다 보니 점점 극도의 긴장 상태에 익숙해져, 오히려 체감 긴장도는 실제 면접장에서 더 낮았던 것으로 기억됩니다. 또한, 시험에 출제될 만한 직접 제작된 문제들을 통해 시간 압박 속에서 낯선 문제를 해결하는 것을 충분히 연습할 수 있다는 점 역시 큰 장점입니다.

(3) 법학적 사고력 강의

최경준 변호사님의 법학적 사고력 강의는 후자인 좋은 내용을 담는 데 초점이 맞춰진 강의라고 생각합니다. 앞서 말씀드린 바와 같이 저는 부끄럽게도 헌법에 명시된 기본권에 대한 구체적인 지식도 부족했을 정도로 법학적 지식이 부족했습니다. 최경준 변호사님께서는 수업 시간에 무한 반복을 통해 저와 같은 초심자도 충분히 따라갈 수 있도록 수업을 진행해주셔서 정말 좋았습니다. 또한, 문제 유형별로 어떻게 접근해야 하는지 구체적인 지침을 주신다는 점에서 실전에서 큰 도움이 되었습니다. 예를 들면, '법률제시형에서는 형식부터 실질로', '제시문 제시형의 지원자 의견확인용은 제시문 분석 후 제시문 내부 논거와 외부 논거 순으로'와 같이 접근 방식을 알려주시기 때문에, 아무리 낯선 제재가 등장하더라도 최대한 이성적으로 문제에 접근할 수 있었습니다. 이는 일반적인 면접 대비 방식인 예상 문제에 대한 모범 답안을 작성하는 것과 달리, 문제 풀이 방법 자체에 대해 체계적으로 접근하고 있다는 느낌을 주어 준비 과정에서도 안심이 되는 효과가 있었습니다. 뿐만 아니라, 면접에 출제될 수 있을 만한 주요 10개 주제를 꼼아 3개월 동안 반복적으로 다뤄주시고, 어떤 논거를 제시했을 때 다른 면접자와 차별화될 수 있는지 짚어주시기 때문에, 관련된 문제가 나왔을 때 유리한 위치를 선점할 수 있을 것이라 생각합니다. 실제로 제가 면접을 봤던 부산대(고양이 신장이식; 동물권)와 아주대(가짜뉴스; 언론의 자유) 모두 수업 시간에 반복적으로 다뤘던 주제들이어서 크게 당황하지 않고 좋은 답변을 내놓을 수 있었습니다.

(4) 스터디

저는 학원 내에서 조직해주는 리서치 스터디 1개와 더불어, 학원 외에서 직접 구한 면접 시뮬레이션 스터디 2개를 병행했습니다.

리서치 스터디는 8월부터 3개월 동안 진행됩니다. 매주 금요일까지 관심 가져야 할 주제 5가지에 대한 리서치 과제를 제출하고, 주말에 스터디원과 함께 토론하는 것이 골자입니다. 이것의 장점은 최신 이슈에 대해 지속적으로 팔로업할 수 있게 된다는 점과 더불어, 문라보 팀에서 제공하는 양식이 찬성 혹은 반대 한 쪽의 입장에서만 조사하는 것이 아니라, 여러 이해관계자들의 다양한 입장에서 검토할 수 있도록 한다는 점, 그리고 자신의 주장과 논거, 반박과 재반박하는 과정을 거치도록 한다는 점에서 실전 면접 대비에 유용하다는 것입니다. 개인적으로 면접에서 중요한 것 중 하나는 시간 압박 속에서 그럴싸한 논거를 많이 만들어낼 수 있는 능력이라고 생각합니다. 3개월 동안 매주 5개의 새로운 주제에 대해 찬성 측과 반대 측 각각 3개 이상의 논거를 찾아내다 보면, 비록 질이 조금 떨어지더라도 어느샌가 주장에 대한 논거 2~3개는 만들어낼 수 있는 자신을 발견하실 수 있을 겁니다.

서류 제출이 끝난 9월 말부터는 학원 외에서 면접 시뮬레이션 스터디를 2개 더 구해서 참여했습니다. 이 시기 학원에서는 새로운 문제로 면접 시뮬레이션을 진행하는데, 외부 스터디를 병행하여 자신이 지원하고자 하는 학교의 가, 나군 3개년 기출 정도는 모두 다뤄보는 것이 좋은 것 같습니다. 특히 좀 더 부담 없는 환경에서 답변하는 기회를 많이 가짐으로써 자신감을 향상시키는 것에도 도움이 됩니다.

(5) 독서

포스트 LEET 시기에는 법을 소재로 한 책을 많이 읽었습니다. 스스로 법학적 지식이 부족함을 느끼고 있기도 했고, 사안을 판단하는 기준이 온전히 정립되지 않았다고 느꼈기 때문입니다. 이때 특히 도움이 되었던 책을 몇 권 꼽자면, 김영란의 열린 법 이야기(김영란), 법의 이유: 영화로 이해하는 시민의 교양(홍성수), 위험한 법철학(스미요시 마사미), 정의란 무엇인가(마이클 샌델) 정도입니다. 모두 가벼운 책이라서 저처럼 리걸 마인드가 부족하다고 느끼신 분들이 읽으신다면, 적어도 사안을 판단하는 기준으로 자유주의, 공리주의, 공동체주의 중 어느 것에 끌리는지, 법은 왜 필요한지, 국가는 어떤 존재인지 등에 대해 기본적인 감을 잡으시는 데 도움이 될 것이라 생각합니다.

4 마치며

저 역시 이 글을 끝까지 읽고 계실 여러분들과 같이 누구보다 절실했기 때문에, 제가 한 대로만 따라 하시면 합격하실 수 있을 거라는 호언장담으로 안심시켜드리고 싶습니다. 그런데 제가 경험한 1년간의 수험 생활은 최종 합격 창이 뜨는 그 순간까지 불안정과 불확실의 연속이었습니다. 저만큼 치열했던 기출 풀이 스터디원은 원서 한 장 넣어보지 못했고, 3개월 동안 함께 동고동락했던 학원 친구는 면접장 문턱도 밟지 못했습니다. 넷플릭스 시리즈 〈오징어 게임〉은 판타지가 아니었고, 유리 징검다리를 잘못 밟아 떨어지는 광경을 목도하게 됩니다. 저 역시 만약 각각 문제가 더 난해하다고 평가를 받은 부산대 나군과 아주대 가군으로 군만 바꿔 지원했다면 또 다른 결과를 맞이했을 수 있다고 생각합니다.

그런데 그래서 더 해볼 수 있는 모든 것들을 다 해보셔야 한다고 말씀드리고 싶습니다. 결과는 어차피 손댈 수 없는 영역에 있기 때문에, 내가 손댈 수 있는 것이라도 모두 다 해보아야 후회가 남지 않는다고 생각합니다. 과정에서 후회가 남지 않았을 때, 실전에서 초연하게 임할 수 있습니다. 한 가지 확실한 것은 최선을 다해 실력을 연마했을 때 합격 가능성이 높아지는 것입니다. 그러니 과정에서 매우 불안하시더라도 도망치지만 않으시면 좋을 것 같습니다. 눈에 보이는 오늘 하루만 잘 마무리하는 것을 목표로, '나는 날마다 모든 면에서 점점 더 좋아지고 있다'는 주문을 외우며 스스로를 믿으시길 바랍니다. 저는 이 과정의 끝에 후회가 남지 않길, 그리고 행운이 깃들길 간절히 바라겠습니다. 긴 글 읽어주셔서 감사합니다.

최고 백분위 점수는 MOONLABO와 함께!

연세대 로스쿨 합격

안녕하세요. 연세대학교 법학전문대학원 14기 합격생입니다. 저는 작년 11월에 시작된 기초 과정부터 올해 파이널 과정까지 문덕윤 선생님의 언어이해 풀 커리큘럼을 끝까지 수강하여 2022학년도 LEET 언어이해에서 백분위 99.1이라는 높은 점수를 얻을 수 있었습니다. 곧 문덕윤 선생님의 강의를 수강하실 예정인 여러분께 선생님의 커리큘럼을 어떻게 따라가면 좋은 결과를 얻을 수 있을지 적어보았으니 많은 도움이 되셨으면 좋겠습니다.

1 현장 강의 커리큘럼

우선 저는 현장 강의 커리큘럼을 수강했습니다. 현장 강의 커리큘럼은 기초부터 파이널까지 다양한 과정으로 이루어져 있지만 제가 공부한 방식은 모의고사를 기점으로 달라졌기 때문에 두 부분으로 나누어 공부 방식을 설명드리겠습니다.

1. 모의고사 전 [기초-기본-심화]

문덕윤 선생님의 수업 과정을 따라가며 가장 유용했던 공부 도구는 정리노트입니다. 사실상 저는 기초부터 파이널까지의 모든 과정에서 접한 지문 전부에 대해 정리노트를 작성하면서 독해력을 끌어올릴 수 있었습니다. 정리노트는 문제풀이 후에 해당 지문을 어떻게 읽었는지 지문의 구조를 직접 표로 나타내는 것이라고 생각하시면 됩니다.

정리노트를 작성할 때 가장 큰 장점은 자신이 해당 지문을 어떻게 읽었는지에 대한 객관화가 가능하다는 점입니다. 문제를 단순히 맞췄는지 여부만을 따진다면 자신의 독해가 어떻게 이루어졌는지에 대한 정확한 평가가 이루어지기 어렵습니다. 그러나 정리노트를 직접 작성해보고 선생님의 정리노트와 비교하는 작업을 통해 자신이 어떤 부분을 확대 해석했는지, 어떤 부분을 채워 읽었는지 등을 객관적으로 파악하기 쉬워 독해 습관을 빠르게 교정해나갈 수 있습니다.

정리노트 예시

11번 겉으로 소재가 친숙 균형

12번 논리는 개별적일 수 있어 — 무엇을 기준으로 비교?

*** "어떤 방향에서 읽어달라고 하는가"

→ [선택지 논리 치밀함] 주의!!

구분	일본식 김치	한국식 김치
제조 방식	발효 X	유산균에 의해 발효
배추 차이	수분 함량 ↑ 탄력성 ↓	수분 함량 ↓ 탄력성 ↑
실험	pH 4.35 총 균 수 ↑ 유산균 수 ↓	pH 4.27 총 균 수 ↓ 유산균 수 ↑

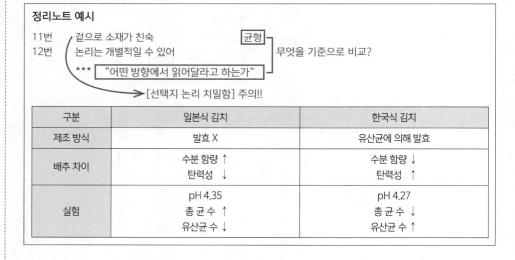

정리노트를 활용한 구체적인 예습 및 복습 방식은 다음과 같습니다. 예습할 때는 다음 수업 진도에 해당하는 지문에 연필로 밑줄을 그으며 읽고 문제를 푼 뒤 해당 지문에 대한 정리노트를 작성하였습니다. 기초-기본-심화 과정에서는 예습을 하지 않으면 수업을 절반밖에 활용하지 못합니다. 그 이유는 예습을 통해 드러나는 자신의 객관적인 상태를 알아야 수업을 들으며 그것을 고쳐나갈 수 있고 최종적으로는 복습을 통해 자신의 독해 습관을 교정할 수 있기 때문입니다. 복습할 때는 제 정리노트와 선생님의 정리노트를 비교하며 오독이 어떻게 이루어졌는지를 파악하고 수업 시간에 선생님이 그어주신 밑줄과 제가 예습 때 그은 밑줄을 비교하며 제 독해 습관을 교정하려고 노력했습니다. 정리노트를 작성하며 드러나는 저의 나쁜 습관들은 따로 모아서 적어놓고 그것들을 반복하지 않으려고 했습니다.

예습 및 복습이 끝난 뒤에는 수업 시간에 배운 방식을 적용할 수 있는지 점검해보기 위해 스스로 기출문제를 풀어보았습니다. 기출문제를 풀 때에도 수업 시간에 배운 대로 꼭 필요한 부분에만 밑줄을 그으려고 노력했고, 문제를 다 푼 뒤에는 정리노트를 작성하여 저의 독해 실력을 다시금 점검하였습니다. 특히 기초-기본 과정 때는 선생님의 기출 해설 인강과 병행하여 정리노트를 작성하고 난 뒤에 인강 해설을 듣는 방식을 택했습니다.

2. 모의고사 과정 [하프-파이널]

모의고사 과정부터는 예습할 필요가 없어집니다. 대신 중요한 것은 정해진 시간에 학원에 와서 빠짐없이 모의고사를 푸는 것이라고 생각합니다. 여러 사람들이 모여 조성해주는 시험장 같은 분위기에서 모의고사를 직접 풀어보는 경험은 매우 소중하기 때문에 선생님께서도 모의고사 과정에서 모든 회차 출석을 강조하십니다.

복습 과정에서는 자신의 문제 풀이 전략을 선생님의 풀이 전략과 비교하고 자신만의 전략을 만들어가는 것이 가장 중요합니다. 저는 해당 회차의 모의고사를 풀면서 제가 어떤 반응을 보였는지, 어떤 나쁜 습관이 나왔는지, 어떤 점은 좋았는지를 일일이 기록하며 제 장점과 단점을 객관적으로 파악하려 했습니다. 이렇게 파악한 장단점을 바탕으로 제가 시험장에서 활용할 전략을 만들어나갔습니다. 또한 파이널 모의고사에 나온 지문들에 대한 정리노트를 지속적으로 작성하며 지문 구조를 정확히 파악하는 연습을 꾸준히 했습니다.

언어이해 파이널 모의고사 원점수 등락폭

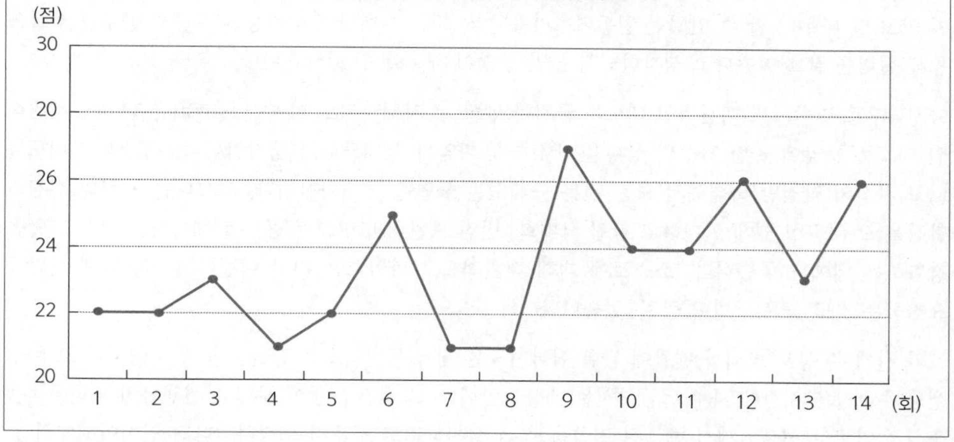

사실 공부하는 수험생 입장에서는 파이널 과정 전까지 나만의 완벽한 전략을 만들어내겠다는 성급한 마음을 가지기 쉽습니다. 그러나 제 경험상 풀이 전략은 30문제를 시간 압박 내에서 푸는 경험을 통해 계속 수정될 수 있습니다. 실제로 저도 파이널 5~6회차 때 점수가 늘 제자리인 것 같아 선생님과의 상담을 통해 새로운 전략을 수립하고 실제 시험장에서도 바뀐 전략으로 문제 풀이에 임한 바 있습니다. 이처럼 전략은 언제든 수정될 수 있기 때문에 중요한 것은 파이널 과정에서 자신의 약점을 파악하고 제한된 시간 내에 최대한 많은 문제를 풀 수 있는 최적의 전략을 찾는 것이라고 생각합니다.

2 스터디

스터디는 현장 강의 학생들을 대상으로 선생님께서 구성해주신 조의 조원들과 일주일에 1회 진행했습니다. 각자 해당 연도의 기출문제에 대한 정리노트를 제출한 후 자신이 맡은 지문에 대한 다른 조원들의 정리노트를 선생님의 정리노트를 기준으로 삼아 첨삭해주고 왜 그렇게 첨삭했는지를 설명해주는 방식으로 스터디가 진행되었습니다. 스터디의 장점은 크게 두 가지입니다. 먼저 기출문제 회독수를 수월하게 늘려나갈 수 있습니다. 정해진 기한 내에 기출문제를 풀어야 하기 때문입니다. 그리고 기출문제를 제대로 분석할 수 있게 됩니다. 다른 조원들에게 왜 이렇게 써야 맞게 쓴 정리노트인지를 설명해야 하므로 맡은 지문의 구조를 논리적으로 파악하려고 노력하게 되기 때문입니다.

3 멘탈 관리

저는 LEET를 잘 보기 위해서는 실력뿐만 아니라 실력을 제대로 발휘할 수 있는 멘탈이 굉장히 중요하다고 생각합니다. 시험장에서 멘탈이 흔들리지 않아야 출제자가 원하는 바를 명확히 파악하고 지문을 읽을 수 있습니다. 이를 위해서는 평소에 일정한 생활 패턴을 유지하며 꾸준히 공부하고 객관적인 태도를 유지하는 것이 도움이 됩니다. 타고난 분들도 있겠지만 대개 굳건한 멘탈은 하루 아침에 만들어지기가 쉽지 않다고 생각하기 때문입니다.

제 경우에는 생활 패턴을 되도록 단순하고 일정하게 만드는 것이 쓸데없는 불안을 줄이는 데에 도움이 되었습니다. 저는 정해진 학원 시간표에 따라 현장 강의를 듣고 식사 후 학원 근처에서 제가 정한 시간까지 자습을 하고 집에 가서 남는 시간에 약간의 운동을 하는 큰 틀에서 벗어나지 않게 평일을 보냈습니다. 이렇게 반복되는 생활을 통해 안정감을 얻고 미래에 대한 쓸데없는 불안을 줄일 수 있었습니다.

꾸준히 지치지 않게 공부하는 것은 강한 멘탈뿐 아니라 실력 향상에도 큰 도움이 됩니다. 물론 적절한 휴식도 필요하지만 저는 쉬기로 정한 날에도 공부를 아예 놓지는 않고 최소 한두 시간은 했던 것 같습니다. 선생님께서 수업 시간에 강조하신 것처럼 법조인은 계속해서 공부해야 하는 직업이기 때문에 예비 법조인으로서 공부를 매일 꾸준히 한다는 마인드로 임했던 것이 수험 생활을 지치지 않고 잘 마무리 할 수 있었던 원동력이었습니다. 저는 시험장에서 그동안 꾸준히 공부한 날들을 통해 실력을 잘 쌓아왔다고 생각하면서 불안을 많이 해소할 수 있었습니다.

마지막으로 말씀드릴 객관적인 태도는 굳건한 멘탈 그 자체라고도 할 수 있을 것 같습니다. 객관적인 태도는 눈앞에 놓인 자신의 상황을 냉정하게 파악하는 태도라고 생각합니다. 객관적인 태도를 잃고 자신의 약점만 확대해서 보는 것은 쓸데없는 불안을 극대화합니다. 그보다는 자신의 장점과 단점을 모두 균형 있게 인지하고 장점 극대화, 단점 보완의 방향으로 공부를 해나가는 것이 멘탈을 강화하는 데에도 좋습니다. 스스로에 대해 객관적으로 파악하는 것이 어렵다면 선생님께 상담을 요청하는 것도 좋은 방법이 될 수 있습니다.

제가 길게 쓴 공부 방식과 멘탈에 관한 이야기들은 제가 독창적으로 만들어낸 것이 아니라 모두 선생님께서 강의 시간에 자주 언급하시는 내용들입니다. 그렇기 때문에 문덕윤 선생님의 커리큘럼을 충실히 따르고 선생님께서 해주신 말씀을 직접 실천하려고 꾸준히 노력하신다면 언어이해에서 충분히 좋은 성과를 얻으실 수 있으리라 생각합니다. 여기까지 읽어주셔서 감사합니다.

언어이해 45% → 97.6% 수직 상승!

연세대 로스쿨 합격

1 들어가며

저는 초시에 혼자 독학으로 LEET를 준비하며 언어이해에서 백분위 45%를 받았습니다. 비슷한 시험이라 생각했던 수능 국어에서는 거의 틀린 적이 없었기 때문에 자신만만했지만 실제 결과는 처참했습니다. 초시를 실패하고 이후 재시를 결심하며, 우연한 기회로 문덕윤 선생님의 언어이해에 대한 철학을 접하였습니다. '이거다!' 싶은 표현하기 힘든 매력을 느껴 교수 패스를 구입하여 풀 커리큘럼을 충실히 따라가 보고자 했습니다. 그 결과 올해 실시한 언어이해 영역에서 97.6%의 성적을 달성하게 되었습니다. 물론 문덕윤 선생님의 강의를 듣는다고 성적이 향상된다고 단정하며 말씀드리는 것은 아닙니다. 그러나 적어도 저는 제가 문덕윤 선생님을 만나 성적 향상을 이루어냈다고 믿습니다. 제가 강의를 수강하며 느꼈던 문덕윤 선생님의 강의가 좋은 이유, 그리고 그 강의별 특징 및 활용방안에 대해 공유하고자 이렇게 글을 씁니다.

2 강의의 장점

문덕윤 선생님 강의의 첫 번째 장점은 잘못된 글 읽는 습관을 알려주시고 고치는 방법까지 해결해 준다는 것입니다. 언어이해 능력은 타고난 것이라 믿었던 한 사람으로서 재시를 결심하고 실패를 분석하며 무엇이 내게 문제였는지 파악하기, 파악했다면 어떻게 고쳐 나가야 할지 등 혼자 공부할 땐 참 막막한 부분이 많았습니다. 선생님 강의에서 잘못된 글 읽기 습관에 대한 예시를 다수 접합니다. 저의 경우 잘못된 습관 10가지 중에서 9가지 이상에 해당하였습니다. 이러한 습관이 왜 잘못됐는지, 그 습관이 어떠한 사고편향으로 이어져 오답을 선택하게 되는지 등의 상세한 설명은 저에게 큰 충격이었고, 그 습관을 하나씩 교정해 나가는 것에 목적을 두고 수업에 임했습니다. (기초 강의가 이러한 잘못된 습관을 말씀해주시는 데 할애하는 비중이 크며 파이널로 갈수록 이러한 습관에 대해 말씀해주시는 비중이 적은 것으로 기억합니다.) 기본 강의를 완강할 때 즈음엔 잘못된 습관이 제법 교정되었고, 전국 모의고사에서 고득점을 받으면서 잘못된 습관 개선과 언어이해 실력 향상을 함께 이루었다는 믿음까지 얻게 되었습니다.

두 번째 장점은 글을 구조화하여 입체적으로 읽을 수 있는 능력을 길러준다는 것입니다. 선생님께서 항상 강조하시는 구조독해가 이에 해당한다고 말씀드릴 수 있을 것 같습니다. LEET 언어이해 지문과 같이 단시간에 많은 양의 정보가 있는 글을 읽을 때는 구조독해가 누구에게나 필요한 당연한 것이지 특별한 것이 아니라고 생각했습니다. 실제로 강의에서 아주 특별한 방법론이 제시되는 것은 아닙니다. 그러나 말 그대로 누구에게나 필요한 것을 어떻게 해야 효율적이고 정확하게 읽을 수 있는지에 대한 방법을 제시해주기에 꼭 필요한 강의라고 생각합니다.

세 번째 장점은 시험 시간 운용 전략에 대한 것입니다. 올해 이례적으로 언어이해 만점자가 나온 것으로 알고 있지만 전체 평균은 30개 중 15개 수준에 육박할 정도로 어려운 시험입니다. 이렇게 어려운 시험일수록 시험 시간을 어떻게 운용해야 하는지에 대한 전략과 훈련은 필수적이라고 생각합니다. 이러한 시험을 어떻게 전략적으로 시간 소모를 최소화하며 문제를 풀어나갈 수 있는지에 대한 여러 방법을 알려주십니다. 〈보기〉 지문의 구성 방식, 선택지의 구성 원리 등 여러 출제 원리 및 그 활용 방안들은 수업에서 처음 들을 때는 실제 시험에서 적용이 가능한가에 대한 의문이 생기기도 했습니다. 그러나 기출문제에 적용을 해보니 실제로 적용이 가능한 문제 풀이 접근 방식이었고, 실제 이를 통해 올해 실시된 시험에서도 많은 시간을 줄일 수 있었습니다.

3 강의별 특징 및 활용 방법

사실 강의 활용 방법은 특별하지 않습니다. 풀 커리큘럼대로 선생님께서 말씀하시는 숙제를 잘 이행하면 됩니다. 그러나 모든 분들이 풀 커리큘럼을 공부한다는 것이 현실적으로 힘들다는 것을 알기 때문에 각 강의에 대한 후기를 간략히 정리해 보았습니다. 선생님 강의를 듣는다면 기초 강의와 기본 강의는 들어야 그 효과를 볼 수 있다고 생각합니다. 성적을 올리고자 한다면 자신의 잘못된 습관부터 교정해 나가야 하는데 이 강의들이 이 목적에 있어서는 최적의 강의라고 생각하기 때문입니다.

그리고 선생님의 기출문제 특강도 꼭 들으시길 추천 드립니다. 혼자서 공부하며 느끼지 못했던 출제자의 시선, 지문 및 선택지의 구성 원리 등 문제를 보는 시야가 넓어질 수 있고, 앞서 말한 구조독해 및 자신의 교정된 습관을 확인하는 데 큰 도움이 되기 때문입니다.

이후의 심화, 하프, 파이널 강의도 여유가 된다면 들으시는 것이 좋습니다. 엄선된 지문과 문제 풀이를 통한 배경지식 확보 및 지금까지 배워온 구조독해 및 교정된 글 읽기 습관의 확인 그리고 다양한 상황에 대한 대처 및 시험 시간 운용 전략 등을 파악하기에도 아주 큰 도움이 되기 때문입니다.

그러나 무엇보다도 중요한 것은 수강생 여러분의 목적 의식인 것 같습니다. 저의 경우 제 잘못된 글 읽기 습관을 교정하는 데 주안점을 두었고, 어느 정도 교정된 후에는 저의 시험 시간 운용 전략에 초점을 두었습니다. 이에 맞춰 예습 및 복습을 진행하여 그 효과를 제대로 본 것 같습니다. 본인이 얻고자 하는 목적을 분명히 하고 그에 맞춰 문덕윤 선생님의 강의를 수강한다면 어느새 언어이해 실력이 향상된 것을 느낄 수 있을 것이라고 믿습니다.

MOONLABO 풀 커리큘럼과 함께 한 1년

이화여대 로스쿨 합격

1 소개

안녕하세요. 이화여자대학교 법학전문대학원에 14기로 입학한 학생입니다. 저는 해외대학교 출신으로 2020년 3월에 대학교를 졸업하여 5월에 입국, 자가격리를 끝낸 뒤 기출문제만 1회독 한 뒤 그해 7월에 치른 시험에서 102.4점이라는 점수를 얻게 되었습니다. 준비기간이 짧아 제대로 공부를 하지 못했다는 아쉬움에 그 해는 원서준비를 포기하고 2022학년도 입학을 목표로 문덕윤 선생님의 커리큘럼을 따라 LEET부터 자기소개서와 면접까지 준비했습니다. 2021년, 올해 LEET는 125.4점을 맞아 총 23점을 올리며 좋은 결과를 얻었기에 1년간의 준비 경험을 구체적으로 설명드리고자 합니다.

2 LEET 언어이해 준비

1. 기초 강의(11~12월)

11월 기초 입문 강의에서 제가 가장 집중했던 것은 언어이해에 대한 개념부터 다시금 잡고 가는 것이었습니다. 전에 1회독을 하긴 했지만 그때는 LEET가 어떤 시험인지에 대한 감도 잡지 못한 채 시간 내에 문제를 푸는 데 급급했기 때문에 정확한 독해를 하지 못했다고 생각합니다.

기초 강의에서 문덕윤 선생님께서는 체계적인 구조독해의 방법을 알려주십니다. 이 기간을 통해 LEET 기출만이 아닌 MDEET 언어추론 등에서 출제된 짜임새 있는 지문을 활용하여 한 문장 한 문장에 감정적으로 매몰되지 않고 '나'의 관점이 아닌 '글쓴이'의 관점에서 글을 읽어 정확하게 파악해낼 수 있도록 하는 방법론을 배우게 됩니다.

또한 선생님께서 현장 수강생 정리노트 스터디를 짜주십니다. 강의 외 시간에는 LEET 기출문제를 풀고 정리노트를 작성해 선생님께 첨삭 받고 스터디원들과 정리노트를 비교·정리하는 시간을 가졌습니다. 지문을 잘못 독해하면 정리노트의 구조도 엉망이 되기 때문에 읽는 습관과 방식을 객관화할 수 있는 가장 유의미한 시간이었다고 생각합니다.

정리노트 예시

연방주의자

분할의 이익	결집의 이익
파벌 지도자의 영향력 확산 방지	대외적 취약성 극복

<헌법에 대한 이해>

공화주의자	오늘날 지배적 견해
정치적 의미	법적 의미
시민의 헌장	사법적 헌장

문제점	해결책: 글쓴이
공화주의 핵심 목적과 충돌	사법 심사 과정이 공적 토론을 촉발시켜 법의 지배에 기여 가능

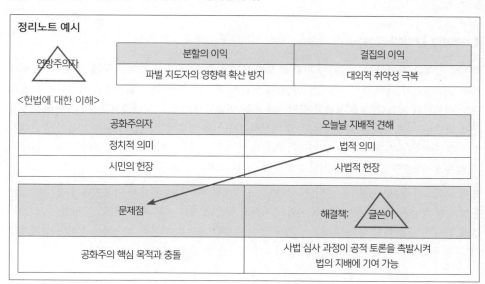

초반에는 선생님께 배운 구조독해를 활용해서 기출문제를 풀다 보면 원래 풀던 방식보다 문제를 더 많이 틀리기도 했습니다. 이 부분은 선생님께서 '구조독해가 어렵다는 건 원래는 논증적으로 읽지 않았던 증거'라고, 초반에는 점수가 떨어질 수도 있다고 말씀해 주셨기 때문에 너무 조급해하지 않으려고 했습니다.

2. 기본 강의(1~2월)

1~2월 기본 강의는 기초 입문 강의를 이어 나가는 느낌으로 수강했습니다. 조금 더 많은 지문을 접해보고 어떤 주제의 지문이 나오든 흔들리지 않고 구조독해 방법을 빠르게 적용할 수 있도록 하는 훈련을 했습니다.

이 강의 동안에도 정리노트 스터디는 계속됩니다. 저는 해외에서 대학교를 나왔기 때문에 제 주변에 로스쿨을 준비하는 지인이 없어 정보도 잘 모르고 고민을 나누기도 힘들었는데 정리노트 스터디원들이 이 시기에 많은 힘이 되어주었습니다.

한편, 전년도에 준비를 많이 하지 못해 재수라고 하기에도 좀 부끄럽지만 2월 정도 되니 강의와 LEET 기출문제만 계속 풀어도 되는 걸까 고민이 되기도 했습니다. 선생님께 유사 기출문제에 대해서 질문드렸을 때, 다양한 문제에 대한 적응력을 기르는 데에 도움이 될 수도 있지만 지금은 보다 정확한 읽기 방법을 익히고, 지문 하나를 읽더라도 느낌이 아니라 구조를 분석하며 읽어내는 연습을 해 나간다고 생각하라고 조언해 주셨기에 LEET 기출문제를 좀 더 정확히 읽어내는 데에 집중했습니다.

3. 심화·실전 강의(3~4월)

심화·실전 강의에서는 제재별로 고난도 지문을 접하게 됩니다. 수업 전 문제를 풀어오는 예습을 철저히 하면서 구조독해를 확실히 적용해보는 기간입니다. 관점에 제대로 △표시가 되어있는지, 밑줄이 선생님과 다른 데 그어져 있다면 그 이유는 무엇인지를 확인하며 이를 구조독해의 복습의 과정으로 삼았습니다.

제재별로 지문을 접하며 오히려 제재가 친숙하게 느껴지는 인문학이나 사회과학 지문의 구조가 더 어려움을 체감하고, 반면에 어렵게만 느껴졌던 과학 지문에 대한 심리적 압박감을 덜어내며 제재에 휘둘리지 않고 구조독해에 집중하는 기간이 되었다고 생각합니다. 이 기간에는 정리노트 스터디를 진행하지 않기 때문에 학원 외 스터디에 참여하여 MDEET, PEET 언어추론을 풀며 기출문제에 대한 감을 잃지 않도록 노력했습니다.

4. 파이널 강의(5~7월)

파이널 강의는 실전처럼 교실에서 시간을 정해 문제를 풀고 그 후에 강의를 듣게 됩니다. 이 시기에는 구조독해가 거의 완성되어 있어야 했기 때문에 더 이상 대단한 무언가를 얻어간다는 느낌보다는 선생님께 배웠던 것을 차분히 실전 적용하는 연습의 기간으로 삼았습니다. 예를 들어, 한 지문에 약 7분 30초 정도를 할애하는 것이 이상적이지만 제 경우에는 어떤 지문은 10분이 걸린다면 또 다른 지문은 4분 만에도 풀 수 있었기 때문에 한 지문이 끝날 때마다 시간을 확인하며 조급해하지 않는 등 저에게 유리한 실전 전략을 하나씩 취사선택해나갔습니다.

또한 모의고사 문제는 문덕윤 언어연구소 변호사 출제팀에서 직접 문제를 만들어내기 때문에 고품질의 문제를 풀게 됩니다. 생소하여 어렵고 피하고 싶은 제재의 지문 혹은 LEET의 단골 주제인 헤겔과 칸트가 나올 때도 있었기 때문에 편식 없이 다양한 제재의 지문을 계속해서 접하며 선택지의 정·오답 구성 논리를 익혀나갔던 것이 모의고사의 가장 큰 장점이었다고 생각합니다.

격일로 학원에서 모의고사를 진행하며 성적과 등수를 받아 보기 때문에 이는 스트레스의 요인으로 작용할 수도 있습니다. 제 경우에도 4번의 하프 모의고사까지는 계속 성적이 정체돼있지 않나 잠시 걱정이 되기도 했지만, 항상 반 평균보다 3~4개를 더 맞는 정도가 유지되었기 때문에 하루하루 제재나 시험의 난이도에 쉽게 흔들리지 않고, '정체'가 아니라 '기복이 없음'을 의미하는 것이라고 생각하며 최대한 스트레스 받지 않으려고 노력했습니다. 선생님께서 수업이 끝난 뒤에도 학원에 잠시 남아 상담도 해주셨기 때문에 문제풀이 방법이나 고민을 말씀드리며 멘탈을 잘 관리할 수 있도록 노력했습니다. 해설 강의 후 집에 돌아와서는 모의고사 지문 정리노트를 꾸준히 작성하며 구조를 한 번 더 익히자 모의고사 성적이 점점 오르는 것을 확인할 수 있었습니다.

3 포스트 LEET

1. 자기소개서

7월 25일에 본가 주변인 부산에서 LEET를 치고 본가에서 좀 쉬고 싶었지만 문덕윤 선생님은 해이해질 시간을 주지 않으셨습니다. 7월 31일에 바로 자기소개서 수업을 개강했기 때문에 다시 서울로 올라가 자기소개서를 준비해야 했습니다.

저는 해외에서 대학교를 조기졸업 했기 때문에 인턴 경력이나 법학 수업 수강과 같이 자기소개서에 쓸 수 있는 내용이 거의 없다고 생각했습니다. 하지만 첫 주차 첨삭에서 선생님과의 면담을 통해 전체적인 글의 얼개를 잡을 수 있었습니다. 선생님께서는 자기소개서도 언어이해 구조독해처럼 생각하십니다. 자기소개의 문항이 어떤 순서로 구성되어 있는지부터 파악하시고, 그 순서에 최적화된 자기소개서 내용을 고민하는 과정에서 저는 미처 글감이라고 생각치도 못했던 경험도 글감이 될 수 있음을 말씀해 주셨습니다. 학생 개개인이 어떤 배경을 가지고 있는지 파악하는 상담 과정을 통해 누구나 찍어내는 공장식 자기소개서가 아닌 그 학생의 장점과 분위기를 최대한 글에 녹여낸 자소서가 탄생할 수 있었다고 생각합니다.

저는 MOONLABO 자문단 첨삭도 이용했습니다. 아는 현직 변호사님이나 로스쿨 선배가 없어 학업 계획과 진로 계획에서 고민이 많았는데 자문단 첨삭을 통해 현직 변호사님께 첨삭을 받을 수 있었습니다. 면접 강의를 맡고 계셨던 류현준 변호사님께서 첨삭을 맡아주셨습니다. 학업 계획과 진로 계획에서 현직이 보기에 현실과 다소 동떨어져 있거나 매력적으로 들리지 않는 부분을 정확히 짚어 주시고 더 나은 대안을 제시해 주셨기 때문에 지원 동기와 괴리감 없는 학업 계획과 체계적인 진로 계획을 완성할 수 있었습니다.

2. 면접

8월에는 면접 수업과 법학적 사고력 수업이 개강합니다. MOONLABO 면접과 법학적 사고력 수업은 문덕윤 선생님의 체계적인 커리큘럼과 현직 변호사님들의 강의라는 점에 신뢰를 얻어 길게 고민하지 않고 수강했습니다.

8~9월에는 면접 수업에서 주제별 기출문제와 유형별 기출문제를 접하고, 그 후 법학적 사고력 수업에서 기출문제에 적용이 가능한 헌법적 판단원칙을 익히며 논증적으로 답변을 구성해가는 훈련을 하게 됩니다.

하지만 무엇보다도 면접 수업의 꽃은 10월에 진행되는 실전 면접 모의고사라고 생각합니다. MOONLABO 변호사 출제팀에서 직접 문제를 출제하고, 실전처럼 복장까지 전부 갖추어 대기 시간, 답변 준비 시간, 실전 답변 시간으로 진행되는 실전 면접을 준비할 수 있었습니다. 이러한 실전 준비과정을 통해 긴장했을 때 어떻게 제시문을 잘못 읽는지, 잘못된 말버릇은 뭐가 있는지, 어떤 고정관념을 면접에서 아주 당당하게 얘기하는지 등을 뼈저리게 느낄 수 있었습니다. 변호사님께서도 그러한 점을 대충 넘어가지 않고 확실히 짚어 주시기 때문에 혼나고 반성해가면서 면접 당일 날 그 하루, 어떤 면접 문제를 만나도 당황하지 않고 논증적으로 답변하는 연습을 했습니다. 저는 실제 면접에서의 면접관 세 분께서 아주 온화하셨기 때문에, 학원에서 류현준 변호사님을 면접관으로 시뮬레이션했던 것보다 덜 긴장한 채로 답변을 마칠 수 있었습니다.

4 마치며

되돌아보면 로스쿨 준비가 쉽지만은 않았습니다. 하지만 그 모든 과정을 행복한 고통의 시간으로 이겨낼 수 있었던 것은 문덕윤 선생님, 면접과 법학적 사고력을 강의해주신 류현준 변호사님과 정민준 변호사님, 그리고 스터디원들 덕분이었다고 생각합니다. 특히 문덕윤 선생님과 변호사님들께서 LEET 시험장으로 어디를 선택하는 것이 좋을지(저는 서울과 본가 옆 부산이라는 두 선택지가 있었습니다), 면접 복장은 어떻게 입고 가야할지와 같은 사소한 고민까지 함께 해주셨기 때문에 해외에서 대학교를 졸업하여 함께 로스쿨을 준비하는 친구가 하나도 없었던 제가 외로운 시간을 이겨낼 수 있었습니다.

오늘의 모의고사 LEET 성적이, 면접 시뮬레이션에서의 내 답변이, 더 나아가서 로스쿨 합격 불합격이 이 글을 읽는 여러분의 존재가치를 결정하는 것이 아니라는 것을 항상 유념하시고 긴 입시 사이클 동안 자존감 꼭 잃지 않으셨으면 좋겠습니다. 고민이 있다면 그 고민을 나눌 수 있는 누군가가 옆에 있음도 항상 기억하시고요. 피할 수 없다면 즐기시고, 후회 없이 노력하셔서 모두 좋은 결과가 있으시기를 바라겠습니다!

LEET 인강 독학과 포스트 리트 현강 커리큘럼으로 만든 초시 합격!

충북대 로스쿨 합격

1 나의 법조인 지망동기

학과 전공 강의에서 배운 각종 정책과 법학 지식으로 인해 법조인에게 관심이 있었습니다. 학교에서 개최한 '법조인 진로 특강 및 선배와의 대화'라는 설명회에서 법조인과 로스쿨에 대한 가이드, 리트 공부 방법 특강을 듣고 본격적으로 법조인에 대한 꿈을 갖게 되었습니다.

2 해커스로스쿨에서 수강한 강의와 해커스로스쿨을 선택한 이유

지방에 거주, 독학이라는 특성상 언어이해, 추리논증, 논술 세 과목 모두 인강으로 수강할 계획이었고, 초시였기 때문에 다양한 강의를 기간 제한 없이 원할 때 수강하고 싶어 교수 패스 구입을 희망했습니다. 교수 패스 구입에 앞서서 강의 OT를 전부 들어본 후에, 문덕윤 교수님의 카리스마와 정리노트, 커리큘럼에 반해 해커스를 선택하게 되었습니다.

3 LEET 학습법

지방에 거주하고 있고, 스터디를 활용할 수 없었던 사정상 인강을 수강하여 리트를 독학하였습니다. 기본 교재를 중점적으로 기출문제를 여섯 번 이상 회독하고, 교수님 모의고사, 해커스 모의고사를 적극적으로 활용하였습니다. 교수님들께서 하라는 걸 하고 하지 말라는 걸 하지 않는 게 옳다고 생각해서, 읽으면 좋다는 책을 구입하여 읽고 문제 풀이에 있어 제 실수를 수시로 점검하였습니다.

1. 시기별

5월	· 언어이해, 추리논증 기본 이론 수강 · 언어이해, 추리논증 2023~예비 기출문제 풀이 1회 및 오답, 기출 분석 강의 수강
6월	· 언어이해, 추리논증 실전 모의고사 풀이 및 강의 수강 · 언어이해, 추리논증 2023~2013 기출문제 풀이 4회 및 오답, 자주 틀리는 문제만 강의 수강
7월	· 언어이해 파이널 모의고사 풀이 및 강의 수강 · 언어이해, 추리논증 2023~2018 기출문제 풀이 1회 및 오답, 자주 틀리는 문제만 강의 수강 · 논술 2023~2020 기출문제 풀이 및 해설 강의 수강
8~10월 포스트 리트	· [자소서 8월 시작반] 문덕윤 교수님 MOONLABO 자기소개서 대면 첨삭(수요일반) · [자소서_특강] MOONLABO팀의 자기소개서 자문단 첨삭 · [면접&법사_실전/토·일] MOONLABO 변호사팀의 면접&법사 실전 B반 · [면접&법사_파이널/토·일] MOONLABO 변호사팀의 면접&법사 파이널 B반

2. 과목별

(1) 언어이해

언어이해는 지문이 나에게 말하는 바가 무엇인지를 파악하는 것이 가장 중요하다고 느꼈습니다. 문덕윤 교수님께서 강의에서 의뢰인이 변호사에게 하는 이야기라고 비유해 주셨던 게 기억에 강렬히 남습니다. 정리노트 특강과 기본 이론을 거치며 시간이 걸리더라도 지문마다 정리노트를 만들었고, 정답과 제 답이 얼마나 다른지를 매번 체크했습니다. 기술 없이 무작정 풀 땐 시간도 더 오래 걸리고 오답도 더 많았었는데, 지문보다 문제를 먼저 읽고 내가 지문에서 짚어내야 하는 것이 무엇인가를 파악한 후, 지문 앞에 숫자를 달아 구분하여 단락의 흐름을 알아내니 점수가 조금씩 오르기 시작했습니다. 정리노트와 문라보 모의고사가 정말 많은 도움이 되었습니다.

글을 하나하나 파헤치기에는 시간도 없고 난도도 높은 데다 실전에서는 긴장해서 제대로 실력을 발휘할 수 없기 때문에, 최대한 글을 멀리서 보면서 기출과 모의고사 문제를 거치며 그래서 뭘 말하려고 하는 거고, 글쓴이가 주제에 대해 어떤 생각을 하고 있는지를 알아내는 데에 시간을 많이 투자했습니다. 별개로 오답노트를 따로 작성했는데, 단어 오독, 의도와 사실을 헷갈리는 경우가 생각보다 많다는 것이 놀라웠습니다. 문제 풀이 시에 펜의 색을 다르게 해서 조금씩 고쳐나갔습니다.

소재만 보고 겁먹지 않는 것도 도움이 됐습니다. 리트 전에 문라보 상담으로 류현준 변호사님께 이공계열이기에 과학과 기술 지문에는 자신이 있고, 철학과 예술 지문에는 자신이 없다고 말씀드린 적이 있는데, 소재를 타지 말라고 조언해 주셔서 그 후로 소재에 상관없이 난이도부터 확인하여 처음 푸는 문제를 정하였고, 어렵고 난해하다 싶으면 바로 패스하고 다른 문제를 풀러 가는 게 시간 활용에 도움이 됐습니다.

(2) 추리논증

추리논증의 과학, 기술 문제는 비교적 익숙했으나 다른 유형은 낯설어서, 기출을 비롯한 문제를 최대한 많이 풀어보고 제가 무엇이 부족한지 체크한 후 이를 보완하였습니다. 있다-없다, 이하-이상, 비율-총량 등 주의할 단어를 따로 정리하였습니다. 어떤 유형의 문제부터 풀기 시작하는 게 좋은지, 순서는 어떻게 할지, 어려워 보이는 문제는 도전해 보고 넘어갈지 바로 넘어간 후 나중에 돌아올지 많은 문제와 모의고사를 통해 정했습니다. 전진명 교수님께서 정리해 주신 핵심 쟁점을 정리하고, 독학이라 오늘의 저와 내일의 제가 쟁점에 대해 서로 토론하며 반박, 재반박을 반복하였습니다. 교수님께서 추천해 주신 책 또한 도움이 많이 되었습니다.

(3) 논술

논문은 써본 적이 있지만 논술은 쓴 적이 없어 무작정 기출을 풀 때는 방향을 잡기 어려웠습니다. 기출을 풀고, 김종수 교수님의 기출문제 강의를 듣고, 모범답안과 우수답안을 따로 적어 그 구성과 흐름을 파악하고자 그대로 따라 쓴 후에 매일 정해진 시간에 섀도잉하였습니다. 제가 생각했던 방향과 답안의 방향이 다른 경우엔 제 무엇이 잘못됐던 건지 부모님이나 친구들에게 도움을 청해 각자 다른 관점에서 이야기를 들어 보기도 하였습니다.

4 자기소개서 및 면접 준비방법

1. 자기소개서

문덕윤 교수님의 문라보 자기소개서 대면첨삭 현강을 수강하였습니다. 비대면 첨삭보다 대면 첨삭으로 교수님을 직접 뵙고 이야기를 나누며 첨삭을 받는 것이 더 알찬 자기소개서를 매주 성실히 작성할 수 있는 방법이라고 생각해서, 일주일에 한 번씩 지방인 집과 서울에 있는 학원을 오갔습니다. 문덕윤 교수님과 일대일로 대화를 나눌 수 있다는 점도 좋았습니다. 자기소개서의 항목도 양이 많았는데, 학부 생활을 할 동안 제가 이루었던 성과를 토대로 진솔한 이야기를 쓴다는 것은 생각보다 어려운 일이었습니다. 그러나 문덕윤 교수님, 문라보 소속 변호사님께 첨삭을 받아 제가 어떤 사람인지 어떤 성실함을 가졌는지를 잘 보여줄 수 있었습니다. 문덕윤 교수님과 자문단 변호사님께서는 제 긴 이야기를 토대로 자기소개서에 쓸 수 있는 소재를 제안해 주셨고, 글쓰기 방향을 잡기 힘들었던 제게 많은 도움이 되었습니다. 최경준 변호사님께서는 서류 제출 직전까지 제 자기소개서의 마무리를 도와주셨습니다. 어떤 변호사가 되고 싶은지, 어떤 법조인이 되고 싶은지를 깊이 생각할 수 있는 기회였던 동시에 어려운 서류 준비 과정을 버틸 힘이 되어 주셨다고 생각합니다.

2. 면접

9월 문라보 변호사팀의 면접&법사 실전반, 10월 문라보 변호사팀의 면접&법사 파이널반을 현강으로 수강하였습니다. 리트까지는 인강으로 가능했지만, 면접은 사람을 상대하는 것이기 때문에 무조건 학원의 현강을 들어야 한다고 생각했습니다. 9월엔 면접에 대한 경험이 없어 많은 사람 앞에서 말하는 게 어려웠지만, 매주 쌓이는 경험과 학원 스터디가 많은 도움이 되었습니다. 면접 강의에서 배운 기술과 류현준 변호사님의 피드백을 기반으로 법학적 사고력 강의에서 배운 법학적 지식과 사례들로 면접의 답이 만들어졌습니다.

10월엔 파이널반을 수강하였는데, 실전반과 달리 한 달 동안 정장을 입고 3:1 시뮬레이션으로 영상을 찍어 제 모습을 피드백하는 과정이 쉽지 않았지만 실력 향상에 좋았습니다. 실제 시험장의 긴장감을 느끼고, 이를 대비할 수 있었습니다. 제가 무엇을 어떻게 말하고 태도는 어떤지, 다른 사람들은 어떻게 대답하고 그 모습에서 난 어떤 점을 배우면 되는지를 속성으로 배울 수 있었습니다. 베스트 면접자의 답안을 따라 써 보고, 제 답안과 무엇이 다르고 어떻게 생각해야 하는지를 매주 점검했습니다. 제 복장과 머리 모양, 말할 때 습관을 정돈하고, 짧은 시간 내에 문제를 풀어 답안을 작성하는 방법을 알게 됐습니다. 특히 법학적 사고력 강의에서 정리해 주신 주요 이슈가 실전에서도 출제되어 답을 잘 구성하게 되었습니다. 류현준 변호사님께서는 면접에서 제가 말하는 내용과 방식에 대해 매 순간 섬세하게 코멘트해 주시고, 해야 하고 하지 말아야 할 것들을 짚어 주셨습니다. 전 이걸 지키는 게 가장 컸다고 생각합니다. 질문에도 매번 정성을 담아 대답해 주셔서 감사했습니다. 제 면접 능력을 단기간에 끌어올리는 건 어려운 일이었지만, 내 의견을 차분하게 말할 수 있는 사람으로 차근차근 성장할 수 있었습니다.

실전에서는 긴장을 많이 하므로 체감상 문제 풀이에 더 적은 시간을 쓴 것 같은 느낌이 들어 많은 지식을 알고 있다 해도 알고 있던 것을 다 못 쓰기 때문에, 면접 전에 법사 지식과 멘탈에 대한 사전 준비를 단단히 하는 게 도움이 됐습니다. 최경준 변호사님께선 면접은 기세라고, 면접자의 밝은 목소리, 예의 바른 태도와 미소를 강조해 주셨는데, 덕분에 긴장이 되는 면접장에서 흐트러지지 않는 태도를 가질 수 있게 되었습니다.

5 입시 전후 가장 힘들었던 점 & 나만의 멘탈 케어 비법

1. LEET

저는 5월에 본격적으로 시작해서 시간이 없었기 때문에 하루에 최소한의 휴식 시간을 제외하고 전부 리트 공부에 투자하였고, 조금 지친 것 같다면 저녁에 산책을 조금 하고 들어왔습니다. 스트레스로 인해 음식을 거의 못 먹어서 힘들었는데, 오히려 밥 먹을 시간 아껴서 공부하니까 좋다고 생각하고 하루하루 계획한 일정을 수행하였습니다.

2. 면접

9월에 처음 면접 강의를 수강했을 때, 면접에 대한 경험이 없어 헤매는 저 때문에 힘들었습니다. 스스로 너무 못하는 것 같아 그만두어야 하나 좌절도 한 번 했었는데, 감사하게도 최경준 변호사님께서 해주신 상담을 통해 다시 일어서서 끝까지 수험생활을 완주할 수 있었습니다. 지금의 합격 결과는 멈추지 않을 용기를 심어주신 그 응원과 격려가 있었기에 완성할 수 있었다고 생각합니다. 그리고 스터디도 멘탈 케어에 좋은 것 같습니다. 스터디원들과 주제에 대해 자유롭게 토론하고 의견을 나누며 우리의 미래와 다가오는 시험에 대해 서로 의지할 수 있었습니다.

6 나만의 원서접수 전략

지역 인재 전형을 활용하였습니다.

7 합격 소감

최초합이 발표되던 날 그 기쁨과 행복은 글로는 설명을 할 수 없을 만큼 컸습니다. 수험생활 도중 생긴 수많은 어려움에 그대로 좌절해서 중간에 그만두었다면 얻지 못했을 결과라고 생각합니다. 감사한 분들의 많은 도움을 받고 합격했습니다. 올해 겪은 경험을 잊지 않고 입학한 후에도 절대 포기하지 않고 열심히 공부하려 합니다.

8 내년 수험생들을 위해 남기고 싶은 한마디

간절함은 반드시 빛을 본다고 생각해요. 포기하지 마세요!

Ⅲ. 초고득점 재수 성공기

1 선생님 강의 수강 계기

안녕하십니까. 저는 2021학년도에 로스쿨 입시를 치른 연세대 로스쿨 예비 합격생입니다. 객관적인 지표를 보여드리기 위해 2021학년도 시험에서 저의 자세한 정량 점수를 공개하겠습니다.

학점	LEET 언어이해	LEET 추리논증	기타 활동내역
3.52/4.3 (91.2/100)	원점수 26/30 표준점수 69.1 백분위 99.8	원점수 36/40 표준점수 88.5 백분위 99.4	없음
	합계: 표준점수 157.6, 백분위 199.2		

2020학년도의 제 성적은 언어이해는 백분위 95% 정도, 추리논증은 88% 정도로 표준점수가 130점대 중반대였던 것으로 기억하고 있습니다.

사실 저는 로스쿨에 대한 진학 여부를 상당히 늦게 결정한 편이었고 정보도 부족해서 이 시험에 대해 어떻게, 어느 정도로 준비해야 하는지 잘 몰랐습니다. 그래서 2020학년도의 경우에는 거의 준비를 하지 못했다고 봐도 무방할 정도로 안이하게 시험을 준비했습니다. 진솔하게 말씀드리자면 기출도 몇 개년도만 푸는 둥 마는 둥 하였고, 인강도 하나 거의 듣다 만 정도로 대비하였다고 볼 수도 없는 수준이었습니다. 그 결과 2020학년도에서 저의 수험 결과는 너무나 당연히 실패였습니다.

그때의 좌절감과 불안감은 아직도 명확히 기억하고 있습니다. 그래서 재수를 선택하면서 2021학년도에는 그러한 실수를 다시 반복하지 않으리라 다짐하였고, 낮은 학점을 보충하기 위해서는 높은 LEET 점수가 필요하다는 점을 인식하고 수험 생활을 다시 시작했습니다. 그 과정에서 선택한 것이 문덕윤 선생님의 기초 강의였습니다. 제 전공인 경제학에서는 대학 재학 중에 장문의 학문적인 글을 읽은 적이 거의 없었기 때문에 차근차근 기초부터 다시 독해를 다져가는 것이 필요하다고 생각했습니다. 기초 수업에 만족하여 실전 및 파이널 강의 등의 커리큘럼에 따라 문덕윤 선생님 강의 전 과정을 모두 수강하여 좋은 성적을 거둘 수 있었습니다.

먼저 언어이해에 대해 말씀드리자면, 선생님이 말씀하시는 구조독해가 참신한 독해법은 아닙니다. 오히려 가장 기본적이고 정석적인 독해법으로, 출제자의 의도에 맞추어 지문과 문제와 선택지를 독해하는 것입니다. 하지만 기본적으로 이루어져야 할 독해법임에도 불구하고, 수험생 입장에서는 시간이 없다거나 내가 알고 있는 제한된 배경지식과 선입견 등의 이유로 문제를 풀 때 출제자의 의도를 놓쳐서, 출제자가 의도한 지문과 문제와의 연관성을 생각하지 않거나 지문에 나와 있는 키워드를 오독하면 결국 오답을 선택하게 됩니다. 지문의 내용에 대해서 전혀 알고 있는 바가 없어도 출제자가 의도한 바를 잘 파악하여 지문을 독해하면 정확하게 답에 다다를 수 있음에도 불구하고 말입니다.

2 선생님 강의의 장점

문덕윤 선생님의 강의를 들으면서 기초와 기본 강의에서는 이론에 대해서 배운 다음 엄선된 기출문제를 통해 이를 복습할 수 있었고, 심화, 파이널 강의에서는 점차 기출문제에서 벗어나 선생님께서 출제진과 함께 만든 다양한 문제를 접하면서 이를 적용하는 연습을 꾸준히 할 수 있었습니다.

이러한 커리큘럼을 통해 제가 얻을 수 있었던 점은 크게 두 가지라고 생각합니다. 첫 번째로 수험생활의 방향성에 대한 심리적 안정감입니다. 대입과 마찬가지로 로스쿨 입시 또한 자신의 인생을 결정하는 중요한 시험이고, 이러한 중요한 시험에서 자신이 준비하고 있는 방향이 올바른 방향인지, 그 방향으로 자신이 얼마나 나아갔는지 등을 걱정하는 것은 자연스러운 일입니다. 이론을 체득하고, 다양한 분야별로 그것을 적용해가면서 자신의 실력을 점검하고, 마지막으로 실전과 같은 문제를 반복해서 풀어보면서 실력을 완성해나가는 일련의 커리큘럼을 잘 따라가면 이러한 고민을 상당 부분 해소할 수 있을 것입니다. 숙제와 분야별 문제 모음, 하프 모의고사 등을 통해서 자신이 어떠한 위치에 있는지 자신의 실력을 객관적으로 평가하고 점검하는 과정에서 자연스럽게 해결되는 문제이기 때문입니다.

두 번째는 다양하고 폭넓은 문제를 풀어보는 것입니다. LEET는 적성시험이기 때문에 어떤 정해진 범위를 암기하여 대비할 수 있는 시험이 아니고, 독해력과 논리적 능력을 끊임없이 갈고닦는 과정이 필요합니다. 시험에서 주어진 시간 자체가 그 난이도에 비해 짧은 편이기에 이러한 능력이 체득되어 있어야 한다는 점을 생각할 때 더더욱 그렇습니다. 하지만 LEET는 그 역사가 짧아 대입 때처럼 누적되어 온 월별 모의평가와 기출문제 등이 부족하고, 수험을 치르는 학생이 많지 않은 편이기에 시중에 문제집도 기출문제를 모아놓은 문제집 외에는 찾아보기 힘듭니다. 물론 한 번 풀어 본 기출문제도 다시 푸는 과정에서 독해법을 복습할 수 없는 것은 아니지만, 한두 번 보고 나면 그 문제의 개별적인 특징이 기억에 남을 수밖에 없고 이를 다시 볼 때 올바른 문제풀이를 했기 때문이 아니라 예전에 풀었던 기억에 따라 답을 맞추게 되는 경우가 더 일반적인 경우일 것입니다. 선생님이 주시는 모의고사에는 각계 변호사나 과거 수험생 등이 다양하게 출제진으로 참여하여 검증 과정을 거쳐 선별된 문제들이 출제되기 때문에 기출문제가 지켜야 하는 이론적 틀에 따르면서도 수험생들이 접해보지 않은 참신한 문제들을 접할 수 있습니다.

3 자기소개서 첨삭 과정

이어서 자기소개서 첨삭 과정에 대해서 설명드리도록 하겠습니다. 저는 8월에 자기소개서 무한첨삭 과정을 신청하고 자문단 첨삭까지 모두 신청하였습니다. LEET 점수를 좋게 받긴 했지만 이미 재수를 한 입장에서 후회가 있는 입시를 치르고 싶지 않아 최선을 다해서 자기소개서를 쓰고 싶었습니다. 이러한 자기소개서를 문덕윤 선생님과 함께 준비하게 된 데에는 제 상황과 관련된 요소와, 문덕윤 선생님의 수업과 관련된 요소로 나누어 설명드리도록 하겠습니다.

먼저 제 상황에 대해서 말씀드리자면, 일차적으로 학과 생활 동안 글보다는 수식을 많이 접했기 때문에 글을 쓰는 데 능숙하지 않았습니다. 또한 저는 대학 재학 중에 학업 생활을 제외하고 인턴이나 봉사활동, 법원기자단과 같은 대외 활동 등이 일절 없었기 때문에 애초에 자기소개서를 구성하는 데 있어 가지고 있는 재료 자체가 절대적으로 부족하여 전문가의 도움이 필요했습니다. 2020학년도에 쓴 자기소개서가 있긴 했지만 전반적으로 특히 법조인이라는 직업에 대한 문제의식의 구체성 면에서 많이 부족하였습니다.

그리고 문덕윤 선생님의 수업을 선택하게 된 이유는 크게 2가지로 나뉘는데, 첫 번째는 언어이해 수업을 통해서 쌓인 신뢰입니다. 선생님께서는 다년간 다양한 학생들을 접해 오셨기 때문에 수험생이 가진 재료를 수험생이 어떻게 이끌어내는지, 수험생의 결과물이 어떤 부분에서 부족한지에 대해 정확하게 조언해 주실 수 있습니다. 흔히 들 수 있는 예시로는 자신이 보기에는 연관관계가 명확하지만 타인, 특히 선생님이 보기에는 말하고자 하는 바와 자신이 가진 재료 사이의 연관성이 보이지 않는 경우가 있습니다. 그리고 두 번째는 자문단의 첨삭 과정을 거치면서 단순히 선생님 혼자서 첨삭을 거치는 것이 아니라 현직 변호사와 로스쿨 졸업생 등 로스쿨이 지향하는 바가 무엇인지 파악하고 있는 경험자들이 피드백을 주기 때문에 다양하면서도 로스쿨 입학이라는 일관된 관점에서 글을 바라볼 기회가 생기게 됩니다. 특히 저의 경우에는 (가)군에서 지원한 학교의 자기소개서를 쓰는 과정에서 자문단 첨삭을 받아 확인하게 된 법조인에 관한 조언이 제 대학생활을 정리하는 데 큰 도움이 되었고, 이러한 틀에 맞추어 (가), (나)군 자기소개서를 쓰게 되자 없는 재료를 최대한 이용하여 자기소개서를 완성할 수 있었습니다.

IV. Q&A "선생님! 궁금해요!"

그동안 문덕윤 교수카페 질문게시판에 올라온 수강생들의 질문 300여 개를 추려 정리하였다. 공부 과정에서 생길 수 있는 질문들을 다음과 같이 모아 보았으니, 아래의 Q&A가 여러분이 LEET의 세계에 적응하는 데 조금이라도 도움이 되기를 바란다.

Q 지문을 문단별로 독해하는 연습은 어떻게 하나요? 수업을 들을 땐 이해한 것 같아도 막상 혼자 하려고 하면 잘 안 돼요. 복습할 때 어떻게 연습하면 좋을까요?

A 처음에 구조독해를 공부할 때는 문단별로 접근하는 것이 무엇인지 헷갈릴 수 있습니다. 그러나 문장이 아닌 문단 단위로 지문에 접근해야 한다는 것, 그 자체를 인식하는 것만으로도 독해법이 달라지는 첫걸음을 디딘 것입니다. LEET에 출제되는 고난도 언어이해 지문을 문장 단위로 하나하나 이해하려고 하다 보면 시간도 부족하고 출제자의 의도를 파악하기 어려워질 수 있습니다. 추론을 요구하는 문제를 만나면 모든 선택지가 답으로 보이거나 답이 없는 것처럼 보이는 현상이 나타나는 이유도 문장 하나하나를 뜯어서 이해하려다 보니 생깁니다.

구체적으로 문제를 풀 때, 발문과 선택지를 파악하고 문단에 번호를 붙이고 전체 구조를 중심으로 지문을 파악하는 연습을 꾸준히 합니다. 세부적인 내용이 아닌 문단별로 크게 지문을 파악하는 연습과 정확한 밑줄을 긋는 훈련이 이에 해당합니다.

더불어 모든 문단의 중요성이 같지 않다는 점도 기억해 둡니다. 이때 어떤 문단이 중요하고, 어떤 문단은 중요하지 않은지를 판단하는 기준은 본인의 배경지식이나 느낌이 아닌 눈앞의 문제라는 점도 함께 기억합니다.

Q 발문을 분석하는 게 왜 중요한가요? 지문이 길어서 지문 읽고 선택지 고르는 것만 해도 시간이 너무 부족해서요. 발문 분석에 시간은 얼마나 쏟아야 하는 건지, 어떻게 하는 건지 궁금합니다.

A 발문은 읽는 방향을 알려주는 지표로 효율적인 문제풀이를 위한 길잡이가 됩니다. 정답을 맞힌다는 것은 결국 문제에서 물어본 것에 답을 하는 것이기 때문에 지문을 읽기 전 문제에서 얻을 수 있는 힌트는 최대한 얻고 가야 합니다. 예를 들어 발문에서 A의 입장에서 B를 비판하라고 하는지, 아니면 C/D/E의 입장을 비교하는지를 가지고 지문에 들어가기 전이라도 지문 구조를 짐작해볼 수 있습니다. 그리고 경제나 과학·기술 지문이라면 표, 그래프, 그림이 주어질 것이고 이것이 힌트가 될 수도 있습니다.

만약 문제에서 아무런 힌트를 주지 않는다고 하더라도 선택지를 한 번 훑어봄으로써 주로 어떠한 구조로 선택지가 이루어져 있는지 파악할 수 있습니다.

발문 분석이 중요하다고 하더라도 발문 분석 자체에 많은 시간을 쏟기는 어렵습니다. 절대적으로 언어이해를 풀이하는 70분의 시간이 길지 않기 때문입니다. 이에 발문 하나하나를 뜯어가며 읽는 것이 아니라 가볍게 훑어본다는 느낌으로 읽으면 좋습니다.

Q 밑줄 긋기를 꼭 해야 할까요? 수능 공부할 때부터 지문에 아무런 표시를 하지 않고 눈으로 풀었던 습관이 있어요. 지문에 세모, 동그라미, 밑줄 등 다양하게 방법을 제시해주시는데, 제 습관을 바꾸는 게 좋을까요?

A 고쳐야 할 습관입니다. 밑줄은 내가 생각하기에 중요하다고 보이는 부분에 치는 경향이 있는데, LEET 지문에 밑줄을 할 때는 글쓴이를 관찰한다는 자세로 하는 것이 좋습니다. 그래야 관점이 보입니다. 정확한 구조독해를 하기 위해서는 문제가 물어보는 것이 무엇인지 파악하고, 핵심 부분에 표시를 하면서 읽는 방법이 효과적입니다.

구조독해를 위한 도구로 밑줄 긋기를 활용할 때 메모, 표시, 밑줄 자체에 집중하기보다는 "문제에서 물어보는 바에 대답을 해야 하는데, 필요한 부분에 표시를 해야겠다."는 마음가짐으로 접근해야 합니다.

따라서 지문이나 문제, 선택지에 메모를 하는 이유는 이러한 오류를 범하지 않기 위해 문제를 정확히 읽고 철저히 지문에 근거하여 문제에 접근하기 위함이며, 지문에 명시적인 지도를 그려 답으로 향하는 지름길을 그리는 것과 같다고 볼 수 있습니다.

Q 밑줄 긋기는 어떻게 하는 건가요? 구체적으로 어떤 표현이 어떤 기능을 하나요? 지금까지는 '그러나', '그럼에도 불구하고' 같이 접속어에 세모를 표시했었는데요.

A 지문에 표시하거나 메모를 하는 이유는 궁극적으로 문제를 맞히기 위해서입니다. 그리고 그 행위의 실익을 얻기 위해서는 표시하거나 메모해놓은 내용이 실제 문제를 풀 때 도움이 되어야 합니다.

구체적으로 먼저 지문을 읽기 전에 문단별로 번호를 달면서 전체 지문을 훑어봅니다. 그리고 지문을 읽으며 생각의 주체가 되는 관점에 세모 표시(△)를 합니다. 또한 생각의 대상이 되는 개념에는 동그라미 표시(○)를 하여 문제풀이에 활용합니다. 범주는 물결 표시(~~)를 하여 속성과 구분하고, 중요도가 떨어지는 정보는 괄호( ) 안에 묶어줍니다. 그 외에도 〈 〉(issue), 공통/차이 등의 표시가 있습니다. 그러나 여기서 가장 중요한 것은 글쓴이의 생각의 흐름을 읽는 것이기 때문에 문맥에 집중하며 본인에게 최적화된 기호화 방식을 세우고 반복적인 훈련을 통해 이를 체화해야 합니다.

Q 정보량이 많은 지문에는 어떻게 접근하는 것이 좋을까요? 과학이나 기술 지문처럼 정보가 너무 많으면 너무 혼란스럽고 지문이랑 문제를 오가느라 시간을 너무 많이 써요.

A 실제 LEET에서 정보량이 많은 지문의 비중은 10세트 중 2세트 정도인데, 기출문제 중에서 정보량이 많은 지문들을 묶어서 풀어보는 방법이 유용합니다. 이때 단순히 문제만 계속 반복해서 풀고, 답을 맞춰보는 것이 아니라 '제대로' 공부하는 것이 중요합니다. 즉, 답만 외워지는 공부가 아니라 정보량이 많더라도 문제에서 물어보는 바에 집중하여 시간 내에 지문을 효율적으로 분석하는 방법을 익히는 것입니다.

이를 연습하기 위한 공부 방법으로 제안드리는 것이 바로 정리노트 작성입니다. 정리노트를 써보면 본인이 정보량에 치여서 모든 걸 다 기억하겠다고 덤볐는지, 아니면 구조에 집중하여 필요한 정보를 선별적으로 취득했는지 드러납니다.

더불어 정보량이 많은 지문을 대하는 태도는 '내가 이 지문을 전부 샅샅이 이해하겠다.'는 생각으로 파고들어 가는 것이 아니라 쟁점, 관점, 범주, 개념의 속성, 그리고 개념 간/관점 간 관계 등 구조에 초점을 두겠다는 태도로 접근하는 것이 바람직합니다.

Q 지문을 '바꿔쓰기'한 문장은 어떻게 이해하면 좋을까요? 수업에서 설명해주실 때 종종 '이 선택지는 지문의 이 부분을 바꿔 쓴 것'이라는 말씀을 해주시는데요. 문제를 풀 때 바꿔 쓴 문장이 잘 이해되지 않아요.

A 먼저 지문을 접근할 때 일치/불일치로 접근하는 것은 아닌지 점검해봅니다. 선택지를 파악할 때, '특정 단어가 있다/없다'가 아니라 '문맥상 충돌하지 않는지'를 판단하는 것이 중요합니다.

바꿔 쓴 표현을 알아채야 하는 문제의 경우, 발문을 분석하여 문제가 물어보는 방향을 명확히 할 필요가 있습니다. 발문을 분석하고, 지문이나 문제 옆 여백에 관점을 표시해놓는다면 문제를 풀 때 직관적으로 관점을 알 수 있어 헷갈리지 않는 데 도움이 됩니다.

Q <표>나 <그림>은 어떻게 해석해야 할까요? 힌트라고 하시는데 저는 오히려 <표>나 <그림>이 나오면 어려울 것 같아서 긴장됩니다. 이를 힌트로 활용하는 방법이 궁금합니다.

A 〈보기〉, 〈그림〉이나 혹은 〈표〉는 지문의 개념이나 해당 문제의 발문을 검토하여 힌트로 활용할 수 있습니다. 물론 시각적으로 복잡한 〈표〉가 나오면 당황스러울 수 있습니다. 이때 침착하게 문제 상황을 분석하고 힌트로 적극적으로 활용한다면 빠르게 문제를 해결할 수 있습니다. 특히 〈보기〉의 기준으로 지문을 이해하라는 문제가 나오거나 〈표〉가 나올 때, 범주를 통해 지문의 핵심 키워드를 잡아볼 수 있습니다.

만약 〈보기〉가 분량이 긴 글이 제시된다거나, 단순히 지문 내용에 전제가 추가된 것이 아니라 새로운 상황이 제시된 것이라면 이를 나중에 읽어도 됩니다. 그러나 만약 〈보기〉의 내용이 지문을 이해할 수 있는 힌트가 된다고 생각된다면 먼저 읽는 것이 도움이 됩니다.

그 외에 특히 과학이나 경제 지문 등은 〈그림〉이나 〈표〉가 제시되고 세부사항을 물어보는 문제가 많이 출제되는 영역입니다. 범주나 내용이 지문과 연결되어있는지 검토해보고, 그림 위에 메모하거나 표의 x축과 y축을 활용하여 지문의 핵심 기준을 확보할 수 있습니다.

V. MOONLABO 추천도서

Q 언어이해 점수를 올리려면 독해력부터 길러야 할 텐데, 무슨 책을 어디서부터 어떻게 읽어야 할지 감이 잘 오지 않아요. 추천도서는 어떤 순서로 읽으면 좋을까요?

A 기본적으로 추천도서는 난이도가 쉬운 책부터 어려운 책의 순서대로 읽는 것을 권장합니다. 이때 철학, 과학 등 취약한 분야를 보완한다는 개념으로 접근하는 것이 도움이 됩니다. 예를 들어 고전 지문을 만날 때마다 마음이 떨린다면 고전 혹은 역사 분야의 기초 단계 책을 읽고, 사회과학 분야는 자신이 있다면 심화 단계의 책을 선택할 수 있습니다. 추천도서 리스트는 'Basic'과 'Advanced'로 분류되어 있습니다. 'Basic' 단계는 쉽게 접근할 수 있는 교양 도서 중에서도 전공자가 대중에게 관련 지식을 소개하는 방식으로 쓰인 입문서에 해당되고, 'Advanced' 단계는 고전을 선정하였습니다. 다만 'Advanced' 단계에서도 LEET에서 요구하는 정도의 내용 그 이상을 넘어갈 필요는 없다는 점을 고려하여 본격적인 전공 서적의 영역까지 진입하지는 않았습니다. 한 달에 한 분야씩 자신만의 독서리스트를 만들어 관련 분야를 익혀보세요. 꾸준히 책을 읽으며 아는 내용이 많아지면 점차 독서의 기쁨도 알아가고, 책읽기에 온전히 집중하였을 때의 몰입감도 경험할 수 있을 것입니다.

Q 추천도서는 어떤 방식으로 읽는 게 좋을까요? 예전에 수능 공부할 때처럼 읽은 내용을 요약하고 기억하는 방식으로 읽으면 될까요?

A 수능과 LEET 언어이해는 다른 시험이기에 책을 읽는 방식도 다르게 접근할 필요가 있습니다. 책 내용을 기억하는 것이 아니라, 잘 짜여진 글의 구조를 익히는 것이 중요합니다. 다만 기본적으로 책을 읽을 때에는 흥미를 느끼며 읽는 것이 좋습니다. 책을 살펴볼 때 먼저 목차를 살펴보세요. 인상적인 챕터가 있다면 그 부분을 먼저 읽어볼 수도 있고, 목차가 어떻게 구성되었는지를 살펴볼 수도 있습니다. 그리고 책을 읽다가 인상적인 논증 구조 등이 등장하는 챕터에는 밑줄을 그으며 읽고, 그 밑줄이 정확하고 필요한 곳이었는지도 검토해봅니다. 그 외에도 관심이 가는 부분이 있다면 포스트잇을 활용해 간단히 메모를 하며 읽는 방법 또한 권장하고 싶습니다.

Q 과학 지식이 너무 부족한 경우에는 어떤 책을 읽으면 좋을까요? 언어이해는 배경지식이 중요하지 않은 시험이라고 들었어요. 그런데 문제를 풀다 보니 기초적인 개념도 헷갈리거나 처음 들어보는 내용이 나오면 긴장하게 됩니다.

A 과학 지문의 경우 복잡한 기전이 제시되거나 전문 용어가 등장하는 지문이 많아 당황스러울 수 있습니다. 과학 분야 추천도서 중 'Basic' 단계에 '어메이징 그래비티', '게놈 익스프레스' 등의 만화책도 포함되어 있는데, 여기에는 과학사나 과학철학에 대한 배경지식이 담겨 있어 부담 없이 즐겁게 읽을 수 있습니다. 관련 지식이 쌓이고 아는 내용이 많아지면 실제 언어이해 지문에 낯선 전문용어가 등장해도 겁을 먹지 않고 의연하게 읽어낼 수 있는 힘이 길러질 것입니다. 과학 지식이 부족하다면 우선 관심이 가는 과학만화를 골라 읽기 시작해보세요. 책을 통해 과학 용어나 지식을 외운다기보다는 과학 지문의 서술 방식을 익히고 두려움을 없앤다는 접근 방식이 보다 도움이 될 것입니다.

Q 추천도서 리스트에 여러 권이 있어서 어느 책을 읽어야 할지 고민이 됩니다. 제가 직장 생활을 병행하고 있어 시간이 부족한데, 혹시 한 권만 읽을 수 있다면 어떤 책을 추천하시나요?

A 철학·논리학 분야에서는 '철학고전 32선'을 추천하고, 과학 분야에서는 '게놈 익스프레스'와 '어메이징 그래비티'를 추천합니다. 학생마다 전공과 지식, 평소에 관심 있는 분야가 달라 필요한 책이 다를 수는 있지만, 앞서 추천해드린 책을 읽으며 다른 분야로 관심을 넓혀 책읽기의 즐거움을 알아갈 수 있을 것입니다. 다만 LEET 시험일까지 시간이 절대적으로 부족한 상황이라면 추천도서를 읽기보다는 기출문제에 집중하는 것을 추천하고 싶습니다. 먼저 기본 과정을 충실히 공부하고, 기출문제를 분석한 후 추천도서 리스트에서 어떤 분야부터 읽기 시작할지 검토해보세요. 독서를 통해 다양한 분야의 지식도 쌓아가고 평소 취약했던 분야에 대한 막연한 두려움을 극복하는 데에도 도움이 될 수 있을 것입니다. 언어이해 문제를 풀며 스스로 어떤 부분을 보완하여야 할지 검토하고, 어떠한 분야의 책부터 읽을지 선택해보시기를 권하고 싶습니다.

MOONLABO 추천도서 리스트

분야	Basic	Advanced
철학	· 한 컷의 인문학 (권기복) · 강신주의 감정수업 (강신주) · 철학이 필요한 시간 (강신주) · 우아한 관찰주의자 (에이미 E. 허먼)	· 철학고전 32선 (나이절 워버턴) · 철학 vs 철학 (강신주)
논리학	· 변호사 논증법 (최훈) · 설득의 논리학 (김용규) · 논리적 생각의 핵심 개념들 (나이절 워버턴)	· 논증의 탄생 (조셉 윌리엄스) · 피셔의 비판적 사고 (알렉 피셔)
고전, 역사	· 강신주의 장자수업 (강신주) · 지식인 마을 시리즈 (김영사)	· 사피엔스 (유발 하라리) · 총, 균, 쇠 (제레드 다이아몬드) · 역사란 무엇인가 (E. H. 카)
예술평론	· 삼인삼색 미학 오디세이1~3 (진중권) · 정확한 사랑의 실험 (신형철)	· 미학 오디세이1~3 (진중권) · 진중권의 서양미술사1~3 (진중권) · 진중권의 현대미학강의 (진중권) · 예술의 종말, 그 이후 (아서 단토) · 시적 정의 (마사 누스바움)
사회과학	· 정치는 잘 모르는데요 (임진희 외 6인) · 만화로 보는 맨큐의 경제학 1: 경제학의 10대 원리 (그레고리 맨큐) *총 7권	· 정의란 무엇인가 (마이클 샌델) · 민주화 이후의 민주주의 (최장집) · 죽은 경제학자의 살아있는 아이디어 (토드 부크홀츠)
법학	· 개인주의자 선언 (문유석) · 어떤 양형이유 (박주영) · 헌법의 풍경 (김두식)	· 지금 다시, 헌법 (차병직 외 3인) · 판결을 다시 생각한다 (김영란) · 판결과 정의 (김영란) · 민법입문 (양창수)
과학기술	· 게놈 익스프레스 (조진호) · 그래비티 익스프레스 (조진호) · 아톰 익스프레스 (조진호) · 에볼루션 익스프레스 (조진호)	· 과학혁명의 구조 (토마스 쿤) · 이기적 유전자 (리처드 도킨스) · 풀하우스 (스티븐. J. 굴드) · 우주의 구조 (브라이언 그린)

PART 02

언어이해 핵심 원리

Ⅰ. 구조독해 소개

1 LEET가 원하는 독해력이란?

종종 스스로에게 하는 질문이 있다. 그것은 "나는 평소에 학생들에게 강조하는 것처럼 상대방의 의도대로 읽어 내려고 노력하고 있는가. 그 노력이 학생들의 마음을 이해하는 데까지 이어지고 있는가." 이다. 기나긴 수험의 길을 묵묵히 지나가고 있는 여러분의 마음속에는 각자의 고민이 있을 것이다. 시간이 부족해서, 아는 것이 적어서, 혹은 문제를 많이 못 맞춰서 등 조급해하는 고민은 여러 가지이다. 그런데 처음부터 조급한 마음에 점수를 올리기 위한 요령 습득에 급급하면 정말 근본적인 실력이 생기지 않는다. 글을 읽는 진정한 실력은 내 마음의 편견을 지우고 상대의 시선에서 바라봐 주는 것이다. 쉬운 말로는 '말귀를 알아먹는다'고 한다. 독해 훈련 과정에서 우리는 자신의 생각과 만난다. 무의식적으로 상대방의 생각과 내 생각을 비교하는 것이다.

LEET 과목 중에서 여러분이 가장 친숙하게 보이는 영역이 언어이해일 것이다. 외형으로는 수능 언어의 연장처럼 보이기 때문이다. 그런데 실은 바로 그 친숙함 때문에 언어이해는 점수를 올리기 어려운 과목이기도 하다. 친숙한 것을 객관적으로 들여다보는 것은 이성적 사고 훈련이 전제되지 않는다면 불가능에 가까운 일이기 때문이다. 여러분이 이 책을 학습함으로써 로스쿨에 진학하기 위해 준비하는 시간이 앞으로 평생 말과 글로 남의 분쟁을 해결해야 하는 사람의 근본적인 역량을 키우는 시간이 되기를 바란다.

지문을 읽으면서 상대의 생각을 상대의 시선에서 들여다보려고 노력해야 한다. 독해는 '설령 그 얘기가 내 믿음과 다른 방향으로 세상을 해석한다고 하더라도 일단 그 사람의 시선에서 읽어주는 것'에서부터 출발한다. 처음에는 잘 안될 수도 있고, 무서울 수도 있다. 내가 잘못 읽었나 소심해질 수도 있고 읽다가 짜증이 나서 던져 버리고 싶을 수도 있다. 그럴 때는 어떻게 해야 할까? 꾹 참아야 한다. 농담이 아니라 정말 참아야 한다. 일단 끝날 때까지는 읽어봐야 한다. 하나를 읽더라도 상대의 말을 이해하려고 노력하는 습관이 축적되는 것이 중요하다. 그러다 보면 어느새 여러분의 사유는 바다처럼 깊고 넓고 관대해져 있을 것이다. 그리고 그 과정에서 "독해는 참 재미있는 거로구나." 하는 깨달음의 과정으로 스스로 걸어 나가게 될 것이다.

주입식 독해

구조독해

언어이해는 여러분의 객관적 독해 능력을 측정하는 시험이다. 지문에는 세상의 모든 학문이 주제로 선택될 수 있다. 우리는 친숙한 주제에 대해서는 자신에게 익숙한 쪽으로 왜곡하여 해석하기 쉽고, 잘 모르는 주제에 대해서는 지문의 내용을 이해하기 위한 배경지식이 부족하다는 생각에 당황하기 마련이다. 우리는 지문을 보면서 '안다/모른다'의 기준으로 심리적 반응을 한다. 그래서 지문을 보고 싶은 대로 읽게 되면 주관적인 독해로 흐르게 되는 것이다. 하지만 출제자는 여러분의 심리적 상태를 기준으로 생각하지 않는다. 출제자의 기준은 여러분이 아니라 '글쓴이'이다. 그래서 지문의 논리를 기준으로 할 때, 글쓴이는 어떤 것을 정답으로 표현할 것인가에 주목하는 데 익숙해지면, 여러분도 구조독해를 할 수 있다.

텍스트 구조와 객관적인 지식 구조의 차이

텍스트 구조, 즉 특정 텍스트에 대응하는 스키마가 반드시 객관적인 지식의 구조와 일치하는 것은 아니다. 지식 구조도 위계적인 체계라는 점에서는 텍스트 구조와 공통적이지만, 특정 텍스트에서는 글쓴이의 의도에 따라 지식 내용의 중요성이 조절되어 재구성될 수 있다. 이 경우 객관적인 지식 구조와 특정 텍스트 구조는 다를 수 있다. 지문을 독해할 때 맹목적으로 배경지식에 의존하는 것이 위험할 수 있는 것은 이 때문이다. 배경지식은 특정 내용에 대한 주변 맥락을 제공할 수는 있으나, 해당 텍스트에서 다루는 내용의 위계를 고정하지는 못한다. 글쓴이가 지문에서 강조하고 싶어 하는 내용이 무엇인지 확인하는 작업은 반드시 지문에 기반해야 한다는 점을 잊지 말자.

2 구조독해의 규칙

1. 분석의 규칙: 구조가 먼저고, 내용은 다음이다.

지문에서 어떤 제재가 등장하든 달라지지 않는 약속이 하나 있다. 달라지지 않는 규칙이라면, 우리는 이 부분에 주목해야 한다. 지문에는 두 가지 원칙이 있는데, 하나는 '논증적 일관성'이고 다른 하나는 '개념적 명확성'이다. 논증적 일관성은 사람의 시각은 쉽게 변하지 않는다는 뜻이고, 개념적 명확성은 적어도 지문 위에서는 "이런 건 말 안 해도 이미 알고 계시죠?"라는 전제가 그리 많이 잡히지 않는다는 뜻이다. 즉, 지문의 글쓴이가 중요하다고 생각하는 바는 시험지 위에 선명하게 나와 있고, 우리는 제시된 의미대로 받아들여야 한다는 원칙은 모든 지문에서 공통으로 적용된다.

(1) 구조독해란 무엇인가

시험에서 지문을 '독해'하는 일은 글쓴이의 관점에서 내용을 파악해야 하는 작업이다. 여러분은 다양한 읽기 습관을 가지고 있을 것이다. 하지만 명심해야 할 점은, 일상적인 책읽기와 시험장에서 지문을 독해하는 것은 다르다는 것이다. 시험장에서는 제한된 시간 내에 글쓴이가 강조하고 있는 바를 정확하게 파악하는 읽기 기법이 필요하다. 이를 위해서는 글쓴이의 머릿속 흐름을 표시하면서 읽는 것이 지문의 요점을 정확하게 파악하는 데 도움이 된다.

지문은 글쓴이가 말하고자 하는 바를 내용적인 완결성을 갖추어 배열해 둔 구조물이다. 우리가 어떤 건물이 어떻게 생겼는지 짧은 시간 안에 알아내기 위해서는 어떻게 해야 할까? 우리 눈앞에 건물의 설계도가 있다면 자주 가보지 않은 건물이라도 훨씬 빨리 구조를 알 수 있을 것이다. 설계도는 자주 그려보고 여러 번 눈에 익힐수록 보이는 게 많아진다. '아는 만큼 보인다'는 이 경우에도 해당하는 말이다. 독해도 마찬가지이다. 마치 건축가가 건물을 짓는 것처럼, 글쓴이는 언어를 사용하여 튼튼한 건물을 올린다. 지문의 내용을 이해하기 위해서 여러 번 읽고 오랫동안 생각할 시간적인 여유가 있다면 상관이 없겠지만, 우리에게 주어진 시간은 그리 많지 않다. 그런데 우리가 지문의 설계도를 가지고 있고, 그 설계도를 능숙하게 볼 수 있다면 어떨까? 구조독해는 지문의 주요 개념이 어떤 방식으로 구조화되어 있는지 파악하는 독해법이다.

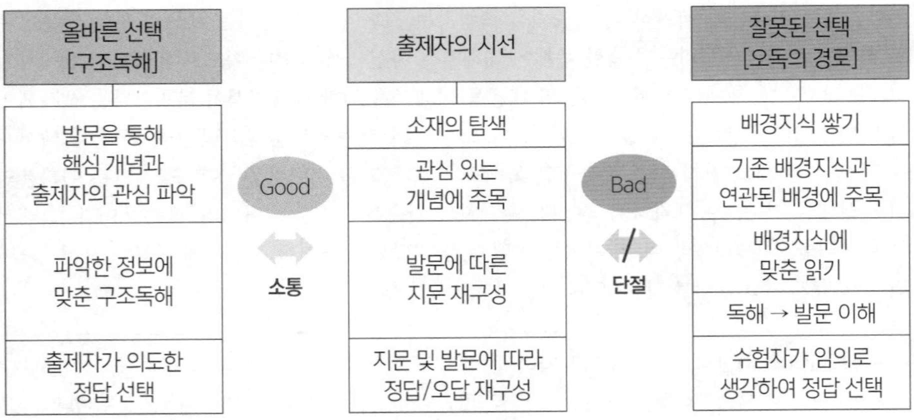

(2) 구조독해를 위한 도구: 밑줄 긋기

책을 읽거나 언어이해 지문을 분석하는 상황을 떠올려 보자. 지문을 제대로 읽기 위해서는 먼저 교재가 주는 의미에 관해서 정확한 판단을 내리면서 지문과 상호작용을 해야 한다. 그리고 지문을 읽으면서 그 중심 내용을 기록해야 하며, 지문의 중심 생각과 우리가 이미 알고 있는 생각을 연결해 보아야 한다. 지금 소개하는 방식 이외에 여러분의 독자적인 표시 방법이 있다면 활용해도 좋다. 중요한 것은 '자기 나름의 방식으로 기호화해 텍스트를 받아들이는 것'이다.

밑줄 긋기 도구	
△	관점(생각의 주체)
○	개념(생각의 대상)
—	속성(지문에 나타난 대상의 특징)
	범주(속성의 적용범위)
	관계(지문에서의 역할)
	어조(주체의 태도)

구조독해는 읽기의 습관이자 합리적 사고를 도와주는 도구이다. 매해 어느 순간 점수가 확 뛴 학생들이 공통적으로 하는 말이 있다. 간단하게 정리하면 "선생님, 저도 처음에는 기출문제를 풀었을 때 잘해야 평균이었는데, 지금은 언어이해 지문을 볼 때 어떤 방식으로 읽으면 좋겠다는 방향이 보입니다. 그게 보이니까 점수가 오르더라고요. 지금은 제가 해당 지문에 배경지식이 있는지 여부를 기준으로 반응하지 않습니다. 지문의 글쓴이가 무슨 말을 하고 싶고, 어떤 방식으로 자기 생각을 표현했는지에 집중합니다." 정도가 된다.

글쓴이 생각의 흐름을 우리는 '문맥'이라고 부른다. 문맥을 정확하게 읽어내면 글쓴이의 생각과 의도가 명확하게 드러난다. 출제자가 주목하는 부분이 이 부분이고, 점수가 훌쩍 뛰어오른 학생들이 깨달은 대목 또한 이 부분이다. 문맥을 읽는 도구인 구조독해는 훈련으로 숙달할 수 있다. 우선 기존 본인의 읽기 습관부터 점검하고 고쳐야 할 부분과 강화할 부분을 확인하여 최종적으로 문맥에 집중하는 훈련을 할 필요가 있다. 위의 표에 등장하는 기호와 약속은 앞으로 우리가 지문을 분석하면서 공유할 도구들이다. 이를 여러분 것으로 만들면 체계적으로, 그리고 신속하게, 무엇보다도 지문에 등장하는 제재에 영향을 받지 않고 문맥에 집중하는 능력을 기를 수 있다.

> **구조독해 방법**
> ① 중심 개념(화제)에 동그라미를 하고, 그 정의(속성)에는 밑줄을 긋는다: ○________
> ② 관점의 주체에 세모 표시를 한다: △
> ③ 중요한 문장에는 밑줄을 긋고 논증적인 역할을 표시한다: _______결론, _______전제1
> ④ 글에서 유용한 역할을 하지 못하는 정보는 괄호로 묶는다: ( )
> ⑤ 범주에는 물결 표시를 해서 속성과 구분한다: ~~~~
> ⑥ 바꿔쓴 단어나 어구를 발견하면 같은 명제끼리 묶어 화살표 표시를 한다: →, ←, ↑, ↓, ↔, =
> ⑦ 글쓴이가 결론을 뒷받침하기 위해 사용된 전제에 '전제', '정보', '원칙적 전제' 등의 표시를 한다
> ⑧ 문제로 쓰일 만한 숨겨진 전제를 발견했을 때는 여백에 기록한다
> ⑨ 정리노트 작성: 중요한 개념을 도표로 만들어 구조화하고, 지문의 앞뒤 여백 혹은 노트를 활용하여 문제가 요구하는 기준에 부합하는 내용을 구조로 표현해본다

(3) 구조독해를 위한 도구: 정리노트

정리노트 작성은 내가 어떤 습관으로 지문을 읽고 있는지 확인하는 데 유용한 공부법이다. 문제를 풀고 난 뒤 내 눈에 지문이 어떻게 보였는지 정리노트를 써보면서 문제에 접근한 방향을 점검하는 방식이다. MOONLABO 언어이해 전체 커리큘럼에서는 정리노트를 제공하는데, 그냥 문제를 풀어보는 것과 정리노트까지 점검하는 것은 그 깊이에서 차이가 크기 때문에 직접 정리노트를 작성하면서 강의를 소화하는 것이 좋다.

2. 추론의 규칙: 관점을 수용해야 제대로 해석할 수 있다.

추론이란 무엇일까?

'추론'이라는 단어는 많이 들어보았을 것이다. 일상적으로는 추리, 유추 등의 표현과 혼용해서 사용하는데, '추론'에서 가장 중요한 것은 '말하는 사람의 관점에서 일관성 있게 생각하는 것'이다.

객관식 문제는 종종 우리에게 고민스러운 상황을 연출하곤 한다. 문제를 풀면서 한 번쯤은 경험했을 것이다. 답이 아닌 것들을 지우다 보면 마지막에 꼭 헷갈리는 두 개의 선택지가 남는다. 그리고 그 두 개는 아무리 들여다봐도 둘 다 말이 되기에 일단 한 개를 답으로 선택하고 넘어간다. 그런데 다시 돌아와서 들여다보면 처음 답이 아닌 것 같다. 그래서 답을 고친다. 그러나 결국 처음에 찍었던 것이 정답이다. 그러면서 이런 생각을 한다. "아, 이번에도 실수했어. 답을 바꾸는 게 아니었는데." 하지만 그건 실수가 아니다. 문제 해결 방식이 두리뭉실하면 매력적 오답과 정답 사이에서 헷갈리게 된다.

정답	매력적 오답
이성적 개연성(논리적 일관성)	심정적 개연성(공감)

지문에는 특정 시각이 주어져 있다. 그리고 정답은 정확하게 그 관점에서 이야기를 하거나, 해당 관점과 양립이 불가능한 이야기를 한다. 그럼 우리를 힘들게 하는 매력적 오답은? 매력적 오답은 상식적으로 우리가 쉽게 받아들일 수 있는 이야기를 한다. 그래서 우리로 하여금 쉽게 심정적인 공감을 하게 유도하는 것이다. 매력적 오답은 지문의 관점이 핵심 기준이 아닐 뿐, 상당한 개연성을 가지고 있다. 그래서 헷갈리는 것이다.

추론 문제는 지문에 밑줄을 그어 두고 문맥적 의미를 묻거나, 특정 개념에 맞는 사례를 고르라는 문제, 〈보기〉에 정보를 추가하고 특정 입장에서 해석하라는 문제가 출제된다. 특정 입장이 기준으로 주어진 문제에서는 내 관점에서 파생되는 풍경이 답을 고르는 기준이 아닐 수 있다는 것을 염두에 두고, 문제가 요구하는 방향을 찾는 연습을 한다. 관점을 파악하는 훈련을 제대로 하면 비판 문제에 금방 적응할 수 있으므로 확실한 연습이 필요하다.

3. 반론의 규칙: 잘 들어야 이길 수 있다.

(1) 비판할 때는 상대방의 논거에 집중하라.

논증은 논지와 논거로 구성되어 있다. 그리고 비판적 의사소통을 위해서는 다음의 두 가지 기준을 만족시켜야 한다. 첫째, 논지의 다양성을 수용해야 한다. 사람들 각자의 다른 생각을 다양성으로 인정하는 것이 민주적 관용이라는 정신에 부합하기 때문이다. 둘째, 논거는 논지와 관련성이 있어야 한다. 논거가 논지와 얼마나 관련되어 있는가에 따라 논증의 개연성과 설득력이 달라진다. 비판을 할 때 우리가 주목해야 하는 부분은 '논지'가 아니라 '논거'이다. 논지는 사람마다 다양할 수 있기 때문이다. 하지만 논거가 논지와의 관련성이 약하다는 점이 입증된다면 논증 전체의 합리성이 약화된다. 논지가 스스로 무너지는 것이다. 따라서 우리가 누군가의 논증을 비판할 때는 그 사람이 어떤 논거를 제시했는지에 주목하는 것이 바람직하다.

(2) 효과적인 비판은 새로운 담론을 생산한다.

비판은 의견이 다른 사람들끼리의 대화이기 때문에 필연적으로 긴장이 감돌 수밖에 없다. 그래서 비판에 대한 훈련이 되어있지 않을 때는, 이 긴장감이 합리적인 대화를 방해한다. 상대방의 다른 견해가 자신에 대한 공격으로 받아들여지면 사람은 본능적으로 방어 태세를 취하기 때문이다. 자신의 견해가 받아들여지지 않는 것이 자신에 대한 부정으로 느껴져 대화를 합리적으로 전개하기 어렵다. 특히 가족, 연인, 부부 등 개인적인 친밀감이 강한 집단일수록 상대방이 내 생각에 반대하는 상황에서 배신감을 강하게 느끼기 때문에 감정적으로 격앙되기 쉽다. 형사 사건에서 치정으로 발생한 살인일수록 피해자의 사체가 심하게 훼손되는 경향이 있다는 것도 이와 상통하는 사례일 것이다.

그래서 의견이 다른 사람들끼리 합리적인 대화를 하기 위해서는 훈련이 필요하다. 일단 상대방이 나와 다르다는 것을 인정하는 태도는 감정의 영역이 아니라 이성의 영역에서 설정하는 약속이다. 사람은 원래 본능적으로 자기와 비슷한 사람하고 있을 때 편안함을 느낀다. 그러니까 다른 사람들끼리의 긴장감을 위협으로 인지하지 않기 위한 훈련이 첫 번째인 것이다. 우리가 독해 훈련을 하면서 비판의 규칙을 배우는 것은 "자, 이제 어떻게 하면 효과적인 비판을 할 수 있을까. 합의된 규칙이 무엇인지 알아보자."에 해당하는 단계이다. 효과적인 비판이 살아나면 상대방과 공존할 수 있다. 둘 중 하나는 부정당해야 하는 전쟁을 치르는 것이 아니라, 외교적 협상을 통한 잠정 협정(Modus Vivendi)을 할 수 있는 것이다. 협상은 논점별로 합의하는 부분과 대립하는 부분을 정리하면서 전개되기 때문에, 상대방의 입장에 대한 세부적인 이해가 가능해져 담론이 보다 풍성해진다. 이런 점에서 효과적인 비판은 새로운 담론을 생산한다고 할 수 있다.

논증적인 사고는 자신의 선호나 기존의 경험적 지식과 무관하게 상대방의 의도대로 정확하게 읽고 생각하는 능력이다. 그리고 타인의 생각을 정확하게 파악하는 것은 상대방을 있는 그대로 받아들이고 존중하는 기본 바탕이 되기도 한다. 나아가 논증적인 사고에 능숙해지면 학문적인 텍스트를 정확하게 읽고 빠르게 정보를 처리하는 데에도 도움이 된다.

3 구조독해의 실제

수업 시간에 학생들과 읽기에 대한 얘기를 나눠보면, 크게 고민은 두 가지로 구분된다.

> Q 지문의 내용이 머릿속에서 잘 정리되지 않아요.
> Q 분명히 지문은 잘 이해한 것 같은데, 선택지 내용을 처음 보는 것 같아요.

그러나 위 두 고민은 결국 시간이 모자란다는 고민으로 수렴된다. 여러분은 분명 수능까지는 잘 치르고 여기까지 온, 나름 공부로는 어디 가서 빠지지 않는 사람들일 것이다. 그러나 LEET 언어이해 기출문제를 풀어보면 생각보다 수월하게 풀리지는 않아서, 혹은 기대한 만큼 점수가 나오지 않아서 의아해하곤 한다. 여기서 문제를 하나 제시해 보겠다. 편안한 마음으로 한번 풀이해 보고, 이어지는 글을 읽어보자. 풀이 시간은 2분이다.

예제

2008학년도 MDEET 문27

㉠과 같이 판단하는 이유로 옳은 것은?

> ㉠ 미국 연방준비제도이사회(FRB)의 통화 정책에도 문제가 있었다. FRB 산하 12개 지역별 중앙은행 이사들은 대부분 회원 은행 출신으로, 여타의 지방 은행 은행가들과 다를 바가 없었다. 따라서 그들은 어음 평가나 할 줄 알았지 불황기에 할인율을 인하하여 통화량을 늘리거나 호황기에 할인율 인상으로 통화량을 줄여야 하는 통화 정책에는 거의 문외한이었다. 이들이 점차 과열되는 주식 시장에 어떻게 대응했을까? FRB는 주식 시장을 직접 통제할 수는 없었지만 은행에 대한 할인율을 조정함으로써 은행이 고객에게 주식 매입 자금을 여신하는 업무에 영향을 줄 수 있었다. 그러나 FRB가 할인율 인상을 통해 은행 여신 이자율을 높였음에도 불구하고, 주식 투자에서 높은 차익을 기대하던 투기꾼들의 기세는 꺾이지 않았다. 은행도 고객의 주식 일부를 담보로 하여 대출을 해주었는데, 이러한 신용 구조는 주가가 지속적으로 상승할 때는 괜찮지만 일단 하락하게 되면 한꺼번에 무너질 수밖에 없다. 주식 시장이 붕괴했을 때 FRB의 적절한 개입이 필요했으나, FRB는 즉시 통화 팽창 정책을 쓰는 대신 오히려 통화 공급을 줄이는 정책을 택하여 심각한 디플레이션을 야기했다. 그 결과 실질 이자율이 상승하면서 기업의 투자 심리는 형편없이 냉각되었다. 이것이 주식 시장의 붕괴가 대공황으로 이어지게 된 과정이다.

① 어음 평가나 하였을 뿐 호황기에 할인율을 인상하여 통화량을 줄이지 않았다.
② 주가 폭락으로 인해 자산 가치가 폭락한 기업에 대해 신용을 제공하지 않았다.
③ 주식 시장이 과열되었을 때 할인율을 인상함으로써 은행의 여신 활동을 제약하였다.
④ 은행이 고객에게 충분한 담보 없이 주식 매입 자금을 여신하는 것을 규제하지 않았다.
⑤ 주식 시장이 붕괴했을 때도 여전히 금융 긴축 정책을 취하여 물가 하락을 가속시켰다.

1. 발문 분석(출제자의 의도 파악)

글쓴이는 ㉠을 주장하여 FRB의 통화 정책을 비판하고 있다. 화제는 통화 정책이며, "왜" 문제가 있다고 하는 것인지 문단 안에 반드시 정보가 있으니 구조독해를 통해 전제를 파악해야 한다.

2. 구조독해 과정

> ㉠ 미국 연방준비제도이사회(FRB)의 통화 정책에도 / 문제가 있었다. why? FRB 산하 12개 지역별 중앙은행 이사들은 / 대부분 회원 은행 출신으로, 여타의 지방 은행 은행가들과 다를 바가 없었다. 따라서 그들은(FRB 산하) 어음 평가나 할 줄 알았지 / 불황기에 할인율을 인하하여 통화량을 늘리거나 호황기에 할인율 인상으로 통화량을 줄여야 하는 통화 정책에는 거의 문외한이었다. 이들이 점차 과열되는 주식 시장(호황기)에 어떻게 대응했을까? FRB는 주식 시장을 직접 통제할 수는 없었지만 / 은행에 대한 할인율을 조정함(적절한 통화 정책 사용)으로써 / 은행이 고객에게 주식 매입 자금을 여신하는 업무에 영향을 줄 수 있었다. 그러나 FRB가 할인율 인상을 통해 은행 여신 이자율을 높였음에도 불구하고, / 주식 투자에서 높은 차익을 기대하던 투기꾼들의 기세는 꺾이지 않았다. 은행도 고객의 주식 일부를 담보로 하여 대출을 해 주었는데, 이러한 신용 구조는 주가가 지속적으로 상승할 때는 괜찮지만 일단 하락하게 되면 한꺼번에 무너질 수밖에 없다. 주식 시장이 붕괴(불황기)했을 때 FRB의 적절한 개입이 필요했으나, FRB는 즉시 통화 팽창 정책을 쓰는 대신 오히려 통화 공급을 줄이는 정책(적절하지 못한 통화 정책 사용)을 택하여 / 심각한 디플레이션을 야기했다. 그 결과 실질 이자율이 상승하면서 / 기업의 투자 심리는 형편없이 냉각되었다. 이것이 주식 시장의 붕괴가 대공황으로 이어지게 된 과정이다.

학생들은 '통화 정책'이라는 단어를 보고 본인의 두뇌 사전에 통화 정책에 대한 배경지식이 없다는 생각이 들면, 덜컥 겁을 내면서 두려워 한다. 이 두려움이 합리적인 독해를 방해하는 것이다. 그래서 어쭙잖은 배경지식을 집어넣어 '막연하게' 비판적으로 읽거나, 지문의 내용에 집중하지 못한 채 '상식적으로' 선택지 중 가장 맞는 것처럼 보이는 진술을 선택하는 직관적 문제풀이를 하게 된다. 이러한 독해 실패의 과정을 그림으로 보면 다음과 같다.

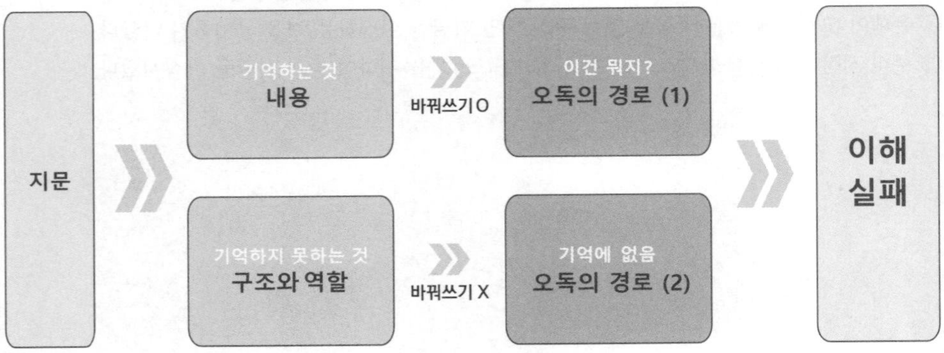

구조독해는 철저하게 지문 구성의 원리에 따른 읽기를 할 수 있도록 여러분의 머릿속에 토대를 쌓는 과정이다. 낯선 개념이 튀어나왔을 경우에도 절대로 긴장하면 안 된다. 핵심 개념은 반드시 문맥에서 정의되고, 독해에 사용할 속성 또한 지문에서 반드시 노출된다(완결성 원리). 뒤집어 이야기하면, 지문에서 정의되지 않은 개념은 어차피 중요한 화제가 아닌 것이다. 이 지문에서 '통화 정책'의 속성은 '불황기에 할인율을 인하하여 통화량을 늘리거나 호황기에 할인율을 인상하여 통화량을 줄여야 하는 것'이다. 따라서 이후 서술되는 사례는 불황기와 호황기라는 시간적 범주에 따라 구체화될 것이다(일관성 원리). 지문의 내용을 정리하면 다음과 같다.

과열되는 주식 시장(호황기)	주식 시장의 붕괴(불황기)
할인율 인상	통화 공급을 줄이는 정책
통화 정책은 문제없고 다른 요인이 문제	통화 정책이 문제

여기까지 구조독해를 끝냈다면 정답은 매우 쉽게 찾을 수 있을 것이다. 불황기의 실책을 지적하는 ⑤번이 정답이다. 그리고 출제자는 독해자가 저지를 수 있는 오독의 경로를 파악하여 나머지 선택지들을 구성한다. 오독이 일어날 수 있는 경로는 크게 다음 두 가지로 정리할 수 있다.

1) 글쓴이가 할인율과 통화량이라는 두 가지 속성을 이리저리 바꿔가면서 서술하고 있다. 독해자의 입장에서는, 특히 배경지식이 부족하다면 흐름을 놓치기 쉬운 부분이다.
2) ㉠에서 문제가 있다고 했는데 호황기의 통화 정책은 문제가 없다는 결론이 나온다. 어조의 충돌이 일어나면 독해자의 직관을 굉장히 혼란스럽게 한다. 그래서 독해자는 문제가 될 수 있는 다른 요인을 어떻게든 지문에서 찾아서 기억에 담으려고 한다.

3. 오답 선택지 읽기

① 어음 평가나 하였을 뿐 호황기에 할인율을 인상하여 통화량을 줄이지 않았다.
→ 호황기에는 할인율을 인상하는 정책을 사용했다. 따라서 오독의 경로 (1)이 선택지로 구현되었음을 알 수 있다.

② 주가 폭락으로 인해 자산 가치가 폭락한 기업에 대해 신용을 제공하지 않았다.
→ 통화 정책에 대한 비판이 아니므로 오독의 경로 (2)가 선택지로 구현되었음을 알 수 있다.

③ 주식 시장이 과열되었을 때 할인율을 인상함으로써 은행의 여신 활동을 제약하였다.
→ 호황기에 할인율을 인상한 것은 적절한 통화 정책이다. 따라서 오독의 경로 (2)를 활용한 선택지임을 알 수 있다.

④ 은행이 고객에게 충분한 담보 없이 주식 매입 자금을 여신하는 것을 규제하지 않았다.
→ 통화 정책에 대한 비판이 아니므로 오독의 경로 (2)가 선택지로 구현되었음을 알 수 있다.

이처럼 문제는 글쓴이와 독자 사이의 의사소통 경로를 체계적으로 재구성한 구조를 갖추고 있다. 따라서 상대방의 사고 흐름이 논리적으로 재구성되지 않는다면 선택지에 바꿔쓰기한 내용이 새로운 정보처럼 보여 답을 쉽게 골라낼 수 없게 된다. 개인적으로 독해력을 늘리기 위해서는 근본적인 부분에 대한 생각을 해야 한다고 생각한다. 우리는 의사소통의 과정에서 은연중에 상대방의 목소리보다 내 목소리를 더 크게 내고 싶어 한다. 내 목소리를 크게 내는 것이 내 능력에 대한 입증이고, 그래야 사람들이 나를 작게 보지 않을 것이라는 생각이 마음의 바탕에 깔려 있기 때문이다. 그런데 바로 그런 두려움이 오독의 경로를 만들어 낸다. 이렇게 경청을 가로막는 심리적 편향만 사라져도 상대방이 내게 전달하고 싶어 하는 말을 왜곡 없이 수용하는 것이 생각보다 쉽고 재미있는 과정이라는 것을 알 수 있다.

이를 종합하여 앞에 제시됐던 학생들의 고민에 대해 답변하자면 다음과 같다.

Q 지문의 내용이 머릿속에서 잘 정리되지 않아요.

A 정보의 양이 많고 모르는 내용일 때 나타나는 현상입니다. 잊어버릴지도 모른다는 부담감 때문에 지문에 압도당하는 것이죠. 이를 해결하기 위해서는 지문을 눈으로 대충 읽고 직관적으로 기억하려고 하거나 무분별하게 지문 외부의 정보를 덧붙이려고 하지 말고, 지문 구조를 정확하게 파악하고 정리노트로 축약하는 '구조독해 연습'을 하는 것이 좋습니다. 처음에는 "시험장에서 이렇게 다 할 수 있을까? 너무 시간이 오래 걸리는 것 아니야?" 하는 의구심이 들 수도 있을 겁니다. 그런데 기본적인 독해 습관을 점검하지 않으면 읽기 속도를 올리는 것 자체가 불가능합니다. 물론 시험장에서 모든 지문을 정리하면서 읽으라는 뜻은 아닙니다. 정확하게 읽는 연습은 두려움을 자신감으로 바꾸는 것을 목표로 하는데, 겁먹지 않고 자기 눈에 들어오는 정보를 수용할 수 있다면 모르는 내용이라도 이해할 수 있습니다. 지문 내용을 이해하지 못할 것이라고 두려워 하는 마음이 글쓴이를 만나는 것을 가로막는 것이기에 지문을 제대로 읽을 수 없는 것입니다. 이 교재는 구조독해 연습을 위한 구체적인 훈련 비법을 제공합니다. 이를 잘 활용하시면 효과적인 독해 연습을 하실 수 있습니다.

Q 분명히 지문은 잘 이해한 것 같은데, 선택지 내용을 처음 보는 것 같아요.

A 지문을 재구성하여 선택지 내용을 '바꿔쓰기'했기 때문에 생기는 현상입니다. 지문에 어떤 내용이 나왔는지에만 지나치게 큰 비중을 두고 읽으면 모든 개념을 외우다시피 기억하려고 하게 되는데, 그 과정에서 다음 두 가지의 문제가 나타납니다.

첫째, 기존의 지식과 지금 눈에 들어온 지식이 뒤섞일 수 있습니다. 독자 입장에서는 지문을 이해해야 머리에 남는 느낌이 들기 때문에 자연스럽게 기존 지식을 이해의 도구로 사용하게 됩니다. 그러나 문제는 글쓴이와 나 사이에 경계가 없으면(글쓴이의 관점을 고려하지 않으면) 어디까지가 지문의 논리이고 어디서부터가 자신의 생각인지 구별이 되지 않는 기억이 만들어질 수 있습니다.

둘째, 자신의 이해와 별개로 글쓴이의 관점을 정확하게 파악하지 못할 수 있습니다. 내용 표현은 선택지의 바꿔쓰기 단계에서 다른 표현으로 바뀌기 때문입니다. 반면에 지문 구조의 역할은 문맥을 구성하는 것이기 때문에 바꿔쓰지 못하는 부분에 해당합니다. 그런데 이를 놓쳤기 때문에 선택지를 어떤 방향에서 접근해야 할지 판단할 수 없게 되는 것입니다. 나는 지문을 잘 이해했다고 생각하겠지만 실제로는 지문 이해 단계에서부터 놓치는 부분이 생길 수밖에 없습니다.

4 구조독해를 위한 수험생의 자세

수험생들은 언어이해 지문에 많은 분량의 지식, 어려운 구성, 그리고 잘 알지 못하는 많은 전문용어가 나올까봐 두려워하고 걱정을 한다. 하지만 그렇기에 더욱 여러분의 사고 전환이 중요하다. 언어이해에서 지문이 어렵다고 걱정만 하면 좋은 결과를 얻을 수 없다. 좋은 시험 성적을 얻기 위해서는 무엇보다 긍정적인 생각을 하면서 지문들을 읽어 나가야 한다.

시험을 준비할 때도 부정적인 생각보다는 긍정적인 생각을 하면서 언어이해 문제를 풀어가야 한다. 어떤 지문은 여러분들의 관심 밖의 주제를 다룰 수도 있으나 출제자를 원망해서는 안 된다. 언어이해에서 볼 수 있는 지문들은 수험생 여러분을 즐겁게 하려고 만들어진 게 아니고, 수험생 여러분의 독해 능력을 측정하기 위해 존재하는 것이다. 어떤 수험생들은 언어이해 영역을 일종의 퍼즐로 생각해서 풀고, 어떤 수험생들은 새로운 걸 배운다고 생각하면서 언어이해 영역의 지문을 읽는다. 어떤 방법을 쓰던 수험생 여러분이 지문을 즐기지 않는다면 좋은 점수를 얻기가 힘들어질 수 있다.

문제 출제자들은 그들이 언어이해 지문에 사용하는 지필 방식이 많은 수험생을 난처하게 만든다는 것을 알고 있다. 그리고 그게 이 시험의 목적이기도 하다. 어떤 수험생들은 이 시험의 학문적 저술 스타일을 불편해하기도 하지만, 이는 단지 시험의 당연한 부분이라고 생각해야 한다.

1. 언어이해 지문의 난이도

많은 수험생들은 지문을 읽고 이해하는 능력의 발전에는 수년의 시간이 필요하기 때문에 언어이해 점수가 쉽게 올라가지 않을 것이라고 생각한다. 하지만 이것은 언어이해 지문에 대한 편견이다. 출제자들은 A4 2장 이내의 지문을 쓰기 때문에 아무리 지문이 어렵더라도 그 난도에는 한계가 있다. 그렇다고 해서 절대로 지문이 쉽다는 말이 아니다. 여러분을 근본적으로 힘들게 하는 것은 지문의 구성 방식 및 개념 구조의 설정이지, 어려운 전문 용어가 아니라는 의미다.

언어이해는 개념적인 이해 능력뿐 아니라 수험생이 지문을 접했을 때의 심리적 두려움을 이겨낼 수 있는지도 시험한다. 여러분들을 두려워하게 하려고 시험 출제자들은 일반인에게는 난해한 주제와 복잡하게 들리는 과학 용어를 많이 사용한다. 따라서 수험생 여러분은 어떤 단어와 주제를 마주쳐도 두려워 말아야 한다. 출제자는 아무리 용어가 복잡해도 지문 어딘가에는 용어나 주제와 관련된 문맥상의 단서를 배치한다. 이 부분은 나중에 더 깊이 이야기하겠지만 지금 알아야 할 점은 어려운 단어나 주제는 여러분이 너무 감정적으로 반응하지만 않는다면 독해에 커다란 장애가 되지 못한다.

2. 독해에서 주의해야 될 것들

지문을 읽을 적에 두 번째 또는 세 번째 단락쯤에서 자신이 지금까지 무엇을 읽었는지 기억나지 않을 때가 있는가? 많은 수험생들이 종종 이런 일을 겪는다. 이건 지문에 100% 집중하지 않기 때문이다. 언어이해 지문들은 낮은 집중력으로 이해하려고 하면 걷잡을 수 없어지는 경향이 있다.

그냥 단순히 글자를 읽으려고만 하면 여러분은 지문 안에서의 자기 자신의 현재 위치 파악을 못 할 위험이 있다. 그걸 방지하기 위해서 읽기에 능동적인 전략이 필요하다. 지문을 여러 파트로 나누어 읽을 수도 있고, 자기 자신만의 해석 방법을 쓸 수도 있고, 지문의 개요를 만들고 표시하는 방법도 있을 수 있다. 긴 시간 동안 집중력을 유지하는 것은 쉬운 일이 아니다. 하지만 여러분은 집중력을 높이는 훈련을 통해 실제 시험장에서는 집중력을 장시간 유지할 수 있어야 한다.

언어이해 학습을 위해 갖추어야 할 정신적 팁

① 불안감을 떨쳐버려야 한다.
② 지문을 읽는 것을 즐겨야 한다. 시험에 나오는 지문들을 재미있는 일종의 게임이라고 생각해야 한다.
③ 집중력 저하가 느껴지면 숨을 천천히 쉬고, 다시 시험에 집중한다.
④ 독해 영역 지문을 읽을 때 수동적이기보다는 능동적으로 접근해야 한다. 그리고 이 지문의 결론이 무엇일지 계속 생각하면서 읽는다.

언어이해 시험을 볼 때 능동적으로 지문을 읽으면 좋은 점수를 획득할 가능성이 높다. 그리고 다른 상황에서도 여러 지문을 능동적으로 접근하면 좋은 결과를 얻을 수 있다. 이 능동적 전략은 단순히 언어이해의 높은 점수 취득 말고도 많은 일에 도움이 된다. 수험생들을 지도하면서 경험한 바에 의하면 상당수의 학생들이 언어이해 점수가 올라가면서 추리논증 과목의 점수도 동반 상승했다. 문제의 상황을 파악하고 논리적으로 해석하는 '안목'이 형성된 것이다. 모든 지필 시험은 '언어'로 쓰여 있다. 언어이해를 귀찮은 과목으로 생각하지 말고, 다른 과목의 시험 적응도까지 높일 수 있는 사고력을 기르는 도구 과목으로 생각하면 LEET에 좋은 결과가 있을 것이다.

II. 핵술

예제 2005학년도 MDEET 문47~50

다음 문단에서 구체적인 핵술 관계를 찾고, 문맥을 파악하시오.

근대 운동학의 토대를 마련한 갈릴레오는 정지 상태와 일정한 속도로 움직이는 상태의 역학적 차이를 그 상태 내부에서는 발견할 수 없음을 강조했다. 그는 우리에게 파리와 나비가 날아다니고 금붕어가 헤엄치는 어항이 있는 방 안에 있다고 상상해 보라고 한다. 이 방은 사실은 큰 배의 선실이다. 이제 갈릴레오는 이런 선실의 모든 상황이 배가 정지해 있거나 일정한 속도로 부드럽게 움직이고 있거나 차이가 없을 것이라고 지적한다. 파리와 나비는 배가 움직이는지 여부와 관계없이 날아다닐 것이고 금붕어도 유유히 헤엄칠 것이다. 실제로 지구는 엄청난 속도로 태양 주위를 돌고 있고 하루에 한 번씩 자전하고 있지만 지구가 돌아서 어지럽다고 느끼는 사람은 없다. 물론 지구의 자전과 공전은 실은 가속 운동이지만 우리가 측정할 수 있는 지구 가속의 효과는 매우 작으므로, 이 사실은 등속 운동하는 물리계, 즉 관성계에 대한 갈릴레오의 논점을 잘 예시해 준다. 결국 갈릴레오에 따르면, 등속으로 운동하는 물체는 자신의 속도는 알 수 없으므로, 물리적으로 의미 있는 속도란 자신에 대해 측정한 다른 물체의 상대 속도일 뿐이고 어떠한 기준점도 '초월한' 속도란 정의하기조차 어렵게 된다.

핵심	술1(예시1)	술2(예시2)

1. 구조독해 과정

근대 운동학의 토대를 마련한 갈릴레오는 정지 상태와 일정한 속도로 움직이는 상태의 역학적 차이를 그 상태 내부에서는 발견할 수 없음을 강조했다.(핵심)// 그는 우리에게 파리와 나비가 날아다니고 금붕어가 헤엄치는 어항이 있는 방 안에 있다고 상상해 보라고 한다. 이 방은 사실은 큰 배의 선실이다. 이제 갈릴레오는 이런 선실의 모든 상황이 배가 정지해 있거나 일정한 속도로 부드럽게 움직이고 있거나 차이가 없을 것이라고 지적한다. 파리와 나비는 배가 움직이는지 여부와 관계없이 날아다닐 것이고 금붕어도 유유히 헤엄칠 것이다.(술1: 예시 - 큰 배의 선실)// 실제로 지구는 엄청난 속도로 태양 주위를 돌고 있고 하루에 한 번씩 자전하고 있지만 지구가 돌아서 어지럽다고 느끼는 사람은 없다. 물론 지구의 자전과 공전은 실은 가속 운동이지만 우리가 측정할 수 있는 지구 가속의 효과는 매우 작으므로, 이 사실은 등속 운동하는 물리계, 즉 관성계에 대한 갈릴레오의 논점을 잘 예시해 준다.(술2: 예시 - 지구)// 결국 갈릴레오에 따르면, (등속으로 운동하는 물체는 자신의 속도는 알 수 없으므로), 물리적으로 의미 있는 속도란 자신에 대해 측정한 다른 물체의 상대 속도일 뿐이고 (어떠한 기준점도 '초월한' 속도란 정의하기조차 어렵게 된다.)

2. 모범 핵술표 읽기

위의 메모를 참고하여 스스로의 독해법을 점검해보자. 갈릴레오에 관점 세모표시를 하고, 갈릴레오가 무엇을 강조했는지에 밑줄을 하여 갈릴레오의 핵심 주장내용을 눈에 띄게 한다. 이어서 핵심 주장을 뒷받침하는 두 가지 예시가 제시되므로 핵심을 중심으로 검토한다. 핵심을 추가 설명하는 것이므로 예시가 잘 이해되지 않으면 다시 '핵심'으로 돌아간다.

핵심	술1(예시1)	술2(예시2)
관성계 (등속 운동하는 물리계)	큰 배의 선실	지구
상태 내부의 행위자	파리, 나비, 금붕어	사람
역학적 차이 없음	배의 움직임에 영향을 받지 않음	지구의 움직임에 영향을 받지 않음

01

2015년 5급 PSAT 인 문31

다음 글의 (가)와 (나)에 들어갈 진술을 <보기>에서 골라 알맞게 짝지은 것은?

사실 진술로부터 당위 진술을 도출할 수 없다는 것을 명시적으로 주장한 최초의 인물은 영국의 철학자 데이비드 흄이었다. 그의 주장은 논리적으로 타당하다고 할 수 있다. 그 이유를 이해하기 위해 일단 명제 P와 Q가 있는데 Q는 P로부터 도출될 수 있는 것이라 가정해 보자. 즉, P가 Q를 논리적으로 함축하는 경우를 생각해 보자. 가령, "비가 오고 구름이 끼어 있다."는 "비가 온다."를 논리적으로 함축한다. 이제 이 두 문장이 다음과 같이 결합되는 경우를 생각해 보자.

"비가 오고 구름이 끼어 있지만, 비가 오지 않는다."

이 명제는 분명히 자기모순적인 명제이다. 왜냐하면 "비가 오고 비가 오지 않는다."라는 자기모순적인 명제를 포함하고 있기 때문이다. 이러한 결과를 바탕으로, 우리는 이제 다음과 같이 결론지을 수 있다.

(가)

우리는 이러한 결론을 이용하여, 사실 진술로부터 당위 진술을 도출할 수 없다고 하는 흄의 주장을 이해해 볼 수 있다. 예를 들어, 명제 A를 "타인을 돕는 행동은 행복을 최대화한다."라고 해보자. 이것은 사실 진술로 이루어진 명제이다. 명제 B를 "우리는 타인을 도와야 한다."라고 해보자. 이것은 당위 진술로 이루어진 명제이다. 물론 "B가 아니다."는 "우리는 타인을 돕지 않아도 된다."가 될 것이다. 이제 우리는 이러한 명제들에 대해 앞의 논리를 그대로 적용시켜 볼 수 있다. 즉, "A이지만 B가 아니다."는 자기모순적인 명제가 아니라는 것이다. 따라서 B는 A로부터 도출되지 않는다. 이 점을 일반화시켜 말하자면 다음과 같다.

(나)

〈보기〉

ㄱ. Q가 P로부터 도출될 수 있다면, "P이지만 Q는 아니다."라는 명제는 자기모순적인 명제이다.
ㄴ. Q가 P로부터 도출될 수 없다면, "P이지만 Q는 아니다."라는 명제는 자기모순적인 명제가 아니다.
ㄷ. 어떤 행동이 행복을 최대화한다는 것으로부터 그 행동을 행하여야만 한다는 것을 도출할 수 없다.
ㄹ. 어떤 행동을 행하여야만 한다는 것으로부터 그 행동이 행복을 최대화한다는 것을 도출할 수 없다.
ㅁ. "어떤 행동이 행복을 최대화한다."라는 명제와 "그 행동을 행하여야만 한다."라는 명제는 둘 다 참일 수 있다.

	(가)	(나)
①	ㄱ	ㄷ
②	ㄱ	ㅁ
③	ㄴ	ㄷ
④	ㄴ	ㄹ
⑤	ㄴ	ㅁ

02

2014년 5급 PSAT A 문15

다음 실험 결과를 가장 잘 설명하는 가설은?

포유동물에서 수컷과 암컷의 성별은 나중에 외부생식기로 발달할 전구체인 기관 A에 성호르몬이 작용하는 데서 결정된다. 성호르몬은 배아가 어미 속에서 성적 특성을 보이기 시작하는 시기에 작용하며, 개체의 성장, 발생, 생식 주기, 그리고 성행동을 조절한다. 포유동물의 경우 원시생식소로부터 분화되어 형성된 생식소인 정소와 난소로부터 성호르몬이 분비된다. 이들 생식소는 안드로겐, 에스트로겐, 프로게스틴의 세 가지 종류의 성호르몬을 생산하고 분비한다. 이 점에서는 남성과 여성 사이에 차이가 없다. 하지만 이들 호르몬의 비율은 성별에 따라 매우 다르며, 이 비율의 차이가 사춘기 남성과 여성의 성징을 나타내는 데 중요한 역할을 하는 것으로 알려져 있다.

남성과 여성의 외부생식기 발달과정을 파악하기 위한 실험은 다음과 같았다. 토끼를 대상으로 XY 염색체를 가진 수컷 배아와 XX 염색체를 가진 암컷 배아에서 각각 원시생식소를 제거하였다. 이 시술은 배아가 성적인 차이를 보이기 전 행해졌다. 원시생식소를 제거한 경우와 제거하지 않은 경우 외부생식기의 성별은 다음과 같았다.

원시생식소 / 염색체	보존	제거
XY	수컷	암컷
XX	암컷	암컷

① 기관 A가 발달한 외부생식기의 성별은 염색체에 의해 결정된다.
② 기관 A는 성호르몬의 작용이 없다면 암컷의 외부생식기로 발달하도록 되어 있다.
③ 기관 A가 발달한 외부생식기의 성별은 원시생식소가 정소나 난소가 되기 전에 결정된다.
④ 기관 A에 작용하는 성호르몬의 비율 차이에 따라 원시생식소는 정소 또는 난소로 발달한다.
⑤ 기관 A가 정소 또는 난소 중 어떤 것으로 발달되는지에 따라 외부생식기의 성별 차이가 나타난다.

[03~05]

2006학년도 MDEET 문8~10

다음을 읽고 물음에 답하시오.

친족은 일반적으로 생물학적 관계를 바탕으로 하지만 반드시 그런 것은 아니다. 친족의 구성 양식과 범위는 사회에 따라 상이하며, 이런 점에서 친족은 사회 문화적으로 규정된 관계이다. 어떤 사회에서는 극히 좁은 범위의 가까운 친족들로 친족 집단이 구성되기도 하는데, 이런 사회에서는 흔히 친족 관계를 보완하는 의사(擬似) 친족 제도가 나타난다. 혈통에 따른 친족 집단이 아니라 가족 중심의 사회인 멕시코의 콤파드라스고(compadrazgo) 체계도 이런 제도의 하나이다. 콤파드라스고는 원래 가톨릭 교회에서 세례 등의 성사(聖事)를 통해 '대부모(代父母)-대자녀(代子女)'라는 종교 의례적이고 정신적인 후원 관계, 즉 '파드리나스고(padrinazgo, 대부자 관계)'를 형성할 때, '대부모-친부모 관계'를 가리키는 것이었다. 하지만 오늘날에는 '대부모-대자녀-친부모'를 묶는 체계 전체를 가리키는 말로도 사용된다.

멕시코의 콤파드라스고는 스페인의 식민지 통치 과정에서 가톨릭의 이식과 함께 형성되었다. 식민지 통치자들은 원주민에게 가톨릭을 강제하면서 원주민의 신체나 가족 관계들도 규제하였다. 식민지 초기에는 세례, 성체 성사, 결혼 등 개인의 종교 생활 주기와 관련된 종교적이고 의례적인 대부자 관계가 중심이었다. 17·18세기에 이르러 스페인의 식민지 지배가 약화되고 원주민 공동체의 자율성이 일정 정도 확보되자, 콤파드라스고는 원주민 사회에 잔존하던 의례적 친족 제도의 요소와 혼합되어 변형과 재창조를 거듭하면서 종교적 제도를 넘어 하나의 사회 제도로 자리잡게 되었다.

오늘날 멕시코에서는 각 지역의 독특한 사회 문화적 맥락에 따라 형성된 다양한 콤파드라스고가 존재한다. 성사 콤파드라스고만 하더라도 세례와 관련하여 반지, 음식 등 세례에 필요한 각 부분을 나누어 후원함으로써 여러 명의 대부모가 생겨나기도 한다. 그리고 콤파드라스고는 그 범위에서도 대자녀의 친부모뿐만 아니라 형제와 조부모에까지 확장되어 마을 사람들 다수가 의례적 콤파드라스고로 얽혀 있으며, 개인 간의 쌍대적(雙對的) 관계를 넘어 친척과 2, 3세대를 포괄하는 다대적(多對的) 관계로 확장된다. 한편 성사와 관계없는 비성사(非聖事) 콤파드라스고도 형성되는데, 이는 크게 사람을 매개로 한 관계와 수호성인상(守護聖人像)과 같은 물건을 매개로 한 관계로 나눌 수 있다. 전자는 종교적 의례가 없는 편이고 권리와 의무가 약할 뿐, 구조적 측면에서는 성사 콤파드라스고와 차이가 없다. 이에 비해 후자는 물건을 매개로 하므로 물건과 대부모의 관계보다 물건 주인과 대부모가 맺는 관계가 중심축을 이루며, 이 경우 후원 여부에 따라 지속 기간은 매우 다양하다. 이런 변화는 콤파드라스고에서 대부자 관계보다 대부모와 친부모의 관계가 더 중심적인 역할을 하게 되었음을 의미한다. 결국 이러한 확장을 통해 콤파드라스고는 복합적이고 다중적인 '대부모-대자녀-친부모'를 묶는 체계로 자리잡게 된 것이다.

어떤 콤파드라스고에서는 친족 집단 내에서 대부모를 선택하여 부모·형제·조부모의 역할을 모방하고 그 유대 관계를 지속시킨다. 또한 교회법에 따라 구성원 간의 금혼 규칙을 적용하기도 한다. 이것은 콤파드라스고가 친족 관계를 상징적으로 모방하는 제도, 즉 의사 친족 제도로서의 특징을 가지고 있음을 의미한다. 한편 다른 콤파드라스고에서는 많은 경우 대부모는 친족내에서 선택되지 않으며, 구성원 간의 금혼 규칙도 잘 지켜지지 않는다. 이런 사실은 콤파드라스고가 혈연에 기초하는 친족 제도에서 찾아보기 힘든 유연한 창조성과 확장성을 갖고 있음을 보여 준다. 결과적으로 콤파드라스고는 개인으로 하여금 가족이나 친족 관계를 넘어 사회적, 정치적 필요에 따라 새로운 관계망을 형성케 함으로써 내적 통합과 외적 경계 짓기의 전략적 메커니즘으로 작동하며, 한정된 자원에 대한 접근을 용이하게 해 준다. 그리하여 핵가족이 증가하는 오늘날에도 콤파드라스고는 개인이나 가족이 사회적 관계를 획득하는 유효한 수단이 되고 있다.

03

위 글을 통해 알 수 있는 멕시코 콤파드라스고의 특징이 아닌 것은?

① 콤파드라스고가 형성되기 위해서는 매개체가 필요하다.
② 다대적 관계의 경우에는 의사 친족 제도로서의 속성이 약하다.
③ 원주민 공동체의 전통과 이식된 종교적 제도의 결합에 기반을 둔다.
④ 대부모-친부모 관계가 중심에 놓임으로써 다양한 형태로 확장될 수 있었다.
⑤ 비성사 콤파드라스고 구성원의 권리와 의무는 성사 콤파드라스고의 경우보다 약하다.

04

위 글의 내용을 <보기>에 적용해 본 것으로 적절하지 않은 진술은?

〈보기〉

○ 이달리아는 호세의 외아들 루이스의 세례 대모이다.
○ 라울의 딸 카르멘의 초등학교 졸업식 때 호세는 학용품을 선물하여 라울과 콤파드라스고를 맺었다.
○ 이달리아의 친척 로라는 이달리아 집의 수호성인상을 매개로 이달리아와 콤파드라스고를 형성하였다.

① 루이스와 이달리아는 성사 콤파드라스고를 통해 대부자 관계를 맺고 있다.
② 호세와 라울은 사람을 매개로 한 비성사 콤파드라스고를 형성하고 있다.
③ 이달리아 외에도 호세와 성사 콤파드라스고를 형성한 사람이 더 있을 수 있다.
④ 로라는 이달리아와 친척이므로 로라와 호세의 관계도 콤파드라스고라 할 수 있다.
⑤ 이달리아 집 수호성인상과 관련된 후원을 통해 로라와 이달리아의 콤파드라스고가 지속된다.

05

멕시코 콤파드라스고의 현실적인 유효성을 가장 적절하게 지적한 것은?

① 통혼권을 확대하여 친족 결속력을 증대시킨다.
② 유대 관계를 확장하여 사회적 역량을 증대시킨다.
③ 재화의 재분배를 통해 계층 간 이해 갈등을 완화시킨다.
④ 산업화의 진행으로 핵가족이 증가되는 추세를 완화시킨다.
⑤ 종교 윤리와 전통 가치를 융합함으로써 문화 수용 능력을 증대시킨다.

[06~08]

2005학년도 MDEET 예비 문22~24

다음 글을 읽고 물음에 답하시오.

식민 지배 이전 나이지리아 티브 족의 경제는 생계 영역, 위세 영역, 극상(極上) 영역이라는 서로 독립적이고 위계적인 영역들로 이루어져 있었다. 생계 영역에 속하는 재화는 식량, 가구, 농기구 등으로, 이것들 간에는 선물 교환이나 물물 교환 방식의 자유로운 교환이 이루어졌다. 위세 영역의 재화로는 노예, 가축, 약, 의례적·주술적 직위, 놋쇠막대 등을 들 수 있는데, 이 중 놋쇠막대는 불완전한 화폐의 기능을 지니고 있었다. 극상 영역은 가장 높은 가치를 지니는 위세재(prestige goods)인 여성에 대한 권리 영역으로서 혼인과 관련되어 있었다.

티브 사람들은 재래 시장에서 식량과 같은 하위 영역의 재화를 소나 놋쇠막대와 같이 위세를 높여 주는 상위 영역의 재화들과 바꾸려고 노력하였다. 그러나 특별한 경우가 아니면 각 영역 내의 재화들 사이에 교환이 이루어지는 것이 바람직하고, 서로 다른 영역에 속하는 재화의 교환은 여러 가지 도덕적 제약 하에서 놋쇠막대를 매개로 해야만 가능하였다. 가령 놋쇠막대를 주고 식량을 구입하는 사람은 사회적 비난을 받았고, 놋쇠막대를 주고 부인을 얻는 것은 불완전한 혼인으로 간주되었다.

식민 통치 이전의 티브 사회에서 놋쇠막대는 부분적으로만 화폐의 기능을 갖고 있었다. 즉, 오늘날 시장 경제에서의 화폐처럼 모든 종류의 재화나 서비스에 대해 교환 수단, 지불 수단, 가치 척도의 수단으로 사용되지는 않았다. 티브 사회에는 19세기와 20세기 초반 식민 통치와 더불어 범용(汎用) 화폐가 도입되면서 모든 재화의 교환 가치가 하나의 공통된 척도로 표시되는 상품화가 진행되었다. 티브 사람들은 현금을 마련하기 위하여 경쟁적으로 직접 교역에 뛰어들거나 외부 상인들과 계약을 맺고 환금 작물을 재배하여야만 했다. 티브 사회의 입장에서 보면 이것은 경제 규모가 확대된 것이고, 예속성이 더 커진 것을 의미한다. 위세를 높이려는 남성들은 농산물을 팔아서 생긴 돈으로 신부값을 지불하여 여성을 얻거나 위세 영역의 다른 재화들을 구입하였다. 그 결과 식량은 더욱더 외부로 수출되었고, 티브 사람들이 소비할 수 있는 생필품의 양은 점점 줄어들었다. 또한 전통적으로는 부채 개념이 없던 생계 영역에서 부채 개념이 등장하고 빈부 격차가 심화되었다.

식민 통치와 함께 티브 사회의 혼인 관습도 변화하였다. 식민 통치 이전의 티브 사회에서 이상적인 혼인은 서로 누이를 주고받는 형태의 교환혼이었다. 그런데 실제로는 직접 누이를 주고받는 교환혼은 거의 발생하지 않았고, 상대에게 줄 누이가 없는 남자들은 누이 대신에 다른 여성을 보내고 상대 역시 누이가 없으면 누이에 상당하는 여성을 보내 주었다. 이렇게 누이 대신에 상대방에게 아냇감으로 보낼 수 있는 여성을 '잉골(ingol)'이라고 한다. 서로 가까운 곳에 거주하는 소규모의 부계 종족(父系宗族)은 잉골을 안정적으로 확보하기 위해 잉골 공유 집단을 구성하였다. 이 집단에 속하는 남성들은 각각 한 명 이상의 잉골을 관리하였다. 만일 잉골이 마음에 맞는 남성과 도망치거나 잉골을 받은 쪽이 다른 잉골을 보내지 않으면 보낸 쪽에 대해 부채를 지게 되며, 그 잉골의 공유 집단의 위세는 약화되었다. 이때는 대개 놋쇠막대로 보증금을 지불하거나 소를 주어 채무 이행이 지체되는 것에 대한 불만을 잠재웠다. 그렇지만 놋쇠막대나 소가 잉골을 대체하는 것은 아니었다. 여성을 받은 대가는 오직 또 다른 여성으로만 지불할 수 있었기 때문이다. 그래서 큰딸을 아내가 원래 속했던 잉골 공유 집단에 보내 부채를 갚는 것을 이상적으로 생각하였으며, 때로는 두세 세대가 지난 후에야 부채가 해소되는 경우도 있었다.

그런데 범용 화폐의 도입으로 상품 시장 경제가 서서히 확산되면서 티브 경제의 각 영역 간의 구분은 사라졌고, 여성도 다른 재화와 마찬가지로 화폐를 지불하고 소유할 수 있는 재화로 바뀌게 되었다. 이러한 현상은 전통적인 교환혼이 신부값 혼인으로 바뀐 것을 뜻한다. 이에 따라 ㉠ 신부값을 화폐로 받게 된 잉골의 관리자들은 자신들이 손해를 보고 있다고 생각하게 되었다. 또한 전통적 교환혼을 통해 형성할 수 있었던 친족 집단 간의 사회 문화적 유대감과 결속력은 더 이상 기대할 수 없게 되었다. 더구나 여성의 수는 한정되어 있어 신부값은 엄청나게 상승하게 되었고, 가난한 사람들은 아내를 얻는 것조차 어렵게 되었다.

06

식민 통치 이후 티브 사회에 나타난 변화에 대한 설명으로 적절한 것은?

① 놋쇠막대를 얻고자 하는 수요가 증가하였다.
② 친족 집단 간 유대를 유지, 강화하는 요인이 늘어났다.
③ 전통적인 위세 영역에서 부채 개념이 등장하게 되었다.
④ 식량 생산이 늘어남에 따라 식량 부족 현상이 완화되었다.
⑤ 현금의 필요성이 커짐에 따라 환금 작물 재배가 확대되었다.

07

티브 사회의 변동에 대한 글쓴이의 관점을 바르게 설명한 것은?

① 사회 변동에서 내적 동인을 중시하고 있다.
② 여성의 삶에 대해 양성 평등적 관점에서 접근하고 있다.
③ 개별 사회가 지닌 사회 문화 체계의 고유성에 주목하고 있다.
④ 경제 체제의 변화보다 정치 권력의 교체에 강조점을 두고 있다.
⑤ 공동체 질서의 교란과 가치 체계의 혼돈을 분리하여 파악하고 있다.

08

㉠이 처한 상황에 대한 설명으로 적절하지 않은 것은?

① 잉골 확보에 점점 더 큰 어려움을 겪고 있다.
② 여성을 얻더라도 위세가 커지지 못하고 있다.
③ 영역별 위계 질서의 동요에 불만을 느끼고 있다.
④ 잉골과 화폐의 교환 추세에 저항하지 못하고 있다.
⑤ 새로운 시장 경제 체제의 확산에 잘 적응하지 못하고 있다.

정답 및 해설 p.2

Ⅲ. 대비

[01~02]

2009학년도 LEET 예비 문14~15

다음 글을 읽고 물음에 답하시오.

신제품을 개발하는 방식에는 크게 두 가지 전략이 있다. 하나는 압축 전략으로, 이는 개발 과정의 합리화라고 할 수 있다. 이 전략은 예측이 가능한 단계들로 구성된 제품 개발 과정을 단축할 수 있다는 특성이 있다. 각 단계들의 합이 전체 과정이므로 이 전략은 각 단계에서 걸리는 시간을 단축하고자 한다. 이를 위해 일련의 단계들을 명확히 확립하고 분석한 후에 '쥐어짜기'를 통해 제품 개발을 가속화할 수 있다는 것이다.

이 전략은 '계획하기'에 많은 시간을 할애해야 한다. 이 과정을 통해 불필요한 단계를 제거할 수 있으며 활동을 효율적인 순서로 배열하여 의사소통과 업무 조정에 드는 시간을 줄일 수 있다. 또한 협력 업체의 전문 기술을 활용하여 단계를 간소화하고 개발 팀은 핵심적인 업무에 더욱 전념한다. 데이터베이스에 축적된 과거의 설계들을 재활용하여 개발 시간과 잠재적 오류를 줄이며, 연속된 개발 단계들을 부분적으로 겹치게 함으로써 시간을 절약할 수 있다.

이 전략의 성공적인 수행은 다부서 팀과 관련이 깊다. 다부서 팀을 가동함으로써 여러 부서의 협력이 공고해질 경우 개발 과정이 빨라질 것이다. 포상 제도는 계획 기간 안에 개발을 완료하겠다는 각오와 집중력을 이끌어 내어 성과를 볼 수 있지만, 신제품 개발 선정 시 손쉬운 개발 대상을 선호하게 만들 수도 있다.

압축 전략과는 대조적으로 경험 전략은 단지 기존의 과정을 압축하여 가속화하는 것만으로는 현실적으로 시장에 제품을 내놓는 속도를 빠르게 하기 어렵다고 본다. 이 전략은 시장 상황이 불투명하거나 첨단 기술을 적용해야 하는 불확실한 상황에서 선택된다. 명확하지 않고 변화하는 환경에 대처하기 위해서는 직관력을 키우고 유연한 선택 대안을 구사해야 한다는 것이다. 그렇게 해야 불확실한 환경을 재빨리 학습하고 환경 변화에 따라 유연하게 대응할 수 있다고 본다. 따라서 이 접근 방식은 확실성보다는 불확실성에 대한 대응이고, 선형적이기보다는 반복적이고, 기획적이기보다는 경험적이다. 반복을 통해 신제품 개발 속도를 빠르게 할 수 있다고 보아 시제품 제작을 통해 제품 설계를 가속화시킬 것을 주장한다.

이 전략은 즉각적으로 결정하기, 실시간 교류와 경험, 유연성 등을 중요시한다. 또한 빈번한 이정표 관리, 강력한 리더 배치 등을 활용함으로써 제품 개발을 가속화하려는 경향이 있다. 이정표 관리는 공식적인 평가이기는 하나 사전에 계획되는 것은 아니다. 그 대신 수시로 현재 진행 상황을 재평가하여 코스를 이탈하는 행동을 막고, 변화하는 시장이나 기술에 대한 대응을 점검해서 반복과 시험으로 인해 무질서해질 수 있는 개발 활동들을 조정하는 기능을 발휘한다. 수없이 많은 반복과 시험 활동 때문에 팀 구성원들이 '큰 그림'을 잃는다면 개발 과정은 통제 밖으로 벗어날 우려가 크다. 강력한 리더는 그러한 사태를 방지하여 개발 과정에 지연이 발생하지 않도록 하는 역할을 한다.

01

'경험 전략'의 특징으로 적절하지 않은 것은?

① 즉각적이고 유연한 판단으로 대안을 결정한다.
② 실시간적 교류 활동으로 제품 개발을 가속화한다.
③ 반복 설계와 시험을 통해 학습된 경험을 활용한다.
④ 진행 상황에 대한 공식적 점검을 수시로 실행한다.
⑤ 개발 활동 내용을 순차적으로 배열하여 효율성을 제고한다.

02

위 글의 내용으로 볼 때, 제품 개발 전략의 선택에서 고려해야 할 조건으로 적절하지 않은 것은?

① 개발에 허용된 시간
② 계획 수립의 용이성
③ 진출하려는 시장의 상황
④ 기업이 보유한 인적 역량
⑤ 제품에 적용될 기술의 특성

[03~05]

다음 글을 읽고 물음에 답하시오.

신(臣) 유종원(柳宗元)이 엎드려 살펴보니 이런 일이 있었습니다. 측천무후 시절에 동주(同州)의 하규(下邽)에 서원경(徐元慶)이라는 사람이 있었는데, 아버지 상(爽)이 현의 관리인 조사온(趙師韞)에게 죽었다고 하여 마침내 아버지의 원수를 찔러 죽인 뒤 제 몸을 묶어 관에 자수하였습니다. 그때 진자앙(陳子昂)은 그를 사형에 처하되 정문(旌門)을 세워 주자고 건의하였으며, 또 그 내용을 법령에 넣어 항구적인 법으로 삼자고 청하였습니다. 하지만 신은 그것이 잘못되었다고 생각합니다.

신이 듣기를, 예(禮)의 근본은 무질서를 막고자 하는 것이니, 만약 예에서 해악을 저지르지 말라고 하는데 자식 된 이가 사람을 죽였다면 이는 용서할 수 없습니다. 또한 형(刑)의 근본도 무질서를 막고자 하는 것이니, 만약 형에서 해악을 저지르지 말라고 하는데 관리 된 이가 사람을 죽였다면 이는 용서할 수 없습니다. 결국 그 근본은 서로 합치하면서 그 작용이 이끌어지는 것이니, 정문과 사형은 결코 함께 할 수 없는 것입니다. 정문을 세워 줄 일을 사형에 처하는 것은 남용으로서 형을 지나치게 적용하는 것이 됩니다. 사형에 처할 일에 정문을 세워 주는 것은 참람으로서 예의 근본을 무너뜨리는 것이 됩니다. 과연 이것을 천하에 내보이고 후대에 전하여서 의를 좇는 이가 나아갈 곳을 모르게 하고 해를 피하려는 이가 설 곳을 알지 못하도록 해야 하겠습니까. 과연 이것이 법으로 삼아야 할 만한 일이겠습니까. 무릇 성인(聖人)의 제도에서 도리를 밝혀 상벌을 정하도록 한 것과 사실에 터 잡아 시비를 가리도록 한 것은 모두 하나로 통하는 것입니다. 이 사건에서도 진위를 가려내고 곡직을 바로 하여 근본을 따져본다면, 형과 예의 적용은 뚜렷이 밝혀집니다. 그 까닭은 이렇습니다.

만일 원경의 아버지가 공적인 죄를 지은 것이 아닌데도 사온이 죽였다면 이는 오직 사사로운 원한으로 관리의 기세를 떨쳐 무고한 이를 괴롭힌 게 됩니다. 더구나 고을 수령과 형관은 이를 알아볼 줄도 모르고 위아래로 모두 몽매하여 울부짖는 호소를 듣지 않았습니다. 그리하여 원경은 원수와 같은 하늘 아래서 사는 것을 몹시 부끄럽게 여기며 항상 칼을 품고 예를 실행하려는 마음을 지니다가 마침내 원수의 가슴을 찔렀으니, 이는 꿋꿋이 자신을 이겨낸 행위로서 그때 죽더라도 여한이 없었을 것입니다. 바로 예를 지키고 의를 실행한 것입니다. 그러니 담당 관리는 마땅히 부끄러운 빛을 띠고 그에게 감사하기에 바쁠진대 어찌 사형에 처한단 말입니까.

혹시 원경의 아버지가 면할 수 없는 죄를 지어 사온이 죽인 것이었다면 그것은 자의적으로 법을 집행한 것이 아닙니다. 이는 관리에게 죽은 것이 아니라 법에 의해 죽은 것입니다. 법을 원수로 삼을 수야 있겠습니까. 천자의 법을 원수 삼아 사법 관리를 죽였다면, 이는 패악하여 임금을 능멸한 것입니다. 이런 자는 잡아 죽여야 국법이 바로 설진대 어찌 정문을 세운다는 것입니까.

진자앙은 앞의 건의에서 "사람은 자식이 있고 자식은 반드시 어버이가 있으니, 어버이를 위한 복수가 이어진다면 그 무질서는 누가 구제하겠습니까."라고 하였습니다. 이는 예를 매우 잘못 이해한 것입니다. 예에서 이야기하는 복수는, 사무치는 억울함이 있는데도 호소할 곳이 없는 경우이지, 죄를 저질러 법에 저촉되어 사형에 처해지는 경우가 아닙니다. 그러므로 "네가 사람을 죽였으니 나도 널 죽이겠다."라고 말하는 것은 곡직을 따져보지도 않고서 힘없고 약한 이를 겁주는 것이 될 뿐이며, 또한 경전과 성인의 가르침에 심히 위배되는 것입니다.

『주례』에서 "조인(调人)이 뭇사람들의 복수 사건을 담당하여 조정한다. 살인이라도 의에 부합하는 경우에는 그에 대한 복수를 금지한다. 복수는 사형에 처한다. 이를 다시 보복 살해하면, 온 나라가 그를 복수할 것이다." 하였으니, 어찌 어버이를 위한 복수가 이어질 수 있겠습니까. 『춘추공양전』에서는 "아버지가 무고하게 죽었다면 아들은 복수할 수 있다. 아버지가 죄 때문에 죽었는데 아들이 복수한다면, 이는 무뢰배의 짓거리로서 복수의 폐해를 막지 못한다."라고 하였습니다. 이러한 관점으로 위의 사건을 판단해 보면 예에 합치합니다. 무릇 복수를 잊지 않는 것은 효이며, 죽음을 돌아보지 않는 것이 의입니다. 원경이 예를 저버리지 않고 효를 지켜 의롭게 죽으려 했으니, 이는 바로 이치를 깨치고 도를 들은 것입니다. 이치를 깨치고 도를 들은 사람에 대해 왕법(王法)이 어찌 보복 살인의 죄인으로 보겠습니까. 진자앙은 도

리어 사형에 처해야 한다고 하니, 그것은 형의 남용이며 예의 훼손입니다. 법이 될 수 없다는 것은 뚜렷합니다.

신의 간언을 법령에 반영하시어 사법 관리로 하여금 앞의 건의에 따라 법을 집행하지 않도록 해 주시기를 청합니다. 삼가 아뢰었나이다.

– 유종원, 『복수에 대한 건의를 논박함』 –

03

윗글의 내용에 부합하지 않는 것은?

① 진자앙은 서원경의 행위가 예를 어긴 것이라고 보았다.
② 호소할 곳 없는 백성에 대한 유종원의 염려가 나타난다.
③ 보복 살인의 악순환을 경계하는 진자앙의 고심이 엿보인다.
④ 유종원은 진자앙의 건의 내용이 갖는 자체 모순을 분석하였다.
⑤ 유종원은 서원경의 복수를 효의 실천으로 보아 높이 평가하였다.

04

윗글에 비추어 볼 때 예와 형에 관한 서술로 적절하지 않은 것은?

① 예를 이해하고 적용하는 데는 성인의 가르침과 제도가 훌륭한 전거가 된다.
② 예는 의를 좇는 이가 나아갈 바이자, 도리를 밝혀 상벌을 정하는 기준이 된다.
③ 형은 해를 피하려는 이에게 의지가 되며, 사실을 기반으로 시비를 가리는 수단이 된다.
④ 형은 범죄 행위를 규정하고 그것을 강제력으로 금지하여 합당한 행위를 유도하는 규칙이 된다.
⑤ 예는 혼란을 방지하려는 목적이 있다는 점에서 처벌 법규인 형과는 서로 근본을 달리하는 규범이 된다.

05

윗글에 나타난 유종원의 견해로 진자앙의 입장과 대립하는 것은?

① 한 사건에서 죄에 대한 처벌과 예에 대한 포상을 동시에 할 수도 있다고 본다.
② 어떤 경우라도 부모의 죽음에 대해서는 복수해야 한다고 생각한다.
③ 예에 합당한 행위에 대하여 형을 부과할 수 없다고 본다.
④ 예와 형은 모두 존중되어야 할 규범이라고 생각한다.
⑤ 복수를 일반적으로 허용하는 것에 대해 찬성한다.

[06~08]

2010학년도 LEET 문4~6

다음 글을 읽고 물음에 답하시오.

오늘날 경제학은 법적 판단을 내리는 데에도 적극 활용되고 있다. 그 한 사례가 주주들의 집단소송에서 경제 이론을 주요한 근거로 하여 판결이 내려졌던 '베이식 사 대(對) 레빈슨' 사건이다. 베이식 사는 컴버스천 사와의 인수합병을 진행하는 과정에서 이를 공개적으로 부인하다가 결국 컴버스천 사에 합병이 되었다. 그 후, 합병 발표 이전에 주식을 처분했던 일부 주주들은 베이식 사의 부인으로 인해 재산상의 큰 손실을 입었다며 집단소송을 제기했다. 원고 측과 피고 측 사이에 뜨거운 논쟁이 오간 끝에 1988년 미국 연방 대법원은 ㉠ 원고 측의 손을 들어 주는 판결을 하였다.

당시 경제학에서는 "사람들은 기업의 진정한 가치를 염두에 두고 주식 투자를 하며, 해당 기업의 진정한 가치에 관한 모든 정보는 주가에 반영되므로, 기업의 진정한 가치와 주가는 일치한다."라는 전통적 이론이 힘을 발휘하고 있었다. 이 이론이 현실에서 항상 성립하는지 아니면 오랜 기간에 걸쳐 근사적으로만 성립하는지에 대해서는 논란이 있었지만 기본 취지는 많은 학자들의 동의를 얻었다. 연방 대법원은 주식시장이 모든 이에게 열려 있다면 이 이론을 법적 판단에 적용할 수 있다고 보았다. 이러한 상황에서는 사람들이 주가만 가지고도 투자 결정을 내린다고 볼 수 있으므로, 베이식 사가 합병 과정을 공개하지 않음으로써 투자자들로 하여금 잘못된 결정을 하게 하여 재산상의 손실을 입게 했다고 추정할 만한 충분한 합리적 근거가 있다는 것이 연방 대법원의 판단이었다. 이 판결은 이후 부정 공시 관련 집단소송의 판단 기준으로 자리 잡게 되었다. 이는 결국 기업의 진정한 가치에 관한 중요한 정보의 공시와 관련된 분쟁에서 부정 공시로 인한 피해 여부를 어떻게 입증할 것인가 하는 어려운 문제를 해결할 확실한 논리를 경제학이 제공했다는 것을 의미한다.

하지만 ㉡ 전통적 이론의 정당성을 약화시킬 논의들도 적지 않다. 우선, "주식 투자자들의 진정한 관심은 기업의 가치에 있는 것이 아니라 주식을 얼마에 팔아넘길 수 있는가에 있다." 라는 케인스의 주장은 전통적 이론의 근본 전제를 뒤흔드는 비판으로 해석될 수 있다. 그리고 1980년대 초부터는 전통적 이론에 대해 더욱 직접적으로 문제가 제기되었다. 주가가 진정한 가치를 반영한다는 전통적 이론이 성립하려면 진정한 가치에 관심을 기울이는 사람과 그렇지 않은 사람 사이에 끊임없는 매수와 매도의 상호 작용이 있어야만 한다. 그리고 이것이 가능하려면 진정한 가치에 관심을 갖는 전문적인 주식 투자자들이 정보가 부족한 투자자들을 상대로 미래 주가의 향방에 대한 상반되는 예상 위에서 매매 차익을 얻을 여지가 있어야만 한다. 그런데 매매 차익을 얻을 기회란 주가와 진정한 가치가, 적어도 단기적으로는, 일치하지 않을 때에만 발생한다는 점에서, 이는 전통적 이론의 또 다른 약점으로 해석될 수 있다.

최근 들어 경제학계에서 새롭게 주목받고 있는 행동경제학은 주식시장의 정보 전달 메커니즘에 관한 전통적 이론의 문제점을 보다 통렬하게 비판하고 있다. 이들은 심리학의 연구 성과를 적극적으로 받아들여 전통적인 견해와는 다른 방식으로 행동하는 인간의 모습을 제시한다. 이들에 따르면, 인간은 자신의 미래를 통제할 수 있다고 과신하는 반면, 남들이 성공할 때 자신만 뒤처지는 것을 지나치게 두려워하는 존재이다. 이러한 비합리적 특성이 주식시장에서 발현되면 심지어 전문적인 투자자들까지도 주가와 진정한 가치의 괴리를 키우는 역설적인 행동을 하게 된다. 이들은 주가가 진정한 가치와 괴리되어 있다고 확신하더라도, 주가가 어느 시점에서 진정한 가치와 일치할지를 정확하게 알 수 없으므로, 현재의 추세가 반전되기 직전에 빠져나갈 수 있다고 자신하며, 다수에 맞서는 대신 대세에 편승하는 선택을 할 것이기 때문이다.

법적 문제의 해결 과정에서 경제학의 다양한 영역 중 그동안 상대적으로 주목을 받지 못했던 연구 성과들을 적극적으로 수용한다면, 연방 대법원의 판결은 이론적 근거도 취약할 뿐더러 기업의 진정한 가치에 관심을 갖는 투자자들을 보호한다는 본래의 취지 또한 제대로 반영하지 못한다는 비판에 직면할 가능성이 높다.

06

㉠에 담긴 판단 내용으로 보기 어려운 것은?

① 인수합병을 부인한 공시로 인해 주가가 기업의 진정한 가치를 반영하지 못했다.
② 인수합병을 부인한 공시로 인해 주식 투자자들에게 재산상의 손실이 발생했다.
③ 인수합병이 진행 중이라는 정보가 주식시장에 유포되었다면 주가가 상승했을 것이다.
④ 인수합병 진행이 공시되었다면 주식 투자자들은 이것이 반영된 주가를 근거로 투자 결정을 했을 것이다.
⑤ 인수합병을 부인한 공시를 보았던 주식 투자자들이 그동안 공시자료를 근거로 주식 투자를 해왔다는 사실이 입증되어야 한다.

07

위 글의 맥락에서 볼 때, ㉡에 포함되는 것으로 보기 어려운 것은?

① 주식 투자자들은 기업에 대한 정보의 진위 여부를 판단하기 쉽지 않다.
② 주가가 기업의 진정한 가치에 대한 정보를 신속하게 반영하지 못하고 있다.
③ 주식 투자자들은 기업의 진정한 가치보다는 타인의 선택에 더 큰 영향을 받는다.
④ 주식 투자자들은 대부분 미래의 주가 등락 추세에 대해 같은 방향으로 예상한다.
⑤ 전문적인 주식 투자자는 그렇지 않은 주식 투자자에 비해 기업의 진정한 가치에 대한 더 많은 정보를 가지고 시장에 참여한다.

08

주식시장의 정보 전달 메커니즘과 관련한 다음의 진술 중 위 글의 '행동경제학'이 동의하지 않을 것은?

① 주식 투자자들은 남들이 돈을 벌 때 자신만 돈을 벌지 못하는 상황을 두려워하여 주식 매매에서 다수의 편에 선다.
② 주식 투자자들은 스스로의 능력을 과신하므로 기업의 진정한 가치에 관한 어떠한 정보에도 관심을 기울이지 않는다.
③ 주식 투자자들은 비합리적인 특성을 띠기 때문에, 주식시장에 더 많은 정보가 제공되더라도 주가가 이를 반영하기는 쉽지 않다.
④ 전문적인 주식 투자자는 주식시장의 정보 전달 메커니즘 내에서 주요한 행위자로 참여한다.
⑤ 미래 주가의 불확실성으로 인해 전문적인 주식 투자자도 기업의 진정한 가치에 근거한 주식 매매를 하기 어렵다.

[09~11]

다음 글을 읽고 물음에 답하시오.

가장 효율적인 자원배분 상태, 즉 '파레토 최적' 상태를 달성하려면 모든 최적 조건들이 동시에 충족되어야 한다. 파레토 최적 상태를 달성하기 위해 n개의 조건이 충족되어야 하는데, 어떤 이유로 인하여 어떤 하나의 조건이 충족되지 않고 n−1개의 조건이 충족되는 상황이 발생한다면 이 상황이 n−2개의 조건이 충족되는 상황보다 낫다고 생각하기 쉽다. 그러나 **립시**와 **랭커스터**는 이러한 통념이 반드시 들어맞는 것은 아님을 보였다. 즉 하나 이상의 효율성 조건이 이미 파괴되어 있는 상태에서는 충족되는 효율성 조건의 수가 많아진다고 해서 경제 전체의 효율성이 더 향상된다는 보장이 없다는 것이다. 현실에서는 최적 조건의 일부는 충족되지만 나머지는 충족되지 않고 있는 경우가 일반적이다. 이 경우 경제 전체 차원에서 제기되는 문제는 현재 충족되고 있는 일부의 최적 조건들을 계속 유지하는 것이 과연 바람직한가 하는 것이다. 하나의 왜곡을 시정하는 과정에서 새로운 왜곡이 초래되는 것이 일반적 현실이기 때문에, 모든 최적 조건들을 충족시키려고 노력하는 것보다 오히려 최적 조건의 일부가 항상 충족되지 못함을 전제로 하여 그러한 상황에서 가장 바람직한 자원배분을 위한 새로운 조건을 찾아야 한다는 과제가 제시된다. 경제학에서는 이러한 문제를 차선(次善)의 문제 라고 부른다.

차선의 문제는 경제학 여러 분야의 논의에서 등장한다. 관세동맹 논의는 차선의 문제에 대한 중요한 사례를 제공하고 있다. 관세동맹이란 동맹국 사이에 모든 관세를 폐지하고 비동맹국의 상품에 대해서만 관세를 부과하기로 하는 협정이다. 자유무역을 주장하는 이들은 모든 국가에서 관세가 제거된 자유무역을 최적의 상황으로 보았고, 일부 국가들끼리 관세동맹을 맺을 경우는 관세동맹을 맺기 이전에 비해 자유무역의 상황에 근접하는 것이므로, 관세동맹은 항상 세계 경제의 효율성을 증대시킬 것이라고 주장해왔다. 그러나 ⓐ 바이너는 관세동맹이 세계 경제의 효율성을 떨어뜨릴 수 있음을 지적하였다. 그는 관세동맹의 효과를 무역창출과 무역전환으로 구분하고 있다. 전자는 동맹국 사이에 새롭게 교역이 창출되는 것을 말하고 후자는 비동맹국들과의 교역이 동맹국과의 교역으로 전환되는 것을 의미한다. 무역창출은 상품의 공급원을 생산비용이 높은 국가에서 생산비용이 낮은 국가로 바꾸는 것이기 때문에 효율이 증대되지만, 무역전환은 공급원을 생산비용이 낮은 국가에서 생산비용이 높은 국가로 바꾸는 것이므로 효율이 감소한다. 관세동맹이 세계 경제의 효율성을 증가시키는가의 여부는 무역창출 효과와 무역전환 효과 중 어느 것이 더 큰가에 달려 있다. 무역전환 효과가 더 크다면 일부 국가들 사이의 관세동맹은 세계 경제의 효율성을 떨어뜨리게 된다.

차선의 문제는 소득에 부과되는 직접세와 상품 소비에 부과되는 간접세의 상대적 장점에 대한 오랜 논쟁에서도 등장한다. 경제학에서는 세금이 시장의 교란을 야기하여 자원배분의 효율성을 떨어뜨린다는 생각이 일반적이다. 아무런 세금도 부과되지 않는 것이 파레토 최적 상태이지만, 세금 부과는 불가피하므로 세금을 부과하면서도 시장의 왜곡을 줄일 수 있는 방법을 찾고자 했다. 이와 관련해, 한 가지 상품에 간접세가 부과되었을 경우 그 상품과 다른 상품들 사이의 상대적 가격에 왜곡이 발생하므로, 이 상대적 가격에 영향을 미치지 않는 직접세가 더 나을 것이라고 주장하는 ㉠ 핸더슨과 같은 학자들이 있었다. 그러나 이는 직접세가 노동 시간과 여가에 영향을 미치지 않는다는 가정 아래서만 성립하는 것이라고 ㉡ 리틀은 주장하였다. 한 상품에 부과된 간접세는 그 상품과 다른 상품들 사이의 파레토 최적 조건의 달성을 방해하게 되지만, 직접세는 여가와 다른 상품들 사이의 파레토 최적 조건의 달성을 방해하게 되므로, 직접세가 더 효율적인지 간접세가 더 효율적인지를 판단할 수 없다는 것이다. 나아가 리틀은 여러 상품에 차등적 세율을 부과할 경우, 직접세만 부과하는 경우나 한 상품에만 간접세를 부과하는 경우보다 효율성을 더 높일 수 있는 가능성이 있음을 언급했지만 정확한 방법을 제시하지는 못했다. ㉢ 콜레트와 헤이그는 직접세를 동일한 액수의 간접세로 대체하면서도 개인들의 노동 시간과 소득을 늘릴 수 있는 조건을 찾아냈다. 그것은 여가와 보완관계가 높은 상품에 높은 세율을 부과하고 경쟁관계에 있는 상품에 낮은 세율을 부과하는 것이었다. 레저 용품처럼 여가와 보완관계에 있는 상품에 상대적으로 더 높은 세율을 부과하여 그 상품의 소비를 억제시킴으로써 여가의 소비도 줄이는 것이 가능해진다.

09

차선의 문제에 대한 이해로 적절하지 않은 것은?

① 파레토 최적 조건들 중 하나가 충족되지 않을 때라면, 나머지 조건들이 충족된다고 하더라도 차선의 효율성이 보장되지 못한다.
② 전체 파레토 조건 중 일부가 충족되지 않은 상황에서 차선의 상황을 찾으려면 나머지 조건들의 재구성을 고려해야 한다.
③ 주어진 전체 경제상황을 개선하는 과정에서 기존에 최적 상태를 달성했던 부문의 효율성이 저하되기도 한다.
④ 차선의 문제가 제기되는 이유는 여러 경제부문들이 독립적이지 않고 서로 긴밀히 연결되어 있기 때문이다.
⑤ 경제개혁을 추진할 때 비합리적인 측면들이 많이 제거될수록 이에 비례하여 경제의 효율성도 제고된다.

10

A, B, C 세 국가만 있는 세계에서 A국과 B국 사이에 관세동맹이 체결되었다고 할 때, ⓐ의 입장을 지지하는 사례로 활용하기에 적절한 것은?

① 관세동맹 이전 A, B국은 X재를 생산하지 않고 C국에서 수입하고 있었다. 관세동맹 이후에도 A, B국은 X재를 C국에서 수입하고 있다.
② 관세동맹 이전 B국은 X재를 생산하고 있었고 A국은 최저비용 생산국인 C국에서 수입하고 있었다. 관세동맹 이후 A국은 B국에서 X재를 수입하게 되었다.
③ 관세동맹 이전 A, B국은 모두 X재를 생산하고 있었고 C국에 비해 생산비가 높았다. 관세동맹 이후 A국은 생산을 중단하고 B국에서 X재를 수입하게 되었다.
④ 관세동맹 이전 B국이 세 국가 중 최저비용으로 X재를 생산하고 있었고 A국은 X재를 B국에서 수입하고 있었다. 관세동맹 이후에도 A국은 B국에서 X재를 수입하고 있다.
⑤ 관세동맹 이전 A, B국 모두 X재를 생산하고 있었고 A국이 세 국가 중 최저비용으로 X재를 생산하는 국가이다. 관세동맹 이후 B국은 생산을 중단하고 A국에서 X재를 수입하게 되었다.

11

<보기>의 상황에 대한 ㉠~㉢의 대응을 추론한 것으로 적절하지 않은 것은?

〈보기〉

일반 상품을 X와 Y, 여가를 L이라고 하고, 두 항목 사이에 파레토 최적 조건이 성립한 경우를 '⇔', 성립하지 않은 경우를 '⇎'라는 기호로 표시하기로 하자.

㉮	㉯	㉰	㉱
세금이 부과되지 않은 상황	X에만 간접세가 부과된 상황	직접세가 부과된 상황	X, Y에 차등 세율의 간접세가 부과된 상황
X⇔Y X⇔L Y⇔L	X⇎Y X⇎L Y⇔L	X⇔Y X⇎L Y⇎L	X⇎Y X⇎L Y⇎L

① ㉠은 직접세가 여가에 미치는 효과를 고려하지 않고 ㉰가 ㉯보다 효율적이라고 본다.
② ㉡은 ㉮와 ㉰의 효율성 차이를 보임으로써 립시와 랭커스터의 주장을 뒷받침한다.
③ ㉡은 ㉯와 ㉰의 효율성을 비교할 수 없다는 점을 보임으로써 ㉠을 비판한다.
④ ㉢은 ㉱가 ㉰보다 효율적일 수 있다는 것을 보임으로써 립시와 랭커스터의 주장을 뒷받침한다.
⑤ ㉢은 ㉱가 ㉰보다 효율적일 수 있다는 것을 보임으로써 이를 간접세가 직접세보다 효율적인 사례로 제시한다.

정답 및 해설 p.5

IV. 나열

아래 지문은 정리노트 작성 예시를 위한 지문이다. 해당 지문을 읽고 문제를 풀이한 후 뒤에 제시된 세 가지의 정리노트를 확인해 보자.

예제

[01~03] 2021학년도 LEET 문1~3

다음 글을 읽고 물음에 답하시오.

비즈니스 프로세스는 고객 가치 창출을 위해 기업 또는 조직에서 업무를 처리하는 과정을 말한다. 업무 처리 과정을 업무흐름도로 도식화하는 과정을 프로세스 모델링이라 하며, 그 결과물을 프로세스 모델이라고 한다. 프로세스 모델은 업무 처리 활동 및 활동들 간의 경로로 구성된다. 프로세스 모델이 효율적으로 작동하고 있는지를 확인, 분석, 수정·보완, 개선하는 작업이 필요한데, 프로세스 마이닝은 그중 한 기법이다. 프로세스 마이닝은 시뮬레이션처럼 실제 이벤트 로그 수집 이전에 정립한 프로세스 모델 중심 분석기법과, 데이터 마이닝처럼 프로세스를 고려하지 않는 데이터 중심 분석기법을 연결하는 역할을 한다.

프로세스 마이닝은 정보시스템을 통해 확보한 이벤트 로그에서 프로세스에 관련된 가치 있는 정보를 추출하는 것이다. 이벤트 로그란 정보시스템에 축적된 비즈니스 프로세스 수행 기록인데, 이것이 프로세스 마이닝의 출발점이 된다. 이벤트 로그는 행과 열로 표현되는 이차원 표 형태이다. 업무 활동으로 발생한 이벤트는 행으로 추가되며, 각 열에는 이벤트의 속성들이 기록된다. 이때 기록되는 속성으로 필수적인 것은 사례 ID, 활동명, 발생 시점이며, 다양한 분석을 위해 그 외 속성들도 추가될 수 있다. 이벤트 로그는 사용자에게 도움이 되는 정보를 직접 제공할 수 없는 원데이터이므로, 그것을 우리가 사용할 수 있는 정보로 변환해 주어야 한다. 프로세스 마이닝에는 프로세스 발견, 적합성 검증, 프로세스 향상의 세 가지 유형이 있다.

프로세스 발견이란 프로세스 분석가가 알고리즘을 통해 이벤트 로그로부터 프로세스 모델을 도출하는 것을 말하는데, 이때 분석가는 별다른 업무 지식 없이도 작업을 수행할 수 있다. 만일 도출된 프로세스 모델이 복잡하여 유의미한 분석이 곤란할 경우, 퍼지 마이닝이나, 클러스터링 기법을 활용할 수 있다. 퍼지 마이닝은 실행 빈도가 낮은 활동을 제거 또는 병합하거나, 그 활동들 간의 경로를 제거함으로써 프로세스 모델을 단순화해 주는 기법이다. 이때 프로세스 모델에 나타난 활동과 경로에 대한 임곗값을 설정하여 모델의 복잡도를 조절할 수 있다. 클러스터링은 특성이 유사한 사례들을 같은 그룹으로 묶어주는 기법이다. 전체 이벤트 로그를 대상으로 프로세스를 도출할 때 복잡한 프로세스 모델이 도출될 경우, 이 기법을 적용하여 이벤트 로그를 여러 개로 나눌 수 있다. 이렇게 세분화된 이벤트 로그에 프로세스 발견 기법을 적용하면 프로세스 모델의 복잡도가 줄어든다.

적합성 검증이란 기존의 프로세스 모델과 이벤트 로그 분석에서 도출된 결과를 비교하여 어느 정도 일치하는지를 확인하는 것이다. 이때 기존의 프로세스 모델과 이벤트 로그에서 도출된 결과물이 불일치하는 경우가 발생하는데, 먼저 기존의 프로세스 모델이 적절함에도 불구하고 업무 담당자가 이를 준수하지 않는 경우를 들 수 있다. 이 경우에는 현실 세계의 실제 업무 수행 실태를 교정해야 한다. 이와 달리 이벤트 로그의 분석 결과물이 더 적절한 것으로 판단되는 경우에는 기존의 프로세스 모델을 수정할 필요가 있다.

프로세스 향상에는 두 유형이 있다. 하나는 기존의 프로세스 모델을 '수정'하는 것이며, 다른 하나는 업무 수행 시간 및 담당자 등 이벤트 로그 분석에서 얻은 부가적 정보를 추가하여 발견된 프로세스 모델을 '확장'하는 것이다. 확장의 예로는 이벤트 로그로부터 도출된 프로세스 모델에 프로세스 내 병목지점과 재작업 흐름을 시각화하는 것을 들 수 있다.

프로세스 마이닝은 데이터 과학에 근거를 두고 프로세스 분석가가 업무 전문가와 협업하여 기업이 수행하는 비즈니스 프로세스에 대한 문제점을 진단하고 개선 방안을 도출하는 데 기여할 수 있다.

01

윗글과 일치하는 것은?

① 이벤트 로그는 프로세스 마이닝의 출발점이지만 그 자체로는 유용한 정보라 할 수 없다.
② 업무 전문가의 충분한 지식 없이 이벤트 로그로부터 프로세스 모델을 도출하기는 어렵다.
③ 프로세스 발견은 프로세스에 내재된 업무 관련 규정을 이벤트 로그로부터 도출하는 것이다.
④ 클러스터링은 복잡한 프로세스 모델을 여러 개의 세부 프로세스 모델로 구분해 주는 기법이다.
⑤ 이벤트 로그에서 업무 담당자를 파악하여 기존의 프로세스 모델에 활동과 경로를 추가하는 것은 프로세스 수정이다.

02

'프로세스 마이닝'에 대해 추론한 것으로 적절하지 <u>않은</u> 것은?

① 프로세스 마이닝을 도입하면 내부 규정의 준수 여부에 대한 감독이 용이해진다.
② 프로세스 마이닝을 통해 기존의 프로세스 모델이 실제로 어떻게 수행되는가를 파악할 수 있다.
③ 프로세스 마이닝은 판에 박힌 단순한 업무뿐 아니라 비정형적인 업무 처리 과정의 분석에도 활용된다.
④ 프로세스 마이닝은 예상된 이벤트 로그에 적용할 프로세스 모델 중심의 업무 성과 분석 및 개선 기법이다.
⑤ 프로세스 마이닝은 기존의 프로세스 모델뿐 아니라 발견으로 도출된 프로세스 모델을 향상하는 데에도 활용된다.

03

<보기>의 사례에 프로세스 마이닝을 적용할 때 가장 적절한 것은?

〈보기〉

○○병원에서는 외래 환자의 과도한 대기 시간을 줄이고 의료 서비스의 품질을 개선하기 위해 외래 환자 진료 프로세스를 분석하고자 한다. 이 병원에서는 질환별로 진행해야 하는 표준 진료 프로세스를 임상진료 지침으로 수립해 두고 있다. 프로세스 마이닝 도구를 사용하여 프로세스 모델을 도출하였더니 지나치게 복잡한 프로세스 모델이 도출되어 분석이 곤란한 상황이다. 또한 환자의 민감한 개인 의료정보가 저장된 이벤트 로그를 프로세스 분석가에게 제공할 경우 정보 보호 및 프라이버시 이슈가 존재하고, 병원의 기밀이 유출될 우려가 제기되어 이를 해결하고자 한다.

① 복잡도 문제를 해결하기 위해 연령 및 질환을 기준으로 이벤트 로그의 사례를 클러스터링 하려면 필수적 속성만 이벤트 로그에 있어도 된다.
② 적합성 검증 결과 기존의 프로세스 모델과 이벤트 로그 분석 결과가 불일치하면 의료진에 대한 제재 조치나 지침 재교육이 필수적이다.
③ 이벤트 속성의 임곗값을 조절하여 빈번하게 수행되는 진료 프로세스 수행 패턴을 파악할 수 있다.
④ 환자의 개인정보 보호를 위해 사례 ID를 제외하고 이벤트 로그를 작성해야 한다.
⑤ 외래 환자의 대기 시간 분석을 위해서는 프로세스 확장이 필요하다.

[정답]

01 ①
02 ④
03 ⑤

정리노트 연습

정리노트 예시

유형 1. 너무 많이 적은 사례

<table>
<tr><td rowspan="5">프로세스 마이닝</td><td rowspan="5">프로세스 모델 중심 분석 기법과 데이터 중심 분석 기법을 연결하는 역할</td><td rowspan="2">프로세스 발견</td><td rowspan="2">이벤트 로그로부터 프로세스 모델 도출 (별다른 지식 X)</td><td rowspan="2">복잡한 경우</td><td>퍼지마이닝</td><td>빈도 낮은 활동 제거 or 병합</td></tr>
<tr><td>클러스터링</td><td>유사 사례 묶음</td></tr>
<tr><td rowspan="2">적합성 검증</td><td rowspan="2">기존 프로세스 모델과 이벤트 로그 분석 결과 확인</td><td rowspan="2">불일치 경우</td><td>기존 O</td><td>업무 교정</td></tr>
<tr><td>결과물이 더 적절</td><td>기존 모델 수정</td></tr>
<tr><td>프로세스 향상</td><td>수정 and 확장</td><td colspan="3"></td></tr>
</table>

<table>
<tr><td>이벤트 로그</td><td>① 프로세스 수행 기록
② 출발점
③ 필수: 사례 ID, 활동명, 발생 시점
④ 원데이터: 활용 위해 변환 필요</td></tr>
</table>

➡ 프로세스 마이닝의 정의, 이벤트 로그의 특성 작성 불필요함
➡ 문제에 주로 활용되는 내용 위주로 작성 필요함

유형 2. 너무 적게 적은 사례

<table>
<tr><td colspan="3">프로세스 마이닝</td></tr>
<tr><td>프로세스 발견</td><td>적합성 검증</td><td>프로세스 확장</td></tr>
<tr><td>퍼지마이닝
클러스터링</td><td>일치·불일치 여부</td><td>수정
확장</td></tr>
</table>

➡ 개념, 단어 위주로만 메모하여 문제풀이에 활용하기 어려움
➡ 지문을 너무 요약하여 무엇의 일치 여부인지 알 수 없음

★ 유형 3. 모범 사례

<table>
<tr><td colspan="5">프로세스 마이닝의 유형</td></tr>
<tr><td colspan="2">발견</td><td>검증</td><td colspan="2">향상</td></tr>
<tr><td colspan="2">모델을 단순화시킴</td><td>기존 모델
분석 결과 비교</td><td>수정</td><td>확장</td></tr>
<tr><td>퍼지마이닝</td><td>클러스터링</td><td rowspan="2">적절한 모델에
맞추어 수정</td><td rowspan="2">기존 모델 수정</td><td rowspan="2">정보 추가
및 시각화</td></tr>
<tr><td>낮은 빈도의 활동
제거 병합</td><td>로그를 묶어줌</td></tr>
</table>

➡ 실제 문제풀이에 활용되는 프로세스 마이닝 유형 위주로 적절히 작성함
➡ 각 유형별 특성을 핵심 키워드 위주로 적절히 작성함

[01~02]

2010학년도 LEET 문25~26

다음 글을 읽고 물음에 답하시오.

일반적으로 과학기술 보도는 대중이 일상적으로 접하지 못하는 전문적인 내용을 다루는 경우가 많다는 특성을 지닌다. 대중은 과학기술의 새로운 사실들이나 사건들을 주로 언론에 의존하여 접하며, 과학기술에 대한 언론의 프레임 설정과 대중의 인식 정도에 따라 대중의 보도 내용 수용이 달라진다. 특히 언론 보도 내용이 건강이나 안전에 위험이 되는 요소들을 포함하는 경우 그 양상은 더욱 두드러진다. 이는 '부정 편향성(negativity bias) 가설', '점화 효과', '위험 커뮤니케이션 증폭 모델' 등의 이론적 모델을 통해 설명되기도 한다.

'부정 편향성 가설'에 의하면 보도 시 설정된 프레임이 긍정적일 때보다 부정적일 때에 그 보도를 대중이 주목할 가능성이 더 높아지고 정보로서의 가치도 더 높게 인식하는 경향이 있다. 이러한 경향성 때문에 뉴스에 내재된 위험성이 클수록 부정 편향성의 효과도 확대될 것이라고 예측할 수 있다. '점화 효과'는 기본적으로 연상 효과에 기초한다. 인간의 정보 처리 네트워크인 두뇌는 매스미디어가 제공하는 어떤 소리나 이미지에 노출되면 두뇌 속에 이미 저장되어 있던 관련 이미지의 연상을 촉발한다. 그 촉발의 결과가 점화 효과이다. 불량 식품 관련 보도가 사회적 파장을 불러일으킨 '멜라민 파동'을 자연스럽게 연상하게 하는 것이 그 예이다.

'위험 커뮤니케이션 증폭 모델'은 특정 위험 사건의 보도가 사회 내에서 구체화되어 영향력을 발휘하게 되는 양상을 제시하는데, 대표적으로 두 모델을 들 수 있다. 그중 하나로 정보가 정보원에서 채널을 통해 수신자로 전달된다는 고전적인 커뮤니케이션 모델에 근거한 렌 모델이 있다. 이 모델에 따르면 위험 사건은 정보원에게 우선 전달되며 이와 동시에 혹은 순차적으로 전달자에게 전달된다. 이때 정보원에는 과학자를 비롯한 이해 당사자와 목격자가 포함되며, 전달자에는 언론, 유관 기관, 오피니언 리더 등이 포함된다. 이 위험 사건이 수용자인 대중에게 전달되는 과정에서 정보원과 전달자의 이해관계나 요구 사항이 개입하여 위험 인지가 증폭될 수 있으며, 이것이 수용자에게 보다 강한 영향력을 행사하게 된다.

슬로비치 모델은 과학기술 보도의 사회적인 증폭 양상에 보다 주목하는 이론이다. 이 모델은 언론의 과학기술 보도가 어떻게 사회적인 증폭 역할을 수행하게 되는지, 그리고 그 효과가 사회적으로 어떤 식으로 확대 재생산될 수 있는지를 보여 준다. 특정 과학기술 사건이 발생하면 뉴스 보도로 이어진다. 이때 언론의 집중 보도는 수용자 개개인의 위험 인지를 증폭시키며, 이로부터 수용자인 대중이 위험의 크기와 위험 관리의 적절성에 대하여 판단하는 정보 해석 단계로 넘어간다. 이 단계에서 이미 증폭된 위험 인지는 보도된 위험 사건에 대한 해석에 영향을 미쳐 보도 대상에 대한 신뢰 훼손과 부정적 이미지 강화로 이어진다. 이로 말미암은 부정적 영향은 그 위험 사건에 대한 인식에서부터 유관 기관, 업체, 관련 과학기술 자체에 대한 인식에까지 미치게 되며, 또한 관련 기업의 매출 감소, 소송의 발생, 법적 규제의 강화 등의 다양한 사회적 파장을 일으키게 된다.

01

위 글의 '과학기술 보도'에 대한 이해로 가장 적절한 것은?

① 수용자들의 동일한 반응을 유도한다.
② 과학기술 전문가가 위험 인지를 증폭시키기도 한다.
③ 수용자의 과거 경험과 위험 인지는 낮은 상관관계를 갖는다.
④ 보도의 내용이 전문적일수록 뉴스의 부정 편향성이 증폭된다.
⑤ 긍정적 내용의 보도는 수용자에게 낮은 가치를 지닌 뉴스로 인식될 것이다.

02

<보기>는 신종 플루와 관련한 최근의 언론 보도 내용이다. 수용자들이 보인 반응 중 위 글의 이론적 모델들로 설명할 수 있는 대상이 아닌 것은?

〈보기〉

- ○ 신종 플루의 발원지로 알려진 멕시코 동부 한 마을 인근에 위치한 세계 최대의 미국계 양돈 업체 A사의 공장은 불법으로 분뇨를 배출하여 거액의 벌금 판결을 받은 바 있다.
- ○ 신종 플루 감염 환자가 급속히 늘어나면서 다국적 제약사들의 신종 플루 백신 및 바이러스 치료제 개발이 속도를 내고 있으며 조만간 신종 플루가 유행하는 국가들에 예방 백신들이 공급될 것이다.
- ○ 다국적 제약기업 B사가 개발한 신종 플루 예방 백신으로 동물 실험을 하던 중 대상 동물들이 갑자기 모두 죽는 사고가 있었다.
- ○ 신종 플루가 전 세계적으로 계속 확산되고 있지만 아직도 실질적인 위기 대응책이 마련되지 못하고 있다.

① 신종 플루에 대한 대응이 실효를 거두지 못한다는 인식이 신종 플루로 인한 대재앙의 공포로 이어지고 있다.

② 신종 플루가 광범위하게 확산되었다는 언론 보도를 믿기 힘들므로 정정 보도를 내도록 요구하겠다는 사람들이 생겨났다.

③ A사의 분뇨 배출이 신종 플루 발생의 원인이라는 의혹이 확산되면서 집단소송을 통해 A사의 책임을 묻겠다는 사람들이 늘어났다.

④ 신종 플루의 인체 감염 건수가 늘고 있다는 보도에 2년간 100명 이상의 사망자를 낸 2005년 조류 독감의 공포를 떠올리는 사람들이 늘고 있다.

⑤ 신약이 개발되었다는 보도에도 불구하고 동물 실험에서 발생한 사고로 미루어 보아 그 효능과 안전성을 신뢰하기 어렵다는 반응이 확산되고 있다.

[03~05]

2010학년도 MDEET 문14~16

다음 글을 읽고 물음에 답하시오.

1899년 독일의 제약 회사가 출시한 해열 진통제 아스피린은 세포 내 효소인 사이클로옥시게네이스(COX)의 억제제이다. 아스피린은 COX에 비가역적으로 결합하여 COX가 세포막의 물질을 분해함으로써 프로스타글란딘과 트롬복산을 생성하는 것을 억제한다. COX는 세 가지 형태로 존재한다. 거의 모든 세포에 늘 존재하는 COX-1, 평상시에는 존재하지 않지만 면역 세포와 혈관 내피 세포에서 적절한 자극에 의하여 발현이 유도되는 COX-2, 그리고 중추 신경계에서만 발현되는 COX-3이 그것이다. COX가 활성화되면 각각의 세포는 고유의 기질과 관련 효소들에 의하여 각기 다른 물질을 생성하게 된다. 예를 들어 위 점막 세포, 면역 세포, 중추 신경의 시상 하부 세포 등은 각각 점막 보호, 통증, 발열 등에 중요한 역할을 하는 프로스타글란딘 E_2를 주로 생성한다. 그리고 혈관 내피 세포는 혈액 응고 억제 작용을 보이는 프로스타글란딘 I_2를, 혈소판은 혈액 응고 유도 작용을 보이는 트롬복산 A_2를 주로 생성한다.

아스피린의 임상적인 작용은 크게 두 가지로 설명된다. 첫째, 염증이 진행될 때 면역 세포에서 발현되는 COX-2의 활성화를 억제하여 진통 효과를, 시상 하부 COX-3의 활성화를 억제하여 해열 효과를 나타낸다. 둘째, 출혈이 발생하였을 때 활성화되는 혈소판의 COX-1을 억제하여 혈액의 응고를 억제한다. 그런데 아스피린은 비가역적으로 효소를 억제하기 때문에, 특히 DNA를 가지고 있지 않아 억제된 효소를 새로 생성하지 못하는 혈소판에서는 지혈 장애가 지속된다. 그러나 하루 75~350mg 정도의 적은 용량을 투여하면 혈소판의 COX-1 활성 최고치를 줄일 뿐, 가벼운 출혈 시에는 지혈에 큰 영향을 끼치지 않는다. 또한 1970년대 시행된 임상 시험들은 심혈관계 환자에게 적은 용량의 아스피린을 장기간 투여하면 혈전에 의한 심장 발작이나 뇌졸중의 발생을 줄일 수 있다는 것을 증명하였다. 이에 아스피린은 이들 환자에게 예방 차원에서 널리 사용되기 시작했다.

아스피린은 부작용도 가지고 있다. 위장에서 생성되는 프로스타글란딘은 위 점막을 위산으로부터 보호하는 역할을 한다. 아스피린은 이러한 보호 기능을 줄일 뿐 아니라 그 자체로도 산성이기 때문에 위장에 자극을 주어 위산 과다와 관련된 질환을 가진 경우에 사용하기 어려웠다. 또한 류머티즘 환자와 같이 약을 장기간 지속적으로 복용해야 하는 경우에도 그러하다. 아스피린의 혈액 응고 억제 작용 역시 수술을 받는 환자와 혈우병 환자에게는 오히려 부작용이 될 수 있다. 이와 같은 부작용을 줄이기 위하여, 아스피린과 통증 억제 메커니즘은 동일하지만, 가역적으로 COX에 결합하는 이브프로펜이나 COX-2에만 선택적으로 결합하는 셀레콕시브, 로페콕시브 같은 진통제들이 개발되어 시판되었다.

앞에서 말한 바와 같이 과거에 아스피린은 진통, 해열 작용을 위하여 사용되었지만, 현재는 심혈관 계통 관련 환자에게 혈전에 의한 위험을 예방하기 위하여 주로 사용되고 있다. 그런데 요즘 아스피린의 또 다른 작용 메커니즘들이 속속 밝혀지고 있다. 예를 들어 몇몇 암세포들이 성장할 때 증가되는 COX를 억제하여 암세포 성장을 억제하는 작용, 산화질소(NO)를 생성하여 염증을 억제하는 작용, DNA 조절 인자 NF-κB를 억제하여 면역력을 조절하는 작용 등이 그것이다. 이는 앞으로 아스피린이 적용될 수 있는 임상 질환이 더 확장될 수 있음을 암시한다.

03

아스피린의 작용 메커니즘을 바르게 정리한 것은?

① 혈소판의 COX-1 억제 ⇨ 트롬복산의 생성 억제 ⇨ 통증 완화
② 면역 세포의 COX-2 억제 ⇨ 트롬복산의 생성 억제 ⇨ 염증 완화
③ 중추 신경계의 COX-2 억제 ⇨ 프로스타글란딘의 생성 억제 ⇨ 발열 감소
④ 혈관 내피 세포의 COX-2 억제 ⇨ 프로스타글란딘의 생성 억제 ⇨ 통증 완화
⑤ 위 점막 세포의 COX-1 억제 ⇨ 프로스타글란딘의 생성 억제 ⇨ 위 점막 보호 작용 약화

04

위 글의 내용을 잘못 이해한 것은?

① 셀레콕시브는 아스피린과 통증 억제 메커니즘은 같지만, 작용 범위는 제한적이다.
② 이브프로펜의 임상 작용은 아스피린의 경우와 같이 세포의 종류에 따라 다르게 나타난다.
③ 이브프로펜은 가역적으로 작용하기 때문에 아스피린보다 위 점막 손상과 혈액 응고 억제 작용이 작다.
④ 아스피린은 저용량에서는 진통 작용과 혈액 응고 억제 작용을 보이지만 고용량에서는 혈액 응고 억제 작용만 보인다.
⑤ 로페콕시브는 트롬복산에 의한 혈액 응고 작용에는 영향이 없고, 프로스타글란딘에 의한 혈액 응고 억제 작용만을 차단하여 혈액 응고를 촉진한다.

05

위 글을 고려할 때, 다음 진료 기록부의 환자에 대한 의사의 조치로 적절하지 않은 것은?

진료 기록부	
성명	○ ○ ○(남/40세)
진단/의증	뇌하수체 종양(양성 선종)
과거 병력	• 5년 전 동맥 경화와 고혈압 진단 • 2년 전 류머티즘성 관절염 진단 • 현재 5년째 아스피린, 아테노롤(고혈압 치료제), 2년째 셀레콕시브 복용 중
주 증상	양안 외측 시야 결손
치료 계획	수술에 의한 종양 적출

① COX 억제제가 중복 처방되었으니 수술 후 처방에서 셀레콕시브를 뺀다.
② 동맥 경화의 합병증을 예방하기 위하여 수술 후 아스피린을 다시 처방한다.
③ 오랜 기간 아스피린을 복용하였으니 위장 계통 검사의 필요성을 알려 준다.
④ 혈액 검사 결과, 지혈 작용이 회복되지 않으면 수술 전 혈소판 수혈도 고려한다.
⑤ 수술 시 출혈에 의한 합병증을 줄이기 위해 수술 전 아스피린 복용을 중지시킨다.

[06~08]

2011학년도 MDEET 문17~19

다음 글을 읽고 물음에 답하시오.

고체는 원자들이 서로 상대적으로 고정된 위치에 배치되어 있는 입체적 구조물인데, 원자의 배열이 규칙적인 결정질과 불규칙적인 비결정질로 구분된다. 고체의 여러 물리적 성질은 고체 내의 전자가 가지는 파동성에 의해 설명된다. 전자의 파동은 변위라는 복소수로 표현되는데, 변위는 크기와 위상의 곱으로 주어진다. 임의의 위치에서 전자가 발견될 확률은 변위 크기의 제곱으로 주어지며, 시간과 공간의 함수인 위상은 전자의 파동성을 나타낸다. 파동의 일부 또는 전부가 일정 영역에 갇혀 진행에 방해를 받는 현상을 국소화(localization)라 하는데, 국소화에는 앤더슨 국소화, 약한 국소화, 동역학적 국소화의 세 가지가 있다. 앤더슨 국소화와 약한 국소화는 비결정질 고체 내에서 일어나고, 동역학적 국소화는 비결정질과 상관없이 혼돈계에서 일어난다.

앤더슨 국소화란 파동이 더 이상 진행하지 못하고 일정한 공간 안에 완전히 갇히는 현상을 말한다. 비결정질의 경우 임의의 위치에서 출발한 전자 파동이 다른 임의의 위치에 도달하기 위해서는 불규칙하게 배열된 수많은 원자들과 충돌할 수밖에 없으므로, 전자의 이동 경로가 무수히 존재하게 된다. 각 경로들이 갖는 위상들은 부호(+/−)가 다른 무작위 값을 가지는데, 이 경우 각 경로들에 대응되는 변위를 모두 합하면 그 크기가 0에 가까워진다. 이는 임의의 위치에서 출발한 전자를 다른 임의의 위치에서 발견할 확률이 0에 가까워진다는 뜻이므로, 전자 파동이 멀리 진행할 수 없고 공간적으로 완전히 갇혀 국소화됨을 의미한다. 이때 파동이 갇힌 공간적 영역의 크기를 '국소화 길이'라 하는데, 국소화 길이가 짧을수록 국소화가 강해진다.

앤더슨 국소화가 일어나려면 우선 파동의 위상이 시간과 공간의 함수로 잘 정의되어야 한다. 이러한 위상을 갖는 파동을 결맞은 파동이라 하는데, 결맞음의 정도를 '결맞음 길이'라는 양으로 표현한다. 결맞음 길이가 국소화 길이보다 길어야 국소화가 일어난다. 온도가 높아지면 전자들 사이의 상호 작용과 원자들의 요동이 커져 결맞음이 어긋나면서 결맞음 길이가 0으로 접근한다. 또한 앤더슨 국소화는 차원에 따라 다른 양상을 보인다. 1차원의 경우 장애물이 있다면 되돌아가지 않고 피해 갈 방법은 없다. 하지만 차원이 높아지면 장애물을 피해 가기 쉬워진다. 따라서 비결정질이 1차원인 형태에서는 전자가 국소화되어 부도체가 되지만, 3차원에서는 조건에 따라 전자의 상태가 국소화되지 않아 도체가 될 수도 있다.

약한 국소화는 파동이 폐곡선 경로에 약하게 갇혀 진행에 방해를 받는 현상을 말한다. 약한 국소화는 도체/부도체의 특성 자체를 결정하지 못하지만, 자기장의 유무에 따른 전기 저항의 차이를 설명한다. 비결정질 내부의 임의의 점에서 출발하여 전파되는 파동의 수많은 경로들 중에는 폐곡선 형태를 갖는 것들이 있다. 폐곡선에서는 전자가 시계 방향과 반시계 방향으로 도는 것이 둘 다 가능하다. 이 두 경로는 동일한 곡선상에 위치하여 길이가 같으므로 두 경로를 지나 출발점으로 돌아온 파동의 위상이 같아지고, 이에 따라 전자의 파동이 중첩되어 변위가 커진다. 변위 크기의 제곱은 전자가 발견될 확률이므로, 변위의 크기가 커진다는 것은 전자가 출발점으로 되돌아오기 쉬워져 이동이 방해됨을 뜻한다. 따라서 방해가 없는 경우에 비해 전기 저항이 커진다. 하지만 자기장 안에서는 두 방향으로 도는 파동의 위상에 변동이 생겨 약한 국소화 효과가 거의 나타나지 않는다.

끝으로 동역학적 국소화는 혼돈계에서 일어나는 파동의 국소화를 말한다. 혼돈이란 미세한 초기 조건의 차이가 결과에 엄청난 차이를 일으키는 현상을 말하는데, 혼돈계에서는 모든 입자가 복잡한 운동을 하며 확산해 간다. 반면 파동은 혼돈계에서 확산되지 않고 완전히 갇혀 국소화된다. 왜냐하면 어떤 파동이 혼돈계 내에서 복잡하게 진행하는 것은, 파동이 비결정질에서 불규칙하게 배열된 수많은 원자 사이를 지나가는 앤더슨 국소화의 경우와 유사한 상황이기 때문이다.

06

앤더슨 국소화에 대한 설명으로 적절하지 않은 것은?

① 국소화 길이가 결맞음 길이보다 길면 일어난다.
② 무수히 많은 경로들이 갖는 무작위적 위상 때문에 생긴다.
③ 전자들 사이의 상호 작용의 크기에 따라 결맞음 길이가 변한다.
④ 차원에 따라 비결정질이 도체가 될 수도 있는 현상을 설명한다.
⑤ 전자가 비결정질의 한 점에서 다른 점으로 이동할 확률로써 판별된다.

07

국소화들 사이의 공통점을 바르게 설명한 것은?

① 동역학적 국소화와 약한 국소화는 폐곡선 경로 때문에 생긴다.
② 앤더슨 국소화와 동역학적 국소화는 파동이 완전히 갇히는 현상이다.
③ 앤더슨 국소화와 약한 국소화는 비결정질이 도체인지 부도체인지를 결정한다.
④ 약한 국소화와 동역학적 국소화는 앤더슨 국소화의 개념을 그대로 적용한 것이다.
⑤ 앤더슨 국소화와 동역학적 국소화는 고체를 이루는 원자 배열의 불규칙성 때문에 생긴다.

08

위 글의 내용을 바탕으로 <보기>의 A, B에 들어갈 말을 바르게 짝지은 것은?

〈보기〉

- 약한 국소화가 일어난 비결정질 시료에 자기장을 가하고 자기장을 가하기 전의 전기 저항과 비교해 보면, 전기 저항은 (　　A　　).
- 앤더슨 국소화가 일어난 비결정질에서 국소화가 사라지도록 하려면 온도를 (　　B　　).

	A	B
①	커진다	높인다
②	커진다	낮춘다
③	작아진다	높인다
④	작아진다	낮춘다
⑤	변화가 없다	그대로 유지한다

[09~11]

2008학년도 MDEET 문14~16

다음을 읽고 물음에 답하시오.

면역의 메커니즘은 몇몇 중요한 역사적 관찰과 실험을 통해 정립되었다. 예컨대 특정한 질병을 앓고 있는 환자를 돌본 사람 또는 그 시신을 처리하던 사람이 그 질병에 대한 저항성이 높다는 사실은 일찍부터 밝혀져 있었다. 하지만 19세기 중엽까지는 면역의 특성과 메커니즘 이해에 필요한 효과적인 실험 방법이 마련되지 못한 상태였다. 무엇보다도 병원성 균주나 인위적으로 면역을 유발하는 실험적 방법이 알려지지 않았다. 19세기 말 병원성 균주의 발견과 파스퇴르의 면역화 방법의 발견은 면역학의 새로운 장을 열었다.

파스퇴르는 ㉠ 오랜 기간 배양액 속에 방치되어 병원성이 약화된 조류 콜레라균을 수탉들에 주사하였다. 그러자 닭들은 콜레라 증상을 보였지만 대부분 죽지 않았으며, 회복한 후에는 병원성이 강한 콜레라균을 주입하여도 질환을 앓지 않아 콜레라균에 대한 면역성을 보였다. 파스퇴르의 실험은 개체 내에서 면역 반응을 유발하는 것이 병원균이라는 것을 밝혔지만, 이 면역 반응이 어떠한 메커니즘으로 일어나는지에 대한 의문을 남겼다.

개체 내에 들어온 병원균에 대한 면역에서는 각각의 병원균이 표현하는 특정한 항원에 대한 항체 생성과 그것의 작용이 중요한 역할을 한다. 베링은 디프테리아나 파상풍 같은 병에 대한 개체의 면역은 병원균이 생성하는 독소를 중화하는 물질, 즉 항체에 의한다는 사실을 밝혔다. 이러한 항체와 면역 반응을 그는 각각 항독소와 항독소 면역이라 명명하였고, 항독소가 그 기능을 유지한 채 다른 동물로 접종될 수 있다는 사실도 밝혔다. 이에 따라 19세기 말에는 ㉡ 말의 혈액으로부터 추출한 항디프테리아 혈청을 주사하여 디프테리아 환자의 치료와 예방에 사용하게 되었다.

항체는 독소를 중화하는 역할만을 하는 것은 아니다. 파이퍼는 ㉢ 약화된 비브리오 콜레라균을 접종하여 면역화된 쥐의 복강에 콜레라균을 주입하면 균이 완전히 죽는다는 것을 밝혔다. 또한 면역성이 없는 쥐의 복강에 콜레라균을 주입할 경우 그 쥐는 감염되어 죽지만, ㉣ 면역화된 쥐의 혈액에서 추출한 면역 혈청과 함께 주입하면 콜레라균이 죽는다는 사실도 관찰하였다. 파이퍼의 실험에서 면역 혈청은 콜레라균이 생성한 독소에 대해서는 효과가 없었다. 그는 이러한 항체와 면역을 각각 용균성(bacteriolytic) 항체와 용균성 면역이라고 명명하였다. 그러나 그의 실험에서 용균성 면역 반응은 체외에서는 일어나지 않았다.

용균성 면역 반응에 항체와 연관되어 작용하는 또 다른 물질이 필요하다는 것은 보르데에 의하여 실험적으로 밝혀졌다. 보르데는 파이퍼의 실험과 달리 콜레라균에 대한 신선한 면역 혈청은 체외에서도 용균성 면역 반응이 있음을 증명하였다. 또 장기간 보존된 혈청 또는 짧은 시간 동안 56°C에 노출된 면역 혈청은 그 기능을 잃어버리지만, 이때에도 콜레라균에 대한 면역성이 없는 정상 동물의 신선한 혈청을 소량만 첨가하면 면역 반응을 회복하는 것을 보여 주었다. 이와 같은 실험을 통해 보르데는 콜레라균에 대한 용균성 면역 반응에는 두 가지 물질의 조화로운 작용이 필요함을 밝혔다. 하나는 내열성을 지니고, 면역성을 가진 동물에서 생성되며, 혈청 내에 존재하는 항체이다. 다른 하나는 열이나 장기간 보존에 견디지 못하고, 정상 동물에 이미 존재하며, 면역 반응을 통해 양이 증가하지 않는 물질이다. 후자는 현재 보체(complement)란 이름으로 잘 알려져 있다.

09

위 글의 관찰 및 실험에 대한 설명으로 옳지 않은 것은?

① 특정한 질병으로 사망한 시신을 처리하던 사람의 경우에 그 질병의 원인균에 대한 감염이 일어났을 것이다.

② 파스퇴르의 실험으로는 수탉이 보인 면역 반응이 항독소 면역인지 용균성 면역인지 알 수 없다.

③ 베링은 디프테리아 항체가 독소를 중화하여 개체가 병에 대한 저항성을 얻는다는 것을 증명하였다.

④ 파이퍼의 실험에서 면역이 없는 쥐에 면역 혈청과 함께 주입된 균은 주입된 혈청 속의 항체에 의하여 면역 반응을 유발하였다.

⑤ 보르데의 실험에서 56℃에 노출된 혈청은 항체가 파괴되어, 면역 반응을 위해서는 신선한 혈청의 항체가 필요하였다.

10

위 글을 바탕으로 <보기 1>에 대해 <보기 2>와 같이 설명할 때, <보기 2>에서 옳은 것을 모두 고른 것은?

〈보기 1〉

태아적아구증은 Rh^- 혈액형의 엄마가 Rh^+ 혈액형의 아이를 임신한 경우에 생길 수 있다. 혈구에 Rh 인자가 없는 엄마가 Rh 인자를 가진 아이를 임신하면 엄마의 혈액 속에 Rh 인자에 대한 항체가 생기는데, 이 항체가 태반을 통하여 태아에게 들어가면 태아의 혈구가 파괴된다.

Rh^- 혈액형의 엄마가 Rh^+ 혈액형의 아이를 처음 임신한 경우에는 태아적아구증이 생기지 않지만, 두 번째 임신한 경우에는 3%, 세 번째 임신한 경우에는 10%의 확률로 질병이 발생한다.

〈보기 2〉

ㄱ. 엄마의 혈액으로부터 태아로 전해진 항체는 일종의 용균성 면역 반응을 보였다.

ㄴ. 반복된 임신으로 인한 질병의 발생률 증가는 태아의 보체 형성의 증가가 원인이다.

ㄷ. 파스퇴르의 실험에서 사용된 조류 콜레라균처럼, 태아 혈구의 Rh 인자는 엄마에게 항원으로 인식되었다.

ㄹ. Rh^- 혈액형의 엄마가 임신 전에 Rh^+ 혈액에 노출이 된 경험이 있다면 첫 번째 임신의 경우에도 질병이 발생할 수 있다.

① ㄱ, ㄴ　　② ㄴ, ㄹ　　③ ㄷ, ㄹ

④ ㄱ, ㄴ, ㄷ　　⑤ ㄱ, ㄷ, ㄹ

11

<보기>의 내용을 참조하여, ㉠~㉣에서 '수동 면역'에 해당하는 것을 모두 고른 것은?

〈보기〉

획득 면역은 면역화 방법에 따라 개체 내의 면역 세포가 항원을 인식하여 면역을 유발하는 능동 면역과, 다른 개체에서 생성된 항체를 주입하여 면역을 유발하는 수동 면역으로 나뉜다.

① ㉠, ㉡
② ㉠, ㉢
③ ㉠, ㉡, ㉣
④ ㉡
⑤ ㉡, ㉣

정답 및 해설 p.11

V. 연역논증

1 연역논증과 귀납논증

LEET 시험을 준비하면서 기본적으로 연역논증과 귀납논증을 익히고 있을 것이다. 각 논증이 어떤 방식으로 구성된 것인지, 그리고 논증에서 사용하는 기본적인 개념에 대해서는 추리논증 영역 학습에서 배우고 있을 텐데, 이번에는 연역논증에 등장하는 개념들이 언어이해 문제에서 응용되는 경우에 어떤 유형의 문제가 등장하는지 확인해 볼 것이다. 언어이해 문제 중에서 몇몇 유형은 연역논증을 기본틀로 만들어져 있어서 연쇄 논법으로 재구성하거나 진리표를 응용하면 해결이 수월해질 때가 있기 때문이다.

<table>
<tr><th colspan="2">연역논증</th><th colspan="2">귀납논증</th></tr>
<tr><td colspan="4">논증 = 논지 + 논거</td></tr>
<tr><td colspan="2">필연적 앎</td><td colspan="2">개연적 앎</td></tr>
<tr><td colspan="2">타당성 평가</td><td colspan="2">설득력 평가</td></tr>
<tr><td>기준</td><td>① 함축
② 논리적 타당성</td><td>기준</td><td>① 일관성
② 전제-결론 관련성</td></tr>
</table>

01

2015년 5급 PSAT 인 문35

다음 글에서 추론할 수 있는 것만을 <보기>에서 모두 고르면?

> '참'과 '거짓'만을 다루는 전통적인 2치(二値) 논리와 달리, 퍼지논리는 '부분적 참'을 말하는 명제에도 진릿값을 할당한다. 완전히 참인 명제에 1의 진릿값을 할당하고, 완전히 거짓인 명제에 0의 진릿값을 할당하자. 그런데 갑돌이의 머리숱이 다른 사람들보다 상대적으로 적은 경우엔 "갑돌이는 대머리이다."는 100% 참도, 100% 거짓도 아니다. 즉 우리는 이 명제에 1, 0의 진릿값을 할당할 수 없다. 퍼지논리는 이러한 명제들이 완전한 거짓 또는 완전한 참에 얼마나 가까운가의 정도에 따라 0과 1 사이의 실수값을 진릿값으로 부여한다.
>
> 그렇다면 퍼지논리에 대해 당장 제기되는 의문은 진리의 정도, 즉 '얼마나 참인가'를 어떻게 해석할 것인가이다. '대머리임', '키가 큼'과 같은 모호한 자연언어 표현을 포함한 명제의 진리 정도를 해석하는 대표적인 방법은 '원소성' 개념을 도입하는 것이다. 원소성은 한 원소가 집합에 속하거나 그렇지 않은 것을 의미한다. 갑돌이가 흡연자일 경우, 갑돌이는 흡연자 집합의 원소가 된다. 원소성의 '정도'란 특정 원소가 집합에 속하는 정도를 의미한다. 가령 "갑돌이는 대머리이다."가 0.7의 정도로 참이라는 것은, 갑돌이가 대머리 집합에 100%는 아니지만 70%의 정도로 속한다는 것을 의미한다.
>
> 퍼지논리에서의 원소성 정도는 확률 개념과 다르다. 갈증을 느끼는 당신이 두 병의 음료수를 받았다고 하자. 병 A에는 순수한 물의 집합에 속하는 원소성 정도가 0.9인 음료가 담겨 있고, 병 B에는 순수한 물일 확률이 0.9인 음료가 담겨 있다. 당신은 어느 쪽 음료를 마시겠는가? 병 A의 경우 0.9라는 수치는 순수한 물, 즉 100%의 물에 '유사한' 정도를 나타낸다. 즉, 순수한 물에 90% 정도 유사하다는 것을 의미한다. 한편, 병 B의 경우 0.9라는 수치는 여러 병들 중에서 순수한 물을 담은 병을 뽑을 개연성이 90%였다는 것을 의미한다. 흥미로운 것은 2치 논리의 가장 기본적인 법칙인 무모순률의 법칙, 즉 명제는 참이면서 동시에 거짓일 수 없다는 법칙이 퍼지논리에서는 더 이상 유효하지 않다는 것이다.

〈보기〉

ㄱ. 전통적인 2치 논리와 퍼지논리 모두에서 참 또는 거짓의 진릿값이 일치하는 경우가 있다.
ㄴ. 만약 갑돌이가 대머리 집합에 속하는 원소성의 정도가 0.7이라면, "갑돌이는 대머리이다."는 전통적인 2치 논리의 진릿값을 가지지 않는다.
ㄷ. 원소 a가 집합 S에 속할 확률과 원소 a가 집합 S에 속하는 원소성의 정도가 일치하는 경우, 퍼지논리는 무모순률의 법칙을 위반하지 않는다.

① ㄱ　② ㄷ　③ ㄱ, ㄴ
④ ㄴ, ㄷ　⑤ ㄱ, ㄴ, ㄷ

02

2007년 5급 PSAT 행 문12

다음 글을 토대로 한 진술로 올바른 것은?

〈갑희의 인과 개념〉

'X가 Y의 원인이다'라는 문장은 'X가 일어나지 않으면 Y도 일어나지 않는다'는 것을 의미한다. 예컨대 '어제 일어난 교통사고의 원인은 음주운전이다'라는 말은 '어제 운전자가 음주운전을 하지 않았다면 교통사고도 일어나지 않았다'는 것을 의미한다.

〈을보의 인과 개념〉

'X가 Y의 원인이다'라는 문장은 'X가 일어나면 항상 Y도 일어난다'는 것을 의미한다. 예컨대 만일 다운증후군의 원인으로 특정한 염색체 이상을 지목한다면 그것은 그러한 염색체 이상이 있는 경우 반드시 다운증후군이 나타난다는 뜻이다.

① '연기가 나지 않았으면 불도 나지 않았다. 그러나 연기는 불의 원인이 아니다.' 이 주장이 옳다고 밝혀지더라도 갑희의 개념은 인과 관계를 해석하기에 충분하다.
② '토양에 A 성분이 함유되어 있지 않으면 B 성분도 함유되어 있지 않다'고 밝혀진 경우, '토양의 A 성분 함유가 B 성분 함유의 원인이다'라는 주장에 을보가 동의할 가능성은 없다.
③ '수진이가 음악회에 가지 않았더라면 그 남자를 만나지 않았을 것이다'라는 주장이 틀렸다면, 갑희는 수진이가 음악회에 간 것이 그 남자를 만나게 된 원인은 아니라고 말할 것이다.
④ 기압계의 수치가 떨어지는 경우 항상 날씨가 흐려짐에도 불구하고 '기압계 수치의 강하가 흐린 날씨의 원인이다'라는 주장을 부인할 수 있다면, 을보의 인과 개념이 타당하다는 사실이 밝혀진 셈이다.
⑤ '지우가 부적을 지니고 치르는 경기에서 지우의 팀은 항상 승리를 거둔다'는 주장이 참인 경우에도 '지우가 부적을 지닌 것이 승리의 원인은 아니다'라고 누군가가 말한다면, 그는 갑희와는 다른 인과 개념을 적용하고 있는 것이다.

2 명제논리의 풀이 순서

1. 발문 검토: 연역인지 귀납인지 판단한다.

원칙적으로 언어이해는 귀납논증을 기반으로 이해하고 해결하는 것이 맞다. 그런데 질문에 '참, 거짓, 반드시 참' 등의 표현이 있어 이를 연역논증으로 재구성해 해결해야 할 때가 있다. 이런 경우 논증의 타당성 판단이 필요하다. 그러나 출제자가 특별히 연역논증으로 재구성하기를 요구하지 않는 문제까지 무리해서 연역으로 바꿔 풀 필요는 없다.

2. 기호화: 모순율(p / ~p)을 적용할 수 있는 단어들을 기호로 만든다.

기호로 표현하면 단어의 논리적 관계에만 집중하는 데 도움이 된다. 연역논증의 타당성 판단은 형식적 타당성을 검토하는 데 집중되기 때문에 내용의 개연성은 판단 범위에 들어가지 않을 때가 많다.

3. 명제화: 기호 간의 논리적 관계를 명제로 표현한다.

동치 규칙을 적용하여 연쇄 논법이 가능하도록 명제들을 정리할 필요가 있다.

동치 규칙

(모든) A는 B다 (정언명제: 전칭긍정명제)
⇔ A → B (조건명제)
⇔ ~B → ~A (대우법칙)
⇔ ~A or B (실질함축법칙)
⇔ B or ~A (교환법칙)
⇔ ~(A and ~B) (드 모르간의 법칙)

4. 연쇄 논법으로 재구성한다.

3 삼단논법

1. 타당한 삼단논법

전건긍정식	후건부정식	선언삼단논법
$A \rightarrow B$ A $\therefore B$	$A \rightarrow B$ $\sim B$ $\therefore \sim A$	A or B $\sim A$ $\therefore B$

2. 타당하지 않은 삼단논법

전건부정의 오류	후건긍정의 오류	잘못된 선언삼단논법
$A \rightarrow B$ $\sim A$ $\therefore \sim B$	$A \rightarrow B$ B $\therefore A$	A or B A $\therefore \sim B$

3. 그 외 타당한 논증 형식

연언화	연언지 단순화	선언지 첨가법	흡수 규칙
A B $\therefore A \wedge B$	$A \wedge B$ $\therefore A$	A $\therefore A \vee B$	$A \rightarrow B$ $\therefore A \rightarrow A \wedge B$

03

다음 논증 중 전제에서 결론이 도출되지 않는 것은?

① 영호는 주식 투자에서 이득을 보았는데, 주식 투자에서는 손해를 보는 사람이 있어야 이득을 보는 사람도 있다. 따라서 누군가는 주식 투자에서 손해를 보았다.

② 오직 고온에서 저온으로 열의 이동이 발생할 때에만 열에서 동력을 얻을 수 있다. 따라서 열에서 동력을 얻을 수 있었다면 고온에서 저온으로 열의 이동이 발생한 것이다.

③ 마이클 조던이 최고의 농구 선수라면 공중에 3초 이상 떠 있을 수 있어야 한다. 하지만 마이클 조던은 2.5초밖에 공중에 떠 있지 못한다. 그러므로 마이클 조던을 최고의 농구 선수라고 할 수 없다.

④ 도덕적 판단이 객관성을 지닌다면 도덕적 판단은 경험적 근거를 가지며 유전적 요인과는 무관할 것이다. 사람들이 히틀러의 유대인 학살 행위를 잘못이라고 판단하는 것으로 볼 때, 도덕적 판단은 경험적 근거를 가진다. 따라서 도덕적 판단이 유전적 요인과 무관하다면 도덕적 판단은 객관성을 지닌다.

⑤ 푸른 리트머스종이를 산성 용액에 넣으면 붉은색으로 변화하고 알칼리성 용액에 넣으면 색깔이 변화하지 않는다. 이제 산성이든지, 알칼리성인 어떤 용액 속에 푸른 리트머스종이를 넣었다. 만약 푸른 리트머스종이의 색깔이 붉은색으로 변화하지 않으면 우리는 그 용액이 알칼리성이라고 결론지을 수 있다.

4 진리표

단순명제		연언	선언	조건	부정
P	Q	P∧Q	P∨Q	P → Q	~P
T	T	T	T	T	F
T	F	F	T	F	F
F	T	F	T	T	T
F	F	F	F	T	T

[04~05] 2011년 5급 PSAT 우 문19~20

다음 글을 읽고 물음에 답하시오.

"까마귀는 모두 검다."(H1)라는 가설을 생각해보자. 이 가설을 입증해주는 관찰사례는 어떤 것일까? 이에 대답하기는 아주 쉬워 보인다. 만약 a가 까마귀이고 색이 검다면 그 가설을 입증해주고, b가 까마귀인데 검지 않다면 그 가설을 반증해준다고 보아야 할 것이다. 나아가 까마귀가 아니면서 검은 대상 c나 까마귀도 아니고 검지도 않은 대상 d는 모두 '무관한 사례'라고 할 수 있을 것이다. 이런 조건들을 입증이 만족시켜야 할 '니코드 조건'이라고 부른다.

이번에는 "검지 않은 것은 모두 까마귀가 아니다."(H2)라는 가설을 생각해보자. 앞에 나온 니코드 조건을 그대로 적용하면, 사례 d처럼 검지 않고 까마귀가 아닌 것은 이 가설을 입증한다고 보아야 하는 반면, 사례 b처럼 검지 않고 까마귀인 것은 이 가설을 반증해준다고 보아야 할 것이다. 그리고 검은 대상은 그것이 까마귀이든 아니든 (즉 사례 a이든 사례 c이든) 상관없이 모두 무관한 사례라고 해야 할 것이다.

그런데 H1과 H2는 논리적으로 서로 '동치'인 가설들이다. 즉 H1과 H2는 언제든지 서로 바꿔 쓸 수 있는 동등한 가설들이다. 하지만 니코드 조건에 따르면, 사례 a와 d는 각각 H1과 H2 가운데 하나만을 입증하고 다른 하나에 대해서는 중립적이다. 이는 니코드 조건에 따를 경우 입증이 가설의 내용뿐만 아니라 표현 방식에도 의존하게 된다는 것을 의미한다. 이는 바람직하지 않은 결과로 보인다. 이런 문제점을 피하려면, "어떤 사례가 한 가설을 입증하면, 그 사례는 그 가설과 논리적으로 동치인 모든 가설들 역시 입증한다."는 조건, 즉 '동치 조건'을 받아들여야 할 것으로 보인다.

이제 '동치 조건'을 받아들인다고 가정하고, 니코드 조건과 방금 규정한 동치 조건을 결합시켜 보자. H1과 H2는 동치이므로, d는 H1도 입증한다고 해야 한다. 따라서 우리는 검은색도 아니고 까마귀도 아닌 대상, 예컨대 빨간 장미나 푸른 나뭇잎 등도 "까마귀는 모두 검다."라는 가설을 입증한다고 해야 한다. 그러나 이것은 이상하다.

우리는 이런 이상한 결론을 더 확장할 수도 있다. H1은 논리적으로 "까마귀이거나 까마귀가 아닌 대상은 모두 까마귀가 아니거나 검은색이다."(H3)와도 동치이다. 그런데 어떤 대상이든 '까마귀이거나 까마귀가 아니다.'에 해당될 것이므로, 결국 '까마귀가 아니거나 검은색'이기만 하면 무엇이든 H1을 입증한다는 얘기가 된다. 즉 오늘 아침에 본 노란색 자동차나 검은 고양이도 "까마귀는 모두 검다."라는 가설을 입증한다고 해야 한다. 이것이 바로 '까마귀의 역설'이라고도 불리는 입증의 역설이다.

04

위 글에서 추론한 것으로 올바르지 않은 것은?

① 니코드 조건과 동치 조건을 모두 받아들이고 아울러 H2와 H3이 동치라는 점을 인정한다면, c는 H2의 반증사례가 된다.

② 니코드 조건과 동치 조건을 모두 받아들이고 아울러 H1과 H2가 동치라는 점을 인정하면, a와 d는 모두 H2의 입증사례가 된다.

③ 니코드 조건과 동치 조건을 모두 받아들이더라도 H1과 H2가 동치가 아니라고 가정한다면, a는 H1의 입증사례이지만 H2와는 무관한 사례가 된다.

④ 니코드 조건과 동치 조건을 모두 받아들이고 아울러 H1, H2, H3이 모두 동치라는 점을 인정한다면, 모든 사례는 H1의 입증사례이거나 반증사례가 된다.

⑤ 니코드 조건과 동치 조건을 모두 받아들이고 아울러 H1과 H2는 동치라는 점도 인정하지만 이들이 H3과 동치가 아니라고 가정한다면, c는 H1과 무관한 사례가 된다.

05

위 글의 '까마귀의 역설'을 해소하는 방안으로 적절하지 않은 것은?

① 입증사례가 되기 위해서는 니코드 조건 외에도 충족시켜야 할 조건이 더 있음을 밝힌다.

② 검지 않은 까마귀는 H1의 반증사례가 되는 반면, H2와 H3의 반증사례는 될 수 없음을 밝힌다.

③ 한 사례가 어떤 가설을 입증한다고 해서 그 가설과 동치인 다른 가설도 입증한다고 볼 수 없음을 밝힌다.

④ H1과 H3은 서로 동치이지만, 양자가 입증사례를 공유하려면 논리적 동치 이상의 내용적 일치가 요구됨을 밝힌다.

⑤ H1과 H2는 각각 까마귀와 검지 않은 것에 관한 주장이기 때문에 별개로 입증되어야 할 독립적인 가설임을 밝힌다.

5 양도논증

1. 양도논증 형식

형식 1	형식 2
$p \to r$ $q \to r$ $p \lor q$ $\therefore r$	$p \to r$ $q \to s$ $p \lor q$ $\therefore r \lor s$

2. 양도논증 반박 방법

A or B
A → C
B → C
∴ C

(1) 뿔 사이로 피하기(선언명제 공격)

A, B 말고 다른 경우가 있을 수 있다고 반박이 가능하다. 그러나 A, B가 모순 관계일 경우에는 A, B 말고 다른 경우가 발생할 수 없기 때문에 이런 비판이 불가능하다.

(2) 뿔 꺾기(조건명제 공격)

'A → C' 혹은 'B → C' 부위를 공격하여 반박한다.

예제

숨겨진 전제를 넣어서 타당한 논증을 구성하시오.

A or B
A → C
(?)
∴ C

[정답]

$B \to C \Leftrightarrow \sim B \lor C \Leftrightarrow \sim(B \land \sim C)$

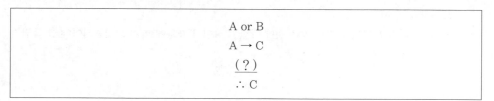

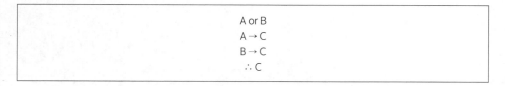

06

다음 제시문의 A의 논증에 대해 옳게 판단한 사람을 <보기>에서 모두 고르면?

많은 철학자들이 관심을 가지는 개념 중 하나는 "인과 관계"이다. 일반적으로 이 세상에는 인과 관계가 존재한다고 인정되지만, 어떤 철학자들은 전통적 개념으로서의 인과 관계는 존재하지 않는다고 주장한다. 인과 관계의 존재를 부정하는 대표적인 철학자인 A는 다음과 같이 주장하였다.

"우리는 관찰 불가능한 것들의 존재를 인정하거나 인정하지 않거나 둘 중 하나를 택일할 수밖에 없다. 만약 우리가 관찰 불가능한 것들의 존재를 인정하지 않는다면, 우리는 인과 관계를 인정할 수 없다. 왜냐하면 인과 관계는 관찰 불가능한 것이기 때문이다. 그리고 우리가 만약 관찰 불가능한 것들의 존재를 인정한다면, 우리는 알지 못하는 것을 인정하는 셈이 된다. 따라서 우리가 알지 못하는 것을 인정하지 않기 위해서는 인과 관계를 인정하지 않아야 한다."

〈보기〉

갑: A의 논증은 타당하기 때문에 "인과 관계를 인정하는 것은 우리가 알지 못하는 것을 인정하는 것이다."라는 주장은 경험적으로도 참이다.

을: "관찰 불가능한 것이라고 해서 우리가 알지 못하는 것이라고 할 수는 없다."라는 주장은 A의 주장에 대한 적절한 반박이 된다.

병: "너는 나를 사랑하거나 미워한다. 만약 네가 나를 사랑한다면 나와 결혼해 줄 것이고, 나를 미워한다면 나를 떠날 것이다. 따라서 너는 나와 결혼하거나 나를 떠날 것이다."라는 논증을 반박하는 방식과 A의 논증을 반박하는 방식은 가짓수가 같다.

① 갑　② 을　③ 을, 병
④ 갑, 을　⑤ 갑, 을, 병

[07~09]

2009학년도 MDEET 문20~22

다음 글을 읽고 물음에 답하시오.

두 개의 진술이 동시에 옳을 수 없는 경우가 종종 있다. 이 경우 두 진술은 서로 대립한다고 말한다. 그 진술들이 대립하는 방식에는 두 가지가 있다. 하나는 '모순 관계'이며, 다른 하나는 '반대 관계'이다. 모순 관계는 어느 한 진술이 옳으면 다른 진술은 그를 수밖에 없는 관계이고, 반대 관계는 둘 다 옳을 수는 없지만 둘 다 그를 수는 있는 관계이다.

이 모순 관계와 반대 관계를 이해하지 못하여 혼란에 빠지는 경우가 있다. '자유 의지'와 '결정론'의 문제가 한 예이다. 대다수의 사람들은 의지의 자유를 믿는다. 내가 먹고 싶은 음식을 주문할 때, 또 내가 지지하는 후보에게 투표할 때 나는 내가 스스로의 의지를 가지고 행동했다고 생각한다. 그런 자유 의지가 없다면 나는 로봇과 다름없는 존재이고, 따라서 어떤 행동을 하든지 나에게는 책임을 물을 수 없다.

결정론은 이 세상의 모든 일이 선행 원인에 의해서 결정된다고 본다. 결정론이 옳으면 우리의 모든 행동도 앞선 원인의 결과이므로 사람들은 자유 의지가 없다고 생각할 수밖에 없다. 그러나 이것은 세상에 일어나는 일이 신이나 운명에 의해 미리 정해져 있다는 주장과는 다르다. 결정론에서는 현재 상태가 달라지면 미래도 바뀐다고 주장한다.

반면, 비결정론은 인과적으로 결정되는 사건들도 있지만, 적어도 사람의 행동은 선행 원인에 의해 결정되지 않는다고 주장한다. 그래서 비결정론은 그런 행동은 자유롭다고 주장하고 싶어한다. 그러나 인과적으로 결정되지 않는 것이 있다고 해도, 여전히 자유 의지는 불가능하다는 비판이 제기된다. 왜냐하면 원인이 없는 사건은 나의 통제를 벗어나 있고 그것은 나의 자유 의지에 의한 것이 아니기 때문이다. 결국 ㉠ <u>결정론이 성립하든 성립하지 않든 자유 의지가 없다는 딜레마</u>가 나타난다. 자유 의지는 결정론과 비결정론 어느 쪽과도 양립할 수 없다는 것이다.

이 딜레마를 어떻게 해결할 수 있을 것인가? 해결책 중 하나는 결정론과 비결정론 이외에 제3의 길이 있어서 그리로 피해 갈 수 있다는 점을 보여 주는 것이다. 그러나 이 방법은 성공하지 못한다. 결정론과 비결정론은 서로 모순 관계에 있는 주장이므로 두 이론 중 하나는 반드시 옳을 수밖에 없기 때문이다.

그러면 자유 의지가 있다는 것을 증명할 방법은 없을까? 결정론을 '엄격한 결정론'과 '온건한 결정론'으로 구분하면 된다. 엄격한 결정론은 결정론과 자유 의지가 양립 불가능하다고 생각하는 반면, 온건한 결정론은 양립 가능하다고 본다. 결정론과 자유 의지가 양립 불가능하다고 판단한 이유는 행동에 원인이 있으면 그 행동에는 자유 의지가 없을 것이라고 생각했기 때문이다. 그러나 원인이 있다고 해서 꼭 자유 의지가 없다고 해야 할까? 그 원인이 외부의 강제 때문에 생긴 것이라면 자유 의지가 없는 것은 당연하다. 나는 다른 식으로 행동할 수 없었기 때문이다. 반면에 원인이 있다고 해도 내가 다른 식으로 행동할 수 있었다면 자유 의지는 있는 것이다. 나는 다른 식으로 행동할 수도 있었지만 그렇게 행동했기 때문이다. 그렇다고 해서 그 경우에 행동의 원인이 없는 것은 아니다. 결국 온건한 결정론자들은 자유 의지 주장과 모순 관계인 것은 결정론이 아니라 강제라고 주장하는 셈이다. 이러한 견해를 받아들인다면 자유 의지와 결정론은 얼마든지 양립할 수 있다.

07

위 글의 내용과 일치하는 것은?

① 비결정론자는 결정론과 비결정론이 모순 관계가 아니라고 생각한다.
② 비결정론자는 자유 의지가 있기 위해서는 세상의 모든 일에 원인이 없어야 한다고 주장한다.
③ 엄격한 결정론자는 강제에 의한 행동에는 원인이 없다고 생각한다.
④ 온건한 결정론자는 원인이 있다는 것과 강제는 양립 불가능하다고 생각한다.
⑤ 온건한 결정론자는 어떤 행동에 대해서는 도덕적 책임을 물을 수 있다고 주장한다.

08

㉠의 추론 과정을 <보기>와 같이 정리해 보았다. 위 글의 내용에 비추어 볼 때, <보기>에 대한 설명으로 잘못된 것은?

〈보기〉

(가) 결정론이 성립하거나 비결정론이 성립한다.
(나) 결정론이 성립한다면 사람은 자유 의지를 갖지 못한다.
(다) 비결정론이 성립한다면 사람은 자유 의지를 갖지 못한다.
(라) 따라서 사람은 자유 의지를 갖지 못한다.

① 〈보기〉의 '비결정론' 자리에 결정론과 반대 관계가 되는 이론을 대입하면 딜레마는 성립하지 않는다.
② (가)가 필연적으로 옳은 진술이기 때문에 이 딜레마가 성립할 수 있다.
③ 온건한 결정론자들은 (나)의 진술이 옳지 않다고 주장하여 딜레마에서 빠져나온다.
④ 진술 (가), (나), (다)가 옳다면 (라)를 받아들일 수밖에 없다.
⑤ (라)가 도출되는 것은 진술 (나)와 (다)가 서로 반대 관계이기 때문이다.

09

온건한 결정론자에 대한 반박으로 타당하지 않은 것은?

① 어디까지가 자유 의지에 의한 것이고 어디까지가 강제에 의한 것인지 그 경계가 모호한데, 당신은 자유 의지와 강제를 구별한다.
② 당신의 논리대로라면 어떤 노력을 하든 결과는 전혀 달라지지 않는데, 그것은 다른 식으로 행동할 수 있는 것이 아니므로 자유 의지가 없게 된다.
③ 내가 자유롭게 선택했다고 생각한 행동도 나쁜 결과에 대해 위협을 느껴 결정했다고 볼 수 있으므로, 모든 행동은 외부의 힘에 의해 강제된 것으로 볼 수 있다.
④ 나는 자유 의지에 의해 행동한다고 생각하지만 사실은 나도 모르게 다른 식으로 행동할 수 없는 경우가 있으므로, 자유 의지가 있다는 당신의 주장은 옳지 않다.
⑤ 행동의 원인이 되는 사건들의 연쇄를 내가 태어나기 이전까지 따라갈 수 있고 그러면 다른 식으로 행동할 수 없으므로, 원인이 있다는 것은 여전히 자유롭지 않은 것이다.

6 연역논증 관련 LEET 언어이해 기출문제

[10~12]

2011학년도 LEET 문9~11

다음 글을 읽고 물음에 답하시오.

20세기 초반 미국의 법률가들은 법철학이 실무에서는 별로 쓸모가 없는 학문이라 평가하고 있었다. 그들이 보기에 법철학자들은 대개 권리나 의무의 본질에 대한 막연한 이론을 늘어놓기만 할 뿐, 그것이 구체적인 법률문제의 해결에 기여해야 한다는 생각은 없는 것 같았기 때문이다. 호펠드의 이론은 당대의 통념을 깨뜨린 전형적인 사례라 할 수 있다. 그는 다의적인 법적 개념의 사용으로 인해 법률가들이 잘못된 논증을 하게 되고 급기야 법적 판단을 그르치기까지 한다고 지적한 뒤, 이 문제를 해결하기 위해 "누가 무언가에 관한 권리를 가진다."라는 문장이 의미하는 바가 무엇인지를 분석하고 권리 개념을 명확히 할 것을 제안했다.

그는 모든 권리 문장이 상대방의 관점에서 재구성될 수 있다고 보았다. 법률가들이 '사람에 대한 권리'와 구별해서 이해하고 있는 이른바 '물건에 대한 권리'도 어디까지나 '모든 사람'을 상대로 주장할 수 있는 권리일 뿐이므로 예외가 될 수 없다고 한다. 또한 그는 법률가들이 권리라는 단어를 서로 다른 네 가지 지위를 나타내는 데 사용하고 있음을 밝힘으로써 권리자와 그 상대방의 지위를 나타내는 네 쌍의 근본 개념을 확정할 수 있었다. 결국 모든 법적인 권리 분쟁은 이들 개념을 이용하여 진술될 수 있을 것이다.

각각의 개념들을 살펴보면 다음과 같다. 첫째, 청구권은 상대방에게 특정한 행위를 요구할 수 있는 권리이며, 상대방은 그 행위를 할 의무를 지게 된다. 둘째, 자유권은 특정한 행위에 대한 상대방의 요구를 따르지 않아도 되는 권리이며, 상대방에게는 그 행위를 요구할 청구권이 없다. 셋째, 형성권은 상대방의 법적 지위를 변동시킬 수 있는 권리인데, 이러한 권리자의 처분이 있으면 곧 지위 변동을 겪게 된다는 것 자체가 바로 상대방이 현재 점하고 있는 지위, 곧 피형성적 지위인 것이다. 넷째, 면제권은 상대방의 처분에 따라 자신의 지위 변동을 겪지 않을 권리이며, 상대방에게는 그러한 처분을 할 만한 형성권이 없다.

호펠드는 이러한 근본 개념들 간에 존재하는 미묘한 차이와 관계적 특성을 분명히 함으로써 권리 문장이 지켜야 할 가장 기초적인 문법을 완성하고 있다. 그에 따르면 청구권이 상대방의 행위를 직접적으로 통제하는 데 비해, 형성권은 상대방과의 법률관계를 통제하는 결과 그의 행위에 대한 통제도 이루게 되는 차이가 있다. 또한 청구권이 상대방을 향한 적극적인 주장이라면 자유권은 그러한 주장으로부터의 해방이며, 형성권이 상대방과의 법률관계에 대한 적극적인 처분이라면 면제권은 그러한 처분으로부터의 해방으로 볼 수 있다. 그리고 두 사람 사이의 단일한 권리 관계 내에서 볼 때 만일 누군가 청구권을 가지고 있다면 그 상대방은 동시에 자유권을 가질 수 없고, 만일 누군가 형성권을 가지고 있다면 그 상대방은 동시에 면제권을 가질 수 없다. 마찬가지로 자유권자의 상대방은 동시에 청구권을 가질 수 없고, 면제권자의 상대방 또한 동시에 형성권을 가질 수 없다.

호펠드는 이러한 [권리의 문법]에 근거하여 '퀸 대(對) 리덤' 사건 판결문의 오류를 지적함으로써 법철학 이론도 법률 실무에 충분히 기여할 수 있음을 보여 주었다. 판결의 취지는 다음과 같았다. "육류 생산업자인 원고에게는 피고가 속해 있는 도축업자 노조의 조합원이 아닌 사람도 고용할 수 있는 자유가 있음에도 불구하고, 피고는 고객들에게 원고와 거래하지 말 것을 종용함으로써 원고의 자유에 간섭하였고, 그 결과 원고의 사업장은 문을 닫게 되었으므로 피고는 원고에게 발생한 손해에 대해 책임이 있다." 호펠드의 분석에 따르면, 판사는 원고에게 자유권이 있다는 전제로부터 곧바로 피고에게는 원고의 자유권 행사를 방해하지 않을 의무가 있다는 결론을 도출하는 우를 범함으로써, 정작 이 자유권의 실효적 보장을 위해 국가가 예외적으로 개입할 필요가 있는지 숙고해 볼 수 있는 기회를 놓치고 있다는 것이다. 호펠드의 희망은 이렇듯 개념의 혼동과 논증의 오류가 정의와 올바른 정책 방향에 대한 법률가들의 성찰을 방해하지 않게 하는 데 자신의 연구가 보탬이 되는 것이었다. 이러한 그의 작업은 훗날 판례 속의 법적 개념과 논증을 비판적으로 탐구하는 미국 법학의 큰 흐름을 낳은 것으로 평가되고 있다.

10

위 글에 나타난 호펠드 법철학의 역할로 볼 수 <u>없는</u> 것은?

① 권리 문장에 사용되는 권리 개념의 다의성 문제를 해소할 수 있는 방안을 제시함.
② 권리에 대한 법률가들의 통념적 구별이 가질 수 있는 개념적 오류를 비판함.
③ 권리 문장의 분석을 통하여 권리들 간에 우선순위가 발생하는 근거를 해명함.
④ 권리 문장을 사용한 법률가들의 추론에 논리의 비약이 내재해 있음을 규명함.
⑤ 권리 개념들 간의 관계적 특성을 반영한 권리의 일반 이론을 모색함.

11

두 사람 사이의 단일한 권리 관계에서 볼 때, [권리의 문법]에 대한 이해로 옳지 <u>않은</u> 것은?

① 누가 어떤 권리를 가지면 상대방이 일정한 의무를 가진다는 판단을 내릴 경우가 있다.
② 누가 어떤 권리를 가지면 동시에 그는 일정한 의무를 가진다는 판단을 내릴 경우가 있다.
③ 누가 어떤 권리를 가지면 상대방이 일정한 권리를 갖지 않는다는 판단을 내릴 경우가 있다.
④ 누가 어떤 권리를 갖지 않으면 동시에 그는 일정한 의무를 가진다는 판단을 내릴 경우가 있다.
⑤ 누가 어떤 권리를 갖지 않으면 상대방이 일정한 의무를 갖지 않는다는 판단을 내릴 경우가 있다.

12

호펠드의 근본 개념들이 <보기>의 상황에 적용된다고 가정했을 때, 이에 대한 설명으로 가장 적절한 것은? (단, <보기>에 제시되지 않은 상황은 고려하지 않는다.)

〈보기〉

경기 도중 득점 기회를 잡은 선수 A를 막으려고 상대 팀 선수 B가 정당하게 몸싸움을 벌였다. 하지만 다음 순간 A는 경기장이 미끄러운 탓에 몸싸움을 이기지 못하고 넘어졌다. 심판 C는 이 상황을 제대로 보지 못하고 B를 퇴장시켰다. 심판은 판정 과정에서 어떠한 영향도 받지 않아야 하는 지위에 있기 때문에, B의 팀은 C의 판정에 따라 한 명이 줄어든 상태에서 경기를 해야 했다. 감독 D는 수비 약화를 우려하여, 뛰고 있던 공격수를 빼고 몸을 풀고 대기 중인 선수 E를 투입했다.

① A는 B에게 몸싸움을 걸지 말라고 요구할 청구권을 가지고 있다.
② A는 C에게 그의 판정이 잘못되었는지 여부를 알려 줄 의무를 위반하고 있다.
③ B는 C의 판정만으로 퇴장당하게 되는 피형성적 지위에 있지 않다.
④ C는 D에 의해 판정의 자율성을 침해 받지 않을 면제권을 가지고 있다.
⑤ D는 E가 시합에 나가지 않을 자유권을 침해하고 있다.

[13~15]

2012학년도 LEET 문21~23

다음 글을 읽고 물음에 답하시오.

법은 인간의 행위를 지도하고 평가하는 공식적인 사회 규범이다. 그리고 법을 통한 행위의 지도는 명령, 금지, 허용 등의 규범 양상으로 이루어진다. 명령은 행위를 해야 하도록 하는 것이며, 금지는 행위를 하지 않도록 하는 것이다. 허용은 행위를 할 수 있도록 하거나, 하지 않을 수 있도록 하는 것인데, 통상 전자를 적극적 허용, 후자를 소극적 허용이라고 부른다.

[A] 19세기 분석법학의 연구 성과는 이들 규범 양상들이 서로 일정한 의미론적 관계 및 논리적 관계를 맺고 있음을 보여 주고 있다. 이에 따르면 명령은 소극적 허용의 부정이지만 적극적 허용을 함축하며, 금지는 적극적 허용의 부정이지만 소극적 허용을 함축한다. 소극적 허용은 금지를 함축하지는 않으며, 적극적 허용은 명령을 함축하지는 않는다. 또한 소극적 허용과 적극적 허용은 서로 배제하거나 함축하지 않는다. 그리고 이들 네 가지 규범 양상은 행위 지도의 모든 경우를 포괄한다.

이러한 규범 양상들의 상호 관계에 대한 분석은 주로 입법 기술의 차원에서 그 실천적 의의를 찾을 수 있다. 즉 그러한 분석은 법을 명확하고 체계적으로 정립하기 위해 준수해야 하거나, 법의 과잉을 방지하기 위해 고려해야 할 원칙들을 제공해 준다. 가령 법의 한 조항에서 어떤 행위를 하지 않을 수 있도록 허용했다면 다른 조항에서 그 행위를 명령해서는 안 된다는 것이나, 어떤 행위를 할 수 있도록 허용하는 방법이 반드시 그 행위를 명령하는 것일 필요는 없다는 것 등이 그러한 예가 될 것이다.

이러한 분석이 법 현상을 제대로 반영하고 있는 것인지에 대해서는 다소 의문이 제기되고 있다. 법체계가 폐쇄적일 경우에는 이러한 분석이 통용될 수 있겠지만, 개방적일 경우에는 그렇지 못하다는 것이다. 가령 개방적 법체계 내에서는 금지되지 않은 것이 곧 허용된 것이라고 말할 수는 없기 때문에, 적극적 허용이 금지를 부정한다는 명제는 성립하지 않는다. 한 사람을 지탱할 수 있을 뿐인 나뭇조각을 서로 붙잡으려는 두 조난자에게 각자 자신을 구할 수 있는 행위를 하는 것이 금지되지 않았다고 해서, 곧 서로 상대방을 밀쳐 내어 죽게 할 수 있도록 허용되어 있다고 말할 수는 없다는 것이다.

나아가 그러한 분석은 폐쇄적 법체계를 전제함으로써 결과적으로 인간의 자유가 가지는 의미를 약화시킨다는 지적도 있을 수 있다. 개방적 법체계에서는 법 그 자체로부터 자유로운 인간 활동의 고유한 영역이 존재할 수 있지만, 폐쇄적 법체계 내에서 인간의 자유란 단지 소극적 허용과 적극적 허용이 동시에 주어져 있는 상태, 즉 명령도 금지도 존재하지 않는 상태에 놓여 있음을 뜻할 뿐이다. 따라서 인간의 자유란 게으른 법의 침묵 덕에 어쩌다 누리게 되는 반사적인 이익에 불과할 뿐 규범적 질량을 가지는 권리일 수는 없게 된다.

그러나 이 같은 비판들에 대해서는 다음과 같은 반론을 제시할 수 있을 것이다. 우선 앞의 사례와 같은 경우가 존재한다고 해서 법체계의 개방성을 인정해야 하는 것은 아니다. 상대방을 밀쳐내어 죽게 하는 행위는 허용되지 않지만, 자신을 구하기 위해 불가피한 것이었다는 점에서 비난의 대상이 되지는 않는다고 볼 수 있기 때문이다. 금지와 허용 사이의 역설적 공간이 아니더라도 죽은 자에 대한 애도와 산 자에 대한 위로가 함께할 수 있는 것이다. 또한 금지되지 않은 것이 곧 허용된 것이라고 말할 수 없다면, 변덕스러운 법이 언제고 비집고 들어올 수 있다는 것과 같아서, 인간이 누리게 되는 자유의 질은 오히려 현저히 저하될 수밖에 없을 것이다.

비록 일도양단의 논리적인 선택만을 인정함으로써 현실의 변화에 유연하게 대처하지 못하고, 자칫 부당한 법 상태를 옹호하게 될 수 있다는 한계도 있지만, 19세기 분석법학이 추구한 엄밀성은 전통적인 법에 내재해 있는 모순과 은폐된 흠결을 간파하고 이를 적극 제거하거나 보완함으로써 자유의 영역을 선제적으로 확보하는 데 기여해 온 것으로 평가할 수 있다. 나아가 그러한 엄밀성은 사법 통제의 차원에서도 의의를 지닐 수 있다. 이른바 결과의 합당성을 고려해야 한다는 이유를 들어 명시적인 규정에 반하는 자의적 판결을 내리려는 시도에 대하여, 판결은 법률의 문언에 충실해야 한다는 점을 일깨우고 있기 때문이다.

13

위 글에 제시된 글쓴이의 견해로 옳은 것은?

① 명확한 법을 갖는 것보다 유연한 법을 갖는 것이 중요하다.
② 자유는 법 이전에 존재하는 권리가 실정법에 의해 승인된 것이다.
③ 법의 지배를 강화하려면 법을 형식 논리적으로 적용해서는 안 된다.
④ 분석적 엄밀성을 추구하는 것이 결과의 합당성을 보장하는 것은 아니다.
⑤ 법으로부터 자유로운 영역을 인정하는 입장은 자유의 확보에 기여한다.

14

<보기>의 법 조항에 대해 해석한 내용 중 '개방적 법체계'를 전제로 해야 가능한 것으로 볼 수 없는 것은?

〈보기〉

누구든지 타인의 생명을 침해해서는 안 된다.

① 출생한 이후부터 사람이므로 태아를 죽게 하는 것은 타인의 생명을 침해하는 것은 아니지만, 허용되지는 않는다.
② 자살은 타인의 생명을 침해하는 것이 아니지만, 타인의 자살을 돕는 것은 타인의 생명을 침해하는 것이므로 허용되지 않는다.
③ 말기 암 환자의 생명 유지 장치를 제거하는 행위는 생명을 침해하는 것이지만, 환자의 존엄성을 지켜 주기 위해 그것을 제거하는 것은 허용된다.
④ 생명이 위태로운 타인을 구해 주어야 한다는 뜻은 아니지만, 아무리 무관한 타인이라도 그의 생명이 침해되는 것을 보고만 있는 것이 허용되지는 않는다.
⑤ 어떤 경우라도 타인의 생명을 침해하는 것은 허용되지 않지만, 두 사람 모두를 구할 수는 없는 상황에서 둘 중 하나라도 살리기 위한 행위는 그것이 곧 나머지 한 사람의 생명을 침해하는 것일지라도 허용된다.

15

[A]의 내용과 일치하지 않는 것은?

① 어떤 행위가 명령의 대상이 된다면 반드시 적극적 허용의 대상이 된다. 그러나 금지의 대상이 된다면 반드시 소극적 허용의 대상이 된다.
② 어떤 행위가 금지의 대상이 된다면 절대로 적극적 허용의 대상이 되지 않는다. 그러나 금지의 대상이 되지 않는다면 반드시 적극적 허용의 대상이 된다.
③ 어떤 행위가 명령의 대상이 된다면 절대로 금지의 대상이 되지 않는다. 그러나 명령의 대상이 되지 않는다고 해서 반드시 금지의 대상이 되는 것은 아니다.
④ 어떤 행위가 명령의 대상이 된다면 절대로 소극적 허용의 대상이 되지 않는다. 그러나 명령의 대상이 되지 않는다고 해서 반드시 소극적 허용의 대상이 되는 것은 아니다.
⑤ 어떤 행위가 적극적 허용의 대상이 된다고 해서 소극적 허용의 대상이 되지 않는 것은 아니다. 그러나 적극적 허용의 대상이 되지 않는다면 반드시 소극적 허용의 대상이 된다.

정답 및 해설 p.16

VI. 귀납논증 (1) 인문

[01~03] 2017학년도 LEET 문4~6

다음 글을 읽고 물음에 답하시오.

개인의 복지 수준이 향상되었다거나 또는 한 개인의 복지 수준이 다른 사람들보다 높다고 할 때, 이는 무엇을 의미하는가? 이 물음에 대한 답변은 인간 복지의 본성이나 요건에 대한 이해를 요구하는데, 이와 관련된 대표적인 도덕철학적 입장은 다음과 같다.

첫째, '쾌락주의적 이론'은 긍정적인 느낌으로 구성된 심리 상태인 쾌락의 정도가 복지 수준을 결정한다고 본다. 어떤 개인이 느끼는 쾌락이 증진될 때 그의 복지가 향상된다는 것이다. 둘째, '욕구 충족 이론'은 개인이 욕구하는 것이 충족되는 정도에 따라 복지 수준이 결정된다고 본다. 어떤 개인이 지닌 욕구들이 좌절되지 않고 더 많이 충족될 때 그의 복지가 향상된다는 것이다. 셋째, '객관적 목록 이론'은 개인의 삶을 좋게 만드는 목록을 기준으로 그것이 실현되는 정도에 따라 복지 수준이 결정된다고 본다. 그러한 목록에는 통상적으로 자율적 성취, 지식, 친밀한 인간관계, 미적 향유 등이 포함되는데, 그것의 내재적 가치는 그것이 개인에게 쾌락을 주는지 또는 그것이 개인에 의해 욕구되는지 여부와는 직접적 관련이 없다. 이 중에서 '쾌락주의적 이론'과 '객관적 목록 이론'은 어떤 것들이 내재적 가치가 있는지를 말해 준다는 점에서 실질적인 복지 이론이며, '욕구 충족 이론'은 사람들에게 좋은 것들을 찾아내는 방법을 알려주지만 그것들이 무엇인지를 말해 주지 않는다는 점에서 형식적인 복지 이론이라고 할 수 있다.

이러한 복지 이론들 중에서 많은 경제학자들의 지지를 받는 것은 '욕구 충족 이론'이다. 그들은 이 이론을 바탕으로 복지 수준의 높고 낮은 정도를 평가할 수 있다고 본다. 그리고 우리가 직관적으로 복지의 증가에 해당한다고 믿는 모든 활동과 계기들이 쾌락이라는 심리 상태를 항상 동반하는 것은 아니기 때문에 '쾌락주의적 이론'은 복지에 관해서 너무 협소하다고 비판하면서 더 개방적인 입장을 가져야 한다고 주장한다. 욕구의 대상이 현실에서 구현되는 것이 중요하지 그 구현 사실이 인식되어 개인들이 어떤 느낌을 갖게 되는 것이 필수적이지는 않다고 보기 때문이다. 그 이론의 옹호자들은 '객관적 목록 이론'도 한계를 지니고 있다고 비판한다. 복지 목록에 있는 항목들이 대체로 개인들의 복지에 기여한다는 점은 인정할 수 있지만 그 항목들이 복지에 기여하는 이유에 대해서는 제대로 해명하지 못하고 있다는 것이다. 또한 개인들이 실제로 욕구하는 것들 중에는 그 목록에 포함되지 않지만 복지에 기여하는 경우도 있다는 것이다.

하지만 이러한 '욕구 충족 이론'도 다음과 같은 문제점을 갖고 있다. 첫째, 욕구의 충족과 복지가 어느 정도 연관성이 있기는 하지만 모든 욕구의 충족이 복지에 기여하는 것은 아니라는 문제가 있다. 사람들이 정보의 부족이나 잘못된 믿음으로 자신에게 나쁜 것을 욕구할 수 있으며, ㉠ 타인의 삶에 대해 내가 원하는 것이 이루어졌다고 할지라도 그것이 나의 복지 증진과는 무관할 수 있기 때문이다. 둘째, 사람들이 타인에 대한 가학적 욕구와 같은 반사회적인 욕구를 추구하는 경우도 문제가 된다. 셋째, ㉡ 개인이 일관된 욕구 체계를 갖고 있지 않아서 욕구들 사이에 충돌이 발생할 때 이를 해결하기 어렵다는 문제가 있다.

이러한 문제들에 대응하는 방식으로는 '욕구 충족 이론'을 버리고 다른 복지 이론을 수용하는 방식도 있지만 그 이론을 변형하는 방식도 있다. '욕구 충족 이론'과 구별되는 '합리적 욕구 충족 이론'은 개인들이 가진 모든 욕구들의 충족이 아니라, 관련된 정보에 입각하여 타인이 아닌 자기에게 이익이 되는 합리적인 욕구의 충족만이 복지에 기여한다고 본다. 이것은 사람들이 욕구하는 것이 합리적이라면 그것이 바로 좋은 것이라는 입장이다. 이 이론은 '욕구 충족 이론'이 봉착한 난점들을 상당히 해결해 준다는 점에서 장점을 갖고 있다. 하지만 이 이론은 어떤 욕구가 합리적인지에 대해 답변을 해야 하는 부담을 안고 있다. 만약 이 이론의 옹호자가 이에 대한 답변을 시도한다면 이 이론은 형식적 복지 이론에서 실질적 복지 이론으로 한 걸음 나아가게 된다.

01

윗글에서 이끌어낼 수 있는 내용으로 적절하지 않은 것은?

① '쾌락주의적 이론'은 개인의 쾌락이 감소하면 복지도 감소한다고 본다.
② '욕구 충족 이론'은 개인들 간의 복지 수준을 서로 비교할 수 없다고 본다.
③ '객관적 목록 이론'은 쾌락이 증가하더라도 복지 수준은 불변할 수 있다고 본다.
④ '객관적 목록 이론'은 내재적 가치를 지닌 것들이 복지를 증진할 수 있다고 본다.
⑤ '합리적 욕구 충족 이론'은 모든 욕구의 충족이 복지에 기여하는 것은 아니라고 본다.

02

'욕구 충족 이론'의 관점과 부합하는 주장만을 <보기>에서 있는 대로 고른 것은?

〈보기〉

ㄱ. 욕구를 충족하는 것은 복지 증진의 필요조건이기는 하지만 충분조건은 아니다.
ㄴ. 복지에 기여하는 행위는 그 전후로 개인의 심리 변화를 유발하지 않아도 된다.
ㄷ. 미적 향유가 복지에 기여한다면 그 자체가 좋은 것이기 때문이 아니라 그것이 내가 원하는 것이기 때문이다.

① ㄱ　　② ㄴ　　③ ㄷ
④ ㄱ, ㄴ　　⑤ ㄴ, ㄷ

03

<보기>의 사례들에 대한 반응으로 적절하지 않은 것은?

〈보기〉

(가) '갑'은 기차에서 우연히 만난 낯선 사람의 질병이 낫기를 간절히 원하였는데, 그 후에 그를 다시 만난 적이 없어서 그의 질병이 나았다는 것을 전혀 모른다. 그래서 그의 질병이 나았다는 사실은 갑에게 아무런 영향도 주지 않았다.

(나) '을'은 A학점을 받기 위해 시험 전날 밤에 밤새워 공부하기를 원하면서도, 친구들과 어울리는 것이 좋아 밤늦게까지 파티에 참석하기도 원한다. 그래서 그는 어떻게 해야 할지 갈등하고 있다.

(다) '병'은 인종 차별적 성향 때문에, 의약품이 더 필요한 흑인보다는 그렇지 않은 백인에게 의약품을 분배하기를 원한다. 그래서 그는 백인에게만 그 의약품을 분배하였다.

① (가)는 '욕구 충족 이론'의 문제점과 관련하여 ㉠의 사례로 활용할 수 있겠군.

② (가)는 '쾌락주의적 이론'과 '합리적 욕구 충족 이론' 모두의 관점에서는 갑의 복지가 증진된 사례로 활용할 수 없겠군.

③ (나)는 '욕구 충족 이론'의 문제점과 관련하여 ㉡의 사례로 활용할 수 있겠군.

④ (나)에 나타난 갈등은 항목들 간의 우선순위를 설정하지 않은 '객관적 목록 이론'에서는 해결하기 어렵겠군.

⑤ (다)는 '욕구 충족 이론'의 관점에서는 병의 복지가 증진된 사례가 될 수 없겠군.

[04~07]

2018학년도 LEET 문22~25

다음 글을 읽고 물음에 답하시오.

결혼을 하면 자연스럽게 아이를 낳지만, 아이들은 이 세상에 태어남으로써 해를 입을 수도 있다. 원하지 않는 병에 걸릴 수도 있고 험한 세상에서 살아가는 고통을 겪을 수도 있다. 이렇게 출산은 한 인간 존재에게 본인의 동의를 얻지 않은 부담을 지운다. 다른 인간을 존재하게 하여 위험에 처하게 만들 때는 충분한 이유를 가져야 할 도덕적 책임이 있다. 출산이 윤리적인가 하는 문제에 대해, 아이를 낳으면 아이를 기르는 즐거움과 아이가 행복하게 살 것이라는 기대가 있어 아이를 낳아야 한다고 주장하는 사람도 있고, 반면에 아이를 기르는 것은 괴로운 일이며 아이가 이 세상을 행복하게 살 것 같지 않다는 생각으로 아이를 낳지 말아야 한다고 주장하는 사람도 있다. 그러나 이것은 개인의 주관적인 판단에 따른 것이니 이런 근거를 가지고 아이를 낳는 것과 낳지 않는 것 중 어느 한쪽이 더 낫다고 주장할 수는 없다. 철학자 베나타는 이렇게 경험에 의거하는 방법 대신에 쾌락과 고통이 대칭적이지 않다는 논리적 분석을 이용하여, 태어나지 않는 것이 더 낫다고 주장하는 논증을 제시한다.

베나타의 주장은 다음과 같은 생각에 근거한다. 어떤 사람의 인생에 좋은 일이 있을 경우는 그렇지 않은 인생보다 풍요로워지긴 하겠지만, 만일 존재하지 않는 경우라도 존재하지 않는다고 해서 잃을 것은 하나도 없을 것이다. 무엇인가를 잃을 누군가가 애초에 없기 때문이다. 그러나 그 사람은 존재하게 됨으로써 존재하지 않았더라면 일어나지 않았을 심각한 피해로 고통을 받는다. 이 주장에 반대하고 싶은 사람이라면, 부유하고 특권을 누리는 사람들의 혜택은 그들이 겪게 될 해악을 능가할 것이라는 점을 들 것이다. 그러나 베나타의 반론은 선의 부재와 악의 부재 사이에 비대칭이 있다는 주장에 의존하고 있다. 고통 같은 나쁜 것의 부재는 곧 선이다. 그런 선을 실제로 즐길 수 있는 사람이 있을 수 없더라도 어쨌든 그렇다. 반면에 쾌락 같은 좋은 것의 부재는 그 좋은 것을 잃을 누군가가 있을 때에만 나쁘다. 이것은 존재하지 않음으로써 나쁜 것을 피하는 것은 존재함에 비해 진짜 혜택인 반면, 존재하지 않음으로써 좋은 것들이 없어지는 것은 손실이 결코 아니라는 뜻이다. 존재의 쾌락은 아무리 커도 고통을 능가하지 못한다. 베나타의 이런 논증은 아래 〈표〉가 보여 주듯 시나리오 A보다 시나리오 B가 낫다고 말한다. 결국 이 세상에 존재하지 않는 것이 훨씬 더 낫다.

〈표〉

시나리오 A: X가 존재한다	시나리오 B: X가 존재하지 않는다
(1) 고통이 있음 (나쁘다)	(2) 고통이 없음 (좋다)
(3) 쾌락이 있음 (좋다)	(4) 쾌락이 없음 (나쁘지 않다)

베나타의 주장을 반박하려면 선의 부재와 악의 부재 사이에 비대칭이 있다는 주장을 비판해야 한다. ㉠ 첫 번째 비판을 위해 천만 명이 사는 어떤 나라를 상상해 보자. 그중 오백만 명이 끊임없는 고통에 시달리고 있고, 다른 오백만 명은 행복을 누리고 있다. 이를 본 천사가 신에게 오백만 명의 고통이 지나치게 가혹하다고 조치를 취해 달라고 간청한다. 신도 이에 동의하여 시간을 거꾸로 돌려 불행했던 오백만 명이 고통에 시달리지 않도록 다시 창조했다. 하지만 베나타의 논리에 따르면 신은 시간을 거꾸로 돌려 천만 명이 사는 나라를 아예 존재하지 않게 할 수도 있다. 그러나 신이 천만 명을 아예 존재하지 않게 하는 식으로 천사의 간청을 받아들이면 천사뿐만 아니라 대부분의 사람들은 공포에 질릴 것이다. 이 사고 실험은 베나타의 주장과 달리 선의 부재가 나쁘지 않은 것이 아니라 나쁠 수 있다는 점을 보여 준다. 생명들을 빼앗는 것은 고통을 제거하기 위한 대가로는 지나치게 크다.

첫 번째 비판은 나쁜 일의 부재나 좋은 일의 부재는 그 부재를 경험할 주체가 없는 상황에서조차도 긍정적이거나 부정적인 가치를 지닐 수 있다는 베나타의 전제를 받아들였지만, ㉡ 두 번째 비판은 그 전제를 비판한다. 평가의 용어들은 간접적으로라도 사람을 언급함으로써만 의미를 지닌다. 그렇다면 좋은 것과 나쁜 것의 부재가 그 부재를 경험할 주체와는 관계없이 의미를 지닌다고 말하는 것은 무의미하고 바람직하지도 않다. 베나타의 이론에서는 '악의 부재'라는 표현이 주체를 절대로 가질 수 없다. 비존재의 맥락에서는 나쁜 것을 피할 개인이 있을 수 없기 때문이다.

만일 베나타의 주장이 옳다면 출산은 절대로 선이 될 수 없으며 출산에 관한 도덕적 성찰은 반드시 출산의 포기로 이어져야 한다. 그리고 우리는 이 세상에 태어나게 해 준 부모에게 감사할 필요가 없게 된다. 따라서 그 주장의 정당성은 비판적으로 논의되어야 한다.

04

베나타의 생각과 일치하지 않는 것은?

① 누군가에게 해를 끼치는 행위에는 윤리적 책임을 물을 수 있다.
② 아이를 기르는 즐거움은 출산을 정당화하는 근거가 되지 못한다.
③ 태어나지 않는 것보다 태어나는 것이 더 나은 이유가 있어야 한다.
④ 고통보다 행복이 더 많을 것 같은 사람도 태어나게 해서는 안 된다.
⑤ 좋은 것들의 부재는 그 부재를 경험할 사람이 없는 상황에서조차도 악이 될 수 있다.

05

베나타가 ㉠에 대해 할 수 있는 재반박으로 가장 적절한 것은?

① 전적으로 고통에 시달리는 사람도, 전적으로 행복을 누리는 사람도 없다.
② 쾌락으로 가득 찬 삶인지 고통에 시달리는 삶인지 구분할 객관적인 방법이 없다.
③ 삶을 지속할 가치가 있는지 묻는 것은 삶을 새로 시작할 가치가 있는지 묻는 것과 다르다.
④ 경험할 개인이 존재하지 않는 까닭에 부재하게 된 쾌락은 이미 존재하는 인간의 삶에 부재하는 쾌락을 능가한다.
⑤ 어떤 사람이 다른 잠재적 인간에게 존재에 따를 위험을 안겨 주는 문제와 어떤 사람이 그런 위험을 스스로 안는가 하는 문제는 동일한 문제가 아니다.

06

ⓛ이 <표>에 대해 생각하는 것으로 가장 적절한 것은?

① (2)와 (4) 모두 좋다고 생각한다.
② (2)와 (4) 모두 좋지도 않고 나쁘지도 않다고 생각한다.
③ (2)는 좋지만 (4)는 좋기도 하고 나쁘기도 하다고 생각한다.
④ (2)는 좋지만 (4)는 좋지도 않고 나쁘지도 않다고 생각한다.
⑤ (2)는 좋기도 하고 나쁘기도 하다고 생각하지만 (4)는 나쁘다고 생각한다.

07

<보기>와 같은 주장의 근거로 가장 적절한 것은?

〈보기〉

다음 두 세계를 상상해 보자. 세계 1에는 갑과 을 단 두 사람만 존재하는데, 갑은 일생 동안 엄청난 고통을 겪고 쾌락은 조금만 경험한다. 반대로 을은 고통을 약간만 겪고 쾌락은 엄청나게 많이 경험한다. 그러나 세계 2에는 갑과 을 모두 존재하지 않는데, 그들의 고통이 없다는 것은 좋은 반면, 그들의 쾌락이 없다는 것은 나쁘지 않다. 베나타에 따르면 세계 2가 갑에게만 아니라 을에게도 언제나 분명히 더 좋다. 그러나 나는 적어도 을에게는 세계 1이 훨씬 더 좋다고 생각한다.

① 나쁜 것이라면 그것이 아무리 작아도 언제나 좋은 것을 능가할 수 있기 때문이다.
② 쾌락은 단순히 고통을 상쇄하는 것이 아니라 고통을 훨씬 능가할 수 있기 때문이다.
③ 고통의 없음은 좋기는 해도 매우 좋지는 않지만 쾌락의 없음은 매우 좋기 때문이다.
④ 인간은 고통이 쾌락에 의해 상쇄되지 않아 고통이 쾌락을 능가하는 시점이 있기 때문이다.
⑤ 고통의 없음은 매우 좋지만 쾌락의 없음은 나쁘기는 해도 매우 나쁜 것은 아니기 때문이다.

[08~10]

2022학년도 LEET 문13~15

다음 글을 읽고 물음에 답하시오.

파시즘을 규정하기란 쉽지 않다. 본디 파시즘은 1919년에서 1945년까지 무솔리니가 이끈 정치 운동, 체제, 이념만을 지칭하는 용어였다. 그러나 얼마 후 히틀러의 나치즘 역시 파시즘의 하나로 취급되었고, 점차 그 용어가 가리키는 대상도 다양해져 갔다. 이에 따라 파시즘에 대한 해석 및 정의는 용어의 대상만큼이나 넓은 스펙트럼을 가지게 되었다.

비교적 일찍 나타난 것은 기본적으로 계급투쟁 개념에 바탕을 둔 마르크스주의적 해석인데, 대표적인 것은 '코민테른 테제'이다. 이에 따르면, 파시즘이란 "금융 자본의 가장 반동적이고 국수주의적이며 제국주의적인 분파의 공공연한 테러 독재"이다. 즉, 파시즘이 자본주의의 도구이며, 대자본의 대리인이라고 파악한 것이다. 하지만 모든 마르크스주의자들이 이 해석을 받아들인 것은 아니다. 톨리아티는 파시즘이 소부르주아적 성격의 대중적 기반 위에 있었다고 파악했으며, 나아가 탈하이머와 바이다는 파시즘이 계급으로부터 상대적으로 자유로운 현상이라고 보았다. 그들에 따르면, 자본과 노동이 대립하면서 어느 한쪽이 절대 우위를 갖추지 못하면 제3의 세력이 등장하는데, 파시즘이 그 예라는 것이다. 이러한 마르크스주의적 해석에 대해 오늘날의 연구는 대체로 파시즘과 거대 자본 사이의 조화와 협력보다는 긴장과 갈등 국면을 강조한다. 또한 코민테른 테제는 지나친 단순화의 산물이라는 비판도 제기되었다.

한편 2차 대전 이후에는 냉전의 분위기 속에서 이탈리아의 파시즘, 독일의 나치즘, 소련의 스탈린주의를 뭉뚱그려 전체주의로 범주화하는 경향이 나타났다. 이 경향을 '전체주의 이론'으로 칭할 수 있는데, 이 이론은 전체주의의 특징을 메시아 이데올로기, 유일정당, 비밀경찰의 테러, 대중 매체의 독점, 무력 장악, 경제의 통제로 꼽았다. 이는 전체주의를 '문제화'하고 그 위험성을 경고했다는 점에서는 의미가 있었으나, 파시즘과 스탈린주의는 전혀 다른 계급적 토대 위에서 서로 다른 목표를 추구하므로 동일한 범주로 묶일 수 없다는 비판이 제기되었다.

이와 같은 연구사적 전통 속에서 1970년대 이후에는 파시즘을 아예 개별적 사례로만 미시적으로 연구하는 경향이 나타났다. 그러다가 1990년대 말, ㉠ <u>그리핀</u>이 새로운 시각에서 일반화된 개념을 제시하여 각국의 유사한 사례들에 적용할 수 있게 했다. 그에 따르면, 파시즘은 근대적 대중 정치의 한 부류로서, 특정한 민족 혹은 종족 공동체의 정치 문화와 사회 문화에 대한 혁명적인 변화를 목적으로 삼는다. 그리고 '신화'를 수단으로 삼아 내적 응집력과 대중의 지지라는 추동력을 얻어낸다. 그 '신화'란 자유주의 몰락 이후의 질서라는 고난 속에서 쇠퇴의 위기에 처한 민족공동체가 새로운 엘리트의 지도 아래 부활한다는 것이다. 파시스트는 이 신화의 틀 내에서 민족공동체의 구성원을 적대적인 세력과 구분하고, 후자에 대해 폭력을 행사하는 것을 의무로 믿었다. 그들에게 폭력은 곧 죽어가는 민족의 '치유'였기 때문이다. 그러나 '치유'만으로는 부족했고, 신화가 실현되기 위해서는 구성원이 오직 역동성과 민족에 대한 헌신으로만 무장한 '파시즘적 인간'으로 거듭 나는 것이 필요했다. 그는 또 신화의 궁극적인 실현, 즉 '민족의 유토피아'를 건설하기 위해 자본주의 경제 질서를 수용하고 과학 문명의 성과를 환영하는 근대적 성격을 보여준 것에 주목하여 파시즘을 일종의 '근대적 혁명'이라고 보았다.

물론 그리핀의 주장에 동의하지 않는 연구자들도 있다. 예를 들어 ㉡ <u>팩스턴</u>은 파시즘이 근대적 혁명이라는 주장을 거부하면서, 파시즘을 전통적인 권위주의적 독재의 변종으로 규정한다. 그는 혁명으로 보이는 파시즘이 실은 기성 제도 및 전통적 엘리트 계층과 연합했다는 점을 중시하기 때문이다. 그는 '이중 국가' 개념을 파시즘 체제 분석에 적용시켰다. '이중 국가'는 합법성에 따라 관료적으로 움직이는 '표준 국가'가 당의 '동형 기구'로 만들어진 독단적 '특권 국가'와 갈등을 빚으면서도 협력 속에 공존한다는 개념이다. 이탈리아의 경우, 당 지부장은 임명직 시장에, 당 서기는 지사에, 파시스트 민병대는 군대에 해당했다. 팩스턴에 따르면, 파시즘 정권은 형식적 관료주의와 독단적 폭력이 혼합된 기묘한 형태였다. 세부적 차이가 있다면, 특권 국가가 결국 우위를 점한 나치와 달리 무솔리니는 표준 국가의 영역에 더 큰 권력을 허용하였다는 점이다. 최종적으로 1943년 7월 연합국의 진격으로 파시즘이 국가 이익에 더는 부합하지 않는다고 판단한 표준 국가는 '지도자' 무솔리니를 권좌에서 끌어내렸다.

08

윗글의 내용과 일치하지 않는 것은?

① 마르크스주의자들의 해석 중에는 계급 간 대립을 부인하면서 파시즘을 해석하는 경우도 있다.

② 이탈리아와 독일, 소련의 억압적 체제들을 하나의 범주로 파악한 것은 냉전 상황을 배경으로 하고 있다.

③ 파시즘이라는 용어는 이탈리아에서 특정 시기에 있었던 정치 현상을 가리켰지만, 지시 대상이 점차 확장되었다.

④ 전체주의 이론은 파시즘과 스탈린주의의 서로 다른 기반과 목적을 간과하고 표면적 특징만을 추출했다는 비판을 받았다.

⑤ 파시즘을 국수주의적이며 제국주의적인 성향의 대자본이 폭력을 수단으로 정권을 유지하려 한 정치 체제로 보는 것이 마르크스주의의 대표적 해석이다.

09

㉠과 ㉡에 대한 설명으로 적절하지 않은 것은?

① ㉠은 파시즘의 최종 목표가 '파시즘적 인간'을 완성해 내는 것이고, 폭력의 사용 및 자본과의 협력은 이를 위한 도구였다고 보았다.

② ㉠은 파시즘이 역사적 상황의 변화로 인해 맞이한 민족적 고난을 지도적 엘리트에 의해 극복한다는 '신화'를 세력의 단결과 체제유지의 수단으로 삼았다고 보았다.

③ ㉡은 독일 나치즘에서는 독단적 폭력이, 이탈리아 파시즘에서는 형식적 관료주의가 두드러졌다고 보았다.

④ ㉡은 파시즘 치하에서 이중적 권력 기구가 갈등 속에서도 병존하는 현상을 권위주의적 독재에서 파생한 것이라고 파악하였다.

⑤ ㉠은 파시즘에서 나타난 근대적 성격에 주목하여 혁명적 성격을 가졌다고 파악했고, ㉡은 기득권층과의 연합에 주목하여 혁명적 성격을 가지지 않았다고 파악했다.

10

윗글을 바탕으로 <보기>의 (가)~(다)의 입장을 추론한 것으로 가장 적절한 것은?

〈보기〉

(가) 이탈리아 파시즘 치하에서 소유 관계와 계급 구조는 바뀌지 않았다. 그렇기에 파시스트 '혁명'을 굳이 혁명이라고 한다면 아마 문화 혁명 정도가 될 것이다. 동시에 파시즘이 전통 문화와 타협하며 대중의 수동적 동의를 확보하려고 한 점을 보면, 그 문화 혁명이라는 것의 한계도 분명했다.

(나) 무솔리니 내각을 통상의 다른 행정부처럼 분석하는 사람도 있다. 그러나 파시즘은 사회 개혁의 실패, 즉 이탈리아 고유의 민족적 모순의 발현이며, 따라서 '민족의 자서전'이다. 투쟁과 경쟁을 통한 진보가 아니라, 나태하게 계급 협력이 가능하다고 믿는 민족은 존중받을 수 없기 때문이다.

(다) 파시즘은 소부르주아의 '정치적 육화'이다. 소부르주아는 의회를 파괴한 후에 부르주아 국가도 파괴하고 있다. 그것은 항상 더 큰 규모로 법의 권위를 사적 폭력으로 대체하고, 이 폭력을 혼란스럽게, 더 난폭하게 행사한다.

① (가)는 '소유 관계'와 '계급 구조'에 주목하는 것으로 보아 탈하이머와 바이다의 주장에 동의하는 입장을 보일 것이다.

② (가)는 '전통문화와 타협'하는 대중의 '수동적 동의'를 강조하는 것으로 보아 그리핀의 주장을 비판하는 입장을 보일 것이다.

③ (나)는 '사회 개혁'을 중시하고 '민족적 모순'을 언급하는 것으로 보아 그리핀의 주장에 동의하는 입장을 보일 것이다.

④ (다)는 '의회'와 '부르주아 국가'를 파괴한다는 점에 주목하는 것으로 보아 팩스턴의 주장에 동조하는 입장을 보일 것이다.

⑤ (다)는 '정치적 육화'라는 말로 '소부르주아'가 파시즘의 수단이라고 강조하는 것으로 보아 톨리아티의 주장을 비판하는 입장을 보일 것이다.

[11~13]

2022학년도 LEET 문19~21

다음 글을 읽고 물음에 답하시오.

오늘날 교과서적 견해에서 '소유와 지배의 분리'라는 개념은 전문 경영인 체제의 확립을 가리키지만 그로 인한 주주와 경영자 사이의 이해 상충을 내포한다. 다시 말해 주식 소유의 분산으로 인해 창업자 가족이나 대주주의 영향력이 약해져 경영자들이 회사 이윤에 대한 유일한 청구권자인 주주의 이익보다 자신들의 이익을 앞세우는 문제의 심각성을 강조하는 개념이다. 그러나 ㉠ 벌리가 이 개념을 처음 만들었을 때 그 의미는 달랐다. 그는 '회사체제'라는 현대 사회의 재산권적 특징을 포착하고자 이 개념을 고안했다. 그에게 있어서 '소유', '지배', '경영'은 각각 (1) 사업체에 대한 이익을 갖는 기능, (2) 사업체에 대한 권력을 갖는 기능, (3) 사업체에 대한 행위를 하는 기능을 지칭하는 개념이지 각 기능의 담당 주체를 지칭하는 것이 아니다.

벌리에 따르면 산업혁명 이전에는 이 세 기능이 통합된 경우가 일반적이었는데 19세기에 많은 사업체들에서 소유자가 (1)과 (2)를 수행하고 고용된 경영자들이 (3)을 수행하는 방식으로 분리가 일어났다. 20세기 회사체제에서는 많은 사업체들에서 (2)가 (1)에서 분리되었다. 이제 (1)은 사업체의 소유권을 나타내는 증표인 주식을 소유하는 것, 즉 비활동적 재산의 점유가 되었고, (2)는 물적 자산과 사람들로 조직된 살아 움직이는 사업체를 어떻게 사용할지를 결정하는 것, 즉 활동적 재산의 점유가 되었다. 주식 소유가 다수에게 분산된 회사에서 (2)는 창업자나 그 후손, 대주주, 경영자, 혹은 모회사나 지주회사의 지배자 등 이사를 선출할 힘을 가진 다양한 주체에 의해 수행될 수 있다. 사기업에서는 통합되어 있던 위험 부담 기능과 회사 지배 기능이 분리되어 주주와 지배자에게 각각 배치됨으로써 회사라는 생산 도구는 전통적인 사유재산으로서의 의미를 잃게 되었다. 이런 의미에서 벌리는 소유와 지배가 분리된 현대 회사를 준공공회사라고 불렀다.

소유와 지배가 분리된 회사는 누구를 위해 운영되어야 하는가? 벌리는 이 질문에 대해 가능한 세 가지 답을 검토한다. 첫째, 재산권을 불가침의 권리로 간주하는 전통적인 법학의 논리에 입각한다면 회사가 오로지 주주의 이익을 위해서만 운영되어야 한다는 견해가 도출될 수밖에 없다. 그러나 자신의 재산에 대한 지배를 수행하는 소유자가 그 재산으로부터 나오는 이익을 전적으로 수취하는 것이 보호되어야 한다고 해서, 자신의 재산에 대한 지배를 포기한 소유자도 마찬가지로 이익의 유일한 청구권자가 되어야 한다는 결론을 도출하는 것은 잘못이다.

둘째, 전통적인 경제학의 논리에 입각하면 회사는 지배자를 위해 운영되어야 한다는 견해가 도출될 수밖에 없다. 왜냐하면 경제학은 전통적인 법학과 달리 재산권의 보호 자체를 목적으로 보는 것이 아니라 재산권의 보호를 사회적으로 바람직한 목적을 위한 수단으로 보기 때문이다. 재산권을 보호하는 이유가 재산의 보장 자체가 아니라 부를 얻으려는 노력을 유발하는 사회적 기능 때문이라면, 회사가 유용하게 사용되도록 하기 위해서는 회사를 어떻게 사용할지를 결정하는 지배자의 이익을 위해 회사가 운영되어야 한다. 그러나 위험을 부담하지 않는 지배자를 위해 회사가 운영되는 것은 최악의 결과를 낳는다.

셋째, 이처럼 법학과 경제학의 전통적인 논리를 소유와 지배가 분리된 회사체제에 그대로 적용했을 때 서로 다른 그릇된 결론들이 도출된다는 것은 두 학문의 전통적인 논리들이 전제하고 있는 19세기의 자유방임 질서가 회사체제에 더 이상 타당하지 않음을 보여준다. 자유방임 질서가 기초하고 있던 사회가 회사체제 사회로 변화된 상황에서는, 회사가 '지배자를 위해 운영되어야 한다'는 견해는 최악의 대안이고 '주주를 위해 운영되어야 한다'는 견해는 차악의 현실적인 대안일 뿐이다. 결국 회사체제에서 회사는 공동체의 이익을 위해 운영되어야 한다는 것이 벌리의 결론이다.

하지만 이를 뒷받침할 법적 근거가 마련되지 않거나, 이를 실현할 합리적인 계획들을 공동체가 받아들일 준비가 안 된 상황에서는, 회사법 영역에서 경영자의 신인의무의 대상, 즉 회사를 자신에게 믿고 맡긴 사람의 이익을 자신의 이익보다 우선해야 하는 의무의 대상을 주주가 아닌 다른 이해 관계자들로 확장해서는 안 된다고 벌리는 주장했다. 이 때문에 그는 회사가 주주를 위해 운영되어야 한다는 견해를 지지했던 것으로 흔히 오해된다. 그러나 회사법에서 주주 이외에 주인을 인정하지 않아야 한다고 그가 주장한 이유는 주인이 여럿이면 경영자들이 누구도 섬기지 않게 되고 회사가 경제적 내전에 빠지게 될 것이며 경제력이 집중된 회사 지배자들의 사회적 권력을 키워주는 결과를 낳을 것이라고 보았기 때문이다. 그는 회사법 영역에서 주주에 대한 신인의무를 경영자뿐 아니라 지배자에게도 부과하여 지배에 의한 회사의 약탈로부터 비활동적 재산권을 보호하는 것이 회사가 공동체의 이익을 위해 운영되도록 하기 위한 출발점이라고 보았다. 그리고 소득세법이나 노동법, 소비자보호법, 환경법 등과 같은 회사법 바깥의 영역에서 공동체에 대한 회사의 의무를 이행하도록 하는 현실적인 시스템을 마련하고 정착시킴으로써 사회의 이익에 비활동적 재산권이 자리를 양보하도록 만들 수 있다고 보았다.

11

윗글의 내용에 비추어 볼 때 적절하지 않은 것은?

① 소유와 지배의 분리에 대한 오늘날 교과서적 견해는 전통적인 법학 논리에 입각한 견해를 받아들이고 있다.

② 벌리는 회사법에서 회사의 사회적 책임을 강조할 경우 회사 지배자들의 권력을 키워 주는 결과를 낳는다고 보았다.

③ 전통적인 경제학의 논리에 따르면 사회적으로 가장 좋은 결과를 낳을 수 있도록 재산권이 인정되는 것이 바람직하다.

④ 벌리에 따르면 주주가 회사 이윤에 대한 유일한 청구권자가 아니기 때문에 경영자의 신인의무 대상을 주주로 한정해서는 안 된다.

⑤ 벌리와 달리 오늘날 교과서적 견해에 따르면 대주주의 영향력이 강해지는 것이 소유와 지배의 분리에 따른 문제를 해결하는 데 도움이 될 수 있다.

12

지배에 대한 ㉠의 생각으로 적절하지 않은 것은?

① 준공공회사에서는 공동체의 이익을 위해 수행되는 기능이다.

② 전통적인 의미의 사유재산에서는 소유자가 수행하는 기능이다.

③ 회사체제의 회사에서 이 기능의 담당자는 위험을 부담하지 않는다.

④ 회사체제의 회사에서는 활동적 재산을 점유한 자가 수행하는 기능이다.

⑤ '경영'의 담당자에 의해 수행될 수도 있다고 인정하지만 '경영'과 동일시하지 않는다.

13

<보기>의 '뉴딜'에 대해 ㉠이 보일 반응으로 적절하지 않은 것은?

〈보기〉

금융개혁에 초점을 맞춘 1차 뉴딜은 경영자들과 지배자들에게 주주에 대한 신인의무를 부과함으로써 주주의 재산권을 엄격하게 보호하는 원칙을 확립했다. 노사관계와 사회보장 등의 분야로 개혁을 확장했던 2차 뉴딜은 노동조합을 통한 노동자들의 제반 권리를 합법화했고 실업수당의 보장 수준과 기간을 강화했으며 사회보장제도를 확립했다. 이러한 1차 뉴딜과 2차 뉴딜의 차이점 때문에 뉴딜은 흔히 체계적인 청사진 없이 임기응변식으로 마련된 일관성 없는 정책들의 연속이었다고 평가받는다.

① 1차 뉴딜은 지배에 의해 회사가 약탈되는 것을 막기 위한 회사법 영역의 개혁이라고 볼 수 있다.
② 1차 뉴딜은 주주의 이익을 위해 회사가 운영되도록 하는 원칙을 확립한 개혁이라고 볼 수 있다.
③ 2차 뉴딜은 주주의 재산권이 사회의 이익에 자리를 양보하도록 만드는 개혁이라고 볼 수 있다.
④ 2차 뉴딜은 회사가 공동체의 이익을 위해 운영되도록 하기 위한 회사법 바깥 영역의 개혁이라고 볼 수 있다.
⑤ 1차 뉴딜과 2차 뉴딜은 준공공회사로의 변화를 추구한다는 점에서 일관성이 있다고 볼 수 있다.

정답 및 해설 p.23

Ⅶ. 귀납논증 (2) 자연

[01~03]

2017학년도 LEET 문18~20

다음 글을 읽고 물음에 답하시오.

우주의 크기는 인류의 오랜 관심사였다. 천문학자들은 이를 알아내기 위하여 먼 별들의 거리를 측정하려고 하였다. 18세기 후반에 허셜은 별의 '고유 밝기'가 같다고 가정한 뒤, 지구에서 관측되는 '겉보기 밝기'가 거리의 제곱에 비례하여 어두워진다는 사실을 이용하여 별들의 거리를 대략적으로 측정하였다. 그 결과 별들이 우주 공간에 균질하게 분포하는 것이 아니라, 전체적으로 납작한 원반 모양이지만 가운데가 위아래로 볼록한 형태를 이루며 모여 있음을 알게 되었다. 이 경우, 원반의 내부에 위치한 지구에서 사방을 바라본다면 원반의 납작한 면과 나란한 방향으로는 별이 많이 관찰되고 납작한 면과 수직인 방향으로는 별이 적게 관찰될 것인데, 이는 밤하늘에 보이는 '은하수'의 특징과 일치한다. 이에 착안하여 천문학자들은 지구가 포함된 천체들의 집합을 '은하'라고 부르게 되었다. 별들이 모여 있음을 알게 된 이후에는 그 너머가 빈 공간인지 아니면 또 다른 천체가 존재하는 공간인지 의문을 갖게 되었으며, '성운'에 대한 관심도 커졌다.

성운은 망원경으로 보았을 때, 뚜렷한 작은 점으로 보이는 별과는 다르게 얼룩처럼 번져 보인다. 성운이 우리 은하 내에 존재하는 먼지와 기체들이고 별과 그 주위의 행성이 생성되는 초기 모습인지, 아니면 우리 은하처럼 수많은 별들이 모인 또 다른 은하인지는 오랜 논쟁거리였다. 앞의 가설을 주장한 학자들은 성운이 은하의 납작한 면 바깥에서는 많이 관찰되지만 정작 그 면의 안에서는 거의 관찰되지 않는다는 사실을 근거로 내세웠다. 그들에 따르면, 성운이란 별이 형성되는 초기의 모습이므로 이미 별들의 형성이 완료되어 많은 별들이 존재하는 은하의 납작한 면 안에서는 성운이 거의 관찰되지 않는다. 반면에 이들과 반대되는 가설을 주장한 학자들은 원반 모양의 우리 은하를 멀리서 비스듬한 방향으로 보면 타원형이 되는데, 많은 성운들도 타원 모양을 띠고 있으므로 우리 은하처럼 독립적인 은하일 것이라고 생각하였다. 그들에 따르면, 성운이 우주 전체에 고루 퍼져 있음에도 우리 은하의 납작한 면 안에서 거의 관찰되지 않는 이유는 납작한 면 안의 수많은 별과 먼지, 기체들에 의해 약한 성운의 빛이 가려졌기 때문이다.

두 가설 중 어느 것이 맞는지는 지구와 성운 사이의 거리를 측정하면 알 수 있다. 이 거리를 측정하는 방법은 밝기가 변하는 별인 변광성의 연구로부터 나왔다. 주기적으로 밝기가 변하는 변광성 중에는 쌍성이 있는데, 밝기가 다른 두 별이 서로의 주위를 도는 쌍성은 지구에서 볼 때 두 별이 서로를 가리지 않는 시기, 밝은 별이 어두운 별 뒤로 가는 시기, 어두운 별이 밝은 별 뒤로 가는 시기마다 각각 관측되는 밝기에 차이가 생긴다. 이 경우에 별의 밝기는 시간에 따라 대칭적으로 변화한다. 한편, 또 다른 특성을 지닌 변광성도 존재하는데, 이 변광성의 밝기는 시간에 따라 비대칭적으로 변화한다. 이와 같은 비대칭적 밝기 변화는 두 별이 서로를 가리는 경우와 다른 것으로, 별의 중력과 복사압 사이의 불균형으로 인하여 별이 팽창과 수축을 반복할 때 방출되는 에너지가 주기적으로 변화하며 발생한다. 이러한 변광성을 세페이드 변광성이라고 부른다.

1910년대에 마젤란 성운에서 25개의 세페이드 변광성이 발견되었다. 이들은 최대 밝기가 밝을수록 밝기의 변화 주기가 더 길고, 둘 사이에는 수학적 관계가 있음이 알려졌다. 이러한 관계가 모든 세페이드 변광성에 대해 유효하다면, 하나의 세페이드 변광성의 거리를 알 때 다른 세페이드 변광성의 거리는 그 밝기 변화 주기로부터 고유 밝기를 밝혀내어 이를 겉보기 밝기와 비교함으로써 알 수 있다. 이를 바탕으로 ㉠ 어떤 성운에 속한 변광성을 찾아 거리를 알아냄으로써 그 성운의 거리도 알 수 있게 되었는데, 1920년대에 허블은 안드로메다 성운에 속한 세페이드 변광성을 찾아내어 그 거리를 계산한 결과 지구와 안드로메다 성운 사이의 거리가 우리 은하 지름의 열 배에 이른다고 밝혔다. 이로부터 성운이 우리 은하 바깥에 존재하는 독립된 은하임이 분명해지고, 우주의 범위가 우리 은하 밖으로 확장되었다.

01

윗글에서 알 수 있는 사실로 적절하지 않은 것은?

① 성운은 우주 전체에 고루 퍼져 분포한다.
② 안드로메다 성운은 별 주위에 행성이 생성되는 초기의 모습이다.
③ 밤하늘을 관찰할 때 은하수 안보다 밖에서 성운이 더 많이 관찰된다.
④ 밤하늘에 은하수가 관찰되는 이유는 우리 은하가 원반 모양이기 때문이다.
⑤ 타원 모양의 성운은 성운이 독립된 은하라는 가설을 뒷받침하는 증거이다.

02

㉠과 같이 우리 은하 밖의 어떤 성운과 지구 사이의 거리를 알아내는 데 이용되는 사실만을 <보기> 에서 있는 대로 고른 것은?

〈보기〉

ㄱ. 성운의 모양이 원반 형태이다.
ㄴ. 별의 겉보기 밝기는 거리가 멀수록 어둡다.
ㄷ. 밝기가 시간에 따라 대칭적으로 변하는 변광성이 성운 안에 존재한다.

① ㄱ ② ㄴ ③ ㄷ
④ ㄱ, ㄴ ⑤ ㄴ, ㄷ

03

두 변광성 A와 B의 시간에 따른 밝기 변화를 관측하여 <보기>와 같은 결과를 얻었다. 이에 대한 설명으로 가장 적절한 것은?

〈보기〉

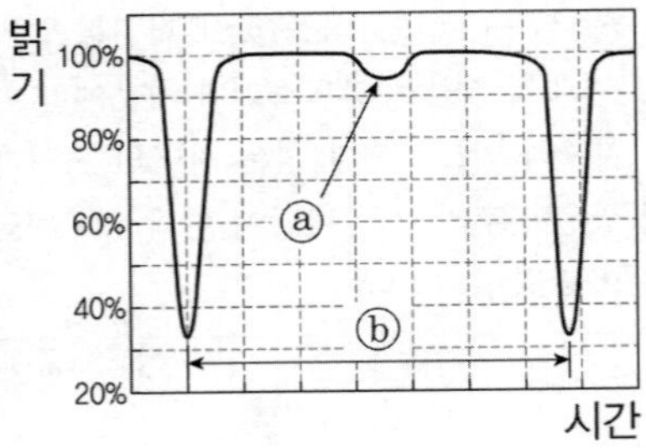

A

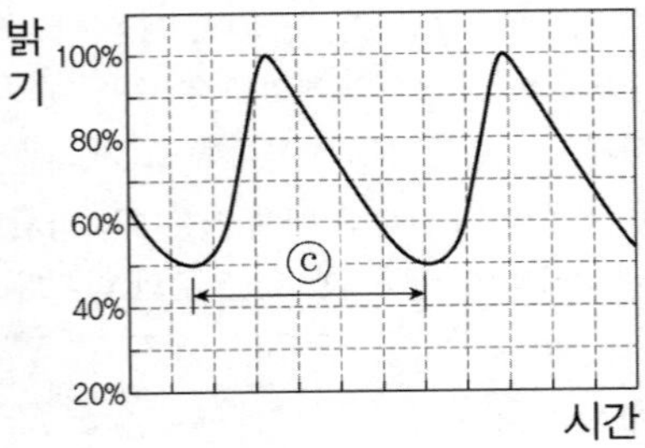

B

① A는 세페이드 변광성이다.
② B는 크기와 밝기가 비슷한 두 별로 이루어져 있다.
③ ⓐ는 밝은 별이 어두운 별을 가리고 있는 시기이다.
④ ⓑ를 측정하여 A의 거리를 알 수 있다.
⑤ ⓒ를 알아야만 B의 최대 겉보기 밝기를 알 수 있다.

[04~06]

2013학년도 LEET 문19~21

다음 글을 읽고 물음에 답하시오.

수성은 태양계에서 가장 작은 행성으로 반지름이 2,440km이며 밀도는 지구보다 약간 작은 5,430kg/m^3이다. 태양에서 가장 가까운 행성인 수성은 금성, 지구, 화성과 더불어 지구형 행성에 속하며, 딱딱한 암석질의 지각과 맨틀 아래 무거운 철 성분의 핵이 존재할 것으로 추측되나 좀 더 정확한 정보를 알기 위해서는 탐사선을 이용한 조사가 필수적이다. 그러나 강한 태양열과 중력 때문에 접근이 어려워 현재까지 단 두 기의 탐사선만 보내졌다.

미국의 매리너 10호는 1974년 최초로 수성에 근접해 지나가면서 수성에 자기장이 있음을 감지하였다. 비록 그 세기는 지구 자기장의 1%밖에 되지 않았지만 지구형 행성 중에서 지구를 제외하고는 유일하게 자기장이 있음을 밝힌 것이었다. 지구 자기장이 전도성 액체인 외핵의 대류와 자전 효과로 생성된다는 다이나모 이론에 근거하면, 수성의 자기장은 핵의 일부가 액체 상태임을 암시한다. 그러나 수성은 크기가 작아 철로만 이루어진 핵이 액체일 가능성은 희박하다. 만약 그랬더라도 오래전에 식어서 고체화되었을 것이다. 따라서 지질학자들은 철 성분의 고체 핵을 철－황－규소 화합물로 이루어진 액체 핵이 감싸고 있다고 추측하였다. 하지만 감지된 자기장이 핵의 고체화 이후에도 암석 속에 자석처럼 남아 있는 잔류자기일 가능성도 있었다.

2004년 발사된 두 번째 탐사선 메신저는 2011년 3월 수성을 공전하는 타원 궤도에 진입한 후 중력, 자기장 및 지형 고도 등을 정밀하게 측정하였다. 중력 자료에서 얻을 수 있는 수성의 관성모멘트는 수성의 내부 구조를 들여다보는 데 중요한 열쇠가 된다. 관성모멘트란 물체가 자신의 회전을 유지하려는 정도를 나타낸다. 물체가 회전축으로부터 멀리 떨어질수록 관성모멘트가 커지는데, 이는 질량이 같을 경우 넓적한 팽이가 홀쭉한 팽이보다 오래 도는 것과 같다. 질량 M인 수성이 자전축으로부터 반지름 R만큼 떨어져 있는 한 점에 위치한 물체라고 가정한 경우의 관성모멘트는 MR^2이다. 수성 전체의 관성모멘트 C를 MR^2으로 나눈 값인 정규관성모멘트(C/MR^2)는 수성의 밀도 분포를 알려 준다. 행성의 전체 크기에서 핵이 차지하는 비율이 클수록 정규관성모멘트가 커진다. 메신저에 의하면 수성의 정규관성모멘트는 0.353으로서 지구의 0.331보다 크다. 따라서 수성 핵의 반경은 전체의 80% 이상을 차지하며, 55%인 지구보다 비율이 더 크다.

행성은 공전 궤도의 이심률로 인하여 미세한 진동을 일으키는데, 이를 '경도칭동'이라 하며 그 크기는 관성모멘트가 작을수록 커진다. 이는 홀쭉한 팽이가 외부의 작은 충격에도 넓적한 팽이보다 크게 흔들리는 것과 같다. 조석고정 현상으로 지구에서는 달의 한쪽 면만 관찰할 수 있는 것으로 보통은 알려져 있으나, 실제로는 칭동 현상 때문에 달 표면의 59%를 볼 수 있다. 만약 수성이 삶은 달걀처럼 고체라면 수성 전체가 진동하겠지만, 액체 핵이 있다면 그 위에 놓인 지각과 맨틀로 이루어진 '외곽층'만이 날달걀의 껍질처럼 미끄러지면서 경도칭동을 만들어 낸다. 따라서 액체 핵이 존재할 경우 경도칭동의 크기는 수성 전체의 관성모멘트 C가 아닌 외곽층 관성모멘트 C_m에 반비례한다. 현재까지 알려진 수성의 경도칭동 측정값은 외곽층의 값 C_m을 관성모멘트로 사용한 이론값과 일치하고 있어, 액체 핵의 존재 가설을 강력히 뒷받침하고 있다.

과학자들은 메신저에서 얻어진 정보를 이용하여 수성의 모델을 제시하였다. 이에 따르면 핵의 반경은 2,030km이고 외곽층의 두께는 410km이다. 지형의 높낮이는 9.8km로서 다른 지구형 행성에 비해 작은데, 이는 지각의 평균 두께가 50km인 것을 고려할 때 맨틀의 두께가 360km로 비교적 얇아서 맨틀 대류에 의한 조산 운동이 활발하지 않기 때문으로 해석된다. 외곽층의 밀도(ρ_m)는 3,650kg/m^3로 지구의 상부 맨틀(3,400kg/m^3)보다 높다. 그러나 메신저의 엑스선 분광기는 수성의 화산 분출물에 무거운 철이 거의 없음을 밝혀냈는데 이는 매우 이례적인 결과이다. 왜냐하면 이는 맨틀에도 철의 양이 적다는 것이고, 그렇다면 외곽층의 높은 밀도를 설명할 길이 없기 때문이다. 이를 보완하기 위해 과학자들은 하부 맨틀에 밀도가 높은 황화철로 이루어진 반지각(anticrust)이 존재하며 그 두께는 지각보다 더 두꺼울 것이라는 새로운 가설을 제기하고 있다.

04

수성의 내부 구조를 나타내는 아래 그림에서 ㉠~㉤에 대한 설명으로 옳지 않은 것은?

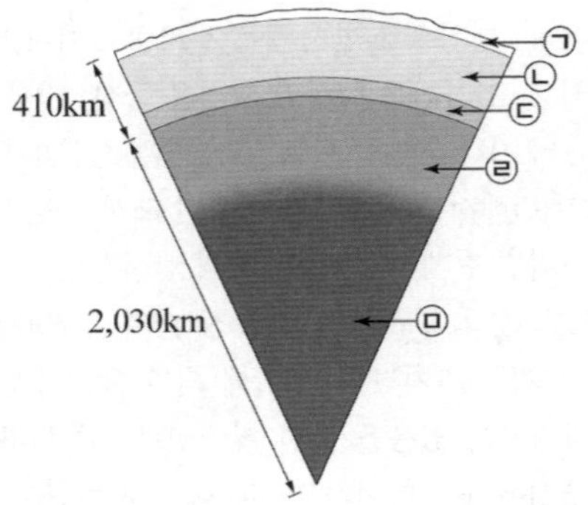

① ㉠의 표면은 지구에 비해 높낮이가 작다.
② ㉠, ㉡의 밀도는 지구의 상부 맨틀보다 높다.
③ ㉢의 존재는 메신저의 탐사로 새롭게 제기되었다.
④ ㉢, ㉣은 황 성분을 포함하고 있다.
⑤ ㉢, ㉣, ㉤은 철 성분을 포함하고 있다.

05

위 글에서 수성에 액체 상태의 핵이 존재한다는 가설을 지지하지 않는 것은?

① 자기장의 존재
② 전도성 핵의 존재
③ 철-황-규소 층의 존재
④ 암석 속 잔류자기의 존재
⑤ 현재 알려진 경도칭동의 측정값

06

<가정>에 따라 수성의 모델을 바르게 수정한 것만을 <보기>에서 있는 대로 고른 것은?

〈가정〉

2019년 수성에 도착한 베피콜롬보 탐사선의 새로운 관측을 통해 현재의 측정값이 다음과 같이 변화된다.

- 수성 전체의 정규관성모멘트(C/MR^2) 증가
- 외곽층의 관성모멘트(C_m) 감소
- 외곽층의 밀도(ρ_m) 증가

(단, 수성의 질량 M과 반지름 R는 변화가 없다.)

〈보기〉

ㄱ. 핵이 더 클 것이다.
ㄴ. 경도칭동이 더 작을 것이다.
ㄷ. 반지각이 더 두꺼울 것이다.

① ㄱ ② ㄴ ③ ㄱ, ㄷ
④ ㄴ, ㄷ ⑤ ㄱ, ㄴ, ㄷ

[07~09]

2006학년도 MDEET 문38~40

다음 글을 읽고 물음에 답하시오.

20세기 초 허블은 은하들의 스펙트럼을 분석한 결과, 에너지가 낮은 긴 파장 쪽으로 분광선들이 이동되는 적색 이동 현상을 발견하였다. 이로부터 그는 먼 은하일수록 더 빨리 멀어져 가고 있다는 결론을 얻었다. 아인슈타인의 일반 상대성 이론과 더불어 이 결과는 우주 진화를 설명하는 표준 대폭발 이론의 형성에 중요한 영감을 주었다.

표준 대폭발 이론에서는 은하들 사이의 거리가 멀어지는 현상을 은하들의 고유한 운동 때문이라기보다는 우주 공간 자체가 팽창하기 때문이라고 설명한다. 또한 이 이론에 따르면 초기의 '뜨거운 대폭발' 이후 우주의 팽창에 따른 냉각 과정에서 별과 은하 등의 재료가 되는 정상적인 물질이 모두 생성되었고, 현재 관측되는 절대 온도 2.7도의 우주 배경 복사(宇宙背景輻射)를 만드는 빛이 방출되었다고 한다.

[가] 그러나 표준 대폭발 이론에도 몇 가지 약점이 있다. 예를 들면 우주 배경 복사가 관측 방향에 관계없이 아주 작은 오차 범위 내에서 같은 값을 보이는 등방성(等方性)을 설명하지는 못한다. 정보가 두 지점 사이를 이동하는 가장 빠른 속도는 광속이므로, 한 지점으로부터 빛이 도달할 수 있는 최대 거리인 '지평선 거리'보다 먼 지점과의 접촉은 불가능하게 된다. 그런데 우주에서 반대 방향에 있는 두 영역은 방출될 당시 서로 지평선 너머에 있어 어떤 상호 작용도 불가능했음에도 불구하고 우주 배경 복사의 온도는 거의 일치한다.

표준 대폭발 이론은 또한 우주의 평균 밀도가 우주의 팽창을 언젠가는 멈추게 할 정도의 중력을 만들어 내는 밀도인 임계 밀도(臨界密度)에 가까운 이유도 설명하지 못한다. 우주의 모양과 운명은 모든 것을 서로 멀어지게 하는 우주의 팽창과 중력과의 차이에 따라 결정된다. 그러므로 우주는 평균 밀도가 임계 밀도와 같으면 가까스로 팽창을 계속하는 평탄 우주가 되고, 임계 밀도보다 작으면 영원히 팽창을 계속하는 열린 우주가 되며, 임계 밀도보다 크면 어느 시점에 팽창을 멈추고 수축하게 되는 닫힌 우주가 된다.

표준 대폭발 이론의 이런 문제점은 급팽창 이론이 제시되면서 해결되었다. 1980년대 구스는 우주가 탄생하고 10^{-35}초가 지나 극히 짧은 시간 동안 10^{50}배 정도로 급격히 팽창했다는 이론을 제시하였다. 이에 따르면 우주의 모든 영역들은 탄생 직후에는 지평선 거리 안에 가까이 있어서 상호 정보 교환으로 같은 온도가 되는 시간적 여유가 있었으며, 이후 공간의 급팽창으로 지평선 거리를 넘어섰다는 것이다. 또한 이렇게 우주가 엄청난 크기로 급팽창했다면, 우주는 부분적으로 거의 평평하게 보이게 되어 우주의 평균 밀도는 임계 밀도 값을 갖게 된다는 것이다.

그런데 실제 관측 결과, 우주의 운명을 결정하는 데에 중요한 요소인 우주의 질량이 우주의 평균 밀도에 관한 이론적인 예측치에 크게 미치지 못한다는 사실이 드러났다. 우주에서 관측되는 천체들을 포함한 정상적인 물질의 질량은 임계 밀도에 도달하기 위해 필요한 질량의 수 퍼센트에도 미치지 못한다는 것이다. 이는 대부분의 질량이 눈에 보이지 않는 암흑 물질로 이루어져 있음을 의미하는데, 중성미자, 약간의 질량을 가진 가상적인 입자 등이 그 후보로 거론되나 아직 확인된 것은 없다.

암흑 물질의 실체에 대한 논란이 계속되던 중인 1998년에 수십억 광년 떨어진 은하에 있는 초신성의 관측으로부터 우주의 팽창 속도가 한때 생각되었던 것만큼 느리지 않고 오히려 가속되고 있다는 사실이 발견되었다. 팽창이 가속되고 있다는 것은 미지의 에너지가 별도로 있어 서로를 끊임없이 밀어내지 않는 한 설명하기가 어렵다. 결국 암흑 에너지라 불리는 이 에너지가 우주 밀도의 70여 퍼센트를, 암흑 물질은 20여 퍼센트를 차지하고 있는 것으로 추측되고 있다.

현재까지의 우주에 대한 이해가 옳다면, 미래에 우리가 볼 수 있는 밤하늘에는 어떤 변화가 일어나게 될 것인가? 최근에 미국의 한 연구팀은 암흑 에너지에 의해 지배되는 우주의 변화를 컴퓨터 시뮬레이션으로 예측한 바 있다. 이에 따르면, 우주 나이가 지금의 두 배가 되면 우리 은하는 강한 인력에 끌려 이웃 은하인 안드로메다 은하 등과 합해져 밤하늘에 보이는 별의 수가 약 두 배가 된다. 그렇지만 먼 은하들은 점점 더 멀어져서 우리 시야에서 사라질 것이고 결과적으로 관측자는 자신을 둘러싼 우주의 일부만 볼 수 있게 되어, 우리 은하단은 거대한 우주 공간의 작은 '섬 우주'로 남게 될지도 모른다.

07

위 글로 미루어 볼 때 올바르지 않은 진술은?

① 암흑 에너지와 암흑 물질은 서로 반대되는 힘으로 우주 팽창에 작용한다.
② 우주의 모양과 운명은 임계 밀도의 변화를 측정함으로써 예측할 수 있다.
③ 우주의 미래에 대한 컴퓨터 시뮬레이션 초기값에는 우주 평균 밀도가 포함된다.
④ 급팽창 이론은 우주 전체의 암흑 물질 밀도를 추정할 수 있는 근거를 제시하였다.
⑤ 평탄 우주는 표준 대폭발 이론을 지지하지는 않지만 급팽창 이론과는 양립 가능하다.

08

<보기>는 전체 우주에서 암흑 에너지에 의해 일어나는 변화를 추론한 것이다. 타당한 것을 모두 고르면?

〈보기〉

ㄱ. 우주 배경 복사의 관측 온도가 가속적으로 감소한다.
ㄴ. 우주 평균 밀도가 임계 밀도를 넘어 가속적으로 증가한다.
ㄷ. 우주 안의 정상적인 물질의 총질량이 가속적으로 증가한다.

① ㄱ ② ㄷ ③ ㄱ, ㄴ
④ ㄱ, ㄷ ⑤ ㄴ, ㄷ

09

<보기>는 우주 배경 복사가 발견된 상황을 기술한 것이다. [가]와 <보기>를 함께 고려할 때 올바른 진술은?

〈보기〉

1960년대 중반, 벨 연구소의 펜지아스와 윌슨은 극초단파 안테나를 이용하여 무선 통신에 방해가 되는 전파 잡음의 발생원을 찾아내기 위한 연구를 수행하였다. 그 결과 이 잡음이 안테나의 지향 방향과 관계가 없음을 발견하였다. 안테나를 태양 방향이나 은하수 방향으로 맞추었을 때에도 잡음의 강도는 변하지 않았는데, 이는 잡음을 일으키는 전파 신호가 태양이나 은하수에서 방출된 것이 아님을 시사하는 것이었다. 이 전파 신호는 곧 표준 대폭발 이론을 연구하고 있던 디키 등에 의해 표준 대폭발 이론이 예측하였던 극초단파 복사임이 알려졌다. 이것은 말하자면 우주 초기에 일어났던 대폭발의 잔열이었던 것이다.

① 우주 배경 복사가 등방적이라는 사실은 표준 대폭발 이론으로 예측된 것이었으나, 극초단파 복사가 우주 배경 복사로 받아들여진 것은 급팽창 이론이 등방성을 설명한 이후의 일이다.
② 우주 배경 복사는 펜지아스와 윌슨이 발견할 당시에 등방적이라는 사실까지는 알려지지 않았지만, 후에 그 등방성이 밝혀짐에 따라 표준 대폭발 이론의 지지 증거에서 반대 증거로 역전되었다.
③ 표준 대폭발 이론을 입증하는 증거로 등장한 우주 배경 복사가 표준 대폭발 이론의 미해결 문제로 바뀌었던 것은, 후에 이 복사가 지평선 거리를 넘어서 상호 작용하고 있다는 사실이 추가로 발견되었기 때문이다.
④ 디키 등은 극초단파 복사가 전 우주에 골고루 퍼져 있는 대폭발의 잔열이므로 지평선 거리와 무관하게 등방성이 관측된다고 하였으나, 구스는 지평선 거리 너머의 등방성을 부인함으로써 급팽창 이론을 제시하였다.
⑤ 극초단파 복사는 등방성 때문에 우주 배경 복사로 확인되어 표준 대폭발 이론의 증거로 간주되었으나, 표준 대폭발 이론은 우주 배경 복사가 전 우주에서 왜 등방적인지는 설명할 수 없었기 때문에 불완전한 이론이 되었다.

[10~12]

2010년 PEET 예비 문7~9

다음 글을 읽고 물음에 답하시오.

1930년대에 암흑 물질의 존재가 예견되었는데, 이것은 나선 은하에서 나선 팔의 균일한 회전 속도를 설명하기 위해서였다. 뉴턴 역학에 따르면 은하 중심을 축으로 회전하는 별의 속도는 회전 운동 궤도 안에 존재하는 전체 질량과 별의 궤도 반경에 의해 결정된다. 은하 질량의 대부분을 차지한다고 알려진 별은 대부분 은하 중심에 모여 있다. 따라서 중심을 벗어난 영역에서는 반경에 상관없이 궤도 내의 전체 질량은 일정하다고 볼 수 있으므로 태양 주위를 도는 행성들처럼 궤도 반경이 클수록 별의 회전 속도는 줄어들어야 한다. 그러나 관측 결과 궤도 반경이 커져도 별의 속도는 거의 변하지 않았다. 이 현상을 설명하려면 은하 내부에 질량은 가지면서 보이지는 않는 미지의 암흑 물질이 있어야 한다.

암흑 물질은 최근 두 은하단의 충돌을 관측하는 과정에서 그 존재가 확인되었고, 그 실체에 대해서는 최근 입자 물리학에 의해 설명이 가능해졌다. 암흑 물질은 질량을 가져야 하고 중력에 의한 상호 작용을 제외하고는 빛과 상호 작용을 하지 않거나 하더라도 미약하게 하는 성질이 있어야 하므로, 입자 물리학에서 제안된 중성미자, 윔프, 액시온 등이 그 후보가 될 수 있다. 이 입자들의 질량은 다르지만 우주 공간에 존재하는 밀도가 암흑 물질의 질량 밀도를 설명할 수만 있으면 된다.

중성미자는 중성자가 양성자와 전자로 붕괴하는 과정에서 생기는 입자로 양성자, 전자보다 매우 가벼우며 그 질량은 아직 알려져 있지 않다. 중성미자는 현재의 우주 공간에서 빛의 속도에 가깝게 운동하는데 우주 생성 초기에는 더 빠르게 움직였다. 중성미자가 암흑 물질을 설명할 수 있을 정도의 질량을 가지는 경우, 우주의 구조 형성에 대한 가상 실험에 의하면 은하를 만들 수 있는 씨앗이 되는 구조가 잘 만들어지지 않는다. 암흑 물질을 설명하는 입자는 우주 구조 형성 단계에서 느리게 움직여, 은하의 형성을 방해하지 않고 오히려 중력 구심점에 모여 은하 형성을 도울 수 있어야 한다. 그러나 빠르게 움직이는 중성미자는 양자 요동에 의해 형성되는 초기 우주의 중력 구심점을 흩트려 은하의 형성을 방해한다.

입자 물리학의 최신 이론에서 예측되는 윔프는 약한 상호 작용을 하는 무거운 입자로서, 더 이상 가벼운 입자로 붕괴하지 않으며 쌍으로만 생성·소멸된다. 윔프는 우주 초기의 높은 온도에서 다른 입자들과 열평형 상태를 이루어 쉽게 생성·소멸되지만, 우주가 팽창하면서 온도가 내려가면 다른 입자로부터 윔프를 만들어 낼 에너지가 부족해져 소멸만 일어나다가 밀도가 더 낮아지면 소멸도 할 수 없어 그 개수가 보존된다. 양성자의 수십 배 정도의 질량을 가지는 것으로 예측되는 윔프는 암흑 물질을 설명할 수 있어 이를 '윔프의 기적'이라 부른다. 윔프는 우주가 식으면서 느리게 움직이며 양자 요동으로 만들어진 씨앗에 모여들어 은하의 형성을 돕는다. 윔프는 은하 주변보다 은하 중심에 상대적으로 많이 모여 있고, 지구 근처에서는 평균적으로 물 컵 정도의 공간에 한 개 정도 존재할 것으로 추정된다. 많은 윔프가 우리 몸과 지구를 관통하면서 양성자, 전자 등 일반 물질과 약한 상호 작용을 하지만 우리는 그 존재를 못 느낀다.

액시온은 또 다른 암흑 물질 후보다. 액시온이 존재한다면 매우 가벼운 입자로 빛과 미약하게 상호 작용을 하며 그 질량은 전자 질량의 수십억 분의 일보다 작다. 따라서 암흑 물질의 질량 밀도를 설명하려면 물 컵 정도의 공간에 10^{16}개 이상의 액시온이 있어야 한다. 우주 초기의 높은 온도에서 자유롭던 쿼크가 온도가 낮아지면서 양성자, 중성자가 되는데 이 상전이 과정에서 거의 정지 상태의 액시온이 많이 생성된다. 이러한 액시온의 생성 과정은 열평형 상태가 아니므로 액시온은 가벼운 입자임에도 불구하고 우주 구조 형성 시기에 매우 느리게 움직여 양자 요동으로 만들어진 씨앗에 모이게 되어 은하 생성을 도울 수 있다.

암흑 물질의 실체를 파악하기 위한 실험이 활발하게 진행되고 있다. 윔프는 직접 또는 간접적인 방법을 이용하여 검출할 수 있다. 직접 검출 방법은 윔프와 원자핵의 상호 작용을 이용해 결정 검출기로 윔프를 찾는 것이다. 간접 검출 방법은 질량 밀도가 높은 은하 중심이나 태양에서 윔프가 소멸되면서 윔프의 질량이 빛이나 일반 물질의 에너지로 변환되는 특성을 이용하는 것이다. 반(反)입자 우주선이 특정한 에너지 스펙트럼에서 초과 검출되면 윔프의 존재를 간접적으로 확인할 수 있다. 가속기에서도 양성자를 충돌시켜 윔프의 생성이 가능하다. 한편 액시온은 강한 자기장에서 빛으로 바뀌는 특성이 있다. 이런 특성을 이용해 바뀐 빛을 증폭하여 액시온을 검출하기 위한 실험이 진행되고 있다.

10

위 글에 비추어 볼 때 암흑 물질을 설명하기 위한 입자의 필요 조건은?

① 빛과의 미약한 상호 작용
② 은하 전체에서의 균일한 분포
③ 더 가벼운 입자로 붕괴할 가능성
④ 은하 형성을 도울 수 있는 느린 속도
⑤ 결정 검출기나 증폭기에 의해 검출될 가능성

11

위 글로부터 추론한 것으로 옳지 않은 것은?

① 우주 초기에는 윔프의 생성과 소멸이 활발하였으므로 그 개수가 지금보다 많았다.
② 액시온이 암흑 물질의 후보가 되기 위해서는 쿼크가 양성자, 중성자가 되는 상전이 과정이 중요하다.
③ 중성미자는 별의 주요 구성 성분인 양성자와 전자에 비해 상당히 가볍기 때문에 암흑 물질의 질량 밀도를 설명할 수 없다.
④ 은하 중심을 벗어난 영역에서 별과 별 사이에 암흑 물질이 지금보다 더 많다면 바깥 궤도를 돌고 있는 별의 속도는 더 빨라질 것이다.
⑤ 양성자 질량의 수십 배 정도의 에너지를 가지고 은하 중심으로부터 온 반양성자 우주선이 많이 검출될 경우, 윔프가 소멸한 결과로 해석할 수 있을 것이다.

12

다음을 암흑 물질에 관한 위 글의 설명과 대비할 때, ㉠~㉤에 대응하는 것으로 적절하지 않은 것은?

〈보기〉

뉴턴의 역학이 확립되었을 때 알려진 ㉠ 태양계의 행성들은 수성, 금성, 지구, 화성, 목성, 토성, 천왕성이었다. 관측된 ㉡ 천왕성의 궤도가 이론상 예측된 것과 일치하지 않는다는 사실이 알려졌고, 이를 설명하기 위해 ㉢ 천왕성 바깥쪽을 도는 새로운 행성의 존재를 도입하였다. 이 ㉣ 외행성의 위치를 뉴턴 역학을 이용해 예측할 수 있었는데, 성능이 개선된 망원경으로 관찰하여 예측한 장소에서 ㉤ 해왕성의 존재를 확인하였다.

① ㉠ – 은하
② ㉡ – 회전 운동하는 별의 속도
③ ㉢ – 암흑 물질
④ ㉣ – 윔프의 질량
⑤ ㉤ – 액시온의 존재

정답 및 해설 p.28

Ⅷ. 선택지 구성 원리

1 선택지 분석의 원칙

왜 정답인가? 왜 오답인가?

문제풀이 단계에서 학생들이 무심코 하는 습관이 하나 있다. 언어이해의 지문이 길고 정보량도 많아서 나타나는 현상인데, 바로 5개의 모든 선택지를 하나하나 살펴보며 지문의 어디에 나와 있는 내용인지, 그래서 맞는지 틀린지 확인하는 것이다.

그러나 일정 수준 이상의 독해 시험에서는 이런 방식이 무력화된다. 출제자가 더 이상 '일치한다/일치하지 않는다' 혹은 '나와 있다/없다'를 기준으로 선택지를 구성하지 않기 때문이다. 지문의 어느 지점에 나와 있는지 정확히 짚지는 못해도 정오답 추론이 가능할 수 있다. 지금까지 지문 분석을 위한 밑줄 긋기와 관계 코드 연습을 하면서 문맥을 찾는 연습을 했는데, 글쓴이가 텍스트에서 전달하고자 하는 생각이 무엇인지 중심이 잡히면 선택지에서 단어의 유사성에 집착하지 않게 되기 때문이다. 이는 추론의 과정에서도 변하지 않는 부분이기에 선택지를 잘 읽기 위해서는 선택지 분석의 원칙을 지켜야 한다.

선택지 분석의 원칙
① 발문에 주목하기 발문에는 어떤 논리적 상태를 찾으라는 것인지 명확하게 드러나 있다. 찾으라는 것이 무엇인지 정확하게 파악해야 한다. **② 개념의 역할에 주목하기** 개념의 문맥적 정의와 의미가 동일한 다른 표현은 허용되지만, 다른 역할을 부여하면 안 된다. **③ 판단 기준은 3개임을 기억하기** 판단 기준을 '일치-불일치' 2가지로 생각하면 추론에 허점이 생긴다. '참-거짓-확인 불가'의 3가지 상태를 기준으로 세워놓고 판단해야 헷갈리는 중간 영역에서 헤매지 않을 수 있다.

선택지 판단 연습을 위해 정언명제를 이론적으로 정리하면 논리적으로 생각하는 데 도움이 된다. 이 장에서는 술어논리의 기본 개념을 점검하고, 논리학에서 사용하는 몇 가지 도구를 언어이해 지문에 응용하는 연습을 하면서 기본기를 다져 보겠다. 이후 예제를 풀어보면서 실제 출제되었던 선택지를 읽을 때 어떻게 접근해야 하는지 연습하겠다.

2 정언명제

1. 정언명제의 표준 형식

'양화사(모든/어떤) + 주어(명사) + 서술어(명사) + 계사(이다/아니다)'로 이루어져 있다.

정언명제	양	질	명제의 표현
모든 S는 P이다.	전칭	긍정	A
모든 S는 P가 아니다.	전칭	부정	E
어떤 S는 P이다.	특칭	긍정	I
어떤 S는 P가 아니다.	특칭	부정	O

2. 정언명제의 유형

삼단논법에서는 '정언명제'라고 하는 일정한 형식을 갖춘 명제들만을 다루는데, 이 명제들의 유형은 다음과 같다.

① A 명제(전칭긍정): 모든 ______는 ______이다.
② E 명제(전칭부정): 어느 ______도 ______이 아니다.
③ I 명제(특칭긍정): 어떤 ______은 ______이다.
④ O 명제(특칭부정): 어떤 ______은 ______이 아니다.

여기서 변량을 'a, b, c' 등의 기호로 표시하고, 명제 유형을 나타내는 연산기호로 'A−, E−, I−, O−'를 사용하면, '모든 b는 a이다'를 Aba로, '어느 b도 a가 아니다'는 Eba로, '어떤 b는 a이다'와 '어떤 b는 a가 아니다'는 각각 Iba와 Oba로 표현할 수 있다. 명제들 사이의 관계는 이른바 '대당 사각형'을 통해 다음과 같이 정리된다.

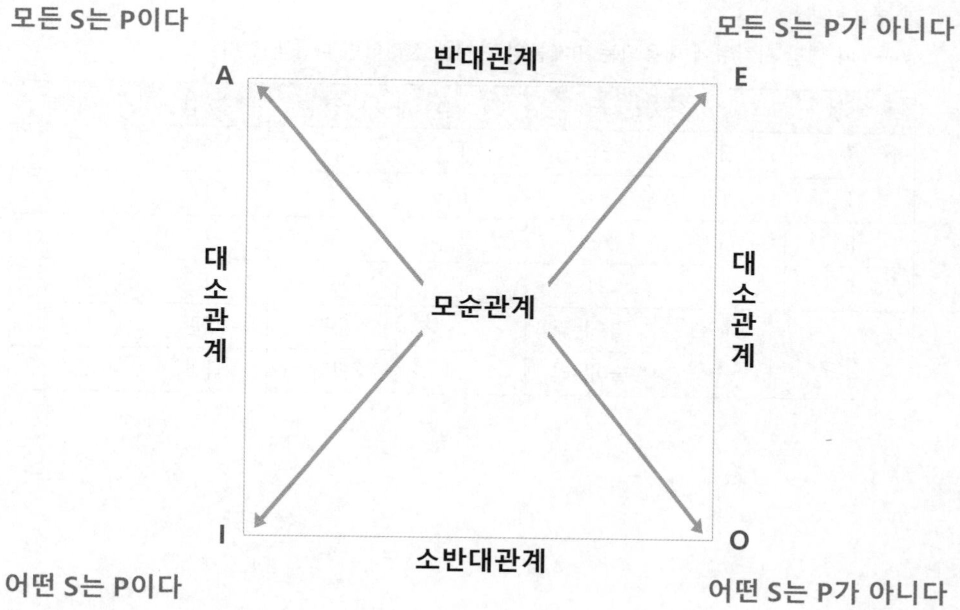

3. 대당 사각형

(1) 모순대당

두 명제가 동시에 참이거나 거짓일 수 없는 관계를 모순이라 한다. 두 명제가 양과 질 모두 다른 상태일 때, 즉 동일한 주어와 술어를 지닌 두 명제가 서로 부정일 때 이를 모순대당이라고 한다. 즉 전칭긍정명제(A)와 특칭부정명제(O)는 모순대당 관계이며, 전칭부정명제(E)와 특칭긍정명제(I)도 모순대당 관계이다. 따라서 이들은 한쪽이 참이면 다른 한쪽은 거짓이고, 한쪽이 거짓이면 다른 한쪽은 참이다.

(2) 반대대당

두 명제가 동시에 거짓일 수는 있어도 동시에 참일 수는 없는 관계를 반대라고 한다. 동일한 주어와 술어를 지닌 전칭명제의 질이 서로 다를 경우 반대대당이다. 즉 전칭긍정명제(A)와 전칭부정명제(E)는 함께 거짓일 수는 있어도 함께 참일 수는 없다.

(3) 소반대대당

두 명제가 동시에 참일 수는 있지만 두 명제가 동시에 거짓일 수는 없을 때에 이를 소반대라고 한다. 동일한 주어와 술어를 가진 특칭명제의 질이 서로 다를 경우 소반대대당이다. 즉 특칭긍정명제(I)와 특칭부정명제(O)는 함께 참일 수는 있어도 함께 거짓일 수는 없다.

(4) 대소대당

동일한 주어와 술어에 같은 질을 지닌 전칭명제와 특칭명제 간의 관계를 대소대당이라고 한다. 전칭긍정명제(A)와 특칭긍정명제(I), 전칭부정명제(E)와 특칭부정명제(O) 간의 관계가 이에 해당한다. 이때 전칭명제는 특칭명제를 함축한다. 하지만 특칭명제가 전칭명제를 함축할 수는 없다.

s → p와 대당 사각형에 대응되는 명제들의 관계를 정리하면 다음과 같다.

s	p	~p	s→p	s→~p	s∧p	s∧~p
T	T	F	T	F	T	F
T	F	T	F	T	F	T
F	T	F	T	T	F	F
F	F	T	T	T	F	F
		명제논리		무관	무관	모순
		술어논리		반대	대소	모순

예제

01

2006년 입법 PSAT 가 문37

다음의 세 문장 중 첫 번째 문장이 거짓이라고 가정한다면, 두 번째 문장과 세 번째 문장은 각각 참인가 거짓인가?

국회의 어느 공무원도 소설가가 아니다. 모든 소설가는 국회 공무원이다. 어떠한 소설가도 국회 공무원이 아니다.

① 두 번째 – 거짓, 세 번째 – 이 내용만으로는 알 수 없다
② 두 번째 – 거짓, 세 번째 – 거짓
③ 두 번째 – 이 내용만으로는 알 수 없다, 세 번째 – 거짓
④ 두 번째 – 이 내용만으로는 알 수 없다, 세 번째 – 이 내용만으로는 알 수 없다
⑤ 두 번째 – 참, 세 번째 – 거짓

[정답] ③

제시된 세 문장은 정언명제의 형태로 다음과 같이 정리할 수 있다.
- 문장 1: 모든 국회 공무원은 소설가가 아니다. (전칭부정)
- 문장 2: 모든 소설가는 국회 공무원이다. (전칭긍정)
- 문장 3: 모든 소설가는 국회 공무원이 아니다. (전칭부정)

문장 1이 거짓이 된다는 것은 다음 명제가 참이 된다는 것을 의미한다.
- 문장 1-1: 어떤 국회 공무원은 소설가이다. (특칭긍정)

그리고 문장 1-1을 벤 다이어그램으로 표현하면 다음과 같다.

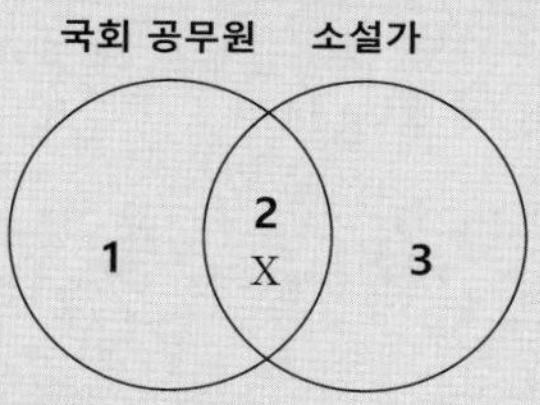

위의 벤 다이어그램이 참이라고 할 때, 문장 2와 문장 3의 참/거짓 여부를 확인한다.
문장 2는 벤 다이어그램의 3번 영역에 아무도 없다는 것을 주장하고 있는데, 이는 1-1의 진술에 미루어보아 참/거짓을 판단할 수 없다. 왜냐하면 1-1은 2번 영역에 어떤 대상이 존재함을 주장할 뿐이지 3번 영역에 대해서는 아무런 주장도 하고 있지 않기 때문이다.
문장 3은 벤 다이어그램의 2번 영역에 아무도 없다는 것을 주장하고 있는데, 이는 1-1의 진술에 미루어보아 거짓임을 알 수 있다. 1-1은 2번 영역에 어떤 대상이 존재함을 주장하고 있기 때문이다.

02

아래 벤 다이어그램에 명제의 상태를 표시하시오.

1. 전칭긍정명제: 모든 P는 S이다. (A)

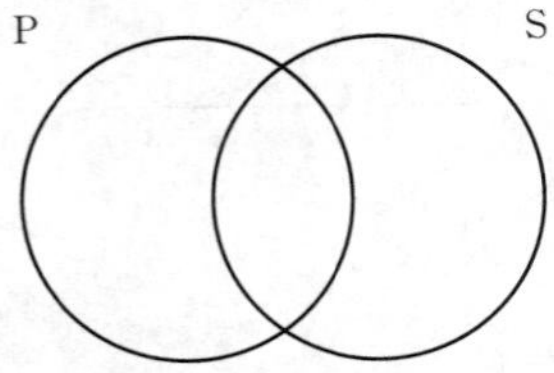

2. 전칭부정명제: 모든 P는 S가 아니다. (E)

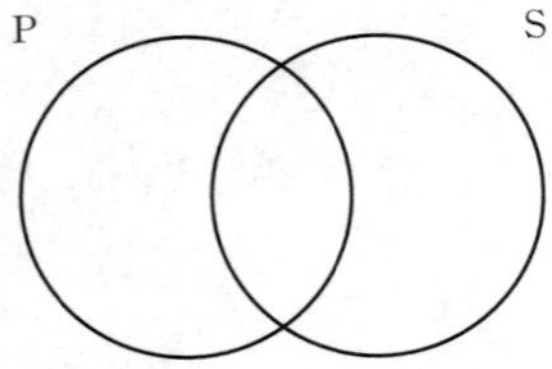

3. 특칭긍정명제: 어떤 P는 S이다. (I)

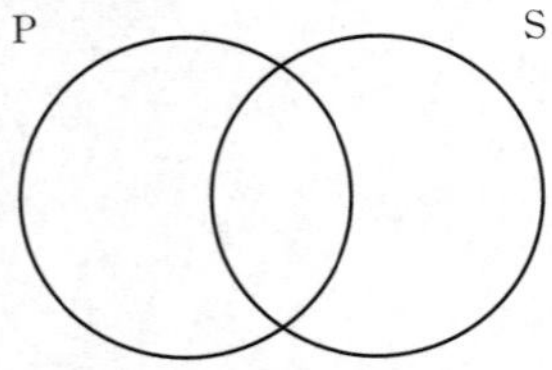

4. 특칭부정명제: 어떤 P는 S가 아니다. (O)

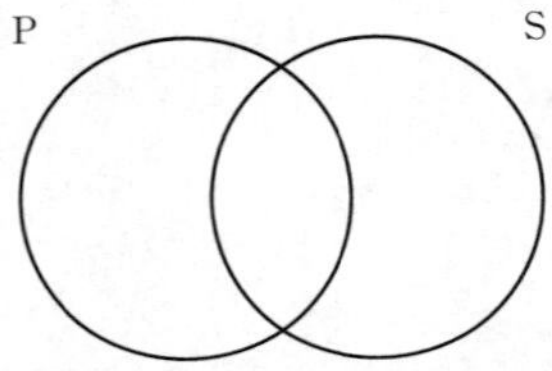

[정답]

1.

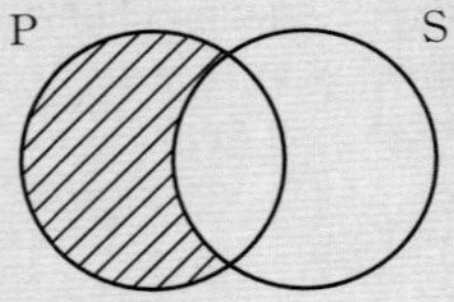

2.

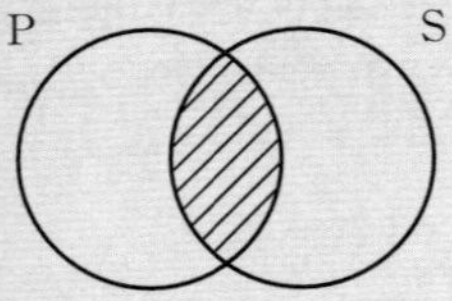

3.

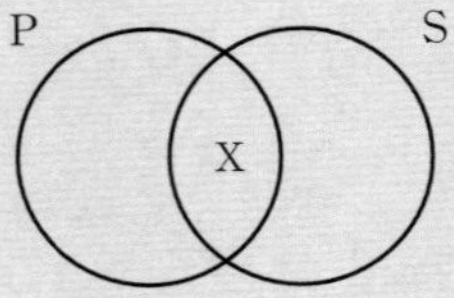

4.

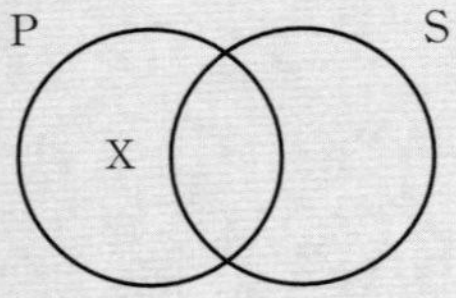

4. 벤 다이어그램을 이용한 정언삼단논법의 논리적 타당성 검토

정언삼단논법의 타당성을 벤 다이어그램으로 풀이할 경우, 우리는 삼단논법의 세 가지 개념들에 해당하는 세 개의 원을 사용하여 표현할 수 있다. 세 개의 겹쳐진 원들 위에 각각의 주어진 개념들이 부합되도록 빗금 또는 X 표시를 한다. 이후 결론이 벤 다이어그램으로부터 도출될 수 있는지 확인한다. 전제들을 벤 다이어그램 상에 표시한 후, 결론이 읽힌다면 그 삼단논법은 타당하고, 그렇지 않으면 부당한 삼단논법이 된다.

① 전제에 대해서만 벤 다이어그램을 그린다.
② 전제에 전칭명제와 특칭명제가 있으면 전칭명제를 먼저 그리는 것이 편리하다. 그렇지 않으면 이후 그림을 수정해야 한다.
③ 빗금을 표시할 때는 해당하는 모든 영역에 빗금을 친다.
④ X로 표시될 부분에 이미 빗금이 쳐 있다면, 빗금이 없는 영역에만 해당되는 X를 표시한다.
⑤ 두 영역이 이미 나누어져 있고 X가 그중 적어도 한 영역에 있으나 어느 영역에 있는지 확정할 수 없다는 것을 표시할 때, 경계선 위에 X를 표시한다.

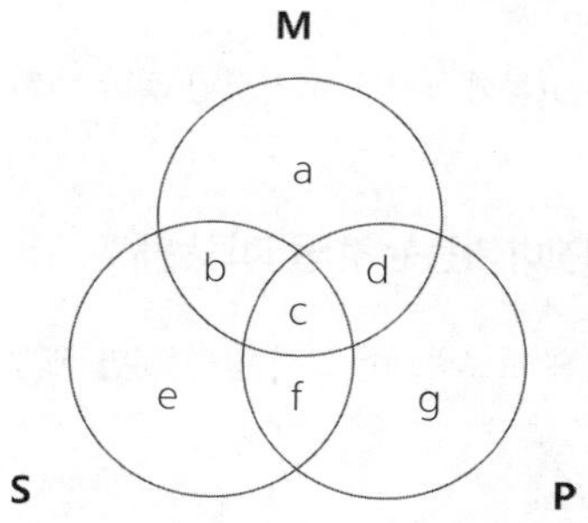

· a: ~S, ~P, 그리고 M
· b: ~P, S, 그리고 M
· c: M, S, 그리고 P
· d: ~S, ~M, 그리고 P
· e: ~M, ~P, 그리고 S
· f: ~M, S, 그리고 P
· g: ~M, ~S, 그리고 P

5. 출제자의 태도와 논리적 상태

참	확인 불가		거짓
반드시 참	참일 수 있음	거짓일 수 있음	반드시 거짓
일치	중간 영역 (가능성 or 모름)		불일치
양립	양립 가능할 수도 있고, 양립 불가능할 수도 있음		양립 불가능(모순)

3 선택지 판단 방법

1. 제시된 조건이 모두 참일 때

(1) 제시된 조건이 참일 때 반드시 참인 것을 고르는 문제

참일 수도 거짓일 수도 있는 선택지를 고르지 않도록 주의한다.

(2) 주어진 조건이 참일 때 반드시 거짓인 것을 고르는 문제

참일 수도 거짓일 수도 있는 선택지를 고르지 않도록 주의한다.

(3) 주어진 조건이 참일 때 참일 수 있는 것(참이 가능한 것)을 고르는 문제

반드시 참인 것과, 참도 거짓도 가능한 것을 고른다. (반드시 거짓인 것만 배제한다.)

(4) 주어진 조건이 참일 때, 거짓일 수 있는 것(거짓이 가능한 것)을 고르는 문제

반드시 거짓인 것과, 참도 거짓도 가능한 것을 고른다. (반드시 참인 것만 배제한다.)

2. 애매한 선택지 제거법

(1) 판단 기준은 명확하게!

'확실히 맞다/맞을 수 있다/틀릴 수 있다/확실히 틀리다'에서 긍정형 질문(적절한 것은?, 일치하는 것은?, 부합하는 것은?, 추론할 수 있는 것은?, 동의할 수 있는 것은?)의 답이 될 수 있는 것은 '확실히 맞다'이다. 부정형 질문(적절하지 않은 것은?, 일치하지 않는 것은?, 부합하지 않는 것은?, 추론할 수 없는 것은?, 동의할 수 없는 것은?)의 답이 될 수 있는 것은 '확실히 틀리다'이다. 5지 선다에서 선택지 2개가 남았을 때 학생들을 고민하게 만드는 것은 '맞을 수 있다'와 '틀릴 수 있다'이다. 그런데 어떤 선택지가 이렇게 해석하면 맞을 수도 있고, 저렇게 해석하면 틀릴 수도 있다는 것 자체가 이 선택지는 정답이 될 수 없다는 것을 의미한다. 따라서 '맞을 수 있다' 또는 '틀릴 수 있다'의 선택지는 고민하지 말고 과감하게 제거하는 것이 효율적인 접근이다.

(2) 선택지에 모순되는 명제가 있다면? 그 둘 중 하나가 답이다.

하나가 맞다면 다른 하나는 반드시 틀린 것이므로, 두 가지가 같은 상태일 수 없다. 그런데 객관식 선택지는 하나의 정답과 네 개의 오답으로 구성되어 있다. 바꿔 말하면 두 선택지가 동시에 오답 영역에 포함될 수는 없다는 것이다. 따라서 둘 중 하나는 반드시 답이어야만 한다.

(3) 화제의 범주에서 벗어났다면? 판단 대상에서 제외한다.

구체적으로 개념의 속성을 판단할 필요가 없다. 따라서 바로 검토 대상에서 제외하여 추론할 수 없다고 판단해야 한다.

(4) 지문에서 설정한 속성 분류 기준이 아닌 다른 기준을 사용하고 있다면?

무관이니까 추론할 수 없는 선택지가 된다. 연상적 설명으로 추론할 수 있다 하더라도, 이럴 때는 문맥을 기준으로 하여 배경지식이 통제되지 않은 상태로 뻗어나가지 않게 주의해야 한다.

3. 선택지 판단 시 점검사항

(1) 개념의 정의

개념은 반드시 문맥적으로 정의된다. 바꿔 얘기하면 정의를 확인할 수 없으면 그냥 상술한 중요하지 않은 표현이다. 이는 어떤 단어가 구조를 표현한 핵심어인지 판별할 때 사용하는 기준이다.

(2) 속성 분류 기준(관계와 역할)

지문에서 어떤 기준으로 핵심 내용을 배치했는지 살핀다. 대표적인 분류 기준으로 '있다/없다'(존재 여부), '더/덜'(정도성 판단), '절대/상대', '주체/대상', '공통점/차이점', '긍정적/부정적', '내용/형식', '원인/결과', '목적/수단', '문제점/원인/해결책' 등이 있다. 분류 기준은 경험적인 기준이기 때문에, 자주 사용되는 기준은 연습을 통해 숙지하고 기출문제를 분석하면서 머릿속에 지속적으로 업데이트하면 된다.

(3) 관점

해석의 주체가 지문에 등장하는 경우, 누가 한 말인지 관점과 해석을 연결하면서 읽는다. 말하는 이가 글쓴이일 때는 선택지에 서술 주체가 등장하지 않고 의견 문장이 제시된다는 점에 주의한다.

(4) 태도

'사실 판단/가치 판단', '단정/가능성', '확신/추측', '규범적 당위(해야 한다)/사실 서술' 등, 서술자의 태도는 서술어에 함축되어 있다. 따라서 선택지를 판단할 때 곧바로 답이 보이지 않을 때는 서술어의 상태까지 점검해야 정확하게 선택지를 판단할 수 있다.

예제

01

2006학년도 MDEET 문26

다음 지문을 읽고 진술의 참·거짓을 판단하시오.

하늘은 사람의 힘을 빌려 일을 이루고, 사람은 하늘이 준 것에 기대어 일을 이룬다. 일단 각자의 일이 이루어지면 하늘과 사람은 서로 간섭하지 않는 것처럼 보인다. 그런데 사람이 가꾸어 놓은 꽃이나 만들어 놓은 다리를 돌보지 않으면, 하늘은 이런 것들을 그렇게 만들어지기 이전의 원래 상태로 되돌아가게 한다. 꽃을 가꾸거나 다리를 만드는 것과 같은 작은 일에서 수신, 제가, 치국, 평천하라는 큰일에 이르기까지, 하늘과 사람이 서로 다투지 않는 곳이 없다.

그렇지만 그 근본을 말하자면 저 들판에서 스스로 피고 지는 것만이 하늘에서 나온 것이겠는가? 사람이 가꾼 꽃과 나무, 만들어 놓은 다리라 한들, 상제(上帝)의 힘에서 말미암지 않은 것이 하나라도 있겠는가? 사람이 천공을 빼앗을 수 있다고는 하지만, 손으로 들고 발로 걷는 이 몸 또한 하늘이 내린 것이다. 어찌 다만 몸뿐이겠는가? 사려를 운용하는 재능과 행위를 제어하는 덕이 있기 때문에 초목이나 금수와 달라졌지만, 사람이 천명(天命)에서 벗어나 홀로 존귀한 것은 아니다. 이렇게 말한다면, 미증유의 사업을 이룬 위대한 성인(聖人)이라 할지라도 본성과 재능을 하늘로부터 받았다는 점에서는 곤충이나 초목과 다를 바 없다. 귀천은 다를지라도, 천연에서 벗어나지 못한다.

① 상제의 개념과 천연의 개념이 양립 가능하게 논의를 이끌고 있다. (참, 거짓)
② 자연과 인간의 관계에 대해 상생과 상극이라는 두 측면을 인정하고 있다. (참, 거짓)
③ 인간과 동물의 귀하고 천한 차이를 인간이 지닌 선천적 도덕성에서 찾고 있다. (참, 거짓)

02

2006학년도 MDEET 문36

다음 지문을 읽고 진술의 참·거짓을 판단하시오.

19세기에 이르기까지 개체의 발생을 설명하던 주된 이론은 전성설이었다. 이에 따르면 모든 개체의 정자 또는 난자에는 성체의 구조가 이미 형성된 축소판이 존재하며, 이 축소판이 확장되면서 성체로 성장한다는 것이다. 그러나 이와 달리 볼프는 수정란이 개체로 발생하는 과정에서 비로소 각 기관이 만들어지기 시작한다는 개체 발생의 후성설을 새로이 부각시켰다. 나아가 그는 성체로 성장하는 과정에서 결정적인 역할을 하는 특별한 물질과 그것이 작동하는 어떤 메커니즘이 수정란에 들어 있을 것이라고 예측했다.

그 뒤 루와 드리쉬는 수정란과 할구의 발생 능력에 대한 실험적 연구를 통해 볼프의 예측을 증명했다. 루는 각각의 할구들이 특이한 구성을 가진 인자를 물려받아 스스로 분화한다는 가설을 세우고, 뜨겁게 달군 침을 이용하여 개구리의 2-세포기 배아에서 한쪽 할구를 죽인 후 그것을 분리하지 않은 채로 배양했을 때, 살아 있는 할구가 반쪽 신경능과 한쪽 귀만을 가진 배아로 발생하는 실험 결과를 통해 이를 증명했다. 이에 비해 드리쉬는 성게의 초기 배아인 2-세포기, 4-세포기, 8-세포기 배아의 할구를 분리한 후 이를 배양했을 때, 각 단계의 할구가 모두 온전한 개체로 발생하는 실험 결과를 통해 할구의 운명이 미리 결정되는 것이 아니라 발생이 진행되는 과정에서 결정되는 것임을 증명했다.

① 드리쉬가 루의 실험 방식을 적용하여 성게의 2-세포기 수정란의 한쪽을 죽이고 분리하지 않은 채로 배양했다면 루와 같은 결과를 얻었을 것이다. (참, 거짓)

② 전성설 지지자들이 루의 실험을 알았다면, 그들은 발생하지 않은 나머지 한쪽 귀는 죽은 할구 쪽에 있다고 생각했을 것이다. (참, 거짓)

③ 루와 드리쉬의 실험 결과가 다르게 나타난 것은 실험 대상 동물의 계통이 달랐기 때문이다. (참, 거짓)

④ 루는 할구의 운명이 수정 이후 결정된다고 생각했기 때문에 후성설 지지자로 볼 수 있다. (참, 거짓)

03

2012학년도 LEET 문9

다음 지문을 읽고 진술의 참·거짓을 판단하시오.

> 선거에서 유권자의 정치적 선택을 설명하는 이론은 사회심리학 이론과 합리적 선택 이론으로 대별된다. 먼저 초기 사회심리학 이론은 유권자 대부분이 일관된 이념 체계를 지니고 있지 않다고 보았다. 그럼에도 유권자들이 투표 선택에서 특정 정당에 대해 지속적인 지지를 보내는 현상은 그 정당에 대한 심리적 일체감 때문이라고 주장했다. 곧 사회화 과정에서 사회 구성원들이 혈연, 지연 등에 따른 사회 집단에 대해 지니게 되는 심리적 일체감처럼 유권자들도 특정 정당을 자신과 동일시하는 태도를 지니는데, 이에 따라 유권자들은 정당의 이념이 자신의 이해관계에 유리하게 작용할 것인지 합리적으로 따지기보다 정당 일체감에 따라 투표한다는 것이다. 이에 반해 합리적 선택 이론은 유권자들을 정당이 제시한 이념이 자신의 사회적 요구에 얼마나 부응하는지 그 효용을 계산하는 합리적인 존재로 보았다.

① 초기 사회심리학 이론은 유권자의 투표 선택이 심리적 요인 때문에 일관성이 없다고 보았다. (참, 거짓)

② 합리적 선택 이론은 유권자와 정당 간의 이념 거리를 통해 효용을 계산하여 유권자의 투표 선택을 설명하였다. (참, 거짓)

04

2009학년도 LEET 예비 문6

다음 지문을 읽고 진술의 참·거짓을 판단하시오.

> 외적 자연을 지배하기 위해 인간의 내적 자연을 억압하면 할수록 사람들은 억압의 주체인 이성과 자아에 대한 '원한 감정'을 더 키워 간다. 특히 이중적 억압의 희생자로 전락한 다수의 대중이 원한 감정에 사로잡힌다. 대중은 한편으로 자신의 자연적 충동을 스스로 억압해야만 하고, 다른 한편으로 보다 성공적으로 내적 자연을 통제한 사람들에 의해 지배받는다. 이와 같이 억압받은 대중의 내적 자연이 억압의 주체인 도구적 이성에 대해 품은 원한 감정은 폭동의 잠재력이 된다. 그리고 현대적 파시즘은 내·외적 자연을 억압하는 것에 만족하지 않고, 자기 자신의 체제에 자연 폭동의 잠재력을 포섭함으로써 보다 철저하게 대중을 착취한다.

자연적 욕망을 강하게 억제함으로써 성공한 사람은 원한 감정을 갖지 않는다. (참, 거짓)

05

2009학년도 MDEET 문26

다음 지문을 읽고 진술의 참·거짓을 판단하시오.

> 유방암 발병률이 증가한 것은 에스트로겐과 프로게스틴을 함께 투여한 결과일 수도 있다. 그 이유는 이런 복합 투여 방식이 가장 널리 처방되기 때문이어서가 아니라, 이렇게 하면 피험자의 월경이 재개되지 않아서 눈가림법이 가능하기 때문이었다.

피험자의 월경 재개를 막기 위해서 눈가림법을 사용했을 것이다. (참, 거짓)

06

2015학년도 LEET 문2

다음 지문을 읽고 진술의 참·거짓을 판단하시오.

> 신이 듣기를, 예(禮)의 근본은 무질서를 막고자 하는 것이니, 만약 예에서 해악을 저지르지 말라고 하는데 자식 된 이가 사람을 죽였다면 이는 용서할 수 없습니다. 또한 형(刑)의 근본도 무질서를 막고자 하는 것이니, 만약 형에서 해악을 저지르지 말라고 하는데 관리 된 이가 사람을 죽였다면 이는 용서할 수 없습니다. 결국 그 근본은 서로 합치하면서 그 작용이 이끌어지는 것이니, 정문과 사형은 결코 함께 할 수 없는 것입니다. 정문을 세워 줄 일을 사형에 처하는 것은 남용으로서 형을 지나치게 적용하는 것이 됩니다. 사형에 처할 일에 정문을 세워 주는 것은 참람으로서 예의 근본을 무너뜨리는 것이 됩니다.

예는 혼란을 방지하려는 목적이 있다는 점에서 처벌 법규인 형과는 서로 근본을 달리하는 규범이 된다. (참, 거짓)

07

다음 지문을 읽고 진술의 참·거짓을 판단하시오.

> 대량생산체제와 근대적 유통구조, 대량소비체제가 대두하고, 제3공화정이 수립된 이후 정치적 민주화(평등주의)가 진전되었다.

평등주의라는 모더니티의 속성이 기성복을 대량생산하여 개인의 외양을 획일화하는 데 기여했을 것이다. (참, 거짓)

[정답]

01 ① 참, ② 참, ③ 거짓
02 ① 참, ② 참, ③ 거짓, ④ 참
03 ① 거짓, ② 참
04 거짓
05 거짓
06 거짓
07 거짓

PART 03

언어이해 실전 연습

언어이해 시간 관리법 Q&A

Q 교재 안에 있는 문제를 풀 때 풀이 시간은 어느 정도가 적당한가요?

A 한 지문당 7분 정도로 계산하여 문제를 풀어야 합니다. 그러나 한 지문을 풀 때마다 시간을 재는 것은 집중력이 흐트러질 우려가 있기에 LEET 본고사 시험 시간을 기준으로 대략적인 시간 관리를 하는 것을 권해드립니다. 즉 LEET 본고사 기준, 지문 5세트(15문제)를 30~35분 안에 푼다고 생각하시면 됩니다.

LEET 언어이해 풀이 시간은 30문제에 70분이 배정되어 있습니다. 이는 OMR 체크 등을 모두 합친 시간이니 문제풀이 자체에만 집중할 수 있는 시간은 약 60분 정도라고 볼 수 있습니다. 그렇다면 전체 30문제를 반으로 나누어 1~15번(지문 5세트 정도), 16~30번(나머지 지문 5세트)을 각각 30분 동안 풀면 됩니다.

> 70분 = 30분(지문 1~5세트) + 30분(지문 6~10세트) + 10분(OMR 체크, 미처 못 푼 문제나 재점검이 필요한 문제에 시간 할애)

만약 시간이 부족하여 못 푸는 문제가 많거나 시간 압박이 너무 클 경우에는 약 5~10분 정도를 유연하게 조절하면 됩니다.

Q 연습문제 풀이 시간은 얼마를 잡아야 할까요? 너무 오래 걸리는 것 같아서 걱정됩니다.

A 본고사 시험 시간을 고려할 때 각 연습문제(지문 4세트)를 23~27분 내에 푸는 것이 적정합니다. 다만 시간이 부족하다면 10분 정도 여유를 두되, 조금씩 줄여나가면 됩니다.

그러나 처음에는 시간 조절에 집중하기보다는 다양한 지문을 접하고 구조독해를 체화하는 연습을 통해 점차적으로 시간을 조절해나가는 것이 좋습니다. 이후에 점차 익숙해지면 시간을 다시 단축하여 연습하면 되기 때문입니다. 구조독해를 체화하는 데에는 시간이 필요하고, 훈련이 누적되면서 점차 초반에 비해 문제를 풀이하는 시간이 단축될 것입니다.

한편 연습문제를 처음 풀 때는 제한 시간을 두고 풀고, 이후에 복습할 때 제한 시간 없이 선택지를 분석하거나 지문을 분석하면서 공부하는 방법도 있습니다.

Q 발문을 분석하는 게 중요한 건 알겠는데, 시간이 너무 많이 걸려요. 어떻게 조절하나요?

A 발문 분석을 하는 시간이 너무 오래 걸려서 실제 문제를 풀이하는 시간이 부족하다면 기출문제, 모의고사 등을 활용하여 사전에 이를 연습해보는 것이 도움이 됩니다.

발문 분석의 목적은 문제를 빠르고 정확하게 풀기 위함입니다. 지문을 읽기 전 문제를 살펴봄으로써 '질문에 대한 답을 하기 위한 준비'를 하는 것입니다. 따라서 '문제에서 무엇을 물어보는지 검토하거나 훑어본다'라는 마음가짐으로 접근한다면 발문 분석을 통한 장점도 살리고 문제풀이 시간도 확보할 수 있을 것입니다.

Q 시간이 얼마 안 남았을 때 어떻게 하면 정답 선택지를 빠르게 잘 고를 수 있을까요?

A 시간이 얼마 남지 않았을 때 빠르게 답을 선택하는 방법은 다양할 수 있습니다. 먼저 사전에 모의고사를 풀며 다양한 방법을 시도해볼 수 있습니다. 그 결과 가장 좋은 결과가 나왔던 방법을 적용하면 됩니다.

그러나 끝까지 답이 잘 보이지 않을 수도 있습니다. 그런 상황에서 최선의 선택을 하기 위해서는, 처음에 문제를 풀 때 확실하게 아닌 선택지를 제외해놓는 방법이 효율적입니다. 나중에 검토하기 위해 해당 문제로 돌아왔을 때, 5개 중 하나를 고르는 것이 아니라 2~3개 중에서 하나를 고를 수 있으므로 정답률을 더욱 높일 수 있습니다.

또한 시험 시간이 몇 분 정도 남았을 때 OMR을 체크할 것인지 시험 전에 계획을 세우고, 시험 전 시뮬레이션을 해볼 필요가 있습니다. OMR을 미리 체크해 놓는다면 정답이 확실한 문제를 안전하게 확보할 수 있고, 이후 찍은 문제까지 더하여 점수를 최대화할 수 있습니다.

Q 기출문제나 모의고사 문제를 풀 때 어떤 지문을 먼저 풀지, 혹은 어떤 선택지부터 볼지 등의 구체적인 전략 등 지문 선별법이 궁금해요. 시간을 단축할 수 있는 방법이 있을까요?

A 지문이나 선택지를 선별하는 데 특정한 방법이나 원리가 정해져 있다고 보기는 어렵습니다. 다만 발문을 확인하고 문제를 전체적으로 훑어보았을 때, 너무 어렵고 답답하게 느껴진다면 넘어가는 것도 전략적으로 좋은 방법입니다.

그럼에도 불구하고 실제로 각자에게 문제의 난이도가 어떻게 느껴질지 장담하기 어렵습니다. 각 문제에서 무엇을 물어보고 있는지, 선택지들은 어떤 구조인지, 〈보기〉에 사례(혹은 여러 사례)가 등장하는지 등은 실제 지문을 살펴보아야 알 수 있기 때문입니다.

따라서 본고사 전에 그동안 공부하셨던 내용을 정리하면서 실전에 대비하는 것이 가장 효과적입니다. 어떤 지문을 만났을 때 가장 많이 떨렸고, 멘탈이 흔들리는 것처럼 느껴졌는지, 그럴 때 어떻게 대응했고 본고사 때 어떻게 대응하면 좋을지를 떠올려 미리 전략을 짜놓는 것입니다. 이러한 과정을 통해 '본고사 때 만약 이런 지문이 나온다면 너무 당황하지 말고 일단 넘어갔다가 다시 돌아오겠다.'와 같은 나만의 전략법을 수립할 수 있습니다.

즉, 시험 당일 어떤 지문이 출제될지 모르고, 각자에게 어떤 지문이 가장 적합할지 확실하지 않으므로 스스로에게 최적화된 전략을 수립하여 대응하는 것입니다. 그동안 공부했던 자료, 모의고사 경험 등을 통해 적합한 전략을 세우면 실전 대비에 도움이 될 것입니다.

Ⅰ. 실전 연습문제 (1) 생물학

[01~03] 2009학년도 LEET 문35~37

다음 글을 읽고 물음에 답하시오.

일반적으로 포유동물의 정소(精巢)는 초기 발생 단계에서 난소와 동일한 부위인 복부 내 등쪽에서 형성된 후, 차츰 아래쪽으로 이동하여 복부 밖에 있는 정낭(精囊)으로 들어오게 된다. 정소의 온도는 체온보다 낮은데, 이는 열에 약한 생식 세포를 체온으로부터 보호함으로써 정자를 생산하는 데 알맞은 환경을 조성하기 위함이다. 한편 다른 체내 기관들처럼 정소도 정상적인 기능을 하기 위해서는 혈액을 지속적으로 공급받아야 하는데, 이렇게 혈액을 공급받다 보면 혈액이 지닌 열까지도 정소로 운반되기 때문에 정소의 온도가 상승하여 체온과 같아지게 될 것이다. 그렇다면 정소는 어떠한 방법으로 자신의 온도를 체온보다 낮게 유지할 수 있는가?

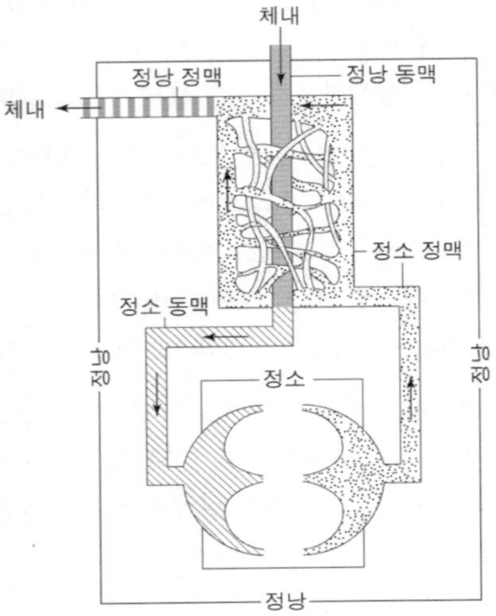

1998년에 발표된 역류 열전달(逆流熱傳達) 이론은 정소 온도의 항상성을 유지하기 위한 방법을 설명해 준다. 정소 정맥에는 정낭 동맥을 감싸고 있는 망사 구조 부분이 있는데, 역류 열전달 이론에서는 이 망사 구조가 핵심적인 역할을 한다. 열은 높은 온도의 물체에서 낮은 온도의 물체로 전도되는 성질을 갖고 있는데, 열이 전도될 때 단위 시간당 이동하는 열의 양은 접촉하는 표면적에 비례한다. 정낭 동맥을 감싸고 있는 망사 구조는 혈관의 표면적을 넓혀서 효율적으로 열을 전달한다. 그러므로 정소에서 나온 정소 정맥의 혈액이 체내에서 들어오는 혈액으로부터 열을 흡수함으로써 정낭 동맥의 혈액 온도를 떨어뜨리고 이렇게 하여 차가워진 정소 동맥 혈액에 의해 정소 온도가 체온보다 낮은 상태로 유지된다는 것이 이 이론의 핵심이다. 이 이론은 여러 동물 실험을 통해 지지되었는데, 정소가 정낭 속에 있는 양(羊)을 대상으로 한 연구는 정낭 동맥에서 ㉠ <u>39℃</u>였던 혈액 온도가 정소 동맥에서는 ㉡ <u>34℃</u>로 낮아졌다가, 정소를 통과한 후 정소 정맥에서는 ㉢ <u>33℃</u>가 되고, 정낭 정맥에서는 ㉣ <u>38.6℃</u>로 다시 높아짐을 보여 주었다.

역류 열전달 이론은 정소로 유입되는 혈액의 온도를 체온보다 낮춤으로써 정소의 온도를 체온보다 낮게 유지하는 방법은 제시하였으나 어떻게 정소 온도를 체온보다 낮추는지는 설명하지 못하였다. 이에 대한 설명은 2007년에 발표된 스칸단 연구진의 가설에서 찾을 수 있다. 스칸단 연구진은 정낭이 열을 발산하기에 적합한 구조로 이루어져 있고 일반적으로 세포 분열 과정에서 열이 많이 발생한다는 사실에 착안하여 정소에서 발생한 많은 열이 정낭 표면을 통해 방출됨으로써 정소 온도가 체온보다 낮아진다고 하였다. 번식력을 갖춘 동물의 정소는 지속적인 세포 분열을 통해 매일 수억 개의 정자를 생산하므로 많은 열이 발생할 것인데, 정소의 온도가 높아지면 생산되는 정자의 수가 감소하고 심한 경우 정소가 손상될 것이 예상된다. 실제로 복부 밖에 정소가 있는 동물이 기온이 매우 높은 환경에 노출되었을 경우에는 일시적으로 배출 정자 수가 감소하며 반대의 경우에는 일시적으로 배출 정자 수가 증가하는 것을 볼 수 있다.

이 가설은 정소 내 온도가 상승하거나 더운 기온에 노출되면 정낭의 피부 표면적이 커지고 정낭 근육에 의해 정소가 몸에서 멀어지게 되며, 정소의 온도가 하강하거나 낮은 기온에 노출되면 정낭 피부 표면적이 작아지고 정낭 근육에 의해 정소가 몸에 가까워진다는 사실과 부합한다. 이와 같은 기제에 따라 정소에서 발생한 열이 정낭으로 전도되고 이 열이 체외로 방출되면 정소의 온도가 내려가면서 정낭의 표면 온도가 올라갈 것이라고 스칸단 연구진은 주장한다. 또한 이 가설은 동물의 정소 위치와 번식 사이의 관계를 보여 주는 연구 결과를 통해 힘을 얻는다. 예를 들어 박쥐의 정소는 평상시에는 복부 내에 존재하다가 짝짓기를 하는 계절이 되면 정낭으로 내려온다. 동면 포유동물의 경우 번식을 하지 않는 동면 기간 동안 정자 생산이 감소하는데 이때에는 정소가 정낭에서 복부로 이동하고 동면이 끝나면 다시 정낭으로 내려온다.

역류 열전달 이론은 정소의 온도를 체온보다 낮게 유지시키는 열역학적 기제를 제시하였으며, 스칸단 연구진의 가설은 정소에서 발생하는 열을 정낭을 통해 발산함으로써 정소의 온도를 체온보다 낮추는 기제를 제시해 주었다. 이런 점에서 볼 때, 역류 열전달 이론과 스칸단 연구진의 가설은 어떻게 정소가 정자를 생산하는 데 최적인 온도로 유지될 수 있는지를 설득력 있게 설명해 준다.

01

위 글의 내용과 일치하지 <u>않는</u> 것은?

① 정낭 근육은 정낭 내에서 정소의 움직임에 관여한다.
② 정소의 온도는 생산되는 정자의 수와 밀접한 관련이 있다.
③ 열의 전도는 정소 온도의 항상성 유지에 핵심적인 역할을 한다.
④ 역류 열전달 이론은 정소로 혈액이 지속적으로 공급되는 기제를 설명한다.
⑤ 스칸단 연구진의 가설에 따르면 정소의 온도 조절에 가장 중요한 역할을 하는 것은 정낭이다.

02

㉠~㉣에 대한 설명으로 적절하지 <u>않은</u> 것은?

① ㉠은 양의 체온과 비슷할 것이다.
② ㉠에서 ㉡으로의 변화는 정소 정맥이 정낭 동맥의 열을 흡수했기 때문이다.
③ ㉠에서 ㉡으로의 변화와 ㉢에서 ㉣로의 변화는 망사 구조의 기능 때문이다.
④ ㉡에서 ㉢으로의 변화는 역류 열전달 이론에 의해 설명된다.
⑤ ㉢에서 ㉣로의 변화는 정소 정맥이 정낭 동맥의 열을 흡수했기 때문이다.

03

스칸단 연구진이 제안한 가설을 입증하기 위한 실험으로 적절한 것만을 <보기>에서 있는 대로 고른 것은?

〈보기〉

ㄱ. 동면 포유동물의 동면 중과 동면 후의 정낭 표면 온도를 비교한다.
ㄴ. 번식력을 갖춘 양과 그렇지 못한 새끼 양의 정낭 표면 온도를 비교한다.
ㄷ. 박쥐의 짝짓기 계절 동안과 짝짓기 계절 후의 정낭 표면 온도를 비교한다.

① ㄱ　② ㄷ　③ ㄱ, ㄷ
④ ㄴ, ㄷ　⑤ ㄱ, ㄴ, ㄷ

[04~06]

2013학년도 LEET 문25~27

다음 글을 읽고 물음에 답하시오.

우리 몸의 수많은 세포들은 정자와 난자가 수정하여 형성된 단일 세포인 접합체가 세포 분열을 하여 만들어진 것이다. 포유류의 경우, 접합체의 세포 분열로 형성되는 초기 배반포 단계에서 나중에 태반의 일부가 되는 영양외배엽 세포와 그에 둘러싸인 속세포덩어리가 형성되는데, 이 속세포덩어리는 나중에 태아를 이루는 모든 세포로 분화되는 다능성(多能性)을 지닌다. 그렇다면 속세포덩어리는 어떻게 만들어질까?

접합체는 3회의 세포 분열을 통해 8개의 구형(球形) 세포로 구성된 8-세포가 된 후, 형태를 변화시키는 밀집 과정을 통해 8-세포 상실배아가 된다. 다음으로, 8-세포 상실배아는 세포의 보존 분열과 분화 분열로 16-세포 상실배아가 되는데, 보존 분열은 분열 후 두 세포의 성질이 같은 경우이며, 분화 분열은 분열 후 두 세포의 성질이 서로 다른 경우이다. 8-세포 상실배아의 일부 세포는 보존 분열로 16-세포 상실배아의 표층을 형성하는 세포들이 되고, 나머지 세포는 분화 분열로 16-세포 상실배아의 표층에 1개, 내부에 1개로 갈라져서 분포함으로써, 16-세포 상실배아는 표층 세포와 내부 세포로 구분되는 모습을 처음으로 띠게 된다. 한편 이 두 갈래의 세포 분열은 16-세포 상실배아에서도 일어나서 32-세포 상실배아가 형성된다. 32-세포 상실배아의 표층 세포들은 이후 초기 배반포의 영양외배엽 세포들로 분화되고 내부 세포들은 속세포덩어리 세포들로 분화된다.

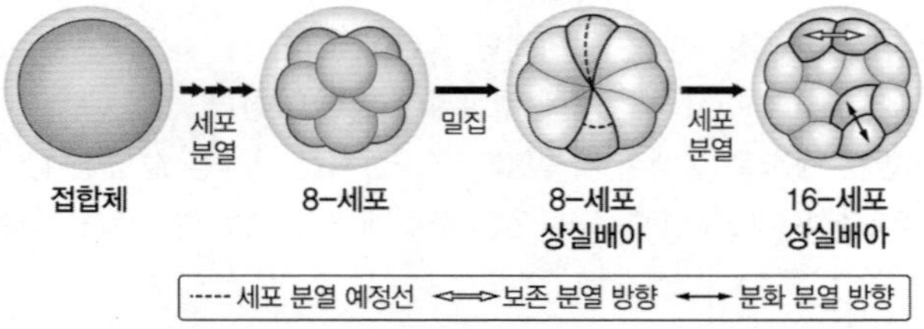

여기서 문제는 16-세포 상실배아와 32-세포 상실배아의 세포가 어떻게 서로 다른 성질을 가진 세포로 분화되는가이다. 이에 대해 두 개의 가설이 제시되었다. 먼저 '내부-외부 가설'은 하나의 세포가 주변 세포와의 접촉 정도와 외부 환경에의 노출 여부에 따라 서로 다르게 분화된다고 보았다. 곧 상실배아의 내부 세포는 표층 세포보다 주변 세포와의 접촉 정도가 더 크고 바깥 환경과 접촉하지 못하므로 내부 세포와 표층 세포는 서로 다른 세포로 분화된다는 것이다.

그러나 8-세포 상실배아 상태에서 특정 물질들의 분포에 따라 한 세포가 성질이 다른 두 부분으로 구분된다는 것이 발견되면서, '양극성 가설'이 새로 제시되었다. 8-세포 단계에서 세포 내에 고르게 분포했던 어떤 물질들이 밀집 과정에서 바깥이나 안쪽 중 한쪽으로 쏠려 분포하게 되어 결과적으로 8-세포 상실배아의 각 세포는 두 부분으로 구분된다. 이 물질들을 양극성 결정 물질이라고 부르며, 이 물질의 분포에 따라 서로 다른 성질의 세포로 분화된다는 것이 '양극성 가설'이다. 이 가설에 따르면 8-세포 상실배아의 세포가 분화 분열되면서 형성된 16-세포 상실배아의 표층 세포는 원래 가지고 있던 양극성 결정 물질의 분포를 유지하지만, 분열로 만들어진 내부 세포에는 분열 이전에 바깥쪽에 쏠려 분포했던 양극성 결정 물질이 없다. 표층 세포와 내부 세포의 이런 차이 때문에 분화될 세포의 유형이 다르게 된다는 것이다.

과학자들은 상실배아의 표층 세포와 내부 세포의 분화와 관련하여 다능성-유도 물질 OCT4와 영양외배엽 세포 형성 물질 CDX2를 주목하였다. 8-세포 상실배아의 모든 세포에서 OCT4는 고르게 분포하지만, CDX2는 그렇지 않다. 이는 양극성 결정 물질 중 세포의 바깥 부분에만 있는 물질이 CDX2를 세포 바깥쪽에 집중적으로 분포하게 하기 때문이다. 이후 16-세포 상실배아가 되면, 표층 세포에서는 OCT4가 점차 없어지는 반면, 내부 세포에서는 잔류 CDX2가 점차 없어지는데, 이는 표층 세포에서는 CDX2가 OCT4의 발현을 억제하고, 내부 세포에서는 OCT4가 CDX2의 발현을 억제하기 때문이다. 한편 CDX2를 발현시키는 물질의 기능을 억제하는 '히포' 신호 전달 기전 또한 관련 현상으로 연구되었다. 이에 따르면, 16-세포 상실배아의 모든 세포에 존재하는 이 기전은 주변 세포와의 접촉이 커지면 활성화되어 CDX2의 양이 감소한다. 이러한 연구 결과들은 CDX2와 OCT4의 상호 작용이 분화 분열로 만들어진 두 세포가 달라지는 원인임을 말해 준다.

04

속세포덩어리의 형성과 관련하여 위 글을 통해 알 수 없는 것은?

① 속세포덩어리로 세포가 분화되는 과정
② 속세포덩어리로 분화될 세포의 양극성 존재 여부
③ 속세포덩어리로 분화될 세포가 최초로 형성되는 시기
④ 속세포덩어리가 될 세포의 수를 결정하는 물질의 종류
⑤ 속세포덩어리가 될 세포를 형성하기 위한 세포 분열의 방법

05

16-세포 상실배아기 동안 일어나는 현상으로 옳은 것은?

① 내부 세포에서 CDX2를 발현시키는 물질의 기능이 활성화된다.
② 보존 분열에 의해 형성된 세포에서 '히포' 신호 전달 기전이 활성화된다.
③ 표층 세포의 바깥쪽 부분에서 CDX2의 발현을 억제하는 OCT4의 영향력이 증가한다.
④ 분화 분열에 의해 형성된 내부 세포에서 CDX2 양에 대한 OCT4 양의 비율이 감소한다.
⑤ 표층 세포와 내부 세포 간에 CDX2의 분포를 결정하는 양극성 결정 물질의 양에 차이가 생긴다.

06

<보기>는 여러 단계의 상실배아에 있는 세포에 조작을 가하여 배양한 결과를 정리한 것이다. 실험 결과가 해당 가설을 지지할 때, ㉠, ㉡, ㉢으로 알맞은 것은?

〈보기〉

대상 세포	가해진 조작	배양된 세포 유형	가설
32-세포 상실배아의 내부에 있는 세포	인위적인 방법을 사용하여 표층으로 옮겨 배양	㉠	내부-외부 가설
16-세포 상실배아의 내부에 있는 세포	채취하여 단독으로 배양	㉡	내부-외부 가설
8-세포 상실배아에 있는 세포	채취하여 바깥쪽에 쏠려 있는 양극성 결정 물질의 기능을 억제하는 물질을 주입한 후 단독으로 배양	㉢	양극성 가설

	㉠	㉡	㉢
①	영양외배엽	영양외배엽	영양외배엽
②	영양외배엽	영양외배엽	속세포덩어리
③	영양외배엽	속세포덩어리	속세포덩어리
④	속세포덩어리	속세포덩어리	영양외배엽
⑤	속세포덩어리	속세포덩어리	속세포덩어리

[07~09]

다음 글을 읽고 물음에 답하시오.

생명체가 다양한 구조와 기능을 갖는 기관을 형성하기 위해서는 수많은 세포들 간의 상호 작용을 통해 세포의 운명을 결정하는 과정이 필요하다. 사람의 경우 눈은 항상 코 위에, 입은 코 아래쪽에 위치한다. 이렇게 되기 위해서는 특정 세포군이 위치 정보를 획득하고 해석한 후 각 세포가 갖고 있는 유전 정보를 이용하여 자신의 운명을 결정함으로써 각 기관을 정확한 위치에 형성되게 하는 과정이 필수적이다. 세포 운명을 결정하는 다양한 방법이 존재하지만, 가장 간단한 방법은 어떤 특정 형태로 분화하게 하는 형태발생물질(morphogen)의 농도 구배(concentration gradient)를 이용하는 것이다. 형태발생물질은 세포나 특정 조직으로부터 분비되는 단백질로서 대부분의 경우에 그 단백질의 농도 구배에 따라 주변의 세포 운명이 결정된다. 예를 들어 뇌의 발생 초기 형태인 신경관의 위쪽에서 아래쪽으로 지붕판세포, 사이신경세포, 운동신경세포, 신경세포, 바닥판세포가 순서대로 발생하게 되는데, 이러한 서로 다른 세포로의 예정된 분화는 신경관 아래쪽에 있는 척색에서 분비되는 형태발생물질인 Shh의 농도 구배에 의해 결정된다(〈그림 1〉). 척색에서 Shh가 분비되기 때문에 척색으로부터 멀어질수록 Shh의 농도가 점차 낮아지게 되어서, 그 농도의 높고 낮음에 따라 척색 근처의 신경관에 있는 세포는 바닥판세포로, 그 다음 세포는 신경세포 및 운동신경세포로 세포 운명이 결정된다.

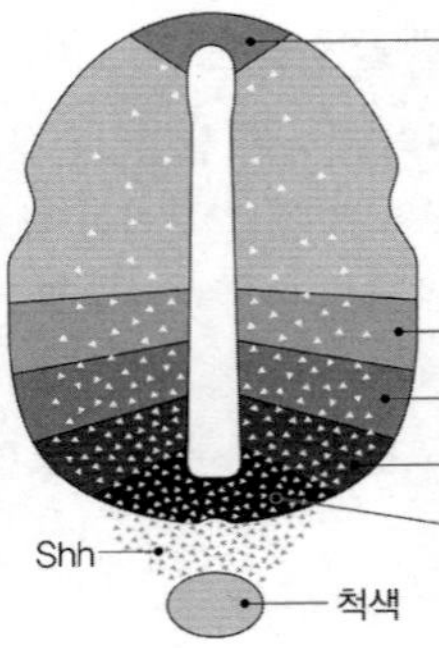

〈그림 1〉

한 개체의 세포가 모두 동일한 유전자를 갖고 있음에도 불구하고 서로 다른 세포 운명을 택하게 되는 것은 농도 구배에 대응하여 활성화되는 전사인자의 종류가 다른 것으로 설명할 수 있다. 전사인자는 유전정보를 갖고 있는 DNA의 특이적인 염기 서열을 인식하여 특정 부분의 DNA로부터 mRNA를 만드는 작용을 하고, 이 mRNA의 정보를 바탕으로 단백질이 만들어진다. 예를 들어 Shh의 농도가 특정 역치 이상이 되면 A전사인자가 활성화되고 역치 이하인 경우는 B전사인자가 활성화되면, A전사인자에 의해 바닥판세포의 형성에 필요한 mRNA와 단백질이 합성되고, B전사인자에 의해 운동신경세포로 분화하는 데 필요한 mRNA와 단백질이 만들어지게 되어 서로 다른 세포 운명이 결정될 수 있는 것이다.

하지만 최근의 연구 결과에 의하면 일부의 형태발생물질이 단순한 확산에 의하여 농도 구배를 형성하지 않고 특정 형태의 매개체를 통하여 이동한다는 사실이 보고되었다. 가령 초파리 배아의 특정 발생 단계에서 합성되는 Wg라는 형태발생물질은 합성되는 장소를 기점으로 앞쪽으로만 비대칭적으로 전달된다(〈그림 2-1〉). 만약 단순한 확산에 의해 농도 구배가 형성된다면 Wg 형태발생물질이 합성되는 곳의 앞쪽 및 뒤쪽으로 농도 구배가 형성될 것을 예상할 수 있지만(〈그림 2-2〉), 실제로 〈그림 2-1〉에서 보이는 바와 같이 Wg가 뒤쪽으로는 이동하지 않고 앞쪽으로만 분포하는 현상이 관찰되었다.

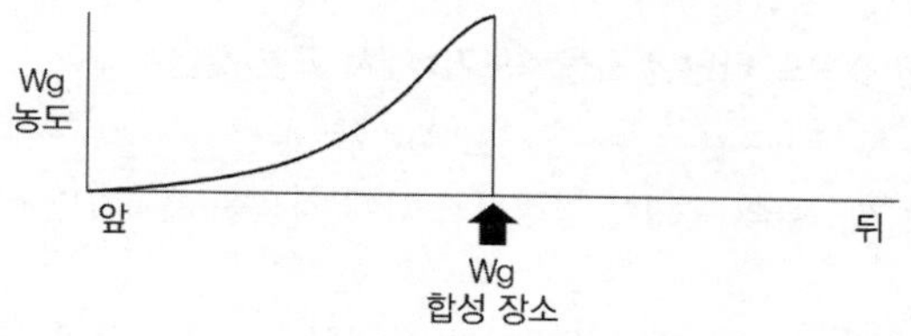

〈그림 2-1〉

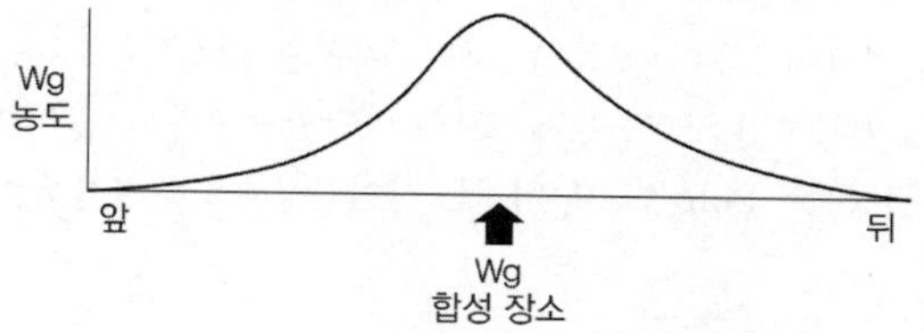

〈그림 2-2〉

여러 가지 실험 결과를 바탕으로 초파리 배아에서 이러한 비대칭적인 전달을 설명하는 모델로서 아래와 같은 가설이 제시되었다.

(1) 수용체에 의한 전달: 형태발생물질을 분비하는 세포 옆에 있는 세포의 표면에 있는 수용체가 형태발생물질을 인식하고 그 다음 세포의 수용체에 형태발생물질을 넘겨준다고 보는 가설이다. 이때 수용체의 양이 이미 비대칭적으로 분포하고 있다면 수용체에 부착된 형태발생물질의 농도 구배가 이루어질 수 있다.

(2) 세포막에 둘러싸인 소낭의 흡수에 의한 전달: 형태발생물질을 분비하는 세포에서 형태발생물질이 소낭, 즉 작은 주머니에 싸여 앞쪽의 세포로만 단계적으로 전달된다고 보는 가설이다. 이 과정에서 형태발생물질의 일부만이 다음 세포로 전달되면 비대칭적 농도 구배가 이루어질 수 있다.

우리 몸을 구성하는 각 기관의 세포 조성이 다르고 서로 다른 발생 단계에서 각 세포가 처해 있는 환경이 다르므로 위에서 제시한 형태발생물질 농도 구배의 형성을 한 가지 모델로만 설명하는 것은 불가능하다. 특정 발생 단계에서는 단순한 확산에 의해서 농도 구배를 형성하고, 다른 환경이나 발생 단계에서는 위에서 기술한 비대칭적 이동에 의해 형태발생물질의 농도 구배가 형성된다고 설명하는 것이 타당하다. 하지만 어떤 방법에 의해서든지 형태발생물질의 농도 구배의 형성은 각각의 농도에 따른 서로 다른 유전자의 발현을 촉진함으로써 다양한 세포 및 기관의 형성 결정에 기여한다.

07

윗글의 내용과 일치하지 않는 것은?

① 구형의 수정란은 형태발생물질의 도움으로 신체 구조의 전후좌우가 비대칭적인 성체로 발생하게 된다.

② 단순 확산으로 전달되는 형태발생물질의 농도는 형태발생물질 분비 조직과의 물리적 거리에 반비례한다.

③ 모든 세포는 동일한 유전자를 가지고 있지만 특정 전사인자의 활성화 여부에 따라 서로 다른 단백질을 만들어낸다.

④ 형태발생물질의 비대칭적 확산을 위해서는 형태발생물질 분비 조직의 주변 세포에 있는 수용체 또는 소낭의 역할이 필요하다.

⑤ 형태발생물질은 척색이 있는 동물의 발생에서는 단순 확산의 형태로, 초파리와 같은 무척추 동물의 발생에서는 비대칭적 확산의 형태로 주로 쓰인다.

08

윗글을 바탕으로 추론한 것으로 타당한 것을 <보기>에서 고른 것은?

〈보기〉

ㄱ. 신경관을 이루는 세포들의 운명이 결정되기 전에 척색을 제거하면 바닥판세포가 형성되지 않을 것이다.

ㄴ. 신경관을 이루는 세포들의 운명이 결정되기 전에 척색을 다른 위치로 이동하면 그 위치와 가장 가까운 곳에서 지붕판세포가 생길 것이다.

ㄷ. 분화되지 않은 신경관에 있는 세포들을, 바닥판세포를 형성하는 Shh의 역치보다 높은 농도의 Shh와 함께 배양하면 사이신경세포보다 바닥판세포가 더 많이 형성될 것이다.

ㄹ. 운동신경세포를 결정짓는 Shh 농도의 역치는 사이신경세포를 결정짓는 Shh 농도의 역치보다 낮을 것이다.

① ㄱ, ㄷ
② ㄱ, ㄹ
③ ㄴ, ㄷ
④ ㄴ, ㄹ
⑤ ㄷ, ㄹ

09

초파리 배아의 발생 과정에 관하여 추론한 것으로 타당한 것은?

① Wg 수용체의 비대칭적 분포는 Wg의 농도 구배에 기인한다.
② Wg를 발현하는 세포로부터 앞쪽으로 멀어질수록 Wg 수용체의 농도는 높다.
③ 소낭에 의해 전달되는 Wg의 양은 Wg를 발현하는 세포에서 멀어질수록 많다.
④ Wg 합성 장소에서 앞쪽과 뒤쪽으로 같은 거리만큼 떨어진 두 세포에서 만들어지는 mRNA는 동일하다.
⑤ Wg 수용체 유전자 또는 소낭을 통해 Wg 수송을 촉진하는 유전자는 Wg 합성 장소 앞쪽에서 발현한다.

[10~12]

2010년 PEET 예비 문10~12

다음 글을 읽고 물음에 답하시오.

세균은 염색체에 유전 물질인 DNA의 형태로 자신의 유전 정보를 대부분 보관한다. 효소 등 생명 활동에 필요한 단백질은 DNA로부터 해당 정보를 넘겨받는 곳이자 세포 내 유일한 단백질 합성 기관인 리보솜에서 생성된다. 생명 유지에 필수적인 단백질들은 일정량씩 항상 유지되는 반면 긴급 상황에 대처하는 데 필요한 단백질은 신속하게 다량 합성되기도 한다.

세균성 질병에 효과적인 치료약인 항생 물질은 곰팡이, 토양 세균 등에서 발견되면서부터 본격적으로 개발되었다. 항생 물질은 세균의 세포막, 세포벽 또는 세포 내 여러 물질과 결합함으로써 DNA 복제나 각종 효소의 활성을 저해하는 등 다양한 작용을 통해 세균을 죽이거나 발육을 저지한다. 그런데 항생 물질들이 널리 사용되면서 항생 물질에 내성을 가진 세균들이 나타나기 시작했다. 그리고 내성 세균의 비율이 크게 높아진 것은 인간의 항생 물질 오남용에 따라 내성 세균이 선택된 결과이다.

내성이 발현되는 방법에는 여러 가지가 있다. 세균은 세포막을 통해 각종 물질들을 흡수하고 불필요한 물질들은 배출하는 생체 활동을 하는데, 항생 물질은 세포막에 있는 특정 수송계를 이용해 세균 내부로 침투하여 작용한다. 어떤 내성 세균은 해당 수송계의 작동을 부분적으로 방해하여 항생 물질이 쉽게 흡수되지 못하도록 함으로써 생존력을 증가시킨다. 그러나 이런 능력은 고용량의 항생 물질 사용으로 무력화된다. 침투한 항생 물질을 에너지를 사용하여 세포 밖으로 빠르게 배출하는 내성 세균도 있는데, 이런 내성 세균은 고용량의 항생 물질에 노출되어도 살아남을 수 있다.

한편 항생 물질을 화학적으로 변형하거나 파괴하는 효소를 생성하여 내성을 보이는 세균도 있다. 이런 효소들은 특정 항생 물질에 대해 선택적으로 작용한다. 그런데 이런 방식의 내성은 유인 물질의 동시 사용에 의해 무력화될 수 있다. 즉, 내성 세균의 효소가 유인 물질을 항생 물질로 오인하여 그것을 주로 상대하는 사이에 진짜 항생 물질의 작용에 노출된 세균은 사멸되는 것이다.

또 다른 내성의 형태는 세균이 항생 물질의 표적이 되는 자신의 효소나 세포의 여러 부위를 변화시켜 항생 물질의 작용을 무력화하는 것이다. 표적이 되는 효소의 구조 일부를 변화시켜 항생 물질에 대한 반응성을 없애거나, 리보솜의 일부 구조를 변형함으로써 단백질 생산 능력은 그대로 유지하면서도 항생 물질과 결합하는 부위만 없애 생명 활동을 지속하는 것이 이런 예가 된다. 한편 세균은 표적 효소를 변형하는 대신 그 유사 단백질을 다량으로 만들어 내어 항생 물질과 대신 결합하게 함으로써 고용량의 항생 물질에 노출되어도 생존에 중요한 효소들을 보호하기도 한다.

세균들 사이에서 내성과 관련된 유전자가 전달됨으로써 내성이 전파되기도 한다. 세균은 염색체와는 별도로 플라스미드라는 작은 고리형 DNA에 유전자를 추가로 가지기도 한다. 이 플라스미드를 복제하여 전달하는 것이 내성 유전자 전달의 주요 방법이다. 페니실린 내성 세균 B1과 세팔로스포린 내성 세균 B2를 예로 들어 이 과정을 살펴보도록 한다. 우선 B1은 내성 유전자가 포함된 플라스미드 전달을 위하여 ㉠ <u>플라스미드 복제본을 만들고</u>, 접합용 ㉡ <u>'선모(線毛)'를 구성하는 단백질을 다량 합성</u>한다. 선모가 완성되면 B2와 ㉢ <u>접합부를 형성</u>하여 B1이 준비한 플라스미드 복제본이 B2 내부로 전달된다. 이 경우, B2는 두 항생 물질에 대한 내성 유전자가 포함된 플라스미드를 둘 다 가지게 되는데, 이 두 플라스미드가 하나로 결합되기도 한다. 즉, 둘 중 하나에서 내성 유전자에 해당되는 ㉣ <u>DNA 조각이 분리</u>되고, 다른 쪽 플라스미드의 적절한 부분에서도 고리가 열려, 열린 한쪽 부분에 미리 준비된 ㉤ <u>DNA 조각이 연결</u>된다. 다른 쪽 끝도 연결되어 다시 고리 모양이 되면 두 항생 물질에 대한 ⓐ [복합 내성을 지닌 플라스미드] 가 완성된다. 이 플라스미드는 다시 복제되어 또 다른 세균에게 전달될 수 있다.

내성 전파에 환경이 중요한 역할을 할 수 있다. 사용된 항생 물질 일부는 분해되어 제거되기 전까지는 그 활성을 유지한 채로 주위 환경에 잔류하며, 이 잔류 약물은 내성 세균들을 선별하는 역할을 한다. 항생 물질이 오남용되는 환경, 실험실 환경, 감염 조직 등에서는 플라스미드 교환이 비교적 쉽게 이루어지기 때문에, 항생 물질 내성 정보가 세균들 사이에 쉽게 퍼지게 된다. 이러한 현상이 지속될 경우 여러 항생 물질에 모두 저항하는 복합 약물 내성 세균이 출현할 가능성은 더욱 커질 것이다.

10

세균이 항생 물질에 저항하는 방법이 <u>아닌</u> 것은?

① 항생 물질이 작용하는 세포 부위의 구조를 변경한다.
② 항생 물질의 화학 구조에 변화를 가져오는 효소를 발현한다.
③ 항생 물질이 결합되는 효소 단백질의 일부 구조를 변화시킨다.
④ 항생 물질의 유입량보다 배출량이 더 큰 세포막 수송계를 이용한다.
⑤ 항생 물질이 결합되는 리보솜을 변형하여 그 항생 물질을 분해한다.

11

리보솜의 기능을 억제하는 어떤 항생 물질이 있다고 할 때, ⓐ의 형성 과정 중 이 항생 물질이 직접 차단하는 단계를 ㉠~㉤에서 고른 것은?

① ㉠ ② ㉡ ③ ㉢
④ ㉣ ⑤ ㉤

12

다음의 상황에서 X의 증식을 억제하는 방법으로 가장 적절한 것은?

> 세균 X는 효소 E1과 E2를 순서대로 사용하여 생명 활동에 필수적인 물질을 생성하는 것으로 알려져 있다. 항생 물질 A1~A3을 시험관의 X에 시험하였을 때 아래와 같이 관찰되었다.
>
> ○ A1 ┌ X에서 분리된 E1을 A1과 혼합하면 서로 강하게 결합함.
> └ X는 에너지를 사용하여 A1을 세포 밖으로 빠르게 배출함.
>
> ○ A2 ┌ X에서 분리된 E2와 A2를 혼합하면 서로 강하게 결합함.
> └ X는 E2와 유사한 구조의 단백질 P를 다량 생성하며 A2와 P는 서로 강하게 결합함.
>
> ○ A3 ┌ X의 세포 내부에 A3을 주입하면 리보솜과 A3은 서로 강하게 결합함.
> └ X는 A3이 자신의 세포막을 통해서 쉽게 흡수되지 않도록 함.

① 고용량의 A1과 일반 용량의 A2를 함께 사용
② 일반 용량의 A1과 고용량의 A2를 함께 사용
③ 고용량의 A1과 일반 용량의 A3을 함께 사용
④ 고용량의 A2와 일반 용량의 A3을 함께 사용
⑤ 일반 용량의 A2와 고용량의 A3을 함께 사용

정답 및 해설 p.34

II. 실전 연습문제 (2) 철학

[01~03]

2010학년도 MDEET 문29~31

다음 글을 읽고 물음에 답하시오.

기술은 무엇인가라는 물음에 대해 누구나 알고 있는 대답은 두 가지이다. 하나는 '기술은 목적을 위한 수단'이라는 것이고, 다른 하나는 '기술은 인간 행위의 하나'라는 것이다. 그런데 기술에 대한 이러한 도구적이고 인간학적인 정의는 틀린 말은 아니지만, 기술의 본질을 밝혀 주지는 못한다. 이것은 '시(詩)란 단어들의 집합이다.'라는 정의가 틀린 것은 아니지만, 시의 고유하고 본질적인 점을 말해 주지 않는 것이나 마찬가지이다.

그렇다면 왜 우리는 기술의 참된 특징을 밝혀야 하는가? 세계 내의 존재인 인간은 세계 안에서 기술과 긴밀한 관계를 맺고 살아가는데, 이러한 관계를 규정하는 것도 바로 기술이기 때문이다. 이 관계에서 인간이 자신의 목적을 실현하기 위해 사용하는 것을 기술이라고 정의하면, 이러한 정의로는 기술의 본질에 도달할 수 없다. 기술은 단지 도구로서만 기능하는 것이 아니라 인간과 세계의 관계를 규정함으로써, 세계 구성에 직접 참여하는 것이다. 따라서 기술은 그저 하나의 수단이 아니라 세계를 열어 밝혀 주는 진리인 것이다. 다시 말해 기술은 탈은폐의 한 방식이다. 기술의 어원인 '테크네'는 본래 수공적인 행위와 능력만이 아니라 예술도 의미한다. 제작과 창작의 공통적인 성격은 '감추어져 있는 어떤 것을 밖으로 끌어내어 앞에 내어 놓는 일'에 있는데, 이것은 어떤 것에 대해 잘 알아 그것을 해명해서 밝히는 능력을 의미하며, 이것이 바로 탈은폐인 것이다.

이러한 탈은폐로서의 기술의 본질 규정은 현대 기술의 본질을 규정할 때도 여전히 타당하다. 단, 탈은폐의 방식이 다를 뿐이다. 현대 기술을 완전히 제압하고 있는 탈은폐는 이제 더 이상 밖으로 끌어내어 앞으로 내어 놓는 자연스러운 방식으로는 전개되지 않는다. 현대 기술의 탈은폐는 안에 은폐되어 있는 것들을 억지로 밖으로 끌어내려는 도발적 요청이다. 이는 자연을 비롯한 세계 일반에 대한 인간의 태도에서 잘 드러난다. 현대 기술은 자연에게 에너지를 내놓으라고 무리하게 요구한다. 과거에 농부의 일이란 농토에 무엇을 내놓으라고 강요하는 것이 아니라 씨앗을 뿌려 싹이 돋아나는 것을 그 생장력에 내맡기고 그것이 잘 자라도록 보호하는 것이었다. 그러나 오늘날은 자연을 도발적으로 닦아세운다. 이제 공기는 질소 공급을 강요당하고 대지는 곡식 공급을 강요당한다. ㉠ <u>과거 기술</u>의 탈은폐는 현실을 현실로서 있도록 내버려두면서 그것을 자연스럽게 드러냈다. 풍차의 날개는 바람의 힘으로 돌아가며 바람에 전적으로 직접 자신을 내맡기고 있다. 풍차는 기류의 에너지를 저장하기 위해 개발된 것이 아니다. 반면 ㉡ <u>현대 기술</u>의 탈은폐는 자연에 숨겨져 있는 에너지를 채굴하고, 캐낸 것을 변형하고, 변형된 것을 저장하고, 저장한 것을 다시 분배하고, 분배된 것을 다시 한 번 전환해 사용함으로써 이루어진다. 그것은 기술적 요구에 맞추어 자연을 끄집어내려는 도발적인 요청인 것이다.

이 도발적 요청은 세계에 있는 존재에 폭력을 가해서 강제적으로 자신의 모습을 잃어버리게 만든다. 이때 자연은 자신의 고유한 본래적인 존재를 포기하고 단순히 에너지 공급자로서, 재료로서, 기능으로서 하나의 부품처럼 탈은폐된다. 온전하게 파악되는 것이 아니라, 하나의 부품으로 드러나기 때문에, 자연의 한 부분만이 드러나 보이게 되거나 또는 본질이 왜곡되기도 한다. 부품은 현대 기술의 도발적 요청에 따라 탈은폐되는 모든 것들이 그 자리에 존재하는 방식이다. 이러한 탈은폐를 수행하는 주체는 인간이다. 인간은 자연을 도발적으로 닦달하여 자연적인 것을 포함한 세계의 존재하는 것들을 부품으로 탈은폐시키는 주체이다. 더 나아가 탈은폐의 과정에서 이 과정의 주체인 인간도 하나의 부품으로 자신을 탈은폐시킨다. 주체가 객체로 전도된 것이다.

현대 기술이 수행하는 탈은폐의 방식으로는 기술이 잘못 드러난다는 것이 명확해졌다. 그렇다면 기술이 어떻게 강요된 탈은폐가 아니라 본래의 탈은폐가 될 수 있을까? 그것은 바로 기술이 테크네로서의 탈은폐 그 자체로 돌아가서 스스로 그러한 모습을 드러내 주게 하면 된다. 기술과 예술 그리고 진리가 분리되지 않았던 그 기술로 돌아가면 된다. 예술적 의미에서 테크네는 참된 것에서 아름다움을 이끌어 내는 것이다. 근원적 의미에서의 예술은 최고의 탈은폐이다. 예술로서의 기술은 사물들이 가지고 있는 존재의 소리를 잘 듣고 이를 형상으로 가장 잘 드러낸다. 기술이 본래 가지고 있었던 이러한 테크네의 성격을 다시 갖게 되면, 비로소 기술은 자신의 본질을 가장 잘 드러내게 될 것이다. 이로써 인간과 기술 그리고 세계는 조화를 이루게 될 것이다.

01

위 글을 바르게 이해한 것은?

① 기술의 본질에 대한 탐색 방식으로, 어원 분석 방법과 통시적 사례 비교 방법의 상충을 검증하였다.
② 기술의 본질 규정을 위해 수단과 행위 영역 사이의 차이점을 해명함으로써 문제의 소재를 명료히 하였다.
③ 기술이 자연에서 드러내고 싶어 하는 바와 자연의 본성이 잘 드러나는 것은 비례 관계에 있음을 증명하려고 했다.
④ 기술의 내재적 속성이 대상에 구현되는 과정에서 개입되는 인간의 창의성 정도에 따라 제작과 창작 능력을 차별화하였다.
⑤ 기술의 본질을 탐구해야 할 필요성을 제시하고 기술의 본질이 왜곡된 상태에서 벗어나 기술을 그 자체로 이해할 것을 주장하였다.

02

㉠과 ㉡에 대한 설명으로 적절한 것은?

① ㉠은 자연 에너지를 있는 그대로 저장하기 위해서 자연의 이용을 최대한 자제한다.
② ㉡은 자연의 고유한 본래적인 존재를 드러내기 위해 자연을 변형한다.
③ ㉡은 탈은폐를 효율적으로 수행하기 위해 ㉠의 테크네 개념을 확장한다.
④ ㉡은 ㉠보다 감추어져 있는 어떤 것을 더 온전하게 밖으로 끌어내어 앞에 내어 놓는다.
⑤ ㉠과 ㉡은 자연이자 현실인 세계의 구성에 참여하고 있다.

03

위 글의 논지에 따라 다음을 해석할 때, 적절하지 않은 것은?

> 수력 발전소가 강에 세워졌다. 이 수력 발전소는 강의 수압을 이용하며, 이 수압으로 터빈을 돌리게 되어 있고, 이 터빈의 회전으로 기계가 돌며, 이 기계의 모터가 전류를 산출해 내고, 이 전류를 송출하기 위해 육지의 변전소와 전선망들이 세워져 있다. 전력 공급을 위한 이처럼 얽히고설킨 맥락에서는 강 역시 무엇을 공급하기 위해 거기 있는 것처럼 나타날 뿐이다. 수백 년 동안 강의 양안을 연결해 주던 낡은 나무다리처럼 사람들이 강 물줄기에 수력 발전소를 세운 것이 아니다. 오히려 강 물줄기가 발전소에 맞추어 변조되었다.

① 수력 발전소는 인간이 강을 도발적으로 닦달하는 방식이다.
② 수력 발전소가 세워진 후, 강의 정체성은 수력 발전소라는 존재에 의해 규정된다.
③ 수력 발전소는 그 동력을 강에 의존하면서 강의 본래적인 가치를 증대시키고 있다.
④ 수력 발전소가 세워진 후, 강의 존재는 수압 공급자라는 기능으로 한정되고 있다.
⑤ 수력 발전소가 세워지기 전, 강은 자신의 본질과 다르게 존재하라는 요구를 받지 않았다.

[04~06]

2022학년도 LEET 문4~6

다음 글을 읽고 물음에 답하시오.

현대의 환경 위기는 인류의 생존 문제일 뿐 아니라 근대 이후 구현되어 온 인본주의적 가치들을 위협할 수 있는 요인이기도 하다. 즉 그것은 '생존'을 빌미로 하는 신유형의 독재나 제국주의를 유발함으로써 자유, 인권, 평등의 가치에 근거한 민주주의나 세계시민주의 등의 이념들을 위기에 처하게 할 수 있다는 점에서도 문제인 것이다. 환경 위기는 특히 '철학적 근대'에 관한 담론에서 중요 주제로 부각된다. 이 위기는 자연과 인간을 근본적으로 차별하는 세계관을 사상적 토대로 하고, 또한 그러한 세계관은 인간의 이성적 주체성을 전면에 등장시킨 근대의 철학적 혁명에서 비롯되었기에, 사상사적 맥락에서 가장 큰 책임을 져야 하는 것이 바로 철학적 근대라고 지적되기 때문이다. 그러나 철학적 근대는 경시할 수 없는 미덕을 동시에 지니기 때문에, 그대로의 수용도 원천적 거부도 선택할 수 없는 딜레마적 문제이다. 저 숭고한 인본주의적 가치들은 무엇보다도 인간의 지성적·실천적 자율성을 주창한 철학적 근대를 통해 정초되었기 때문이다.

철학적 근대는 ㉠ <u>데카르트주의</u>의 발흥 및 완성의 과정으로 이루어진다는 것이 일반적 통념이다. 이성적 사유 주체의 절대적 확실성을 철학의 제1 원리로 논증하는 이 사상 체계에서 자연은 주체에 대해 근본적 타자로서, 그 어떤 자기 목적이나 내면도 없는 단적인 물질적 실체, 즉 '길이, 넓이, 깊이로 연장된 것'이라는 열등한 존재로 인식된다. 인간과 자연의 이러한 위계적 이원화는 인간의 자연 지배를 정당화하는 토대가 되거니와, 기계론적으로 양화되는 연장의 영역으로 정위된 자연은 인간 마음대로 사용할 수 있는 유용한 자재 창고로 여겨지게 된 것이다.

자연과학적 실험의 보편화는 더욱 과격화된 철학적 자연관의 출현을 촉발한다. 자연은 '인식'과 '사용'의 대상이던 것에서 나아가 '제작'의 대상으로까지 여겨지게 된다. 진리를 발견되는 것이 아니라 만들어지는 것으로 보는 이러한 노선은 ㉡ <u>칸트주의</u>에서 특히 전형적으로 대두한다. 즉 의지의 규범인 도덕 준칙과 마찬가지로 지성의 대상인 자연 법칙 또한 그 입법권이 자율적 주체인 인간에게 부여되는 것이다. 자연은 한낱 조야한 질료로서 주어질 뿐, 그 구체적 존재 형식은 인식 주체로서의 인간의 지적 틀에 의해 결정된다는 것이다. 물론 이 사상에서 자연의 자기 목적이 중요한 화두로 제기되기도 하지만, 이 역시 세계를 대하는 인간의 심적 태도의 차원에서 상정될 뿐이다.

이러한 추이로부터 짐작하면, 철학적 근대의 완성판이라 불리는 [객관적 관념론]은 어떤 노선보다도 강한 이성주의적 면모를 지니는 까닭에, 자연에 대한 억압적 지배를 정당화하는 궁극의 사조라는 죄명을 뒤집어쓸 개연성이 클 것이다. 하지만 이 철학 사조는 그러한 혐의가 근본적 몰이해에서 비롯된 것이라고 항변할 수 있는 상당한 근거를 지니는데, 흥미롭게도 그 근거는 이 사조가 철학적 근대의 핵심 원리인 '이성'의 위상을 극한으로 강화한다는 점에 있다. 객관적 관념론은 문자 그대로 관념의, 구체적으로는 이성의 객관적 진리치를 정당화하고자 한다. 중요한 것은 여기서 '이성'이 이전의 근대 철학에서와는 사뭇 다른 층위의 의미를 지닌다는 점이다. 즉 '이성'은 단지 지적 능력의 특정한 형식이나 단계를 지칭하는 것에서 나아가 근본적으로는 존재론적·형이상학적 위상까지 지니는 최상위의 범주 또는 섭리를 가리킨다. '모든 것은 개념, 판단, 추론이다'라는 헤겔의 말처럼, 이성은 '세계의 모든 것에 선행하면서 동시에 그 모든 것을 가능케 하는 조건', 즉 '삼라만상의 선험적인 논리적 구조 내지 원리'라는 절대적 위상을 지니며, 이에 모든 자연사와 인간사는 이러한 절대적 이성이 시공간의 차원으로 외화한 현상적 실재로 설명된다. 즉 자연은 절대적 이성에 따라 존재하고 변화하는 사물 양태의 이성이고, 지성적 주체인 인간은 절대적 이성에 따라 사유하고 성숙하여 절대적 이성의 인식에 도달해 가는 의식 양태의 이성이기에, 양자는 본질적으로 동근원적이라는 것이다.

객관적 관념론은 오히려 최고도로 강화된 이성주의를 통해 철학적 근대의 딜레마에 대한 해결을 모색할 수 있음을 보여준다. 그것은 이성적 주체의 위상을 정당화하면서도 동시에 무분별한 자연 지배를 경계할 수 있는 논거를 제시한다. 그 때문에 현대의 환경 철학 담론에서 근대를 원천적으로 거부하는 포스트모더니즘이 상당한 공감을 얻고 있는 와중에도 객관적 관념론에 기반을 둔 자연철학의 계발이 주목을 받는 것이다.

04

윗글에 대한 이해로 가장 적절한 것은?

① 가장 강화된 이성주의는 인간에 대한 자연의 형이상학적 우위를 정초한다.
② 현대의 환경 위기는 새로운 억압적 정치 체제의 대두와 함께 도래한 것이다.
③ 포스트모더니즘은 철학적 근대의 딜레마를 이성에 근거하여 해소하고자 한다.
④ 인본주의적 이념들의 사상적 토대를 제공한 것은 철학적 근대의 주목할 만한 성과이다.
⑤ 인간의 이성적 주체성을 옹호하는 철학사적 흐름은 억압적 자연관으로 귀결될 수밖에 없다.

05

㉠과 ㉡을 비교한 것으로 적절하지 <u>않은</u> 것은?

① ㉠은 ㉡과 달리 자연의 자기 목적을 이성적 인식의 기준으로 설정한다.
② ㉡은 ㉠과 달리 인간을 자연 법칙을 수립하는 주체로 승인한다.
③ ㉠과 ㉡은 모두 자연을 인식과 사용의 대상으로 생각한다.
④ ㉠과 ㉡은 모두 자연에 대한 인간 이성의 우위를 주장한다.
⑤ ㉠과 ㉡은 모두 환경 위기에 대한 철학적 책임이 있는 것으로 평가된다.

06

객관적 관념론 에 대해 추론한 것으로 적절하지 않은 것은?

① 자연 법칙을 탐구하는 자연과학은 의식 양태의 이성이 사물 양태의 이성을 인식하는 것이라고 여길 수 있을 것이다.

② 이성의 위상을 지고의 형이상학적 차원까지 높임으로써 자연 법칙도 인간 의식의 투영을 통해 만들어지는 것으로 여길 것이다.

③ 삼라만상이 절대적 이성의 발현이므로 반이성으로 보이는 어떤 것도 궁극적으로는 이성 영역에 포섭된다고 설명할 수 있을 것이다.

④ 이성이 절대적 진리치를 지닌다는 관점에 의거하여 모든 역사적 사건도 이성의 법칙에 따라 진행되는 것으로 이해할 수 있을 것이다.

⑤ 억압적 자연 지배의 책임을 져야 한다는 비판이 제기된다면 자연과 인간의 동근원성을 강조하는 일원론적 관점을 근거로 반박할 수 있을 것이다.

[07~09]

다음 글을 읽고 물음에 답하시오.

도덕 공동체의 구성원은 도덕적 고려의 대상이 되는 존재로서 도덕 행위자와 도덕 피동자로 구분된다. 도덕 행위자는 도덕 행위의 주체로서 자신의 행위에 따른 결과에 대해 책임질 수 있는 존재이다. 반면에 도덕 피동자는 영유아처럼 이성이나 자의식 등이 없기에 도덕적 행동을 할 수 없는 존재이다. 그럼에도 영유아는 도덕적 고려의 대상이라는 것이 우리의 상식인데, 영유아라고 해도 쾌락이나 고통을 느끼는 감응력이 있기 때문이다. 쾌락이나 고통을 느끼기에 그것을 좇거나 피하려고 한다는 도덕적 이익을 가지고 있으므로 도덕적 고려의 대상이 되어야 한다는 것이다.

싱어와 커루더스를 비롯한 많은 철학자들은 이러한 이유로 감응력을 도덕적 고려의 기준으로 삼는다. 싱어는 영유아뿐만 아니라 동물도 감응력이 있으므로 동물도 도덕 공동체에 포함해야 한다고 주장한다. 반면에 커루더스는 고차원적 의식을 감응력의 기준으로 보아 동물을 도덕 공동체에서 제외하는데, 이 주장을 따르게 되면 영유아도 도덕적 고려의 대상에서 제외되고 만다. 영유아는 언젠가 그런 의식이 나타날 것이므로 잠재적 구성원이라고 주장할 수도 있다. 그러나 문제는 그런 잠재성도 없는 지속적이고 비가역적인 식물인간의 경우이다. 식물인간은 고차원적 의식은 물론이고 감응력도 없다고 생각되는데 그렇다면 도덕적 공동체에서 제외되어야 하는가?

식물인간을 흔히 의식이 없는 상태라고 판단하는 것은 식물인간이 어떤 자극에도 반응하지 못한다는 행동주의적 관찰 때문이다. 이런 관찰은 식물인간이 그 자극에 대한 질적 느낌, 곧 현상적 의식을 가지지 않는다고 결론 내린다. 어떤 사람이 현상적 의식이 없는 경우 그는 감응력이 없을 것이다. 그런데 거꾸로 감응력이 없다고 해서 꼭 현상적 의식을 가지지 못하는 것은 아니다. 즉, [현상적 의식]과 [감응력]의 개념은 일치하지 않는다. 외부 자극에 좋고 싫은 적극적 의미가 없어도 어떠한 감각 정보가 접수된다는 수동적인 질적 느낌을 가질 수 있기 때문이다. 반면 감응력은 수동적인 측면을 넘어서 그런 정보를 바라거나 피하고 싶다는 능동적인 측면을 포함한다. 이것은 자신이 어떻게 취급받는지에 신경 쓸 수 있다는 뜻이므로, 감응력을 도덕적 고려의 기준으로 삼는 철학자들은 여기에 도덕적 고려를 해야 한다고 생각하는 것이다. 행동주의적 기준으로 포착되지 않는 심적 상태는 도덕적 고려의 대상으로 여기지 않는 것이다.

그렇다면 감응력이 없고 현상적 의식만 있는 식물인간은 도덕적 고려의 대상이 아닐까? 도덕적 고려는 어떤 존재가 가지고 있는 도덕적 속성으로 결정되는 것이 아니라, 도덕적 행위자가 그 존재와 맺는 구체적 관계에 의해 결정된다는 주장도 있다. 다양한 존재들은 일상에서 상호작용하는데, 도덕 공동체의 가입 여부는 그러한 관계에 따라 정해진다는 것이다. 그러나 이런 관계론적 접근은 우리와 더 밀접한 관계를 갖는 인종이나 성별을 우선해서 대우하는 차별주의를 옹호할 수 있다. 그리고 똑같은 식물인간이 구체적 관계의 여부에 따라 도덕 공동체에 속하기도 하고 속하지 않기도 하는 문제도 생긴다. 결국 식물인간을 도덕적으로 고려하려면 식물인간에게서 도덕적으로 의미 있는 속성을 찾아야 한다.

감응력이 전혀 없이 오직 현상적 의식의 수동적 측면만을 가진 사람, 즉 '감응력 마비자'를 상상해 보자. 그는 현상적 의식을 가지고 있기는 하지만 못에 발을 찔렸을 때 괴로워하거나 비명을 지르지는 않는다. 그러나 안전한 상황에서 걸을 때와는 달리 발에 무언가가 발생했다는 정보는 접수할 것이다. 이런 상태는 얼핏 도덕적 고려의 대상이 되기에 무언가 부족해 보인다. 하지만 감응력 마비자는 사실상 감응력이 있는 인간의 일상생활의 모습을 보여 준다. 예컨대 컴퓨터 자판을 오래 사용한 사람은 어느 자판에 어느 글자가 있는지를 보지 않고도 문서를 작성할 수 있다. 이 사람은 특별한 능동적인 주의력이 필요한 의식적 상태는 아니지만, 외부의 자극에 대한 정보가 최소한 접수되는 정도의 수동적인 의식적 상태에 있다고 해야 할 것이다. 정도가 미약하다는 이유만으로는 그 상태를 도덕적으로 고려할 수 없다는 주장은 설득력이 부족하다. ㉠ <u>이와 마찬가지로 식물인간이 고통은 느끼지 못하지만 여전히 주관적 의식 상태를 가질 수 있다면, 이는 도덕 공동체에 받아들일 수 있는 여지가 있다는 것을 보여 준다.</u>

07

윗글에 대한 이해로 적절하지 않은 것은?

① 도덕적 행위를 할 수 없는 존재도 도덕 공동체에 들어올 수 있다.
② 도덕 피동자는 능동적인 주의력은 없지만 수동적인 의식적 상태는 있다.
③ 관계론적 접근에서는 동물이 도덕적 고려의 대상이 아닐 수도 있다.
④ 식물인간이 고통을 느끼지 못한다고 판단하는 것은 자극에 반응이 없기 때문이다.
⑤ 식물인간은 도덕 공동체의 구성원이 되어도 스스로 책임질 수 있는 존재는 아니다.

08

현상적 의식 과 감응력 에 대해 추론한 것으로 가장 적절한 것은?

① '감응력 마비자'는 현상적 의식을 가지고 있지 못하다.
② 감응력은 정보 접수적 측면은 없지만 능동적 측면은 있다.
③ 현상적 의식과 달리 감응력은 행동주의적 기준으로 포착되지 않는다.
④ 커루더스는 현상적 의식이 있지만 감응력이 없는 존재를 고차원적 의식이 없다고 생각한다.
⑤ 싱어는 감응력 없이 현상적 의식의 상태에 있는 대상에게 위해를 가하는 것을 비윤리적이라고 주장할 것이다.

09

㉠에 대한 비판으로 가장 적절한 것은?

① 감응력이 있는 현상적 의식을 가진 존재만을 도덕적으로 고려하면 고통과 쾌락을 덜 느끼는 사람을 차별하게 되지 않을까?
② 도덕 피동자가 책임질 수 있는 도덕적 행동을 할 수 없더라도 도덕 행위자는 도덕 피동자에게 도덕적 의무를 져야 하는 것 아닐까?
③ 외부의 자극에 대한 수동적인 의식적 상태는 자신이 어떻게 취급받는지에 신경 쓰지 않는다는 뜻인데 여기에 도덕적 고려를 할 필요가 있을까?
④ 식물인간의 도덕적 고려 여부는 식물인간이 누구와 어떤 관계를 맺느냐가 아니라 어떤 도덕적 속성을 가지고 있느냐를 보고 판단해야 하지 않을까?
⑤ 일상에서 특별한 능동적인 주의력이 필요한 의식 상태라고 하는 것도 알고 보면 외부 자극에 대한 정보가 최소한 접수되는 정도의 의식적 상태가 아닐까?

[10~12]

2021학년도 LEET 문7~9

다음 글을 읽고 물음에 답하시오.

평등은 자유와 더불어 근대 사회의 핵심 이념으로 자리 잡고 있다. 인간은 가령 인종이나 성별과 상관없이 누구나 평등하다고 생각한다. 모든 인간은 평등하다고 말하는데, 이 말은 무슨 뜻일까? 그리고 그 근거는 무엇인가? 일단 이 말을 모든 인간을 모든 측면에서 똑같이 대우하는 절대적 평등으로 생각하는 이는 없다. 인간은 저마다 다르게 가지고 태어난 능력과 소질을 똑같게 만들 수 없기 때문이다. 절대적 평등은 개인의 개성이나 자율성 등의 가치와 충돌하기도 한다.

평등에 대한 요구는 모든 불평등을 악으로 보는 것이 아니라 충분한 이유가 제시되지 않은 불평등을 제거하는 데 목표를 두고 있다. '이유 없는 차별 금지'라는 조건적 평등 원칙은 차별 대우를 할 때는 이유를 제시할 것을 요구하고 있다. 이것은 어떤 이유가 제시된다면 특정한 부류에 속하는 사람들에게는 평등한 대우를, 그 부류에 속하지 않는 사람들에게는 차별적 대우를 하는 것을 허용한다. 그렇다면 사람들을 특정한 부류로 구분하는 기준은 무엇인가? 이것은 바로 평등의 근거에 대한 물음이다.

근대의 여러 인권 선언에 나타난 평등 개념은 개인들 사이의 평등성을 타고난 자연적 권리로 간주하였다. 하지만 이러한 자연권 이론은 무엇이 자연적 권리이고 권리의 존재가 자명한 이유가 무엇인지 등의 문제에 부딪히게 된다. 그래서 롤스는 기존의 자연권 사상에 의존하지 않는 방식으로 인간 평등의 근거를 마련하려고 한다. 그는 어떤 규칙이 공평하고 일관되게 운영되며, 그 규칙에 따라 유사한 경우는 유사하게 취급된다면 형식적 정의는 실현된다고 본다. 하지만 롤스는 형식적 정의에 따라 규칙을 준수하는 것만으로는 정의를 담보할 수 없다고 생각한다. 그 규칙이 더 높은 도덕적 권위를 지닌 다른 이념과 충돌할 수 있기에, 실질적 정의가 보장되기 위해서는 규칙의 내용이 중요한 것이다.

롤스는 인간 평등의 근거를 설명하면서 영역 성질(range property) 개념을 도입한다. 예를 들어 어떤 원의 내부에 있는 점들은 그 위치가 서로 다르지만 원의 내부에 있다는 점에서 동일한 영역 성질을 갖는다. 반면에 원의 내부에 있는 점과 원의 외부에 있는 점은 원의 경계선을 기준으로 서로 다른 영역 성질을 갖는다. 그는 평등한 대우를 받기 위한 영역 성질로서 '도덕적 인격'을 제시한다. 도덕적 인격이란 도덕적 호소가 가능하고 그런 호소에 관심을 기울이는 능력이 있다는 것인데, 이 능력을 최소치만 갖고 있다면 평등한 대우에 대한 권한을 갖게 된다. 도덕적 인격이라고 해서 도덕적으로 훌륭하다는 뜻이 아니라 도덕과 무관하다는 말과 대비되는 뜻으로 쓰고 있다. 그런데 어린 아이는 인격체로서의 최소한의 기준을 충족하고 있는지가 논란이 될 수 있다. 이에 대해 롤스는 도덕적 인격을 규정하는 최소한의 요구 조건은 잠재적 능력이지 그것의 실현 여부가 아니기에 어린 아이도 평등한 존재라고 말한다.

싱어는 위와 같은 롤스의 시도를 비판한다. 도덕에 대한 민감성의 수준은 사람에 따라 다르다. 그래서 도덕적 인격의 능력이 그렇게 중요하다면 그것을 갖춘 정도에 따라 도덕적 위계를 다르게 하지 말아야 할 이유가 분명하지 않다고 말한다. 그리고 평등한 권리를 갖는 존재가 되기 위한 최소한의 경계선을 어디에 그어야 하는지도 문제로 남는다고 본다. 한편 롤스에서는 도덕적인 능력을 태어날 때부터 가지고 있지 않거나 영구적으로 상실한 사람은 도덕적 지위를 가지고 있지 못하게 되는데, 이는 통상적인 평등 개념과 어긋난다. 그래서 싱어는 평등의 근거로 '이익 평등 고려의 원칙'을 내세운다. 그에 따르면 어떤 존재가 이익, 즉 이해관계를 갖기 위해서는 기본적으로 고통과 쾌락을 느낄 수 있는 능력을 갖고 있어야 한다. 그리고 그 능력을 가진 존재는 이해관계를 가진 존재이기 때문에 평등한 도덕적 고려의 대상이 된다. 이때 이해관계가 강한 존재를 더 대우하는 것이 가능하다. 반면에 그 능력을 갖지 못한 존재는 아무런 선호나 이익도 갖지 않기 때문에 평등한 도덕적 고려의 대상이 되지 않는다.

10

'평등'을 설명한 것으로 가장 적절한 것은?

① 형식적 정의에서는 차별적 대우가 허용되지 않는다.
② 조건적 평등과 달리 절대적 평등은 결과적인 평등을 가져온다.
③ 불평등은 충분한 이유가 있더라도 평등의 이념에 부합하지 않는다.
④ 규칙에 따라 유사한 경우는 유사하게 취급해도 결과는 불평등할 수 있다.
⑤ 인간의 능력은 절대적으로 평등하게 만들 수 있지만 자율성에 어긋날 수 있다.

11

롤스와 싱어를 이해한 것으로 적절하지 않은 것은?

① 롤스에서 평등의 근거가 되는 특성을 가지지 못한 존재는 부도덕하다.
② 롤스에서 영역 성질은 정도의 차를 감안하지 않는 동일함을 가리킨다.
③ 싱어에서는 인간이 아닌 존재가 느끼는 고통과 쾌락도 도덕적으로 고려해야 한다.
④ 싱어에서는 도덕적으로 평등하다고 인정받는 사람들도 차별적 대우를 받을 수 있다.
⑤ 롤스와 싱어는 도덕에 대한 민감성이 사람마다 다름을 인정한다.

12

<보기>에 대한 반응으로 적절하지 않은 것은?

〈보기〉

○ 갑은 고통을 느끼는 능력과 도덕적 능력을 회복 불가능하게 상실하였다.
○ 을은 도덕적 능력을 선천적으로 결여했지만 고통을 느낄 수 있다.
○ 병은 질병으로 인해 일시적으로 도덕적 능력을 상실하였다.

① 갑에 대해 싱어는 도덕적 고려의 대상이 아니라고 보겠군.
② 을이 도덕적 능력이 있는 사람보다 더 고통을 느낀다면 싱어는 더 대우를 받아야 한다고 생각하겠군.
③ 을이 도덕적 고려의 대상임을 설명할 수 있다는 점에서 싱어는 자신의 설명이 통상적인 평등 개념에 부합한다고 생각하겠군.
④ 병에 대해 롤스는 그 질병에 걸리지 않은 사람과 달리 평등하지 않게 생각하겠군.
⑤ 갑과 을에 대해 싱어는 롤스가 도덕적 인격임을 설명하지 못할 것이라고 보겠군.

정답 및 해설 p.38

[01~03]

2020학년도 LEET 문10~12

다음 글을 읽고 물음에 답하시오.

채만식의 소설 「탁류」는 1935년에서 1937년에 이르는 2년간의 이야기로, 궁핍화가 극에 달해 연명에 관심을 가질 수밖에 없었던 조선인의 현실을 중요한 문제로 삼은 작품이다. 그런데 채만식이 「탁류」에서 현실을 대하는 태도에는 식민지 근대화 과정에 대한 작가의 민감한 시선이 들어 있었다. 그는 전 지구적 자본주의 시스템과 토착적 시스템의 갈등에 의해서 만들어진, 게다가 식민지적 상황 때문에 더욱더 굴곡진 수많은 우여곡절에 주목하였다. 채만식의 민감한 시선은 「탁류」에서 집중적으로 그려진 '초봉'의 몰락 과정 에서도 구체적으로 드러난다. 그것은 인간과 사물을 환금의 가능성으로만 파악하는 자본주의의 기제가 인간의 순수한 영혼을 잠식해 들어가고, 그러면서 그 이윤 추구의 원리를 확대 재생산하는 과정을 보여 준다.

소설의 앞부분에서 초봉은 경제적 어려움에 시달리는 가족을 위해서라면 자기희생을 마다하지 않는 순수한 영혼의 소유자로 등장한다. 태수는 그런 초봉에게 끊임없이 베풀면서 초봉을 그녀의 ㉠ 고유한 영토로부터 끌어낸다. 그런 베풂을 순수 증여라고 해도 될까. 아니, 꽤나 검은 의도를 숨기고 행한 증여이니 그것은 사악한 증여라고 해야 할 터이다. 하여간 태수는 끊임없이 증여하고 선물하면서 초봉의 고유한 모럴, 그러니까 노동을 통해 조금씩 무언가를 축적해 가는 삶의 방식을 회의에 빠뜨린다. 그리고 그 증여 행위를 집요하게 반복함으로써 초봉의 호의적인 시선을 얻어낸다. 하지만 그 순간이란 ㉡ 하나의 변곡점과도 같은 것이었다. 그때부터 그는 초봉에게 증여한 것의 대가로 무언가를 요구함으로써 초봉을 타락한 교환가치의 세계 속으로 끌어들인다.

초봉이 교환의 정치경제학에 익숙해질 무렵, 제호가 초봉에게 접근한다. 제호는 객관적인 지표를 가지고 초봉의 육체를 돈으로 측량하고 그와의 거래를 제안한다. 초봉 또한 제호가 자신의 상품성을 그만치 높게 봐 주자 이 거래를 흔쾌하게 받아들인다. 비록 그 교환이 서로 간의 의지가 관철된 것이었어도 이 거래 이후로 초봉은 상품으로 전락하게 된다. 그리고 그런 초봉에게 형보가 나타나 초봉과 송희 모녀의 호강을 구실로 가학성을 노골적으로 드러내면서 잉여의 성적 착취를 반복한다. 형보는 이 타락한 사회에 동화된 초봉이 어떠한 고통을 겪게 될지라도 이 세계 바깥으로 나갈 용기를 낼 수 없을 것이라고 확신하고 있었기에 초봉의 거부감을 아랑곳하지 않았다.

'초봉의 몰락'은 이렇듯 초봉이 교환의 정치경제학을 자기화함으로써 ㉢ 영혼이 없는 자동인형으로 전락하는 것으로 귀결되었다. 그리고 그 과정에서 초봉은 아버지 정주사가 미두*로 일확천금을 꿈꾸듯 자신의 인격을 버리고 스스로를 상품으로 만들어 나갔다. 자신에 대한 착취에 강렬한 거부감을 가지기도 하였지만 결국에는 모든 것을 상품화하는, 특히 여성의 몸을 상품화하는 자본주의 기제의 ㉣ 노회함과 집요함 앞에 굴복하고 말았다. 그렇다면 「탁류」에는 추악한 세상의 탁류에서 벗어날 가능성이 전혀 없는 것일까? 채만식은 「탁류」에서 그 특유의 냉정한 태도로 한편으로는 부정적인 삶의 양태들을 냉소하고 풍자하는가 하면, 다른 한편으로는 보다 의미 있는 삶의 형식 혹은 보다 나은 미래를 가능케 할 잠재적 가능성이나 가치들을 끈질기게 탐색해 내었다.

"위험이 있는 곳에 구원의 힘도 함께 자란다."라는 ㉤ 횔덜린의 말을 좀 뒤집어 말하자면, 「탁류」가 세상을 위험이 가득한 곳으로 묘사할 수 있었던 것은 아마도 그 위험 속에 같이 자라는 구원의 힘을 어느 정도 감지했기 때문이리라. 그 구원의 가능성은 소설의 결말 부분에서 초봉이 형보를 죽였다는 점으로만 한정되지는 않는다. 「탁류」에는 개념의 위계를 갖춰 계기가 제시되는 것은 아니나 타락한 교환의 질서 바깥으로 나갈 수 있는 여러 계기들이 곳곳에 흩어져 있다. 딸 송희를 낳으면서 초봉이 어머니 마음을 갖게 되는 것도, 자유주의자이자 냉소주의자인 계봉이 일하는 만큼의 대가를 얻어야 한다는 철칙을 지니고 살아가는 것도, 승재가 남에게 그저 베풀려고 하는 것도 모두 그에 해당하는 것들이다. 이것들 중에서도 초봉과 승재의 삶에서 드러나는 증여의 삶은 「탁류」가 타락한 세계를 넘어설 수 있는 길로 제시하는 것이며, 이를 우리는 '증여의 윤리'라고 부를 수 있을 터이다.

* 미두(米豆): 미곡의 시세를 이용하여 약속으로만 거래하는 일종의 투기 행위

01

윗글에 대한 설명으로 가장 적절한 것은?

① 시대의 특수성을 고려하여 삶의 양태에 대한 소설가의 비판적 인식을 추적한다.
② 인물의 내면 심리에 대한 세밀한 분석을 통해 소설가의 내면 심리를 천착한다.
③ 궁핍으로 인한 연명의 문제보다 윤리의 문제를 중시한 소설가의 인식을 비판한다.
④ 인간의 존재론적 모순에 대한 소설가의 염세적 시선에 주목하여 삶의 의미를 반추한다.
⑤ 현실을 대하는 소설가의 이중적 태도를 인물들이 표방하는 이념의 분석을 통해 통찰한다.

02

'초봉'의 몰락 과정 과 관련하여 ㉠~㉤을 이해할 때, 적절하지 않은 것은?

① ㉠은 자본주의 기제로부터 영향을 받기 이전에 가족에 대한 증여자로서 '초봉'이 지녔던 순수한 영혼을 환기한다.
② ㉡은 '초봉'이 노동에 의해 빈곤에서 벗어날 수 있다는 믿음을 되찾으면서 교환의 정치경제학이라는 틀 속에 빠져들기 시작한다는 점을 알려준다.
③ ㉢은 '초봉'이 물신주의적 가치관을 수용하게 됨으로써 인간과 사물을 환금의 가능성으로만 파악하게 되었음을 나타낸다.
④ ㉣은 '초봉'의 몰락 과정이 순진성의 세계를 끈덕지고도 교활하게 파괴하는 식민지 근대화 과정과 상통함을 보여준다.
⑤ ㉤은 구원의 힘이 역설적 방식으로 존재함을 강조하는 것으로, 왜곡된 자본주의 논리를 벗어날 힘이 '초봉'의 몰락 과정에서 생성되어 가기도 함을 시사해 준다.

03

윗글을 바탕으로 <보기>를 감상할 때, 적절하지 않은 것은?

〈보기〉

계봉이는 승재가 오늘도 아침에 밥을 못 하는 눈치를 알고 가서, 더구나 방세가 밀리기는 커녕 이달 오월 치까지 지나간 사월달에 들여왔는데, 또 이렇게 돈을 내놓는 것인 줄 잘 알고 있다.

계봉이는 승재의 그렇듯 근경 있는 마음자리가 고맙고, 고마울 뿐 아니라 이상스럽게 기뻤다. 그러나 그러면서도 한편으로는 얼굴이 꼿꼿하게 들려지지 않을 것같이 무색하기도 했다.

"이게 어인 돈이고?"

계봉이는 돈을 받는 대신 뒷짐을 지고 서서 준절히 묻는다.

"그냥 거저……."

"그냥 거저라니? 방세가 이대지 많을 리는 없을 것이고……."

"방세구 무엇이구 거저, 옹색하신데 쓰시라구……."

계봉이는 인제 알았다는 듯이 고개를 두어 번 까댁까댁하더니,

"나는 이 돈 받을 수 없소."

하고는 입술을 꽉 다문다. 장난엣말로 듣기에는 음성이 너무 강경했다.

승재는 의아해서 계봉이의 얼굴을 짯짯이 건너다본다. 미상불, 여전한 장난꾸러기 얼굴 그대로는 그대로지만, 그러한 중에도 어디라 없이 기색이 달라진 게, 일종 오만한 빛이 드러났음을 볼 수가 있었다.

승재는 분명히 단정하기는 어려우나, 혹시 나의 뜻을 무슨 불순한 사심인 줄 오해나 받은 것이 아닌가 하는 생각도 들었다. 그렇게 생각하고 보니, 비록 마음이야 담담하지만 일이 좀 창피한 것도 같았다. (중략)

계봉이는 문제된 오 원짜리 지전을 내려다본다. 아무리 웃고 말았다고는 하지만 그대로 집어 들고 들어가기가 좀 안되었다. 그러나 그렇다고 종시 안 가지고 가기는 더 안되었다. 잠깐 망설이다가 할 수 없이 그는 돈을 집어 든다.

— 채만식, 「탁류」 —

① 초봉을 전락시킨 돈은 이윤 추구 원리의 작동을, 승재가 계봉에게 건네는 '돈'은 순수 증여를 표상하는 것으로 볼 수 있겠군.

② 제호는 속물주의적 논리를 통해 자신의 의지를 관철하고, 승재는 '마음'의 가치를 통하여 자신의 선의를 드러낸다고 볼 수 있겠군.

③ 형보는 돈의 위력을 믿고 초봉의 고통을 아랑곳하지 않고, 계봉은 자존심 때문에 '근경 있는 마음자리'에 대해 양가적인 태도를 보인다고 볼 수 있겠군.

④ 태수의 과잉 증여와는 달리, 승재의 증여는 대가를 바라는 '불순한 사심'을 지니지 않은 것이기에 타락한 교환 세계에서 벗어날 희망의 표지로 볼 수 있겠군.

⑤ 교환의 정치경제학을 무의식적으로 자기화한 초봉과는 달리, '입술'을 꽉 다무는 계봉의 모습은 '증여의 윤리'를 의식적으로 수용하려는 태도를 나타낸 것으로 볼 수 있겠군.

[04~06]

2009학년도 LEET 문29~31

다음 글을 읽고 물음에 답하시오.

오늘날 우리는 온갖 행위들이 '예술'로 인정되는 경우를 자주 본다. 그리고 이 경우 대상의 순수한 예술적 가치 이외의 다른 가치들은 논외로 하는 것이 일반적이다. 즉 예술만의 고유하고 독자적인 존립을 인정하고 타 영역의 간섭을 원칙적으로 거부하는 인식이 보편화되어 있는 것이다. 이러한 인식을 대변하는 대표적 예술론의 하나가 바로 체계 이론 미학이다. 루만에 의해 개척된 체계 이론은 사회 각 영역이 고유한 자립성을 확보하면서 하나의 '체계'로 분리 독립되는 과정을 분석하는데, 이 이론을 미학에 적용하여 예술을 독자적 체계로 기술하려는 이들은 헤겔의 미학을 자신들의 주장을 정당화하는 중요한 단서로 활용하곤 한다.

흥미로운 것은 그들이 예술에 대한 호의적인 결론을 도출하려고 끌어들인 헤겔의 예술론이 본래는 오히려 예술에 대한 부정적 결론, 즉 '예술의 종언' 명제로 요약된다는 점이다. 따라서 이 명제가 어떻게 예술 옹호론을 위한 실마리로 전용될 수 있는지를 따져 볼 필요가 있다.

헤겔 미학의 핵심은 두 가지이다. 첫째, 그는 예술을 '이념의 감성적 현현(顯現)', 즉 절대적 진리의 구체적 형상화로 규정한다. 그는 지고의 가치인 진리를 예술의 내용으로 규정함으로써 예술을 종교, 철학과 함께 인간 정신의 최고 영역에 포함시킨다. 이는 예술이 헛된 가상이거나 감성적 도취 또는 광기의 산물이어서 정신의 최고 목표인 진리 매개가 절대 불가능하다는 플라톤의 판정으로부터 예술을 방어할 수 있는 매력적인 논변일 수 있다. 둘째, 그럼에도 헤겔의 최종적인 미학적 결론은 오히려 이와 모순되는 것처럼 보인다. 그는 "우리에게 예술은 더 이상 진리가 실존하는 최고의 방식이 아니다. …… 물론 우리는 예술이 더 융성하고 완전하게 되기를 바랄 수 있다. 그러나 예술의 형식은 더 이상 정신의 최고 욕구가 아니다."라고 말한다.

중요한 것은 이 두 주장이 묘한 인과관계에 있다는 것이다. 즉 이 둘을 하나로 묶으면 ㉠ '예술은 진리 매개가 그것의 과제이기 때문에 종말을 맞는다'가 된다. 다분히 역설적으로 보이는 이러한 예술관을 이해하기 위한 열쇠는 헤겔이 예술의 내용과 형식으로 각각 설정한 '진리'와 '감성'의 상관관계에 있다. 객관적 관념론자인 그는 진리란 '우주의 근본 구조로서의 순수하고 완전한 논리', 즉 '이념'이므로, 그것을 참되게 매개하는 정신의 형식은 바로 그 순수 논리에 대응하는 '순수한 이성적 사유'라고 생각한다. 따라서 그 본질상 감성을 형식으로 하는 예술이 이념을 매개할 수 있는 가능성은 인간 정신의 작동 방식이 근본적으로 감성적이어서 아직 이성적 사유 능력이 제대로 발휘될 수 없었던 먼 과거의 역사적 유년기에 국한되며, 예술이 담당했던 과제가 근대에는 철학으로 이관되었다고 한다. 더욱이 헤겔은 이러한 발전의 방향이 영원히 불가역적이라고 여긴다.

체계 이론가들은 바로 헤겔의 결론인 '더 이상 기대할 수 없는, 예술의 진리 매개 가능성'에서 역전을 위한 힌트를 얻는다. 즉 헤겔이 예술의 종언을 선언하는 바로 그 지점에서 이들은 예술의 진정한 실존 근거를 찾거니와, 예술을 진리 영역으로부터 '퇴출'시킨 헤겔의 전략은 이들에게는 오히려 오래도록 그것을 짓눌러 왔던 중책으로부터 예술을 '해방'시키는 것을 뜻한다. 그 때문에 근대 이후에 존속하는 예술은 헤겔에게는 '무의미한 잔여물'인 반면, 이들에게는 '비로소 예술이 된 예술'이다. 모든 외적 연관들이 차단됨으로써, 즉 일체의 예술 외적 요구로부터 자유로운 자족적 체계로 분리 독립됨으로써, 무엇을 어떻게 표현할 것인가의 선택권은 전적으로 예술에게 주어지며, 이에 따라 예술은 예전에는 상상도 할 수 없던 많은 것을 내용과 형식으로 삼을 수 있게 된다.

그런데 체계 이론의 이러한 예술 해방 전략에는 석연찮은 점이 남아 있다. 왜냐하면 ⓐ 일부 예술가와 예술 애호가들은 예술의 고유한 자립성을 인정하면서도 여전히 진리와 예술의 긍정적 연관을 매력 있게 정당화하는 담론을 미학에서 기대하기 때문이다. 따라서 이들에게 ⓑ 체계 이론 미학은 '절반의 성공'에 불과한 것으로 평가된다. 이렇게 평가되는 원인은 체계 이론 미학이 헤겔 미학을 전거로 삼으면서 그 원래의 핵심 주제를 방기(放棄)한 데 있다. 따라서 예술계의 중요한 요구를 충족하는 좀 더 의미 있는 예술론이 되려면 체계 이론 미학은 진리와 연관된 예술의 가치를 묻는 물음에 대해서도 긍정적 답변을 줄 수 있는 이론으로 성숙해져야 한다.

04

㉠에 대한 설명으로 가장 적절한 것은?

① 예술이 진리 매개라는 목적을 달성하고자 하더라도 정신의 작동 방식이 감성적 단계를 넘어선 시대에는 그 실현 가능성이 없다.
② 예술의 본질은 순수한 심미적 가치의 구현이지만, 진리 매개라는 이질적 목적이 개입함으로써 예술의 자율성이 훼손된다.
③ 예술이 진리 매개를 그것의 유일한 과제로 삼음으로써 주제의 다양화가 원천적으로 불가능하게 된다.
④ 예술이 진리 매개를 추구하여 매우 난해한 행위로 변함으로써 대중과의 소통이 불가능해진다.
⑤ 예술이 진리 매개를 지나치게 지향함으로써 양식적 쇠퇴라는 부정적 결과를 초래한다.

05

ⓐ가 ⓑ를 평가한 것으로 가장 적절한 것은?

① 고전적인 학설을 활용했지만, 그것의 핵심적 논점에서 벗어났다.
② 체계적인 이론을 정립했지만, 그것의 현실적 실용화는 미흡했다.
③ 유의미한 주제를 제시했지만, 그것의 대중적 공론화가 어려웠다.
④ 흥미로운 현상을 발견했지만, 그것의 인과적 규명에는 실패했다.
⑤ 매력적인 가설을 수립했지만, 그것의 경험적 검증에는 실패했다.

06

<보기>의 주장에 대한 '헤겔'의 평가로 가장 적절한 것은?

〈보기〉

근대에 새로이 출현한 장르인 오페라는 기존의 모든 예술적 요소를 하나의 장르로 통합한 것으로, 고대 그리스의 비극에 견줄 수 있을 만큼 완전성을 갖춘 종합 예술이다. 오페라의 이러한 통합성은 그 근본 원리 면에서 다음 시대에 이루어질 영화와 뮤지컬의 탄생을 예고한다.

① 오페라의 양식적 장대함은 고대 그리스 비극의 현대적 재현이다.
② 오페라가 절대적 진리를 담으려면 종합적 기법의 완성도를 더 높여야 한다.
③ 오페라의 완성도 높은 양식이 예술의 본래적 가치의 구현을 의미하지는 않는다.
④ 오페라의 통합적 성격은 오히려 예술에 더 이상의 양식적 발전이 불가능함을 보여 준다.
⑤ 오페라가 가치 있는 장르가 되려면 앞으로 화려한 양식 속에 이성적 사유를 담아내야 한다.

[07~09]

2011학년도 LEET 문21~23

다음 글을 읽고 물음에 답하시오.

음악에서 개별적인 음 하나하나는 단순한 소리일 뿐 의미를 갖지 못한다. 이 음들이 의미를 가지려면 음들은 조화로운 방식으로 결합된 맥락 속에서 파악되어야 한다. 그렇다면 그 맥락은 어떻게 형성되는가? 이를 알기 위해서는 음악의 기본적인 요소인 음정과 화음, 선율과 화성의 개념을 이해할 필요가 있다.

떨어진 두 음의 거리를 '음정'이라고 한다. 음정의 크기(1도~8도)와 성질(완전, 장, 단 등)은 두 음의 어울리는 정도를 결정하는데, 그에 따라 음정은 세 가지, 곧 완전음정(1도, 8도, 5도, 4도), 불완전음정(장3도, 단3도, 장6도, 단6도), 불협화음정(장2도, 단2도, 장7도, 단7도 등)으로 나뉜다. 여기서 '한 음의 중복'인 완전1도가 가장 협화적이며, 완전4도 〈도-파〉는 완전5도 〈도-솔〉보다 덜 협화적이다. 불완전음정은 협화음정이기는 하나 완전음정보다는 덜 협화적이다.

중세와 르네상스 시대에는 수직적인 음향보다는 수평적인 선율을 중시하는 선법 음악이 발달했다. 선법 음악은 음정의 개념에 근거한 다성부 짜임새를 사용했는데, 이는 두 개 이상의 선율이 각각 서로 독립성을 유지하면서도 선율과 선율 사이의 조화가 음정에 따라 이루어지는 대위적 개념에 근거한 것이었다. 따라서 각각의 선율은 모두 동등하게 중요했으며, 그에 반해 그 선율들이 만들어 내는 수직적인 음향은 부차적이었다.

중세의 선법 음악에서는 완전하게 어울리는 음정을 즐겨 사용했다. 그래서 기본적으로 완전음정만을 협화음정으로 강조하면서 불완전음정과 불협화음정을 장식적으로만 사용했다. 하지만 르네상스 시대에 이르러 불완전음정인 3도와 6도를 더 적극적으로 사용하기 시작했다. 특히 16세기 대위법의 음정 규칙에서는 악보 (가)의 예가 보여 주듯이 음정의 성질에 따라 그 진행이 단계적으로 이루어지도록 했다. 예를 들면 7도의 불협화적인 음향이 '매우' 협화적인 음향인 8도로 진행하기 전에 '적당히' 협화적인 음향인 6도를 거치도록 했는데, 이를 통해 선법 음악이 추구하는 자연스러운 음향을 표현할 수 있도록 했다. 이는 2도-3도-1도의 진행에서도 확인할 수 있다.

(가)

(나)

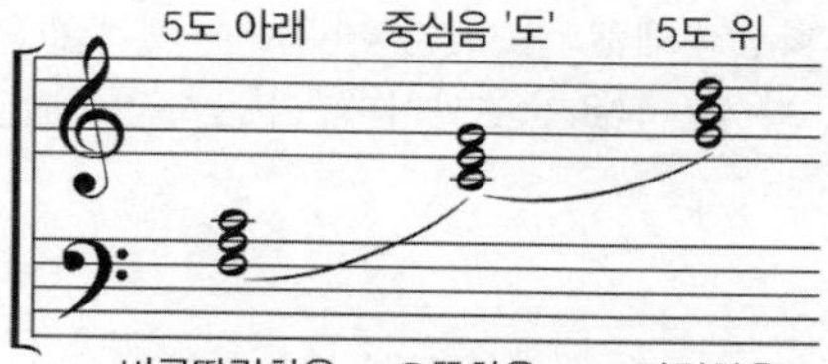

한편 불완전음정 3도가 완전5도를 분할하는 음정으로 사용되면서 '화음'의 개념이 출현하게 되는데, 이러한 변화는 음의 결합을 두 음에서 세 음으로 확장한 것이다. 예컨대 〈도-미-솔〉을 음정의 개념에서 보면 〈도-솔〉, 〈도-미〉, 〈미-솔〉로 두 음씩 묶은 음정들이 결합된 소리로 판단되지만, 화음의 개념에서는 이 세 음을 묶어 하나의 단위, 곧 3화음으로 본다. 이와 같이 세 음의 구성을 한 단위로 취급하는 3화음에서는 맨 아래 음이 화음의 근음(根音)으로서 중요하며, 그 음으로부터 화음의 이름이 정해진다. 또한 이 근음 위에 쌓는 3도 음정이 장3도인지 단3도인지에 따라 화음의 성격을 각각 장3화음, 단3화음으로 구별한다. 예를 들면 완전5도 〈도-솔〉에 장3도 〈도-미〉를 더한 〈도-미-솔〉은 '도 장3화음'이며, 단3도 〈도-미♭〉을 더한 〈도-미♭-솔〉은 '도 단3화음'이다. 화성적 음향이 발달해 3화음 위에 3도를 한 번 더 쌓으면 네 개의 음으로 구성된 화음이 생기는데, 이것을 '7화음'이라고 부른다. 예를 들어, 위의 〈도-미-솔〉의 경우 〈도-미-솔-시〉가 7화음이다.

조성 음악은 이러한 화음의 개념에 근거해서 발달한 것이다. 수평적인 선율보다 수직적인 화음을 중시하는 양식으로 르네상스 시대 이후 등장한 조성 음악에서는 복합층으로 노래하던 다성부의 구조가 쇠퇴하는 대신 선율과 화성으로 구성된 구조가 등장하였다. 이러한 구조에서는 선율이 화음에 근거하여 만들어지기 때문에, 수평적인 선율 안에 화음의 구성음들이 '내재'한다.

조성 음악에서 화음들의 연결을 '화성'이라 한다. 말하자면 화성은 화음들이 조화롭게 연결되어 만들어 내는 맥락을 뜻한다. 악보 (나)가 보여 주듯이 조성 음악에서는 5도 관계에 놓인 세 화음이 화성적 맥락을 형성하는 근본적인 역할을 한다. '도'를 중심으로 해서 이 음보다 5도 위의 '솔', 5도 아래의 '파'를 정하면, '도'가 으뜸음이 되며 '솔'은 딸림음, '파'는 버금딸림음이 된다. 이 세 음을 근음으로 하여 그 위에 쌓은 3화음이 '주요 3화음'이 되는데, 이를 각각 으뜸화음, 딸림화음, 버금딸림화음이라고 한다. 이 세 화음은 으뜸화음으로 향하는 화성 진행을 만든다.

07

위 글의 내용과 일치하지 않는 것은?

① 완전음정 〈도-솔〉은 완전음정 〈도-도〉보다 덜 협화적이다.
② 르네상스 시대보다 중세 시대에 협화적인 음정을 더 많이 사용하였다.
③ 2도-3도-1도의 진행은 불협화음정-불완전음정-완전음정의 단계적 진행이다.
④ 장3화음과 단3화음은 근음 위에 쌓은 3도 음정의 성질에 따라 구별된다.
⑤ 화음의 개념에 근거한 선율만으로는 곡의 주요 3화음을 알 수 없다.

08

선법 음악에서 조성 음악으로의 변화를 바르게 설명한 것은?

① 음의 재료가 협화적 음정에서 불협화적 음정으로 바뀌었다.
② 대위적 양식에서 추구하던 선율들의 개별적인 독립성이 쇠퇴하였다.
③ 수직적인 음향을 강조하던 것이 수평적인 선율을 중시하는 것으로 바뀌었다.
④ 화성적 맥락으로 전환되면서 3도 관계의 화음들이 근본적인 화성 진행을 만들었다.
⑤ "화성은 선율의 결과이다."라는 사고가 발달하면서 선율과 화성의 구조를 사용하였다.

09

<조건>에 따라 <보기>의 곡을 작곡했다고 할 때, 이에 대한 설명으로 적절하지 않은 것은?

〈조건〉

○ 선율은 '도'를 으뜸음으로 한다.
○ 한 마디에는 하나의 화음을 사용한다.

〈보기〉

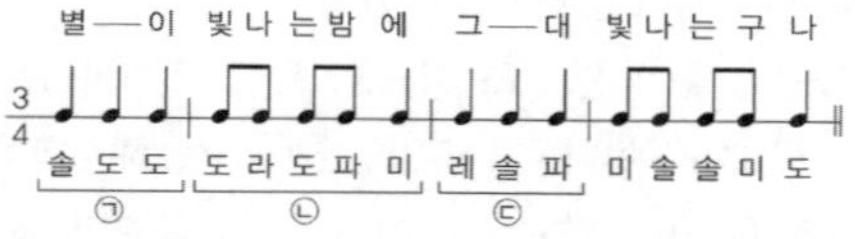

① ㉠의 화음에는 '미'가 내재되어 있다.
② ㉡에는 버금딸림 7화음이 사용되었다.
③ ㉢에는 딸림 7화음이 사용되었다.
④ 으뜸화음에서 시작하여 으뜸화음으로 끝난다.
⑤ 각 마디의 첫 음은 그 마디에 사용된 화음의 근음이다.

[10~12]

2014학년도 LEET 문14~16

다음 글을 읽고 물음에 답하시오.

재현적 회화란 사물의 외관을 실제 대상과 닮게 묘사하여 보는 이가 그림을 보고 그것이 어떤 대상을 그린 것인지 알아 볼 수 있는 그림을 말한다. 음악은 어떨까? 회화가 재현적이 되기 위한 조건들을 음악도 가져야 재현적 음악이 될 수 있다면, 본질적으로 추상적인 모든 음악은 결코 대상을 재현할 수 없다고 해야 하는가?

흔히 논의되는 회화적 재현의 핵심적 조건은 그림의 지각 경험과 그림에 재현된 대상을 실제로 지각할 때의 경험 사이에 닮음이 존재해야 한다는 것이다. 음악이 이 요건을 만족시키지 못한다는 주장은 음악 작품의 이른바 순수하게 음악적인 부분이 재현 대상에 대한 즉각적인 인식을 불러일으키지 못한다는 데에 주목한다. 예를 들어 사과를 재현한 회화에서 재현된 대상인 사과는 작품의 제목이 무엇이든 상관없이 그림 속에서 인식이 가능한데, 음악의 경우는 그럴 수 없기 때문에 음악은 재현적일 수 없다는 것이다. 바다를 재현했다고 하는 드뷔시의 〈바다〉의 경우라도, 표제적 제목을 참조하지 않는다면 감상자는 이 곡을 바다의 재현으로 듣지 못한다는 것이다. 하지만 이러한 주장은 일반화되기 어렵다. 모래 해안의 일부를 극사실주의적으로 묘사한 그림은 재현적 회화이지만 그 제목을 모르면 비재현적으로 보이기 십상일 것이다. 몬드리안의 〈브로드웨이 부기우기〉의 경우, 제목을 알 때 감상자는 그림에 그어진 선과 칠해진 면을 뉴욕 거리를 내려다 본 평면도로 볼 수 있지만 제목을 모를 때는 추상화로 보게 될 것이다.

그러나 이에 대해, 회화적 재현에서 〈브로드웨이 부기우기〉와 같은 사례는 비전형적인 반면 음악의 경우에는 이것이 전형적이라는 점을 지적하는 학자들이 있다. 물론 음악에서는 제목에 대한 참조 없이도 명백히 재현으로 지각되는 사례, 예를 들어 베토벤의 〈전원 교향곡〉의 새소리 같은 경우가 드문 것이 사실이다. 하지만 이것이 음악의 재현 가능성을 부정해야 할 이유가 될까? 작품에서 제목이 담당하는 역할을 고려해 보면 반드시 그렇지만은 않다.

오늘날 많은 학자들은 음악 작품의 가사는 물론 작품의 제목이나 작품의 모티브가 되는 표제까지도 작품의 일부로 본다. ㉠ <u>이 입장</u>을 근거로 할 때, 작품의 내용이 제목의 도움 없이도 인식 가능해야만 재현이라는 것은 지나친 주장이다. 제목이 작품의 일부인 한, 예술 작품의 재현성은 제목을 포함하는 전체로서의 작품을 대상으로 판단해야 하기 때문이다. 슈베르트의 〈물레질하는 그레첸〉의 주기적으로 반복되는 단순한 반주 음형은 제목과 더불어 감상될 때 물레의 반복적 움직임을 효과적으로 묘사한 것으로 들린다.

음악이 재현의 조건을 만족시키지 못한다고 생각하는 학자들은 작품 이해와 관련된 또 다른 문제를 제기한다. 재현적 그림의 특징 중 하나는 재현된 대상에 대한 인식이 작품의 이해를 위해 필수적이라는 점이다. 그러나 재현적이라 일컬어지는 음악 작품은 이러한 특징을 가지지 않는다는 것이 ㉡ <u>이들의 입장</u>이다. 감상자는 작품이 재현하고자 하는 것이 무엇인지 몰라도 그 음악을 충분히 이해할 수 있다는 것이다. 예를 들어 감상자는 〈바다〉가 바다의 재현으로서 의도되었다는 사실을 모르고도 이 곡을 이루는 음의 조합과 구조를 파악할 수 있는데, 이것이 곧 〈바다〉를 음악적으로 이해한 것이 된다는 것이다.

그러나 ㉢ <u>이에 대한 반대의 입장</u>도 제시될 수 있다. 작품의 제목이나 표제가 무시된 채 순수한 음악적 측면만이 고려된다면 작품의 완전한 이해가 불가능한 경우가 있기 때문이다. 표제적 제목과 주제를 알지 못하는 감상자는 차이콥스키의 〈1812년 서곡〉에서 왜 '프랑스 국가'가 갑작스럽게 출현하는지, 베를리오즈의 〈환상 교향곡〉의 말미에 왜 '단두대로의 행진'이 등장하는지 이해할 수 없을 것이다. 실로 이들 작품에서 그러한 요소들의 출현을 설명해 줄 순수하게 음악적인 근거란 없으며, 그것은 오직 음악이 재현하고자 하는 이야기에 의해서만 해명될 수 있다.

10

위 글의 내용과 일치하지 않는 것은?

① 〈바다〉는 표제적 제목 없이는 재현으로 볼 수 없다.

② 〈브로드웨이 부기우기〉는 제목과 함께 고려할 때 재현으로 볼 수 있다.

③ 〈전원 교향곡〉에서 자연의 소리를 닮은 부분은 제목과 함께 고려해야만 재현으로 볼 수 있다.

④ 〈물레질하는 그레첸〉의 주기적으로 반복되는 반주 음형은 제목과 함께 고려할 때 재현으로 볼 수 있다.

⑤ 〈1812년 서곡〉에 포함된 '프랑스 국가'는 순수하게 음악적인 관점에서는 그 등장을 이해할 수 없는 부분이다.

11

글쓴이의 견해와 일치하는 것은?

① 순수한 음악적 측면만으로 재현 대상에 대한 인식을 불러일으킬 수 있는 음악 작품이 흔히 존재한다.

② 음악의 재현 가능성을 옹호하려면 회화적 재현을 판단하는 기준을 대신할 별도의 기준이 마련되어야 한다.

③ 제목의 도움 없이는 재현 여부를 알 수 없다는 점이 음악과 전형적인 회화에서 공통적으로 발견되는 특성이다.

④ 음악적 재현이 가능하기 위해서는 음악 작품의 의도를 전혀 모르는 감상자가 작품을 충분히 이해하는 경우가 전형적이라야 한다.

⑤ 재현에 대한 지각적 경험과 재현 대상에 대한 지각적 경험 사이에 닮음이 존재해야 한다는 조건을 만족시키는 음악 작품이 존재한다.

12

<보기>에 대한 ㉠~㉢의 견해를 추론한 것으로 옳지 않은 것은?

〈보기〉

슈만은 멘델스존의 교향곡 〈스코틀랜드〉를 들으면서 멘델스존의 다른 교향곡 〈이탈리아〉를 듣고 있다고 착각한 적이 있었다. 이탈리아의 풍경을 떠올리며 〈스코틀랜드〉를 들었을 슈만은 아마도 듣고 있는 곡의 2악장의 주제에 왜 파, 솔, 라, 도, 레의 다섯 음만이 사용되었는지 이해할 수 없었을 것이다. 멘델스존의 의도는 스코틀랜드 전통 음악의 5음 음계를 제시하려는 것이었다.

① ㉠은 이것을 예술 작품의 일부로서 제목이 갖는 중요성을 입증하는 사례로 이용할 수 있다고 할 것이다.

② ㉡은 슈만이 자신이 듣고 있는 곡의 재현 대상을 몰랐더라도 곡의 전체적인 조합만큼은 이해할 수 있었다고 할 것이다.

③ ㉡은 5음 음계가 사용된 이유에 대한 정보가 그 곡이 교향곡으로서 지니는 순수한 음악적 구조를 이해하는 데에 꼭 필요한 것은 아니라고 할 것이다.

④ ㉢은 슈만이 자신이 듣고 있는 곡의 제목을 잘못 알았기 때문에 그 음악을 완전히 이해하지는 못했다고 할 것이다.

⑤ ㉢은 이탈리아 풍경과는 이질적인 5음 음계로 인해 슈만이 자신이 듣고 있는 곡의 음악적 구조 파악에 실패했다고 할 것이다

정답 및 해설 p.43

IV. 실전 연습문제 (4) 고전

[01~03] 2013학년도 LEET 문4~6

다음 글을 읽고 물음에 답하시오.

조선 성종 연간, 안정형의 아내 김 씨의 사내종 금동과 계집종 노덕은 김 씨의 옷을 훔치고 중 각돈의 옷을 가져온 뒤, 간통 현장에서 얻은 것이라며 추잡한 소문을 내었다. 이 과정에서 김 씨의 사내종 끝동이 금동의 말을 듣고 김 씨의 옷을 김 씨의 사내종 막동에게 전하여 맡아 두도록 하였다. 이 사건은 안정형의 사촌 형수인 간아가 김 씨를 내쫓고 싶어 꾸민 일이었고, 결국 무고로 밝혀졌다.

노비가 상전을 모해(謀害)한 데 대한 규정은 명률(明律)에 없다. 의금부에서는 노비들에 대하여 명률에 있는 다음 두 조문의 적용을 따져 보았다.

- ㅇ 모반(謀叛: 본국을 배반하고 타국을 몰래 따르려 모의함.)의 경우 공모자는 주범과 종범을 가리지 않고 모두 참형에 처하며, 알면서 자수하지 않은 자는 장 100, 유 3,000리에 처한다.
- ㅇ 모반대역(謀反: 사직을 위태롭게 하려 모의함. 大逆: 종묘, 왕릉, 궁궐을 훼손하려 모의함.)의 경우 공모자는 주범과 종범을 가리지 않고 모두 능지처사하며, 실정을 알면서 고의로 숨겨 준 자는 참형에 처한다.

의금부는 결국 간아는 장 100, 유 3,000리, 금동과 노덕은 참형, 막동과 끝동은 장 100, 유 3,000리로 처결하는 것이 좋겠다는 계본을 올렸다. 그런데 막동과 끝동의 형량에 대해서는 큰 논의가 있었다. 이를 『조선왕조실록』의 기사에서 발췌하면 아래와 같다.

[성종 8년 12월 23일]

동부승지 이경동이 의금부의 계본을 가지고 와서 아뢰었다.

"종 끝동이 금동의 말을 듣고 실정을 알면서도 상전과 각돈의 의복을 막동에게 가져다 준 죄와 종 막동도 또한 그러한 사정을 알면서도 맡아 둔 죄는 형이 장 100, 유 3,000리에 해당합니다."

임금이 좌우에 "어떠한가?" 하고 물었다.

영의정 정창손이 대답하기를 "막동과 끝동이 필시 그 모의를 알았으니 그 죄도 사형에 해당합니다." 하자, 임금은 "그렇지."라고 말하였다.

이경동이 아뢰었다.

"모반(謀叛)이더라도 그 모의에 참여한 게 아니면 죽이지는 않습니다."

임금이 말하였다.

"그 말은 본국을 배반하고 타국을 몰래 따르려 했다는 것이지, 사직을 위태롭게 하려 한 죄가 아니라는 게로구나. 사직을 뒤흔들려는 모의가 있고 그것을 아는 자가 있다면, 모의에 참여하지 않았다고 해서 죽이지 못할 게 뭐 있겠는가? 막동들이 상전을 모해한 일은 이와 무엇이 다른가?"

좌참찬 임원준과 지평 강거효도 "막동과 끝동이 그 죄에 참여하여 알았으니 죽여야 마땅한 일입니다."라고 호응하였다.

형조 참의 이맹현이 아뢰었다.

"율문에서는 모의에 참여한 경우에는 죽이고 그 모의를 안 경우에는 장을 쳐 유배하도록 합니다. 여기서 '모의에 참여한 경우'란 처음부터 그 모의에 참여한 것을 말하고, '그 모의를 안 경우'란 뒤에 그 모의를 알았다는 것입니다. 지금은 형률상 사형에 이르지 않으니 죽이는 것은 아직 안 됩니다. 다시 국문하여 죄를 정하옵소서."

임금은 "막동과 끝동이 사형인 데에는 의심이 없지만, 공경들과 더불어 널리 의논해 보자."라고 말하였다.

[성종 8년 12월 24일]

임금이 여러 정승과 육조의 당상을 불러들였다. 대간(臺諫)에서 간아와 관련된 자들은 사형에 해당한다고 하자, 임금이 말하였다.

"사형의 죄는 지극히 중대한 것이기 때문에 경들과 더불어 의논하고자 하니 말들 해 보라."

달성군 서거정이 아뢰었다.

"막동은 안정형 집의 늙은 종으로 옷을 맡아 주었고, 끝동은 금동의 말에 따라 옷을 받아다 주었으니, 모두 사정을 아는 이들입니다. 지금 '알면서 자수하지 않은' 데 해당하는 율을 적용하려는 것은 잘못입니다. 이 종들은 '실정을 알면서 숨겨 준 죄'로써 죽여야 마땅합니다."

영돈녕부사 노사신이 아뢰었다.

"끝동은 나이 어리고 어리석으니 그 주인의 의복을 가지고 왕래하였다 한들 저가 어찌 그 주인을 모해하려는 것인 줄 알았겠습니까? 죽여서는 안 됩니다."

서거정이 맞섰다.

"나라의 난신과 집안의 역노(逆奴)는 마찬가지입니다. 끝동이 이미 주인을 해치는 데 간여하였는데 죽인들 뭐가 해롭겠습니까?"

이승소가 아뢰었다.

"죄가 의심스러우면 가벼운 쪽으로 정해야 합니다. 끝동은 모르는 놈입니다. 어찌 그렇게까지 죄를 정할 수 있겠습니까?"

많은 신료들의 의견이 서거정을 따랐다. 임금이 말하였다.

"죽여야 할 것을 죽이지 않는 일도 옳지 못하고, 죽이지 않을 것을 죽이는 일도 옳지 못하다. 막동과 끝동은 사형에 처하는 것이 매우 법에 합당하다. 막동과 끝동은 적용 조문을 바꾸도록 하고, 나머지는 올린 대로 시행하라."

의금부가 적용 조문을 바꾸어 막동과 끝동을 참형의 율로 처결하도록 아뢰니 그대로 윤허하였다.

01

의금부에서 노비들의 죄를 논할 때, 전제로 삼은 명률 규정의 내용으로 적절한 것은?

① 꼭 맞는 율문이 없는 경우, 가장 가까운 율문을 끌어다 따져 보고 적용할 죄명을 정한다.

② 죄로 규정되지 않았던 행위가 새로 제정된 율문에 죄라고 정해진 경우, 새 율문에 따라 처벌한다.

③ 국왕이 특별히 처단한 사례라도 법조문화되지 않았을 경우, 그것을 율문으로 삼아 끌어들이지는 못한다.

④ 마땅히 해서는 안 되는 짓을 하였는데도 그에 해당하는 율문이 없는 경우, 따로 율문을 제시하지 않고서 처벌할 수 있다.

⑤ 하나의 행위로 두 율문의 죄를 범했을 경우, 그 가운데 무거운 죄로 처벌하며, 두 죄의 경중이 같으면 그 하나로 처벌한다.

02

위 글에서의 법 적용과 관련된 내용으로 맞지 않는 것은?

① 간아는 김 씨와 노주(奴主) 관계가 아니어서 간아에 대하여 모반(謀叛)이나 모반대역은 적용되지 않는다.

② 금동과 노덕에 대하여는 의금부에서 올린 대로 결정되었으므로, 이들의 죄는 모반(謀叛)으로 판정되었다고 볼 수 있다.

③ 막동의 죄를 모반(謀叛)이라 보는 쪽은 막동이 김 씨를 해하려 했다는 것보다는 간아와 내통했다는 것에 주안점을 둔다.

④ 끝동의 죄를 모반대역이라 보는 쪽은 끝동이 모해의 실정을 알았다면 사형에 처해야 한다는 입장이다.

⑤ 막동과 끝동의 행위가 모해를 공모한 것으로 판정된 까닭에 의금부는 적용 조문을 바꾸어 사형에 처할 수밖에 없었다.

03

위 글에서 판결을 이끄는 성종에 관한 설명으로 적절하지 않은 것은?

① 사형 판결과 관련하여 조정의 공론을 거치려는 것으로 보아 국왕의 결정에 대한 정당성을 강화하려고 한다.

② 노비의 상전을 사직에까지 견주려 하는 것으로 보아 가(家)의 위계질서를 국(國)의 위계질서에 준하는 것으로 여긴다.

③ 여러 반론 속에서 사형의 입장을 견지하는 것으로 보아 소수 의견이라도 그것이 옳다면 적극 수용해야 한다고 생각한다.

④ 의금부가 올린 계본에 대하여 적용 조문을 바꾸어 처결하라는 것으로 보아 법규에 근거한 법 집행의 원칙을 염두에 둔다.

⑤ 동부승지 이경동의 견해에 대해 모반대역의 적용을 따져 보아야 한다는 것으로 보아 적용 조문들의 차이를 정확하게 안다.

[04~06]

2021학년도 LEET 문10~12

다음 글을 읽고 물음에 답하시오.

살펴보건대, ㉠ 상고 시대 법에서 오형(五刑)은 중죄인에 대하여 이마에 글자를 새기고(묵형) 코나 팔꿈치, 생식기를 베어 내고(의형, 비형, 궁형), 죽이는(대벽) 형벌이었다. 다만 정상이 애처롭거나 신분과 공로가 높은 경우에는 예외적으로 오형 대신 유배형을 적용하였다. 나머지 경죄는 채찍이나 회초리를 쳤는데 따져볼 여지가 있는 경우에는 돈으로 대속할 수 있도록, 곧 속전(贖錢)할 수 있도록 하였다. 또 과실로 저지른 행위는 유배나 속전 할 것 없이 처벌하지 않았다. 그러나 배경을 믿고 범행을 저질렀거나 재범한 경우에는 유배나 속전 할 사유에 해당하더라도 형을 집행하였다.

형법은 선왕들이 통치에서 전적으로 믿고 의지하는 도구는 아니었지만 교화를 돕는 수단이었고, 백성들이 그른 짓을 하지 않도록 역할을 해 왔다. 그렇다면 신체를 상하게 하여 악을 징계한 것도 당시에는 고심 끝에 차마 어쩔 수 없이 행하는 하나의 통치였던 것이다. ㉡ 지금의 법을 보면, 유배형과 노역형이 간악한 이를 효과적으로 막지 못하고 있다. 그렇다고 해서 그보다 더 무거운 형벌로 과도하게 적용하면 죽이지 않아도 될 범죄자를 죽일 수 있어 적당하지 않다. 따라서 예전처럼 의형, 비형을 적용한다면, 신체는 다쳐도 목숨은 보전될 뿐만 아니라 뒷사람에게 경계도 되니 선왕의 뜻과 시의에 알맞은 일이다.

지금은 살인과 상해에 대하여도 속전할 수 있도록 하여, 재물 있는 이들이 사람을 죽이거나 다치게 하도록 만드니, 무고한 피해자에게는 이보다 더 큰 불행이 있겠는가? 그리고 살인자가 마을에서 편안히 살고 있으면, 부모의 원수를 갚으려는 효자가 어떻게 그대로 보겠는가? 변방으로의 유배를 그대로 집행하는 것이 양쪽을 모두 보전하는 일이다. 선왕들이 중죄인에 대하여 죽이거나 베면서 조금도 용서하지 않은 것은 그 죄인도 또한 피해자에게 잔혹히 했기 때문이니, 그 형벌의 시행이 매우 참혹해 보이지만 실상은 마땅히 해야 할 일을 집행한 것이다.

어떤 이가 말하기를, 신체에 가하는 형벌인 육형(肉刑)으로 오형만 있었던 상고 시대에 순임금이 그 참혹함을 차마 볼 수 없어서 유배, 속전, 채찍, 회초리의 형벌을 만들었다고 한다. 그렇다고 하면 요임금 때까지는 채찍이나 회초리에 해당하는 죄에도 묵형이나 의형을 집행했다는 말인가? 그러니 오형에 처하던 것을 순임금이 법을 바로잡아 속전할 수 있도록 하였다는 말은 옳지 않다. 의심스럽다든가 해서 중죄를 속전할 수 있도록 한다면, 부자들은 처벌을 면하고 가난한 이들만 형벌을 받을 것이다.

지금의 사법기관은 응보에 따라 화복(禍福)이 이루어진다는 말을 잘못 알고서, 죄의 적용을 자의적으로 하여 복된 보답을 구하려는 경향이 있다. 죄 없는 이가 억울함을 풀지 못하고 죄지은 자가 되려 풀려나게 하는 것은 악을 행하는 일일 뿐이니 무슨 복을 받겠는가? 지금의 사법관들은 죄수를 신중히 살핀다는 흠휼(欽恤)을 잘못 이해하여서, 사람의 죄를 관대하게 다루어 법 적용을 벗어나도록 해 주는 것으로 안다. 그리하여 죽여야 할 이들을 여러 구실을 들어 대부분 감형되도록 한다. 참형에 해당하는 것이 유배형이 되고, 유배될 것이 노역형이 되고, 노역할 것이 곤장형이 되고, 곤장 맞을 것을 회초리로 맞게 되니, 이는 뇌물을 받아 법을 가지고 논 것이지 어찌 흠휼이겠는가?

인명은 지극히 중한 것이다. 만약 무고한 사람이 살해되었다면, 법관은 마땅히 자세히 살피고 분명히 조사하여 더는 의심의 여지가 없게 해야 할 것이다. 그리고 이렇게 한 뒤에는 반드시 목숨으로 갚도록 해야 한다. 이로써 죽은 자의 원통한 혼령을 위로할 뿐 아니라, 과부와 고아가 된 이가 원수 갚고자 하는 마음을 위로할 수 있으며, 또한 천리를 밝히고 나라의 기강을 떨치는 일이다. 보는 이들의 마음을 통쾌하게 할 뿐 아니라 후대의 징계도 되니, 또한 좋지 않겠는가.

지금은 교화가 쇠퇴하여 인심이 거짓을 일삼으며, 저마다 자신의 잇속만 챙기면서 풍속도 모두 무너졌다. 극악한 죄인은 죄를 받지 않고, 선량한 백성들은 자의적인 형벌의 적용을 면치 못하기도 한다. 또 강자에게는 법을 적용하지 않고 약자에게는 잔인하게 적용한다. 권문세가에는 너그럽고 한미한 집에는 각박하다. 똑같은 일에 법을 달리하고 똑같은 죄에 논의를 달리하여, 간사한 관리들이 법조문을 농락하고 기회를 잡아 장사하니, 그것은 단지 살인자를 죽이지 않고 형법을 방기하는 잘못에 그치는 일이 아니다. 이 통탄스러움을 이루 말로 다 할 수 있겠는가.

– 윤기, 『논형법(論刑法)』 –

04

글쓴이의 입장과 일치하는 것은?

① 교화를 중시하고 형벌의 과도한 적용을 삼가야 한다고 생각한다.
② 살인을 저지른 중죄인이 유배되는 일은 없어야 한다고 주장한다.
③ 인명이 소중하므로 사형과 같은 참혹한 형벌의 폐지에 찬성한다.
④ 형벌로 보복을 대신하려고 하는 응보적인 경향에 대해 반대한다.
⑤ 무고하게 살해된 피해자를 고려하면 의형은 합당한 처벌이라고 본다.

05

윗글에 따라 ㉠, ㉡을 설명한 것으로 가장 적절한 것은?

① ㉠에서는 경미한 죄에도 오형을 적용하도록 되어 있었다.
② ㉠에서는 중죄에 대한 형벌을 육형으로 하는 것이 원칙이었다.
③ ㉡에서는 유배형도 정식의 형벌이므로 속전의 대상이 되지 않는다.
④ ㉠에서 오형에 해당하지 않는 형벌은 ㉡에서도 집행하지 않는다.
⑤ ㉠에서의 오형은 잔혹한 형벌이라 하여 ㉡에서는 모두 사라지게 되었다.

06

윗글과 <보기>를 비교 평가한 것으로 적절하지 않은 것은?

〈보기〉

상고 시대에 유배형은 육형을 가해서는 안 되는 관료에게 베푸는 관용의 수단으로서 공식적인 형벌이 아니라 임시방편과 같은 것이었다. 또 속전은 의심스러운 경우에 적용한 것이지 꼭 가벼운 형벌에만 해당했던 것도 아니었다. 여기서 속은 잇는다[續]는 데서 따다가 대속한다[贖]는 의미로 된 것이니, 육형으로 끊어진 팔꿈치를 다시 붙일 수 없는 참혹함을 받아들이지 못하는 어진 정치에서 비롯한 것임을 알 수 있다. 지금의 법에서 속전은 정황이 의심스럽거나 사면에 해당하는 경우에만 비로소 허용된다. 그에 해당하는 경우가 아니라면 부유함으로 처벌을 요행히 면해서는 안 되며, 해당하는 경우이면 가난뱅이는 속전도 필요 없다. 죽여야 할 사람을 끝없이 살리려고만 한다면 어찌 덕이 되겠는가. 흠휼은 한 사람이라도 죄 없는 자를 죽이지 않으려는 것이지 살리기만 좋아하는 것이 아니다.

① 법을 엄격하게 집행해야 한다고 보는 점은 두 글이 같은 태도이다.
② 속전의 남용에 대해 흠휼을 오해한 소치로 보는 점은 두 글이 같은 태도이다.
③ 상고 시대에 중죄를 속전할 수 있었는지에 대해서는 두 글이 서로 달리 보고 있다.
④ 중죄에 대한 속전이 부자들의 전유물이므로 폐지하자는 것에 대해서는 두 글이 다른 태도를 보일 것이다.
⑤ 유배의 효과가 없을 때 의형이나 비형을 되살릴 수 있다는 것에 대해서는 두 글이 같은 태도를 보일 것이다.

[07~09]

2013학년도 LEET 문13~15

다음 글을 읽고 물음에 답하시오.

인격 완성과 도덕적 실천을 중시한 송대 유학자들에게 심(心)은 중요한 철학적 문제였다. 남송 시대의 주희는 심의 작용에 주목하여 미발이발(未發已發)과 체용(體用)의 논리를 근거로 ㉠ 심통성정론(心統性情論)을 제시했다. 미발과 이발은 희로애락(喜怒哀樂)과 같은 감정이 심에서 드러나는 과정을 드러나기 이전과 이후로 나누어 설명하는 개념이다. 체용은 본체와 작용으로서, 동일한 사물의 서로 구별되지만 나누어질 수 없는 관계를 가리킨다.

주희는 일신의 주재자인 심에는 인식이 성립하는 과정을 기준으로 하여 미발과 이발의 두 단계가 있다고 주장한다. 그는 심을 이발로만 보던 관점을 극복하고, 지각 작용이 시작하기 이전이 미발 상태이며 그 이후가 이발이라고 보았다. 나아가 그는 감정의 문제를 논하기 위해 심의 본체와 작용으로 각각 성(性)과 정(情)을 규정하고, 정은 성이 드러난 것이요 성은 정의 근거라고 보았다. 이러한 주장을 토대로 심이 성과 정을 통괄하는 총체라는 심통성정론을 구축했다.

심이 성과 정을 통괄한다는 것은 심이 성과 정을 겸하고 있다는 것과 심이 성과 정을 각각 주재한다는 두 가지 의미를 지니고 있다. 감정이 드러나기 이전에 심은 성이 온전한 모습을 유지하도록 주재하고, 감정이 드러나는 단계에서 심은 정이 올바르게 드러나도록 주재하여 도덕적 행위가 가능하도록 한다는 것이다. 주희는 인간이 천리(天理)와 일치하는 순선무악한 천명지성(天命之性)을 하늘로부터 부여받았을 뿐만 아니라 육체라는 기(氣)의 요인을 가진 기질지성(氣質之性)을 타고났다고 보았다. 천명지성은 도덕의 근거이지만, 기질지성은 주어진 청탁후박(淸濁厚薄)의 기질적 차이로 이익의 추구나 감각적 욕구에 빠져 드는 악한 감정의 뿌리가 된다. 기질지성은 성(性)이라는 면에서는 이(理)의 성격을 지니지만 기질이라는 면에서는 기(氣)의 성격을 지니고 있다. 그렇다고 해서 기질지성이 천명지성과 별도로 존재한다는 것은 아니다. 주희가 이러한 주장을 하게 된 것은 인간의 본성이 필연적으로 기질의 영향을 받을 수밖에 없다는 점을 강조하려 했기 때문이다. 즉 도덕적 행위가 가능하기 위해서는 기질지성을 변화시켜 천명지성을 보존해야 한다는 것이다.

심통성정론은 기질지성을 지닌 인간이 어떻게 본성을 발휘하여 도덕적 감정을 실현할 수 있을지에 대답하기 위한 주희의 해결책이다. 심은 정이 드러나기 이전 단계에서 자신의 본체이기도 한 성을 어떻게 주재할 것인가? 주희가 이러한 난문을 해결하기 위해 도입한 방법은 경(敬)을 통한 품성의 함양이었다. 경은 항상 깨어 있으라는 상성성(常惺惺)과 엄숙한 자세인 정제엄숙(整齊嚴肅) 등의 방식으로 흐트러지기 쉬운 심을 한곳에 잡아 두는 것이다. 예법의 준수와 용모의 단정 등과 같은 행위 또한 심성에 영향을 미치므로 경에 들어가는 방도로 인정된다. 품성을 함양하는 경의 단계는 심이 미발일 때이며, 이발일 때는 격물치지(格物致知)의 단계이다. 격물은 구체적인 사물이나 사태에 나아가 하나씩 원리를 궁구해 가는 과정이며, 치지는 이러한 탐구를 통해 점진적으로 학습한 원리가 보편적 원리와 일치함을 깨달아 가는 과정이다. 누적된 지식은 비약적으로 확장하여 만물의 원리를 일관하는 천리와 합일한다. 심의 원리인 성이 천리와 합일하는 것이 주희가 제시한 성즉리(性卽理)의 철학이었다. 이처럼 주희는 미발일 때의 함양과 이발일 때의 격물이라는 수양론을 제시하면서 사회적 실천은 이러한 수양을 전제로 한다고 주장했다.

주희가 제시한 격물의 대상은 조수초목(鳥獸草木)과 윤상 규범(倫常規範)에 이르기까지 광범하였지만, 그 방법은 주로 성현이 이미 원리를 기록해 둔 경전의 학습이었다. 주희의 격물론은 도덕의 원리를 탐구하는 지적인 과정이고 최종의 목표는 인격 완성이었기 때문에 그는 미발 단계에 설정해 두었던 함양 공부를 이발 단계의 공부에까지 확장하여 수양론을 완성했다. 주희의 철학은 심성에 관한 치밀한 분석을 통해 천리에 따르는 인간의 길을 제시했고, 명리(名利)를 좇아가는 세상을 도덕적 사회로 바꾸고자 했다.

07

㉠에 대한 이해로 바르지 않은 것은?

① 희로애락이라는 감정은 희로애락의 본성에서 나온다.
② 희로애락의 본성은 체이고 희로애락이라는 감정은 용이다.
③ 기질지성으로부터 나오는 희로애락이라는 감정은 순선하지 않다.
④ 심이 미발일 때 희로애락의 본성은 본래의 상태로부터 벗어나 있다.
⑤ 이발 상태의 심은 희로애락이라는 감정이 올바르게 드러나도록 주재한다.

08

주희의 수양론으로 바르지 않은 것은?

① 행동거지는 마음의 발현이므로 윤리적 규범에 따라 행동하고자 한다.
② 사회적 실천을 우선시하면서 경을 통해 경전을 학습하여 진리를 탐구하고자 한다.
③ 사물의 이치를 궁구하는 데에는 마음가짐이 중요하므로 품성의 도야에 힘쓰고자 한다.
④ 타고난 마음의 선한 뿌리가 사라지지 않도록 항상 깨어 있는 자세를 유지하고자 한다.
⑤ 자연 및 사회 현상의 원리에 대한 탐구를 통해 궁극적으로 도덕 원리의 파악에 이르고자 한다.

09

위 글에 따를 때, 주희의 문제의식으로 볼 수 없는 것은?

① 경전 학습이 도덕적 인간에 이르는 방법이 될 수 있을까?
② 인간이 악한 행동이나 나쁜 감정을 보이는 이유는 무엇일까?
③ 세상 만물을 관통하는 근본적 원리를 어떻게 파악할 수 있을까?
④ 천리와 인도의 위상을 바꾸어 주체적인 삶을 영위하는 방법은 무엇인가?
⑤ 이익을 좋아하는 경향이 있는 세상을 어떻게 도덕적 사회로 만들 수 있을까?

[10~12]

2021학년도 LEET 문19~21

다음 글을 읽고 물음에 답하시오.

조선 시대를 관통하여 제례는 왕실부터 민간에 이르기까지 폭넓게 시행되었으며, 그 중심에는 유학자들이 있었다. 그런 만큼 유학자들에게 제사의 대상이 되는 귀신은 주요 논제일 수밖에 없었고, 이들의 귀신 논의는 성리학의 자연철학적 귀신 개념에 유의하여 유학의 합리성과 윤리성의 범위 안에서 제례의 근거를 마련하는 데 비중을 두었다.

성리학의 논의가 본격화되기 전에는 대체적으로 귀신을 인간의 화복과 관련된 신령한 존재로 여겼다. 하지만 15세기 후반 남효온은 귀신이란 리(理)와 기(氣)로 이루어진 자연의 변화 현상으로서 근원적 존재의 차원에 있지는 않지만 천지자연 속에 실재하며 스스로 변화를 일으키는 존재라고 설명하여, 성리학의 자연철학적 입장에서 귀신을 재해석하였다. 이에 따라 귀신은 본체와 현상, 유와 무 사이를 오가는 존재로 이해되었고, 이 개념은 인간의 일에 적용되어 인간의 탄생과 죽음에 결부되었다. 성리학의 일반론에 따르면, 인간의 몸은 다른 사물과 마찬가지로 기로 이루어져 있고, 생명을 다하면 그 몸을 이루고 있던 기가 흩어져 사라진다. 기의 소멸은 곧바로 이루어지지 않고 일정한 시간을 두고 진행된다. 흩어지는 과정에 있는 것이 귀신이므로 귀신의 존재는 유한할 수밖에 없었고, 이는 조상의 제사를 4대로 한정하는 근거가 되었다.

기의 유한성에 근거한 성리학의 귀신 이해는 먼 조상에 대한 제사와 관련하여 문제의 소지를 안고 있었기에 귀신의 영원성에 대한 근거 마련이 필요했다. 이와 관련하여 ㉠ <u>서경덕</u>은 기의 항구성을 근거로 귀신의 영원성을 주장하였다. 모든 만물은 기의 작용에 의해 생성 소멸한다고 전제한 그는 삶과 죽음 사이에는 형체를 이루는 기가 취산(聚散)하는 차이가 있을 뿐 그 기의 순수한 본질은 유무의 구분을 넘어 영원히 존재한다고 설명하였다. 기를 취산하는 형백(形魄)과 그렇지 않은 담일청허(湛一淸虛)로 구분한 그는 기에 유무가 없는 것은 담일청허가 한결같기 때문이라 주장하였다. 나아가 담일청허와 관계하여 인간의 정신이나 지각의 영원성도 주장하였다. 이 같은 서경덕의 기 개념은 우주자연의 보편 원리이자 도덕법칙인 불변하는 리와, 존재를 구성하는 질료이자 에너지인 가변적인 기라는 성리학의 이원적 요소를 포용한 것이었으며, 물질성과 생명성도 포괄한 것이었다.

㉡ <u>이이</u>는 현상 세계의 모든 존재는 리와 기가 서로 의존하여 생겨난다는 입장을 분명히 하는 한편, 귀신이라는 존재가 지나치게 강조되면 불교의 윤회설로 흐를 수 있고, 귀신의 존재를 무시하면 제사의 의의를 잃을 수 있다는 점에 주목하였다. 그는 불교에서 윤회한다는 마음은 다른 존재와 마찬가지로 리와 기가 합쳐져 일신(一身)의 주재자가 된다고 규정하였다. 마음의 작용인 지각은 몸을 이루는 기의 작용이기 때문에 그 기가 한 번 흩어지면 더 이상의 지각 작용은 있을 수 없다고 지적하여 윤회 가능성을 부정하였다. 아울러 그는 성리학의 일반론을 수용하여 가까운 조상은 그 기가 흩어졌더라도 자손들이 지극한 정성으로 제사를 받들면 일시적으로 그 기가 모이고 귀신이 감통의 능력으로 제사를 흠향할 수 있다고 보았다. 기가 완전히 소멸된 먼 조상에 대해서는 서로 감통할 수 있는 기는 없지만 영원한 리가 있기 때문에 자손과 감통이 있을 수 있다고 주장하였다. 하지만 감통을 일으키는 것이 리라는 그의 주장은 작위 능력이 배제된 리가 감통을 일으킨다는 논리로 이해될 수 있어 논란의 소지가 있는 것이었다.

이이의 계승자인 [낙론계 유학자들]은 귀신을 리와 기 어느 쪽으로 해석하는 것이 옳은가라는 문제의식으로 논의를 전개하였다. 김원행은 귀신이 리와 기 어느 것 하나로 설명될 수 없으며, 리와 기가 틈이 없이 합쳐진 묘처(妙處), 즉 양능(良能)에서 그 의미를 찾아야 한다고 주장하였다. 그는 양능이란 기의 기능 혹은 속성이지만 기 자체의 무질서한 작용이 아니라 기에 원래 자재(自在)하여 움직이지 않는 리에 따라 발현하는 것이라 설명하여 귀신을 리나 기로 지목하더라도 상충되는 것이 아니라고 보았다. 김원행의 동문인 송명흠도 모든 존재는 리와 기가 혼융한 것이라고 전제하고, 귀신을 리이면서 기인 것, 즉 형이상에 속하고 동시에 형이하에 속하는 것이라고 설명하였다. 그는 사람들이 귀신을 리로 보지 않는 이유는 양능을 기로만 간주하였기 때문이라 비판하고, 제사 때 귀신이 강림할 수 있는 것은 기 때문이지만 제사 주관자의 마음과 감통하는 주체는 리라고 설명하였다. 이처럼 기의 취산으로 귀신을 설명하면서도 리의 존재를 깊이 의식한 것은 조상의 귀신을 섬기는 의례 속에서 항구적인 도덕적 가치에 대한 의식을 강화하고자 한 것이었다.

10

윗글에 대한 이해로 적절하지 않은 것은?

① 성리학적 귀신론은 신령으로서의 귀신 이해를 대체하는 것이었다.
② 조선 성리학자들은 먼 조상에 대한 제사가 단순한 추념이 아니라고 보았다.
③ 생성 소멸하는 기를 통해 귀신을 이해하는 것은 윤회설을 반박하는 논거였다.
④ 귀신의 기가 항구적인 감통의 능력을 가진다는 것은 제사를 지내는 근거였다.
⑤ 조선 성리학자들은 귀신이 자연 현상과 관계된 것이라는 공통적인 인식을 가졌다.

11

㉠, ㉡에 대한 설명으로 가장 적절한 것은?

① ㉠은 형체의 존재 여부를 기의 취산으로 설명하면서 본질적인 기는 유와 무를 관통한다고 보았다.
② ㉠은 기를 형백과 담일청허로 이원화하여 삶과 죽음에 각각 대응시켜 인간과 자연을 일원적으로 구조화하였다.
③ ㉡은 생명이 다하면 기는 결국 흩어져 사라지기 때문에 제사의 주관자라 하더라도 결국에는 조상과 감통할 수 없게 된다고 보았다.
④ ㉡은 인간의 지각은 리에 근거한 기이지만 기는 소멸하더라도 리는 존재하기 때문에 지각 자체는 사라지지 않는다고 파악하였다.
⑤ ㉠과 ㉡은 모두 기의 취산을 통해 삶과 죽음의 영역을 구분하였기 때문에 귀신의 영원성에 대한 근거를 물질성을 지닌 근원적 존재에서 찾았다.

12

낙론계 유학자들의 입장과 부합하는 진술을 <보기>에서 고른 것은?

〈보기〉

ㄱ. 귀신을 기의 유행으로 말하면 형이하에 속하고, 리가 실린 것으로 말하면 형이상에 속하는 것이다.

ㄴ. 리가 있으면 기가 있고 기가 있으면 리가 있으니 어찌 혼융하여 떨어지지 않는 지극한 것이 아니겠는가.

ㄷ. 기가 오고 가며 굽고 펼치는 것은 기가 스스로 그러한 것이니 귀신이 없음에 어찌 의심이 있을 수 있겠는가.

ㄹ. 제사 때 능히 강림할 수 있게 하는 것은 리이고, 강림하는 것은 기이니, 귀신의 강림은 기의 강림이라 할 수 있지 않겠는가.

① ㄱ, ㄴ ② ㄱ, ㄷ ③ ㄴ, ㄷ
④ ㄴ, ㄹ ⑤ ㄷ, ㄹ

정답 및 해설 p.47

Ⅴ. 실전 연습문제 (5) 법학

[01~03] 2016학년도 LEET 문20~22

다음 글을 읽고 물음에 답하시오.

현대 사회에서 국가는 개인의 권리와 이익에 영향을 주는 다양한 행정 작용을 한다. 이에 따라 국가 활동으로 인해 손해를 입은 개인을 보호할 필요성이 커지게 되었다. 국가배상 제도는 국가 활동으로부터 손해를 입은 개인을 보호하기 위해 국가에게 손해배상 책임을 지운다. 이 제도는 19세기 후반 프랑스에서 법원의 판결 곧 판례에 의해 도입된 이래, 여러 나라에서 법률 또는 판례에 의해 인정되었다. 우리나라도 국가배상법을 제정하여 공무원의 법을 위반한 직무 집행으로 손해를 입은 개인에게 국가가 그 손해를 배상하도록 하고 있다.

법관이 하는 재판도 국가 활동에 속하는 이상 재판에 잘못이 있을 때 국가가 전적으로 손해배상 책임을 지는 것이 타당하다고 볼 수도 있다. 그러나 재판에는 일반적인 행정 작용과는 다른 특수성이 있어 재판에 대한 국가배상 책임을 제한할 필요성이 인정된다. 그 특수성으로 먼저 생각할 수 있는 것은 재판의 공정성을 위하여 법관의 직무상 독립이 보장되고 있다는 점이다. 만일 법관이 재판을 함에 있어서 사실관계의 파악, 법령의 해석, 사실관계에 대한 법령의 적용에 잘못을 범하였다는 이유로 국가가 손해배상 책임을 지게 되면, 법관은 이러한 손해배상 책임에 대한 부담 때문에 소신껏 재판 업무에 임할 수 없게 될 것이다.

법적 안정성을 위하여 확정 판결에 기판력이 인정된다는 것도 재판의 특수성의 하나이다. 기판력은 당사자가 불복하지 않아서 판결이 확정되거나 최상급 법원의 판단으로 판결이 확정되면, 동일한 사항이 다시 소송에서 문제가 되었을 때 당사자가 이에 저촉되는 청구를 할 수 없고 법원도 이에 저촉되는 판결을 할 수 없게 되는 구속력을 의미한다. 이는 부단히 반복될 수 있는 법적 분쟁을 일정 시점에서 사법권의 공적 권위로써 확정하여 법질서를 유지하고자 하는 것이다. 만약 일단 기판력이 생긴 확정 판결을 다시 국가배상 청구의 대상으로 삼는 것을 허용한다면, 그것만으로도 법적 안정성이 흔들리게 되기 때문이다.

재판에는 심급 제도가 마련되어 있다는 점도 특수성으로 볼 수 있다. 심급 제도는 법원의 재판에 대하여 불만이 있는 경우 상위 등급의 법원에서 다시 재판을 받을 수 있도록 하는 제도이다. 소송 당사자는 법률에 의하여 정해진 불복 절차에 따라 상급심에서 법관의 업무 수행에 잘못이 있음을 주장하여 하급심의 잘못된 결과를 시정할 수 있다. 심급 제도와 다른 방식으로 잘못된 재판의 결과를 시정하는 것은 인정되지 않는다. 재판에 대한 국가배상 책임을 넓게 인정하면 심급 제도가 무력화되어 법적 안정성을 해치게 된다.

독일에서는 법관의 직무상 의무 위반이 형사법에 의한 처벌의 대상이 되는 경우에만 국가배상 책임이 인정된다고 법률에 명시하고 있다. 이와 달리 우리나라의 국가배상법에는 재판에 대한 국가배상 책임을 부정하거나 제한하는 명문의 규정이 없다. 따라서 재판에 대한 국가배상법의 적용 자체를 부정할 수는 없다. 그러나 ㉠ 우리 대법원은 다음과 같은 방식으로 재판에 대한 국가배상 책임의 인정 범위를 좁히고 있다. 먼저, 대법원은 비록 확정 판결이라고 하더라도 법관이 그에게 부여된 권한의 취지에 명백히 어긋나게 이를 행사하였다고 인정할 만한 특별한 사정이 있는 경우에는 재판의 위법성을 인정한다. 뇌물을 받고 재판한 것과 같이 법관이 법을 어길 목적을 가지고 있었다거나 소를 제기한 날짜를 확인하지 못한 것과 같이 법관의 직무 수행에서 요구되는 법적 기준을 현저하게 위반했을 때가 이에 해당한다. 따라서 법관이 직무상 독립에 따라 내린 판단에 대하여 이후에 상급 법원이 다른 판단을 하였다는 사정만으로는 재판의 위법성이 인정되지 않는다. 그리고 대법원에 따르면, 재판에 대한 불복 절차가 마련되어 있는 경우에는 이러한 절차를 거치지 않고 국가배상 책임을 묻는 것은 인정되지 않는다. 불복 절차를 따르지 않은 탓에 손해를 회복하지 못한 사람은 원칙적으로 국가배상에 의한 보호를 받을 수 없다는 것이다. 단, 불복 절차를 거치지 않은 것 자체가 법관의 귀책사유로 인한 것과 같은 특별한 사정이 있으면 예외적으로 국가배상 책임을 물을 수 있다.

01

윗글의 내용과 일치하는 것은?

① 프랑스를 비롯한 여러 나라에서 국가배상 제도가 법률로 도입되었다.
② 최하위 등급의 법원이 한 판결도 국가배상 책임의 대상이 될 수 있다.
③ 사실관계 파악은 법관의 직무가 아니므로 국가배상 책임의 대상이 아니다.
④ 독일은 판례를 통해서만 재판에 대한 국가배상 책임의 인정 범위를 제한한다.
⑤ 우리나라의 국가배상법은 별도의 규정으로 재판에 대한 국가배상 책임을 제한한다.

02

㉠의 입장에 대해 판단한 것으로 적절하지 <u>않은</u> 것은?

① 국가배상 청구가 심급 제도를 대체하는 불복 절차로 기능하는 것을 허용하지 않는다.
② 법적 절차를 거치지 않은 피해자의 권리를 법적 안정성의 유지를 위해 희생하는 것을 허용한다.
③ 판결이 확정되어 기판력이 발생하면 그 확정 판결로 인해 생긴 손해에 대해서는 국가배상 책임을 인정하지 않는다.
④ 법관이 법을 어기면서 이루어진 재판에 대해서는 법관의 직무상 독립을 보장하는 취지에 어긋나기 때문에 그 위법성을 인정한다.
⑤ 법관의 직무상 독립을 위해, 판결에 나타난 법관의 법령 해석이 상급 법원의 해석과 다르다는 것만으로 재판의 위법성을 인정하지 않는다.

03

<보기>의 사례에 대한 아래의 판단 중 적절한 것만을 있는 대로 고른 것은?

〈보기〉

A는 헌법재판소에 헌법소원 심판을 청구하였다. A는 적법한 청구 기간 내인 1994년 11월 4일에 심판 청구서를 제출하였으나, 헌법재판소는 청구서에 찍힌 접수 일자를 같은 달 14일로 오인하였다. 헌법재판소는 적법한 청구 기간이 지났음을 이유로 하여 재판관 전원 일치의 의견으로 A의 심판 청구를 받아들이지 않는다는 결정을 하였다. 당시에는 헌법재판소의 결정에 대한 불복 절차가 마련되어 있지 않았기 때문에 A는 위 결정의 잘못을 바로잡을 수 없었다. A는 법을 위반한 헌법재판소 결정으로 인해 손해를 입었다고 하여 1997년에 법원에 국가배상 청구를 하였고, 2003년에 이 청구에 대한 대법원의 판결이 내려졌다.

ㄱ. 법관의 직무상 독립 보장만을 이유로 이 사건에서 국가배상 책임을 부인할 수는 없다.
ㄴ. 법원은 A의 심판 청구서가 적법한 청구 기간 내에 헌법재판소에 제출되었다고 보아 헌법재판소 결정의 위법성을 인정할 수 있다.
ㄷ. 1997년에는 헌법재판소의 결정에 대한 불복 절차가 마련되어 있지 않았기 때문에 A의 국가배상 청구는 법원이 받아들이지 않았을 것이다.

① ㄱ　② ㄴ　③ ㄷ
④ ㄱ, ㄴ　⑤ ㄴ, ㄷ

[04~06]

2018학년도 LEET 문1~3

다음 글을 읽고 물음에 답하시오.

전통적인 의미에서 차별은 성별, 인종, 종교, 사상, 장애, 사회적 신분 등에 따라 특정 집단을 소수자로 낙인찍고 불리하게 대우하는 것을 말한다. 일반적으로 민주 국가의 헌법 질서에는 인권 보호의 취지에서 위와 같은 사유에 따른 차별을 금지해야 한다는 가치판단이 포함되어 있다. 이에 따라 우리 헌법도 선언적 의미에서, "누구든지 성별·종교 또는 사회적 신분에 의하여 정치적·경제적·사회적·문화적 생활의 모든 영역에 있어서 차별을 받지 아니한다."라고 규정했다. 특히 고용과 관련된 분야는 소수자에 대한 차별의 문제가 첨예하게 대두하는 대표적인 규범 영역이다. 고용 관계에서의 차별 금지 역시 근로자의 인권 보호가 무엇보다 강조된다. 따라서 노동 시장의 공정한 경쟁과 교환 질서의 확립을 위한 정책적 목적에 의존하더라도, 근로자에 대한 인권 보호의 취지에 부합하지 않는 경우에는 근로자에 대한 차별 금지 입법은 그 정당성이 상실된다.

차별 금지 원칙 내지 평등의 개념은 고용 관계에서도 같은 것을 같게 대우해야 한다는 것이다. 다만 무엇이 같은지를 제시해 주는 구체적인 기준이 존재하지 않는 한, 차별을 금지하는 사유가 어떤 속성을 갖는지에 따라 차별 금지 원칙으로부터 근로자가 보호되는 효과는 달라질 수 있다. 즉 장애인은 그에 대한 차별 금지 법규가 존재함에도 근로의 내용과 관련된 장애의 속성 때문에 근로자로 채용되는 데 차별을 받을 수도 있다. 그리고 구체적인 고용 관계의 근로 조건이 강행 규정에 의하여 제한되는 경우와 당사자의 자유로운 의사에 의거하여 결정되는 경우 중 어디에 해당하는지에 따라, 차별 금지로 인한 근로자의 보호 정도가 달라진다. 강행 규정이 개별 근로자에 대한 임금 차별을 금지하고 있는 경우, 그 차별의 시정을 주장하는 근로자는 비교 대상자와 자신의 근로가 동등하다는 것을 증명함으로써 평등한 대우를 받을 권리를 확인받을 수 있다. 반면 개별 근로자의 임금 차이가 사용자와 근로자 사이의 자유로운 계약에 따른 것이라면, 동일 조건의 근로자에 대한 임금 차별을 금지하는 강행 규정이 없는 한, 그러한 계약이 개별 근로자에 대한 임금 차이를 정당화하는 합리적 이유가 될 수도 있다.

차별 금지 법규가 강행 규정이어서 근로자에 대한 보호가 강화되는 영역에서도, 다시 차별 금지 법규의 취지에 따라 근로자에 대한 보호 정도는 달라진다. 예를 들어, 「남녀고용평등과 일·가정 양립 지원에 관한 법률」에 있는 '남녀의 동일 가치 노동에 대한 동일 임금 지급 규정'이 사용자가 설정한 임금의 결정 요소 중 단지 여성이라는 이유로 불리하게 작용하는 임금 체계를 소극적으로 수정하기 위한 것이라면, 이는 여성에 대한 차별 금지의 보호 정도가 상대적으로 약하게 적용되는 국면으로 볼 수 있다. 반면 위 규정의 취지가 실제 시장에서 여성 노동자의 가치가 저평가되어 있음을 감안하여, 이에 대한 보상을 상향 조정함으로써 남녀 간 임금의 결과적 평등을 도모하려는 것이라면, 이는 차별 금지 원칙의 보호 정도가 강한 범주에 포함된다고 할 수 있다.

같은 근로 관계라도 연령이나 학력·학벌에 따른 근로자의 차별 금지는 성별 등 전통적 차별 금지 사유들에 비하여 차별의 금지로 인한 근로자의 보호 정도가 약하다고 보아야 한다. 물론 고령자나 저학력자에 대한 차별 금지 법규나 원칙의 취지 역시 전통적인 차별 금지 사유의 취지와 다를 바 없다. 그러므로 특정 연령대의 근로자를 필요로 하는 사용자의 영업 활동을 과도하게 제한하지 않는 한, 노동 시장의 정책적 목적을 달성하기 위하여 차별 금지 법규를 제정하는 것은 가능하다. 그러나 연령에 따른 노동 능력의 변화는 모든 인간이 피할 수 없는 운명이므로 ㉠ 연령을 이유로 한 차별을 금지하는 것은 정당하지 않다는 주장도 있다.

04

윗글의 내용과 부합하는 것은?

① 종교적 신념의 차별을 금지하는 법규가 정당하다면 인권 보호라는 취지를 지닌다.
② 장애를 이유로 하는 차별의 금지는 장애의 유형이 다르더라도 보호되는 효과가 달라지지는 않는다.
③ 사회적 신분을 이유로 하는 차별의 금지는 우리 헌법 질서에서 가치 판단의 대상에 포함되지 않는다.
④ 성별에 대한 차별 금지 법규와 연령에 대한 차별 금지 법규는 근로자에 대한 보호의 정도가 동일하다.
⑤ 여성 근로자에 대한 차별 금지 법규는 여성에 대한 차별을 소극적으로 수정하기 위한 경우에는 적용되지 않는다.

05

윗글을 바탕으로 추론할 때, 적절하지 않은 것은?

① 특정 종교를 갖고 있다는 이유로 기업에서 고용을 거부하는 것은 우리나라의 헌법 질서에 반한다.
② 고령의 전문직 종사자의 노동 시장 참여를 촉진할 목적으로 연령에 대한 차별 금지 법규를 제정하는 것은 가능하다.
③ 동일 조건의 개별 근로자에 대한 임금 차별을 금지하는 강행 규정이 있더라도 당사자들이 자유롭게 계약을 한다면 임금의 차이가 정당화될 수 있다.
④ 근로자에 대한 인권 보호의 취지 및 정책적 목적 없이 연령에 따른 차별을 획일적으로 금지하는 법규는 사용자의 영업에 대한 자유를 침해할 여지가 있다.
⑤ 학력·학벌에 대한 차별 금지 법규가 인권 보호의 취지를 고려하지 않고 특정한 정책적 목적에만 의존하여 제정된 경우에는 그 정당성이 보장되지 않는다.

06

㉠과 부합하는 진술만을 <보기>에서 있는 대로 고른 것은?

〈보기〉

ㄱ. 특정 연령층에게 취업 특혜를 부여함으로써 결과적으로 60대 이상 고령자의 취업 기회를 상대적으로 제한하게 된 법규는 국민의 평등권을 침해하지 않을 것이다.
ㄴ. 사용자와 근로자가 자유로운 계약을 통해 정년을 45세로 정했다면 차별 금지 원칙을 위반하지 않을 것이다.
ㄷ. 50세를 넘은 퇴역 군인은 예비군 관련 직책을 맡을 수 없다는 법규를 제정하더라도 차별 금지 원칙에 위배되지 않을 것이다.

① ㄱ　② ㄴ　③ ㄱ, ㄷ
④ ㄴ, ㄷ　⑤ ㄱ, ㄴ, ㄷ

[07~09]

2022학년도 LEET 문1~3

다음 글을 읽고 물음에 답하시오.

5·16 군사쿠데타 이후 집권세력은 '부랑인'을 일소하여 사회의 명랑화를 도모한다는 명분 아래 사회정화사업을 벌였다. 무직자와 무연고자를 '개조'하여 국토 건설에 동원하려는 목적으로 〈근로보도법〉과 〈재건국민운동에 관한 법률〉을 제정·공포했다. 부랑인에 대한 사회복지 법령들도 이 무렵 마련되기 시작했는데, 〈아동복리법〉에 '부랑아보호시설' 관련 규정이 포함되었고 〈생활보호법〉에도 '요보호자'를 국영 또는 사설 보호시설에 위탁할 수 있음이 명시되었다.

실질적인 부랑인 정책은 명령과 규칙, 조례 형태의 각종 하위 법령에 의거하여 수행되었다. 특히 ㉠ 〈내무부훈령 제410호〉는 여러 법령에 흩어져있던 관련 규정들을 포괄하여 부랑인을 단속 및 수용하는 근거 조항으로 기능했다. 이는 걸인, 껌팔이, 앵벌이를 비롯하여 '기타 건전한 사회 및 도시 질서를 저해하는 자'를 모두 '부랑인'으로 규정했다. 헌법, 법률, 명령, 행정규칙으로 내려오는 위계에서 행정규칙에 속하는 훈령은 상급 행정기관이 하급 기관의 조직과 활동을 규율할 목적으로 발하는 것으로서, 원칙적으로는 대외적 구속력이 없으며 예외적인 경우에만 법률의 위임을 받아 상위법을 보충한다. 위 훈령은 복지 제공을 목적으로 한 〈사회복지사업법〉을 근거 법률로 하면서도 거기서 위임하고 있지 않은 치안 유지를 내용으로 한 단속 규범이다. 이를 통한 인신 구속은 국민의 자유와 권리를 필요한 경우 국회에서 제정한 법률로써 제한하도록 규정한 헌법에 위배되는 것이기도 하다.

1961년 8월 200여 명의 '부랑아'가 황무지 개간 사업에 투입되었고, 곧이어 전국 곳곳에서 간척지를 일굴 개척단이 꾸려졌다. 1950년대 부랑인 정책이 일제 단속과 시설 수용에 그쳤던 것과 달리, 이 시기부터 국가는 부랑인을 과포화 상태의 보호시설에 단순히 수용하기보다는 저렴한 노동력으로 개조하여 국토 개발에 활용하고자 했다. 1955년부터 통계 연표에 수록되었던 '부랑아 수용보호 수치 상황표'가 1962년에 '부랑아 단속 및 조치 상황표'로 대체된 사실은 이러한 변화를 시사한다.

이 같은 정책 시행의 결과로 부랑인은 과연 '개조'되었는가? 개척의 터전으로 총진군했던 부랑인 가운데 상당수는 가혹한 노동 조건이나 열악한 식량 배급, 고립된 생활 등을 이유로 중도에 탈출했다. 토지 개간과 간척으로 조성된 농지를 분배 받기를 희망하며 남아 있던 이들은 많은 경우 약속된 땅을 얻지 못했으며, 토지를 분배 받은 경우라도 부랑인 출신이라는 딱지 때문에 헐값에 땅을 팔고 해당 지역을 떠났다. 사회복지를 위한 제도적 기반이 충분히 갖추어져 있지 않은 상황에서 사회법적 '보호' 또한 구현되기 어려웠다. 〈아동복리법 시행령〉은 부랑아 보호시설의 목적을 '부랑아를 일정 기간 보호하면서 개인 상황을 조사·감별하여 적절한 조치를 취함'이라 규정했으나, 전문적인 감별 작업이나 개별적 특성과 필요를 고려한 조치는 드물었고 규정된 보호 기간이 임의로 연장되기도 했다. 신원이 확실하지 않은 자들을 마구잡이로 잡아들임에 따라 수용자 수가 급증한 국영 또는 사설 복지기관들은 국가보조금과 민간 영역의 후원금으로 운영됨으로써 결국 유사 행정기구로 자리매김했다. 그중 일부는 국가보조금을 착복하는 일도 있었다.

국가는 〈근로보도법〉과 〈재건국민운동에 관한 법률〉 등을 제정하여 부랑인을 근대화 프로젝트에 활용할 생산적 주체로 개조하고자 하는 한편, 그러한 생산적 주체에 부합하지 못하는 이들은 〈아동복리법〉이나 〈생활보호법〉의 보호 대상으로 삼았다. 또한 각종 하위 법령을 통해 부랑인을 '예비 범죄자'나 '우범 소실자'로 규정지으며 인신 구속을 감행했다. 갱생과 보호를 지향하는 법체계 내부에 그 갱생과 보호의 대상을 배제하는 기제가 포함되어 있었던 것이다.

국가는 부랑인으로 규정된 개개의 국민을 경찰력을 동원해 단속·수용하고 복지기관을 통해 규율했을 뿐만 아니라, 국민의 인권과 복리를 보장할 국가적 책무를 상당 부분 민간 영역에 전가시킴으로써 비용 절감을 추구했다. 당시 행정당국의 관심은 부랑인 각각의 궁극적인 자활과 갱생보다는 그가 도시로부터 격리된 채 자활·갱생하고 있으리라고 여타 사회구성원이 믿게끔 하는 데에 집중되었던 것으로 보인다. 부랑인은 사회에 위협을 가하지 않을 주체로 길들여지는 한편, 국가가 일반 시민으로부터 치안 관리의 정당성을 획득하기 위한 명분을 제공했다.

07

윗글의 내용과 일치하는 것은?

① 부랑인 정책은 갱생 중심에서 격리 중심으로 초점이 옮겨갔다.
② 부랑아의 시설 수용 기간에 한도를 두는 규정이 법령에 결여되어 있었다.
③ 부랑인의 수용에서 행정기관과 민간 복지기관은 상호 협력적인 관계였다.
④ 개척단원이 되어 도시를 떠난 부랑인은 대체로 개척지에 안착하여 살아갔다.
⑤ 부랑인 정책은 치안 유지를 목적으로 하여 사회복지 제공의 성격을 갖지 않았다.

08

㉠에 대한 비판으로 적절하지 않은 것은?

① 상위 규범과 하위 규범 사이의 위계를 교란시켰다.
② 근거 법령의 목적 범위를 벗어나는 사항을 규율했다.
③ 법률을 제정하는 국회의 입법권을 행정부에서 침해하는 결과를 초래했다.
④ 부랑인을 포괄적으로 정의함으로써 과잉 단속의 근거로 사용될 여지가 있었다.
⑤ 부랑인 단속을 담당하는 하급 행정기관이 훈령을 발한 상급 행정기관의 지침을 위반하도록 만들었다.

09

<보기>의 내용을 윗글에 적용한 것으로 적절하지 않은 것은?

〈보기〉

국가는 방역과 예방 접종, 보험, 사회부조, 인구조사 등 각종 '안전장치'를 통해 인구의 위험을 계산하고 조절한다. 그 과정에서 삶을 길들이고 훈련시켜 효용성을 최적화함으로써 '순종적인 몸'을 만들어내는 기술이 동원된다. 이를 통해 정상과 비정상, 건전 시민과 비건전 시민의 구분과 위계화가 이루어지고 '건전 사회의 적'으로 상정된 존재는 사회로부터 배제된다. 이는 변형된 국가인종주의의 발현으로 이해할 수도 있다. 고전적인 국가인종주의가 선천적이거나 역사적으로 구별되는 인종을 기준으로 이원 사회로 분할하는 특징이 있다면, 변형된 국가인종주의는 단일 사회가 스스로의 산물과 대립하며 끊임없이 '자기 정화'를 추구한다는 점에서 차이가 있다.

① 부랑인을 '우범 소질'을 지닌 잠재적 범죄자로 규정한 것은 한 사회의 '자기 정화'를 보여준다고 할 수 있다.
② 부랑인을 '개조'하여 국토 개발에 동원하고자 한 것은 삶을 길들이고 훈련시키는 기획을 보여준다고 할 수 있다.
③ 부랑인을 생산적 주체와 거기에 이르지 못한 주체로 구분 지은 것은 변형된 국가인종주의의 특징을 보여준다고 할 수 있다.
④ 치안관리라는 명분을 위해 부랑인의 존재를 이용한 것은 건전 시민과 비건전 시민의 구분과 위계화를 보여준다고 할 수 있다.
⑤ 부랑인의 갱생을 지향하는 법체계에 배제의 기제가 내재된 것은 '순종적인 몸'을 만들어내는 기술과 '안전장치'가 배척 관계임을 보여준다고 할 수 있다.

[10~12]

2018학년도 LEET 문16~18

다음 글을 읽고 물음에 답하시오.

일반적이고 추상적인 형태의 법을 개별 사례에 적용하려 한다면 이른바 해석을 통해 법의 의미 내용을 구체화하는 작업이 필요하다. 어떤 새로운 사례가 특정한 법의 규율을 받는지 판단하기 위해서는 선례들, 즉 이미 의심의 여지없이 그 법의 규율을 받는 것으로 인정된 사례들과 비교해 볼 필요가 있는데, 그러한 비교 사례들을 제공할 뿐 아니라 구체적으로 어떤 비교 관점이 중요한지를 결정하는 것도 바로 해석의 몫이다.

넓은 의미에서는 법이 명료한 개념들로 쓰인 경우에 벌어지는 가장 단순한 법의 적용조차도 해석의 결과라 할 수 있지만, 일반적으로 문제 되는 것은 법이 불확정적인 개념이나 근본적으로 규범적인 개념, 혹은 재량적 판단을 허용하는 개념 등을 포함하고 있어 그것의 적용이 법문의 가능한 의미 범위 내에서 이루어지고 있는지 여부가 다투어질 경우이다. 그러한 범위 내에서 이루어지는 해석적 시도는 당연히 허용되지만, 그것을 넘어선 시도에 대해서는 과연 그 같은 시도가 정당화될 수 있는지를 따로 살펴봐야 한다.

하지만 언어가 가지는 의미는 고정되어 있는 것이 아니기 때문에, 애초에 법문의 가능한 의미 범위라는 것은 존재하지 않는다고 볼 수도 있다. 따라서 그것을 기준선으로 삼아, 당연히 허용되는 '법의 발견'과 별도의 정당화를 요하는 이른바 '법의 형성'을 구분 짓는 태도 또한 논란으로부터 자유롭다고 말할 수는 없다. 더욱이 가장 단순한 것에서 매우 논쟁적인 것까지 모든 법의 적용이 해석적 시도의 결과라는 공통점을 지니고 있는 한, 기준선의 어느 쪽에서 이루어지는 것이든 법의 의미 내용을 구체화하려는 활동의 본질에는 차이가 없을 것이다.

예컨대 법의 발견과 형성 과정에서 동일하게 법의 축소와 확장을 두고 고민하게 된다. 이를 통해서 특정 사례에 그 법의 손길이 미치는지 여부가 결정될 것이기 때문이다. 다만 그것이 법문의 가능한 의미 범위 내에서 이루어지는 경우와, 법의 흠결을 보충하기 위해 불가피하게 그 범위를 넘어서는 경우의 구분에 좀 더 주목하는 견해가 있을 뿐이다. 이렇게 보면 결국 법의 적용을 위한 해석적 시도란 법문의 가능한 의미 범위 안팎에서 법을 줄이거나 늘림으로써 그것이 특정 사례를 규율하는지 여부를 정하려는 것이라 할 수 있다.

흥미로운 점은 ㉠ <u>법의 축소와 확장</u>이라는 개념마저 그다지 분명한 것이 아니라는 데 있다. 특히 형벌 법규와 관련해서는 가벌성의 범위가 줄어들거나 늘어나는 것을 가리킬 경우가 있는가 하면, 법규의 적용 범위가 좁아지거나 넓어지는 것을 지칭할 경우도 있다. 혹은 법문의 의미와 관련하여 언어적으로 매우 엄격하게 새기는 것을 축소로 보는가 하면, 명시되지 않은 요건을 덧붙이게 되는 탓에 확장이라 일컫기도 한다. 한편 이른바 법의 실질적 의미에 비추어 시민적 자유와 권리에 제약을 가하거나 법적인 원칙에 예외를 두는 것을 축소로 표현하기도 하며, 학설에 따라서는 입법자의 의사나 법 그 자체의 목적과 비교함으로써 축소와 확장을 판정하기도 한다.

가령 법은 단순히 '자수를 하면 형을 면제한다'라고만 정하고 있는데, 이를 '범행이 발각된 후에 수사기관에 자진 출두하는 것은 자수에 해당하지 않는다'라고 새기는 경우를 생각해 보자. 그러한 해석적 시도는 가벌성을 넓힌다는 점에서는 확장이지만, 법규의 적용 범위를 좁힌다는 점에서는 축소에 해당한다. 한편 자수의 일차적이고도 엄격한 의미는 '범행 발각 전'의 그것만을 뜻한다고 할 수 있다면, 그와 같은 측면에서는 법문의 의미를 축소하는 것이지만, 형의 면제 요건으로 단순히 자수 이외에 '범행 발각 전'이라고 하는 명시되지 않은 요소를 추가하여 법문의 의미를 파악하고 있는 점에서는 확장이다. 나아가 형의 면제 기회가 줄어드는 만큼 시민적 자유의 제약을 초래한다는 점에서는 축소이지만, 자수를 통한 형의 면제가 어디까지나 자신의 행위 결과에 대하여 책임을 져야 한다는 대원칙의 예외에 불과하다면, 그와 같은 예외의 폭을 줄이고 원칙으로 수렴한다는 점에서는 확장이라 말할 수 있다.

이렇듯 법의 해석과 적용을 인도하는 주요 개념들, 즉 법문의 가능한 의미 범위 및 그 안팎에서 시도되는 법의 축소와 확장은 대체로 정체가 불분명할 뿐 아니라 그 존재론적 기초를 의심받기도 하지만, 여전히 많은 학설과 판례가 이들의 도구적 가치를 긍정하고 있다. 그것은 규범적 정당성과 실천적 유용성을 함께 추구하는 법의 논리가 법적 사고의 과정 자체에 남긴 유산인 것이다.

10

해석 에 관한 윗글의 입장과 일치하는 것은?

① 법의 발견과 법의 형성 사이에 본질적인 차이는 없다.
② 법의 해석은 법의 흠결을 보충하는 활동에서 비롯한다.
③ 법문의 가능한 의미 범위를 넘어선 해석적 시도는 정당화될 수 없다.
④ 법문이 명료한 개념들로만 쓰인 경우라면 해석이 개입할 여지가 없다.
⑤ 법이 재량적 판단을 허용하는 개념을 도입함으로써 해석적 논란을 차단할 수 있다.

11

윗글을 바탕으로 <보기>의 견해를 평가한 것으로 적절하지 않은 것은?

〈보기〉

엄밀히 말해서 모든 면에서 동일한 두 사례란 있을 수 없다. 다양한 사례들은 서로 어떤 면에서는 유사하지만, 다른 면에서는 그렇지 않다. 따라서 법관이 참조하는 과거의 유사 사례들 중 해결해야 할 새로운 사례와 동일한 사례는 어떤 것도 없으며, 심지어 제한적인 유사성 탓에 서로 상반된 해결 지침을 제시하기 일쑤다. 법관의 역할이란 결국 어느 유사 사례가 관련성이 더 높은지를 정하는 데 있으며, 사례 비교를 통한 법의 구체화란 과거의 유사 사례들로부터 새로운 사례에 적용할 지혜를 빌리는 일일 뿐이다. 진정한 의미에서 법관을 구속하는 선례는 없으며, 법의 해석이라는 것은 실상 유추에 불과한 것이다.

① 법의 발견에 대해 추가적 정당화를 요구하고 있다.
② 법관의 임의적인 법 적용을 사실상 허용하고 있다.
③ 규범 대 사례의 관계를 사례 대 사례의 관계로 대체하고 있다.
④ 선례로 확립된 사례들과 단순한 참조 사례들을 구별하지 않고 있다.
⑤ 참조 사례들 간의 차이가 법적으로 의미가 있을지 판단하는 것은 해석의 몫임을 간과하고 있다.

12

<보기>의 ⓐ에서 ⓑ로의 변화에 대하여 ㉠을 판단할 때, 적절하지 않은 것은?

〈보기〉

"공공연히 사실을 적시하여 사람의 명예를 훼손한 자도, 오로지 공익을 위해 진실한 내용만을 적시했다면 처벌하지 않는다."라는 법은 ⓐ 언론의 공익적인 활동을 보호하려는 취지로 제정·적용되었으나, ⓑ 이후 점차 일반 시민들에게도 적용되는 것으로 해석되어 왔다.

① 가벌성의 범위를 기준으로 삼으면, 처벌의 대상이 줄어든다는 점에서 법의 축소라고 할 수 있다.
② 시민적 자유의 제약 가능성을 기준으로 삼으면, 시민이 누리는 표현의 자유를 제한한다는 점에서 법의 축소라고 할 수 있다.
③ 법규의 적용 범위를 기준으로 삼으면, 언론에서 일반 시민으로 적용 범위가 넓어진다는 점에서 법의 확장이라고 할 수 있다.
④ 입법자가 의도했던 법의 외연을 기준으로 삼으면, 법의 보호를 받는 대상이 늘어난다는 점에서 법의 확장이라고 할 수 있다.
⑤ 법문에 명시된 요건을 기준으로 삼으면, 명시되지 않은 부가 조건이 더 이상 적용되지 않는다는 점에서 법의 축소라고 할 수 있다.

정답 및 해설 p.52

VI. 실전 연습문제 (6) 정치

[01~03] 2012학년도 LEET 문9~11

다음 글을 읽고 물음에 답하시오.

선거에서 유권자의 정치적 선택을 설명하는 이론은 사회심리학 이론과 합리적 선택 이론으로 대별된다. 먼저 초기 사회심리학 이론은 유권자 대부분이 일관된 이념 체계를 지니고 있지 않다고 보았다. 그럼에도 유권자들이 투표 선택에서 특정 정당에 대해 지속적인 지지를 보내는 현상은 그 정당에 대한 심리적 일체감 때문이라고 주장했다. 곧 사회화 과정에서 사회 구성원들이 혈연, 지연 등에 따른 사회 집단에 대해 지니게 되는 심리적 일체감처럼 유권자들도 특정 정당을 자신과 동일시하는 태도를 지니는데, 이에 따라 유권자들은 정당의 이념이 자신의 이해관계에 유리하게 작용할 것인지 합리적으로 따지기보다 정당 일체감에 따라 투표한다는 것이다. 이에 반해 합리적 선택 이론은 유권자를 정당이 제시한 이념이 자신의 사회적 요구에 얼마나 부응하는지 그 효용을 계산하는 합리적인 존재로 보았다. 공간 이론은 이러한 합리적 선택 이론을 대표하는 이론으로, 근접 이론과 방향 이론으로 나뉜다.

초기의 근접 이론과 방향 이론은 유권자의 선택에 대해 다음과 같이 설명한다. 우선 이념 공간을 일차원 공간인 선으로 표시하고, 보수적 유권자 X, 진보 정당 A, 보수 정당 B의 이념적 위치를 그 선에 표시한다고 가정하자. 근접 이론은 X와 A, B 간의 이념 거리를 각각 '|X−A|'와 '|X−B|'로 계산한 다음, 만약 X와 A의 이념 거리가 X와 B의 경우보다 더 가깝다면 X는 A에 더 큰 효용을 느끼고 투표할 것이라고 본다. 이는 유권자 분포의 중간 지점인 중위 유권자의 위치가 양당의 선거 경쟁에서 득표 최대화 지점임을 의미한다. 그러나 과연 X가 이념 거리가 더 가깝다는 것만으로 자신과 이념이 다른 A를 지지할까? 이에 대해 방향 이론은 진보와 보수를 구분하는 이념 원점을 상정하고, 이를 기준으로 정당의 이념이 유권자의 이념과 같은 방향이되 이념 원점에서 더 먼 쪽에 위치할수록 그 정당에 대한 유권자의 효용이 증가하며, 반대로 정당의 이념이 유권자의 이념과 다른 방향일 경우에는 효용이 감소한다고 본다. 가령 이념 원점이 5라고 한다면, X의 A와 B에 대한 효용은 각각 '−|5−X|×|5−A|'와 '|5−X|×|5−B|'로 계산되는데, 이때 X는 이념 거리로는 비록 A가 가깝다 할지라도 B에 투표하게 된다. 따라서 방향 이론에서 정당에 대한 유권자의 효용은 그 정당이 유권자와 같은 이념 방향의 극단에 있을 때 최대화된다.

두 이론은 이념에 기초한 효용 계산을 통해 초기 사회심리학 이론의 '어리석은 유권자' 가설을 비판했지만 한계도 있었다. 근접 이론은 미국의 정당들이 실제 중위 유권자의 지점에 위치하지 않고 있다는 비판에, 방향 이론은 유럽 국가들에서 이념적 극단에 있는 정당이 실제로 수권한 경우가 드물다는 비판에 각각 직면했다. 이에 근접 이론은 정당이 정당 일체감을 지닌 유권자(정당 일체자)들로부터 멀어질 경우 지지가 감소할 수 있다는 점을 고려해서 실제로는 중위로부터 다소 벗어난 지점에 위치하게 된다고 이론적 틀을 보완했다. 또 방향 이론은 유권자들이 심리적으로 허용할 수 있는 이념 범위인 관용 경계라는 개념을 도입하여 정당이 관용 경계 밖에 위치하면 오히려 유권자의 효용이 감소한다는 점을 이론에 반영했다.

이러한 후기 공간 이론의 발전은 이념적 중위나 극단을 득표 최대화 지점으로 보았던 초기 공간 이론의 문제점을 극복하려 한 결과였다. 그러나 이는 정당 일체감이나 그 밖의 심리학적 개념들을 그대로 수용한 결과이기도 하였다. 그럼에도 공간 이론은 초기 사회심리학 이론에서 비관적으로 전망했던 '세련된 유권자' 가설을 무리 없이 입증해 왔다. 다양한 국가에서 유권자들이 이념에 기초해 후보자나 정당을 선택한다는 것을 실증적으로 보여 주었던 것이다.

한편 공간 이론의 두 이론은 유권자의 효용 계산과 정당의 득표 최대화 예측에서 이론적 경쟁 관계를 계속 유지했을 뿐만 아니라 현실 설명력에서도 두드러진 차이를 보였다. 의회 선거를 예로 들면, 근접 이론은 미국처럼 ㉠ 양당제 아래 소선거구제로 치러지는 선거를 더 잘 설명해 왔다. 반면에 방향 이론은 유럽 국가들처럼 ㉡ 다당제 아래 비례대표제로 치러지는 선거를 더 잘 설명해 왔다. 한 연구는 영국처럼 ㉢ 다당제 아래 소선거구제로 치러지는 선거에서 유권자가 여당에 대해 기대하는 효용은 근접 이론이 더 잘 설명하고, 유권자가 야당에 대해 기대하는 효용은 방향 이론이 더 잘 설명한다고 밝혔다. 이는 정치 환경에 따라 정당들의 득표 최대화 전략이 다를 수 있음을 뜻한다.

01

위 글의 내용으로 가장 적절한 것은?

① 초기 사회심리학 이론은 유권자의 투표 선택이 심리적 요인 때문에 일관성이 없다고 보았다.
② 공간 이론은 유권자와 정당 간의 이념 거리를 통해 효용을 계산하여 유권자의 투표 선택을 설명하였다.
③ 후기 공간 이론의 등장으로 득표 최대화에 대한 초기의 근접 이론과 방향 이론 간의 이견이 해소되었다.
④ 후기 공간 이론에서는 유권자의 투표 선택을 설명하는 데 있어서 이념의 비중이 커졌다.
⑤ 후기 공간 이론은 정당 일체감을 합리적인 것으로 인정하여 세련된 유권자 가설을 입증했다.

02

㉠~㉢에서 득표 최대화를 위한 정당의 선거 전략을 공간 이론의 관점에서 설명한 것으로 바르지 않은 것은?

① 초기 근접 이론은 ㉠에서 지지율 하락을 경험한 여당이 중위 유권자의 위치로 이동함을 설명할 수 있다.
② 후기 근접 이론은 ㉠에서 정당 일체자의 이탈을 우려한 야당이 중위 유권자의 위치로 이동하지 못함을 설명할 수 있다.
③ 후기 방향 이론은 ㉡에서 정당 일체자의 이탈을 우려한 여당이 중위 유권자의 위치로 이동함을 설명할 수 있다.
④ 초기 근접 이론은 ㉢에서 중도적 유권자의 이탈을 우려한 여당이 중위 유권자의 위치로 이동함을 설명할 수 있다.
⑤ 후기 방향 이론은 ㉢에서 중도적 유권자의 관용 경계를 의식한 야당이 이념적 극단 위치로 이동하지 못함을 설명할 수 있다.

03

<보기>의 선거 상황을 가정하여 윗글의 이론들을 적용한 것으로 타당하지 <u>않은</u> 것은?

〈보기〉

아래의 그림은 좌우 동형으로 이루어진 N국의 A당과 B당의 정당 일체자 분포와 여기에 무당파 유권자가 포함된 전체 유권자의 분포를 나타낸다. N국은 1) A당과 B당의 정당 일체자가 투표자인 예선을 통해 각 당의 후보를 결정한 후, 2) 전체 유권자가 투표자인 본선을 통해 최종 대표자를 선출한다.

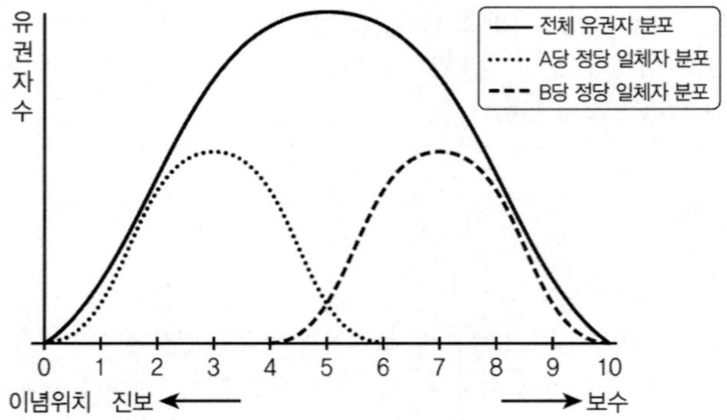

ㄱ. 후보자 이념 위치: A당(A1=0, A2=4), B당(B1=7, B2=9)

ㄴ. 중위 유권자 위치: A당=3, B당=7, 전체 유권자=5

ㄷ. 이념 원점=5

ㄹ. 관용 경계: 두 후보자가 동시에 유권자 위치의 ±2를 초과하면 유권자는 기권한다고 가정함.

ㅁ. 두 후보자에 대한 효용이 같다면 유권자는 기권한다고 가정함.

ㅂ. A당과 B당의 정당 일체자 분포의 규모는 같음.

① 초기 근접 이론은 B1이 예선을 통과할 것으로 예측할 것이다.
② 초기 근접 이론은 A2가 본선에서 승리할 것으로 예측할 것이다.
③ 초기 방향 이론은 본선에서 승자가 없을 것으로 예측할 것이다.
④ 후기 근접 이론은 A2가 본선에서 승리할 것으로 예측할 것이다.
⑤ 후기 방향 이론은 A1이 본선에서 승리할 것으로 예측할 것이다.

[04~06]

2016학년도 LEET 문17~19

다음 글을 읽고 물음에 답하시오.

대의 민주주의에서 정당의 역할에 대한 대표적인 설명은 책임정당정부 이론이다. 이 이론에 따르면 정치에 참여하는 각각의 정당은 자신의 지지 계급과 계층을 대표하고, 정부 내에서 정책 결정 및 집행 과정을 주도하며, 다음 선거에서 유권자들에게 그 결과에 대해 책임을 진다. 유럽에서 정당은 산업화 시기 생성된 노동과 자본 간의 갈등을 중심으로 다양한 사회 경제적 균열을 이용하여 유권자들을 조직하고 동원하였다. 이 과정에서 정당은 당원 중심의 운영 구조를 지향하는 대중정당의 모습을 띠었다. 당의 정책과 후보를 당원 중심으로 결정하고, 당내 교육과정을 통해 정치 엘리트를 충원하며, 정치인들이 정부 내에서 강한 기율을 지니는 대중정당은 책임정당정부 이론을 뒷받침하는 대표적인 정당 모형이었다.

대중정당의 출현 이후 정당은 의회의 정책 결정과 행정부의 정책 집행을 통제하는 정부 속의 정당 기능, 지지자들의 이익을 집약하고 표출하는 유권자 속의 정당 기능, 그리고 당원을 확충하고 정치 엘리트를 충원하고 교육하는 조직으로서의 정당 기능을 갖추어 갔다. 그러나 20세기 중반 이후 발생한 여러 원인으로 인해 정당은 이러한 기능에서 변화를 겪게 되었다.

산업 구조와 계층 구조가 다변화됨에 따라 정당들은 특정 계층이나 집단의 지지만으로는 집권이 불가능해졌고 이에 따라 보다 광범위한 유권자 집단으로부터 지지를 획득하고자 했다. 그 결과 정당 체계는 특정 계층을 뛰어넘어 전체 유권자 집단에 호소하여 표를 구하는 포괄정당 체계의 모습을 띠게 되었다. 선거 승리라는 목표가 더욱 강조될 경우 일부 정당은 외부 선거 전문가로 당료들을 구성하는 선거전문가정당 체계로 전환되기도 했다. 이 과정에서 계층과 직능을 대표하던 기존의 조직 라인은 당 조직의 외곽으로 밀려나기도 했다.

한편 탈산업사회의 도래와 함께 환경, 인권, 교육 등에서 좀 더 나은 삶의 질을 추구하는 탈물질주의가 등장함에 따라 새로운 정당의 출현에 대한 압박이 생겨났다. 이는 기득권을 유지해온 기성 정당들을 위협했다. 이에 정당들은 자신의 기득권을 유지하기 위해 공적인 정치자원의 과점을 통해 신생 혹은 소수 정당의 원내 진입이나 정치 활동을 어렵게 하는 카르텔정당 체계를 구성하기도 했다. 다양한 정치관계법은 이런 체계를 유지하는 대표적인 수단으로 활용되었다. 정치관계법과 관련된 선거제도의 예를 들면, 비례대표제에 비해 다수대표제는 득표 대비 의석 비율을 거대정당에 유리하도록 만들어 정당의 카르텔화를 촉진하는 데 활용되기도 한다.

이러한 정당의 변화 과정에서 정치 엘리트들의 자율성은 증대되었고, 정당 지도부의 권력이 강화되어 정부 내 자당 소속의 정치인들에 대한 통제력이 증가되었다. 하지만 반대로 평당원의 권력은 약화되고 당원 수는 감소하여 정당은 지지 계층 및 집단과의 유대를 잃어가기 시작했다.

뉴미디어가 발달하면서 정치에 관심은 높지만 정당과는 거리를 두는 '인지적' 시민이 증가함에 따라 정당 체계는 또 다른 도전에 직면하게 되었다. 정당 조직과 당원들이 수행했던 기존의 정치적 동원은 소셜 네트워크 내 시민들의 자기 조직적 참여로 대체되었다. 심지어 정당을 우회하는 직접 민주주의의 현상도 나타났다. 이에 일부 정당은 카르텔 구조를 유지하면서도 공직후보 선출권을 일반 국민에게 개방하는 포스트카르텔정당 전략이나, 비록 당원으로 유입시키지 못할지라도 온라인 공간에서 인지적 시민과의 유대를 강화하려는 네트워크정당 전략으로 위기에 대응하고자 했다. 그러나 이러한 제반의 개혁 조치가 대중정당으로의 복귀를 의미하지는 않았다. 오히려 당원이 감소되는 상황에서 선출권자나 후보들을 정당 밖에서 충원함으로써 고전적 의미의 정당 기능은 약화되었다.

물론 이러한 상황에서도 20세기 중반 이후 정당 체계들이 여전히 책임정당정치를 일정하게 구현하고 있다는 주장이 제기되기도 했다. 예를 들어 국가 간 비교를 행한 연구는 최근의 정당들이 구체적인 계급, 계층 집단을 조직하고 동원하지는 않지만 일반 이념을 매개로 정치 영역에서 유권자들을 대표하는 기능을 강화했음을 보여 주었다. 유권자들은 좌우의 이념을 통해 정당의 정치적 입장을 인지하고 자신과 이념적으로 가까운 정당에 정치적 이해를 표출하며, 정당은 집권 후 이를 고려하여 책임정치를 일정하게 구현하고 있다는 것이다. 이때 정당은 포괄정당에서 네트워크정당까지 다양한 모습을 띨 수 있지만, 이념을 매개로 유권자의 이해와 정부의 책임성 간의 선순환적 대의 관계를 잘 유지하고 있다는 것이다.

이와 같이 정당의 이념적 대표성을 긍정적으로 평가하는 주장에 대해 몇몇 학자 및 정치인들은 대중정당론에 근거한 반론을 제기하기도 한다. 이들은 여전히 정당이 계급과 계층을 조직적으로 대표해야 하며, 따라서 ㉠ 정당의 전통적인 기능과 역할을 복원하여 책임정당정치를 강화해야 한다는 주장을 제기하고 있다.

04

20세기 중반 이후 정당 체계에서 발생한 정당 기능의 변화로 볼 수 없는 것은?

① 정부 속의 정당 기능의 강화
② 유권자 속의 정당 기능의 약화
③ 조직으로서의 정당 기능의 강화
④ 유권자를 정치적으로 동원하는 기능의 약화
⑤ 유권자의 일반 이념을 대표하는 기능의 강화

05

<보기>에 제시된 진술 가운데 적절한 것만을 있는 대로 고른 것은?

〈보기〉

ㄱ. 지난 총선에서 지나치게 진보적인 노선을 제시해 패배했다고 판단한 A당이 차기 선거의 핵심 전략으로 중도 유권자도 지지할 수 있는 노선을 채택한 사례는 선거전문가정당 모형으로 가장 잘 설명될 수 있다.

ㄴ. B당이 선거 경쟁력을 향상시키기 위해 의석수에 비례해 배분했던 선거보조금의 50%를 전체 의석의 30% 이상의 의석을 지닌 정당에게 우선적으로 배분하고, 나머지는 각 정당의 의석수에 비례해 배분하자고 제안한 사례는 카르텔정당 모형으로 가장 잘 설명될 수 있다.

ㄷ. 다당제 아래 원내 의석을 과점하며 집권했던 C당이 지지율이 급감해 차기 총선의 전망이 불투명해지자 이에 대처하기 위해 개방형 국민참여경선제를 도입한 사례는 네트워크정당 모형으로 가장 잘 설명될 수 있다.

① ㄱ ② ㄴ ③ ㄷ
④ ㄱ, ㄴ ⑤ ㄴ, ㄷ

06

㉠의 내용으로 적절하지 않은 것은?

① 당원의 자격과 권한을 강화하면 탈산업화 시대에 다변화된 계층적 이해를 제대로 대표하지 못하게 된다.

② 공직후보 선출권을 일반 시민들에게 개방하면 당의 노선에 충실한 정치 엘리트를 원활하게 충원할 수 없다.

③ 신생 정당의 원내 진입을 제한하는 규칙은 대의제를 통해 이익을 집약하고 표출할 수 없는 유권자들을 발생시킨다.

④ 정당이 유권자의 일반 이념을 대표한다고 할지라도 정당의 외연을 과도하게 확장하면 당의 계층적 정체성을 약화한다.

⑤ 온라인 공간에서 인지적 시민들과 유대를 강화하는 것에 지나치게 집중하면 당의 근간을 이루는 당원 확충에 어려움을 겪게 된다.

[07~09]

다음 글을 읽고 물음에 답하시오.

우리는 정치 과정에서 정치 세력이 충돌하는 교착 상태를 종종 보게 된다. 교착이란 행정부(집행부)와 의회가 각각 정책 변화를 원함에도 불구하고 ㉠ 양자의 선호가 일치하지 않는 상태로 인해 입법에 실패하여 기존 정책이 그대로 유지되기까지의 정치 과정을 가리킨다. 교착이 일어나는 주요 원인으로는 통치형태의 주요 특징이 지적되었다.

대통령제에서 대통령과 의회가 따로 선출되고 고정된 임기 안에 서로 불신임의 대상이 되지 않는다는 점과 대통령이 내각 운영에서 전권을 발휘한다는 점은 대통령과 의회 간의 마찰을 유발하는 조건이 된다. 특히 법안발의권 등 대통령의 입법 권한이 강할수록 대통령이 의회와 마찰할 가능성이 커진다. 교착은 단점정부보다는 분점정부일 때, 즉 대통령의 소속 당이 의회에서 과반 의석을 얻지 못했을 때 많이 발생한다.

한편 의회 다수당이 내각을 구성하며 의회가 내각에 대한 불신임권을 가지는 내각제에서는 교착의 발생이 훨씬 줄어든다. 가령 다수당이 과반 의석을 얻지 못해도, 다른 소수당과 연립정부를 구성하여 의회의 과반을 형성하거나, 총리와 내각이 의회 다수파에 의해 교체되거나, 총리가 의회를 해산하고 조기 총선을 치러 새 내각을 구성한다면 교착을 피할 수 있다. 내각제가 제대로 작동하기 위해서는 연립정부 구성과 해체 등의 과정에서 대체로 정당 기율이 강할 것이 요구된다.

대통령제에서의 교착을 해소하기 위해 제도적 변형을 시도한 것으로 프랑스의 이원집정부제가 있다. 이원집정부제는 고정된 임기의 대통령을 직접 선거로 선출한다는 점에서 대통령제와 같지만, 대통령의 소속 당이 의회의 과반을 갖지 못하면 대통령은 의회에서 선출된 야당 대표를 총리로 임명하고 총리가 정국 운영을 주도한다는 점이 다르다. 동거정부라 불리는 이 경우에 정부는 내각제처럼 운영된다. 단, 대통령과 총리 사이의 권한을 둘러싼 분쟁으로 교착이 발생하기도 한다. 반대로 단점정부의 경우에는 대통령제와 유사하게 운영된다. 의회는 원내 양당제를 유도하는 결선투표제로 구성된다.

대통령제에서 정당 체계와 선거 제도는 교착에 영향을 준다. 정당 체계에서 비례대표제는 다당제를 유도하는데, 다당제는 의회 다수파 형성을 어렵게 한다. 양원제에서는 상원 다수당과 하원 다수당 중 하나가 대통령의 소속 당과 다를 때 분점정부가 나타난다. 정당의 기율을 강하게 하는 제도적 장치가 있거나 정당이 이념적으로 양극화될 때도 분점정부 상황에서는 대통령이 의회 과반의 지지를 확보하기 어려울 수 있다. 한편 의회와 대통령 선거를 동시에 실시하는 경우, 대통령 당선 유력 후보의 후광효과가 일어나 분점정부의 발생 가능성을 낮추는 효과가 생긴다. 아울러 분점정부라도 야당이 대통령의 거부권을 막을 수 있는 의석수를 확보하고 있다면 교착이 발생하지 않을 수 있다.

다양한 의회제도 또한 교착에 영향을 미친다. 의사진행을 촉진하는 의장의 권한이 강하다면, 분점정부 상황에서는 대통령의 거부권 행사 가능성으로 인해 교착이 발생할 수 있다. 그리고 교섭단체 제도처럼 원내 다수당과 소수당 간의 합의를 강조하는 제도가 있으면 심지어 단점정부 상황이라고 해도 교착이 생길 수 있다. 이는 다수당이 강행하려는 의제를 소수당이 지연시킬 수 있기 때문이다. 또 소수당이 입법 지연을 목적으로 활용하는 필리버스터(의사진행 방해 발언)도 교착을 발생시킬 수 있다. 필리버스터의 종결에 요구되는 의결정족수까지 높게 규정되어 있으면, 교착은 잘 해소되지 않는다. 그밖에 사회적 합의가 어려운 쟁점이 법안으로 다루어질 경우도 교착이 일어날 확률이 높다.

대통령제 아래 분점정부 상황의 교착을 완화하는 제도적 방안으로는 남미 국가들의 경험처럼 연립정부를 구성하는 것도 있다. 대통령제를 내각제처럼 운영하려는 이 대안은 소수파 대통령이 야당들과의 협상을 통해 공동 내각을 구성하여 의회 과반의 지지를 확보할 수 있다는 점에 착안한 것이다. 이 경우 정당의 기율이 강하다면 협상 과정에서 이탈자를 줄일 수 있으며, 대통령의 강한 권한도 연립정부의 유지에 긍정적 역할을 할 수 있다. 이 과정에서 비례대표제를 의회선거에, 결선투표제를 대통령선거에 각각 적용해 동시에 선거를 치르면, 연립정부 구성이 쉬워진다는 연구 결과도 있다. 두 선거를 같은 시기에 치르면 정당 난립을 억제하는 효과가 있고, 대통령선거가 결선투표로 갈 때 일차 선거와 결선투표 시기 사이에 연립내각을 구성하기 위한 정당 간 협상이 활발하게 일어날 수 있기 때문이다.

한편 교착 완화를 위해 미국처럼 대통령이 야당 의원들을 설득하여 법안마다 과반의 지지를 확보하는 방안도 있다. 이는 정당의 기율이 약하고 의회선거 제도가 단순다수 소선거구제일 때 주로 적용된다. 이런 경우에는 의회가 양당제로 구성되고 의원들의 정치적 자율성이 높으므로 대통령이 의원들을 설득하기 쉬워진다. 특히 대통령의 입법 권한이 약하기 때문에 대통령은 의회에 로비할 필요성을 더 느끼게 된다. 이 방법들은 대통령이 의회에서 새로운 과반의 지지를 얻는 데 목적이 있다.

07

㉠을 해결하기 위한 시도로 적절하지 않은 것은?

① 대통령제에서 대통령이 의회 다수당과 연립정부를 구성하려는 경우
② 대통령제에서 대통령이 의회 과반의 지지를 얻으려고 의회에 로비를 하려는 경우
③ 내각제에서 총리가 소수당과 연립정부를 구성하려는 경우
④ 내각제에서 총리가 조기 총선을 요구해 새로운 내각을 구성하려는 경우
⑤ 이원집정부제에서 동거정부일 때 대통령이 정국을 주도하려는 경우

08

윗글에 따라 대통령제에서 정치 환경의 변화를 추론한 것으로 적절한 것은?

① 다수당이지만 필리버스터를 종결할 만큼 의석을 차지하지 못한 야당에 소속된 의장이 갈등 법안을 본회의에 직권상정하면, 교착이 완화될 것이다.
② 비례대표제를 채택한 의회선거를 대통령선거와 동시에 치르면, 시기를 달리해 두 선거를 치를 때보다 분점정부가 발생할 확률이 낮아질 것이다.
③ 양원제 의회를 모두 비례대표제로 구성하면, 단순다수 소선거구제로 구성할 때보다 분점정부가 발생할 확률이 낮아질 것이다.
④ 야당이 대통령의 거부권 행사를 무력화할 만큼의 의석을 가진다면, 교착이 악화될 것이다.
⑤ 양극화된 정당 체계에서 교섭단체 간의 합의 요건을 강화하면, 교착이 완화될 것이다.

09

윗글을 바탕으로 <보기>에 대해 추론한 것으로 적절한 것은?

〈보기〉

행정부와 의회 간의 빈번한 교착으로 정치 불안이 심각한 상태인 A국의 정치학자 K가 ㉮~㉰의 제도를 설계하여 제안했다. 현재 대통령제 국가인 A국은 양당제로 분점정부 상태이다. 대통령은 법안발의권 등 강한 권한을 지니고 있다. 대통령은 결선투표제로 선출한다. 의회는 단순다수 소선거구제로 구성한다. 정당의 기율은 강하다.

	대통령의 입법 권한	의회선거 제도	정당 기율 관련 법제
㉮	축소	결선투표제로 변경	유지
㉯	유지	비례대표제로 변경	유지
㉰	축소	유지	약화

① K는 ㉮를 설계하면서 미국식 대통령제를 염두에 두었을 것이다.
② K는 ㉮를 설계하면서 프랑스식 이원집정부제를 염두에 두었을 것이다.
③ K는 ㉯를 설계하면서 미국식 대통령제를 염두에 두었을 것이다.
④ K는 ㉰를 설계하면서 남미식 대통령제를 염두에 두었을 것이다.
⑤ K는 ㉰를 설계하면서 프랑스식 이원집정부제를 염두에 두었을 것이다.

[10~12]

2023학년도 LEET 문19~21

다음 글을 읽고 물음에 답하시오.

제도의 선택에 대한 설명에는, 합리적인 주체인 사회 구성원들이 사회 전체적으로 가장 이익이 되는 제도를 채택한다고 보는 효율성 시각과 이데올로기·경로의존성·정치적 과정 등으로 인해 효율적 제도의 선택이 일반적이지 않다고 보는 시각이 있다. 효율성 시각은 어떤 제도가 채택되고 지속될 때는 그만한 이유가 있을 것이라는 직관적 호소력을 갖지만, 전통적으로는 특정한 제도가 한 사회에 가장 이익이 되는 이유를 제시하는 설명에 그치고 체계적인 모델을 제시하지는 못했다고 할 수 있다. 이런 난점들을 극복하려는 제도가능곡선 모델은, 해결하려는 문제에 따라 동일한 사회에서 다른 제도가 채택되거나 또는 동일한 문제를 해결하기 위해 사회에 따라 다른 제도가 선택되는 이유를 효율성 시각에서도 설명할 수 있게 해준다.

바람직한 제도에 대한 전통적인 생각은 시장과 정부 가운데 어느 것을 선택해야 할 것인가를 중심으로 이루어졌다. 그러나 제도가능곡선 모델은 자유방임에 따른 무질서의 비용과 국가 개입에 따른 독재의 비용을 통제하는 데에는 기본적으로 상충관계가 존재한다는 점에 착안한다. 힘세고 교활한 이웃이 개인의 안전과 재산권을 침해할 가능성을 줄이려면 국가 개입에 의한 개인의 자유 침해 가능성이 증가하는 것이 일반적이라는 것이다. 이런 상충관계에 주목하여 이 모델은 무질서로 인한 사회적 비용(무질서 비용)과 독재로 인한 사회적 비용(독재 비용)을 합한 총비용을 최소화하는 제도를 효율적 제도라고 본다.

가로축과 세로축이 각각 독재 비용과 무질서 비용을 나타내는 평면에서 특정한 하나의 문제를 해결하기 위한 여러 제도들을 국가 개입 정도 순으로 배열한 곡선을 생각해 보자. 이 곡선의 한 점은 어떤 제도를 국가 개입의 증가 없이 도달할 수 있는 최소한의 무질서 비용으로 나타낸 것이다. 이 곡선은 한 사회의 제도적 가능성, 즉 국가 개입을 점진적으로 증가시키는 제도의 변화를 통해 얼마나 많은 무질서를 감소시킬 수 있는지를 나타내므로 ㉠ 제도가능곡선이라 부를 수 있다. 이때 무질서 비용과 독재 비용을 합한 총비용의 일정한 수준을 나타내는 기울기 −1의 직선과 제도가능곡선의 접점에 해당하는 제도가 선택되는 것이 효율적 제도의 선택이다. 이 모델은 기본적으로 이 곡선이 원점 방향으로 볼록한 모양이라고 가정한다.

제도가능곡선 위의 점들 가운데 대표적인 제도들을 공적인 통제의 정도에 따라 순서대로 나열하자면 1) 각자의 이익을 추구하는 경제주체들의 동기, 즉 시장의 규율에 맡기는 사적 질서, 2) 피해자가 가해자에게 소(訴)를 제기하여 일반적인 민법 원칙에 따라 법원에서 문제를 해결하는 민사소송, 3) 경제주체들이 해서는 안 될 것과 해야 할 것, 위반 시 처벌을 구체적으로 명기한 규제법을 규제당국이 집행하는 정부 규제, 4) 민간 경제주체의 특정 행위를 금지하고 국가가 그 행위를 담당하는 국유화 등을 들 수 있다. 이 네 가지는 대표적인 제도들이고 현실적으로는 이들이 혼합된 제도도 가능하다.

무질서와 독재로 인한 사회적 총비용의 수준은 곡선의 모양보다 위치에 의해 더 크게 영향을 받는데, 그 위치를 결정하는 것은 구성원들 사이에 갈등을 해결하고 협력을 달성할 수 있는 한 사회의 능력, 즉 시민적 자본이다. 따라서 불평등이 강화되거나 갈등 해결 능력이 약화되는 역사적 변화를 경험하면 이 곡선이 원점에서 멀어지는 방향으로 이동한다. 이러한 능력이 일종의 제약 조건이라면, 어떤 제도가 효율적일 것인지는 제도가능곡선의 모양에 의해 결정된다. 그런데 동일한 문제를 해결하기 위한 제도가능곡선이라 하더라도 그 모양은 국가나 산업마다 다르기 때문에 같은 문제를 해결하기 위한 제도가 국가와 산업에 따라 다를 수 있다. 예컨대 국가 개입이 동일한 정도로 증가했을 때, 개입의 효과가 큰 정부를 가진 국가(A)는 그렇지 않은 국가(B)에 비해 무질서 비용이 더 많이 감소한다. 그러므로 전자가 후자에 비해 곡선의 모양이 더 가파르고 곡선상의 더 오른쪽에서 접점이 형성된다.

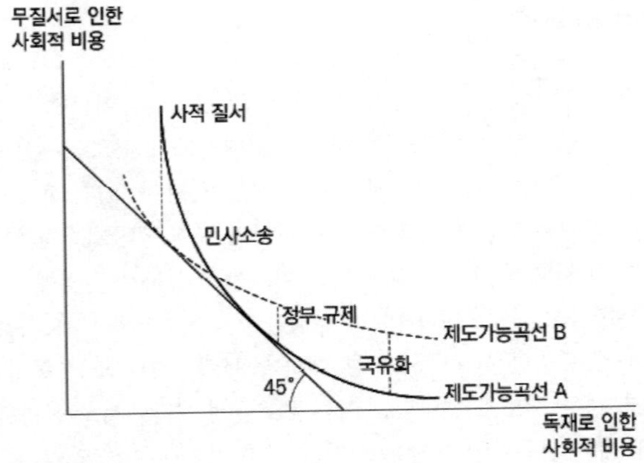

제도가능곡선 모델의 제안자들은 효율적 제도가 선택되지 않는 경우도 많다는 것을 인정한다. 그러나 자생적인 제도 변화의 이해를 위해서는 효율성의 개념을 재정립한 제도가능곡선 모델을 통해 효율성 시각에서 제도의 선택에 대해 체계적인 설명을 제시하는 것이 중요하다고 본다.

10

윗글의 내용과 일치하는 것은?

① 제도가능곡선 모델은 시장과 정부를 이분법적으로 파악하는 전통에서 탈피하여 제도의 선택을 이해한다.

② 제도가능곡선 모델에 따르면 어떤 제도가 효율적인지는 문제의 특성이 아니라 사회의 특성에 의해 결정된다.

③ 제도가능곡선 모델 제안자들은 항상 효율적 제도가 선택된다고 보아 효율적 제도의 선택에 대한 설명에 집중한다.

④ 제도가능곡선 모델은 특정한 제도가 선택되는 이유를 설명하지만, 제도가 채택되는 일반적인 체계에 대한 설명을 제시하지는 않는다.

⑤ 제도가능곡선 모델은 효율성 시각에 속하지만, 사회 전체적으로 가장 이익이 되는 제도가 선택된다고 설명하지는 않는다는 점에서 효율성 개념을 재정립한다.

11

㉠에 대한 설명을 바탕으로 추론한 것으로 적절하지 않은 것은?

① 민사소송과 정부 규제가 혼합된 제도가 효율적 제도라면, 민사소송이나 정부 규제는 이 제도보다 무질서 비용과 독재 비용을 합한 값이 더 클 수밖에 없다.

② 시민적 자본이 풍부한 사회에서 비효율적인 제도보다 시민적 자본의 수준이 낮은 사회에서 효율적인 제도가 무질서와 독재로 인한 사회적 총비용이 더 클 수 있다.

③ 정부에 대한 언론의 감시 및 비판 기능이 잘 작동하여 개인의 자유에 대한 침해 가능성이 낮은 사회는 그렇지 않은 사회보다 곡선상의 더 왼쪽에 위치한 제도가 효율적이다.

④ 교도소 운영을 국가가 아니라 민간이 맡았을 때 재소자의 권리가 유린되거나 처우가 불공평해질 위험이 너무 커진다면 곡선이 가팔라서 접점이 곡선의 오른쪽에서 형성되기 쉽다.

⑤ 경제주체들이 교활하게 사적 이익을 추구함으로써 평판이 나빠져 장기적인 이익이 줄어들 것을 염려해 스스로 바람직한 행위를 선택할 가능성이 큰 산업의 경우에는 접점이 곡선의 왼쪽에서 형성되기 쉽다.

12

제도가능곡선 모델을 바탕으로 <보기>에 대해 반응한 것으로 적절하지 않은 것은?

〈보기〉

19세기 후반에 미국에서는 새롭게 발달한 철도회사와 대기업들이 고객과 노동자들에게 피해를 주고 경쟁자들의 진입을 막으며 소송이 일어나면 값비싼 변호사를 고용하거나 판사를 매수하는 일이 다반사로 일어났다. 이에 대한 대응으로 19세기 말~20세기 초에 진행된 진보주의 운동으로 인해 규제국가가 탄생하였다. 소송 당사자들 사이에 불평등이 심하지 않았던 때에는 민사소송이 담당했던 독과점, 철도 요금 책정, 작업장 안전, 식품 및 의약품의 안전성 등과 같은 많은 문제들에 대한 사회적 통제를, 연방정부와 주정부의 규제당국들이 담당하게 된 것이다.

① 철도회사와 대기업이 발달하면서 제도가능곡선이 원점에 더 가까워지는 방향으로 이동했군.

② 철도회사와 대기업이 발달하기 전에는 많은 문제의 해결을 민사소송에 의존하는 것이 효율적이었군.

③ 규제국가의 탄생으로 인해 무질서 비용과 독재 비용을 합한 사회적 총비용이 19세기 후반보다 줄었군.

④ 규제국가는 많은 문제에서 제도가능곡선의 모양과 위치가 변화한 것에 대응하여 효율적 제도를 선택한 결과였군.

⑤ 철도회사와 대기업이 발달한 이후에 소송 당사자들 사이의 불평등과 사법부의 부패가 심해짐에 따라 제도가능곡선의 모양이 더욱 가팔라졌군.

정답 및 해설 p.56

해커스 LEET

MOONLABO 언어이해

기본

개정 3판 1쇄 발행 2024년 1월 2일

지은이 문덕윤
펴낸곳 해커스패스
펴낸이 해커스로스쿨 출판팀

주소 서울특별시 강남구 강남대로 428 해커스로스쿨
고객센터 1588-4055
교재 관련 문의 publishing@hackers.com
학원 강의 및 동영상강의 lawschool.Hackers.com

ISBN 979-11-6999-654-9 (13360)
Serial Number 03-01-01

로스쿨로 향하는 **첫 시작,**

해커스로스쿨과 함께해야
입학이 빨라집니다.

법학적성시험 대비 최신개정판 제3판

해커스 LEET

MOONLABO 언어이해

기본

정답 및 해설

해커스로스쿨

해커스 LEET

MOONLABO 언어이해

기본

정답 및 해설

해커스로스쿨

PART 02 언어이해 핵심 원리

II 핵술

p.74

01	02	03	04	05
①	②	②	④	②
06	07	08		
⑤	③	②		

01 정답 ①

선배의 독해 전략

본 지문과 같이 명시적으로 연역논증적 사고를 요구하는 지문이 아닌 한, 언어이해 지문은 대부분 귀납논증 지문임에 주의하여야 한다. 언어이해와 추리논증을 모두 공부하다 보니 언어이해 지문도 추리논증처럼 접근하는 경우가 있는데, 지문의 흐름이나 글쓴이의 견해를 놓칠 우려가 있으니 유의하자.

분석 및 접근

지문에 제시된 문장을 "P이지만 Q는 아니다."라는 자기모순적 명제로 치환할 수 있어야 하는데, 유독 이 유형의 문제에 약하다면 지문을 문단별로 읽듯, 문장도 간단히 A나 B, P나 Q 등으로 치환하는 연습을 하는 것도 도움이 된다.

해설

(가)에는 "비가 오고 구름이 끼어 있지만, 비가 오지 않는다."라는 명제를 일반화한 진술이 들어가야 한다. '비가 오고 구름이 끼어 있다'를 P, '비가 온다'를 Q라고 하면 P는 Q를 함축하고 있어 Q가 P로부터 도출될 수 있는데, "비가 오고 구름이 끼어 있지만, 비가 오지 않는다."라는 명제는 "P이지만 Q는 아니다."라는 명제이므로 자기모순적이다. 따라서 이를 한 문장으로 정리한 진술은 ㄱ이다.
(나)에는 (가)의 대우 명제로, "P이지만 Q는 아니다."가 자기모순적인 명제가 아니라면 Q가 P로부터 도출될 수 없다는 진술이 들어가야 한다. 이 진술을 명제 A와 B를 활용하여 정리하면 "타인을 돕는 행동은 행복을 최대화하지만, 우리는 타인을 돕지 않아도 된다."가 자기모순적인 명제가 아니므로 "어떤 행동이 행복을 최대화한다(명제 A)라는 것으로부터 그 행동을 행하여야 한다(명제 B)는 것을 도출할 수 없다."가 된다. 따라서 이를 한 문장으로 정리한 진술은 ㄷ이다.

02 정답 ②

선배의 독해 전략

본문의 실험을 변수-결과로 간단히 정리하면 효율적으로 문제를 풀이하는 데 도움이 된다. 본 지문처럼 특정 가설을 증명하기 위한 실험이 제시되고, 변수를 여럿 변경하는 흐름이 이어진다면 각 내용을 단순화하여 '+A면 aa', '-A면 bb'와 같이 스스로 알아보기 편한 방식으로 지문 옆 여백에 간단히 메모해두자.

분석 및 접근

본문의 실험을 표로 정리하면 다음과 같다. 스스로 정리한 내용이 아래의 표와 동일할 필요는 없지만, 변수와 결과라는 기준을 가지고 지문에 접근하였는지 스스로의 독해를 점검해보는 것은 필요하다.

변수	원시생식소 제거	원시생식소 보존
결과	외부생식기 미발달	외부생식기 발달

해설

본문의 실험 내용과 결과를 가장 잘 설명하는 가설이 되기 위해서는 '원시생식소에 성호르몬이 작용하면 외부생식기가 발달한다.'라는 내용을 포함해야 한다. 따라서 나중에 외부생식기로 발달할 전구체인 기관 A에 성호르몬의 작용이 없다면 암컷의 외부생식기로 발달하도록 되어 있다는 ②의 가설이 가장 적절하다.

[03~05]

선배의 독해 전략

성사 콤파드라스고와 비성사 콤파드라스고를 비교하며 읽되, 둘 다 콤파드라스고라는 하나의 개념으로 묶인다는 점을 염두에 두어야 한다. 일치/불일치 선택지를 풀이하는 데 유독 시간이 오래 걸릴 경우 지문을 읽을 때 간단한 메모법을 활용하면 지문과 문제풀이를 오갈 때 도움이 된다. 정답의 근거가 본문 구석구석에서 다양하게 출제되므로, 본 지문의 경우 핵심 개념에 동그라미를 하여 한눈에 알아보기 쉽도록 한다.

03 정답 ②

해설

① 콤파드라스고가 형성되기 위해서는 매개체가 필요하다.
→ 콤파드라스고가 원래 '대부모-친부모' 관계를 의미한다는 것을 고려하면 대자녀가 매개로 필요하다는 것을 알 수 있다. 비성사 콤파드라스고는 사람이나 수호성인상을 매개로 하여 형성된다.

② 다대적 관계의 경우에는 의사 친족 제도로서의 속성이 약하다.
→ 의사 친족 제도는 극히 좁은 범위로 이루어진 친족 관계를 보완한다고 했다. 즉, 다대적 관계일 경우에 의사 친족 제도로서의 속성이 강하다고 볼 수 있다.

③ 원주민 공동체의 전통과 이식된 종교적 제도의 결합에 기반을 둔다.
→ 2문단의 '콤파드라스고는 원주민 사회에 잔존하던 의례적 친족 제도의 요소와 혼합되어 변형과 재창조를 거듭하면서 종교적 제도를 넘어 하나의 사회 제도로 자리잡게 되었다'는 내용을 통해 확인할 수 있다.

④ 대부모-친부모 관계가 중심에 놓임으로써 다양한 형태로 확장될 수 있었다.
→ 이는 대부자 관계보다 대부모와 친부모의 관계가 더 중심적인 역할을 하게 되었음을 의미한다. 3문단의 "결국 이러한 확장을 통해 콤파드라스고는 복합적이고 다중적인 '대부모-대자녀-친부모'를 묶는 체계로 자리잡게 된 것이다."라는 부분을 통해 알 수 있다.

⑤ 비성사 콤파드라스고 구성원의 권리와 의무는 성사 콤파드라스고의 경우보다 약하다.
→ 3문단에서 비성사 콤파드라스고는 권리와 의무가 약할 뿐, 구조적 측면에서는 성사 콤파드라스고와 차이가 없다고 한 부분에서 알 수 있다.

04

정답 ④

해설

① 루이스와 이달리아는 성사 콤파드라스고를 통해 대부자 관계를 맺고 있다.
→ 이달리아가 루이스의 세례 대모이므로 성사 콤파드라스고를 통해 대부자 관계를 맺고 있다는 사실을 3문단에서 확인할 수 있다.

② 호세와 라울은 사람을 매개로 한 비성사 콤파드라스고를 형성하고 있다.
→ 호세와 라울은 카르멘을 매개로 한 비성사 콤파드라스고를 형성하고 있다.

③ 이달리아 외에도 호세와 성사 콤파드라스고를 형성한 사람이 더 있을 수 있다.
→ 루이스는 외아들이지만 3문단의 '세례와 관련하여 반지, 음식 등 세례에 필요한 각 부분을 나누어 후원함으로써 여러 명의 대부모가 생겨나기도 한다'고 한 부분을 통해 성사 콤파드라스고를 형성한 사람이 더 있을 수 있다고 추론할 수 있다.

④ 로라는 이달리아와 친척이므로 로라와 호세의 관계도 콤파드라스고라 할 수 있다.
→ 콤파드라스고의 범위는 대자녀의 친부모뿐만 아니라 형제와 조부모에게까지 확장되며, 관계는 쌍대적 관계를 넘어 친척과 2, 3세대를 포괄하는 다대적 관계로 확장된다. 따라서 콤파드라스고의 범위에는 대자녀의 형제와 조부모까지만 포함되는 것이고, 친척과 2, 3세대는 콤파드라스고를 통해 의례적으로 연결되는 관계에 포함되는 것이다. 이 둘을 구분한 다음 이를 로라와 호세의 경우에 적용해 본다면 로라는 대부모의 친척이므로 콤파드라스고의 범위에 들어가지 않아 콤파드라스고를 통해 연결된(확장된) 관계일 뿐 콤파드라스고라고 부를 수는 없다는 사실을 추론할 수 있다.

⑤ 이달리아 집 수호성인상과 관련된 후원을 통해 로라와 이달리아의 콤파드라스고가 지속된다.
→ 이달리아 집의 수호성인상을 매개로 한 비성사적 콤파드라스고가 로라와 이달리아 사이에 존재한다. 수호성인상과 같은 물건을 매개로 한 관계는 후원 여부를 통해 지속 기간이 결정된다고 하였으므로 로라가 이달리아에게 계속 후원한다면 콤파드라스고가 지속될 것이다.

05

정답 ②

해설

① 통혼권을 확대하여 친족 결속력을 증대시킨다.
→ 어떤 콤파드라스고에서는 교회법에 따라 구성원 간의 금혼 규칙을 적용하기도 하지만, 대부분의 콤파드라스고에서는 구성원 간의 금혼 규칙이 잘 지켜지지 않는다고 했다. 이렇게 결과적으로 통혼권이 확대되는 현상은 혈연에 기초하는 친족 제도의 한계를 넘어 사회적, 정치적 필요에 따라 새로운 관계망을 형성하게 하는 데 일조하게 되었고, 이와 동시에 콤파드라스고가 내적 통합과 외적 경계 짓기의 전략적 메커니즘으로 작동하여 개인이 사회적 관계를 획득하는 유효한 수단이 된다고 하였다. 따라서 통혼권을 확대한 것이 혈연을 기반으로 하는 친족 내의 결속력을 증대시키기 위함이라고 진술하는 것은 적절하지 않다.

② 유대 관계를 확장하여 사회적 역량을 증대시킨다.
→ 4문단에서 콤파드라스고는 한정된 자원에 대한 접근을 용이하게 해 준다고 하였다. 따라서 유대 관계를 확장하여 사회적 역량을 증대시킨다는 점은 의사 친족 관계로서 콤파드라스고의 현실적인 유효성이라고 할 수 있다.

③ 재화의 재분배를 통해 계층 간 이해 갈등을 완화시킨다.
→ 콤파드라스고를 통해 자원에 대한 접근이 용이해지기는 하지만 불균등한 자원의 균등 분배까지 가능하게 한다고는 할 수 없다.

④ 산업화의 진행으로 핵가족이 증가되는 추세를 완화시킨다.
→ 핵가족이 증가하는 추세 속에서 혈연 중심의 친족 집단의 한계를 보완하는 의사 친족 제도이므로 핵가족이 증가되는 추세를 완화시킨다는 진술은 타당하지 않다.

⑤ 종교 윤리와 전통 가치를 융합함으로써 문화 수용 능력을 증대시킨다.
→ 전통 가치와 종교적 제도가 결합된 것이지 종교 윤리와 전통 가치가 융합된 것은 아니다.

[06~08]

선배의 독해 전략

크게 식민 통치 이전과 이후를 비교하고, 글쓴이의 견해에 주목한다. 문제 역시 첫 번째 문제에서 식민 통치 이전과 이후를 비교하는 내용 일치/불일치 문제가 출제되었고, 두 번째 문제는 글쓴이의 관점, 세 번째 문제는 식민 통치 이후의 잉골의 관리자들의 상황을 추론하는 문제가 출제되었다. 미리 발문을 검토하였다면 지문을 읽을 때 어디에 주목하여야 하는지 미리 알 수 있어 도움이 된다.

06

정답 ⑤

분석 및 접근

지문은 식민 통치 이전의 사회와 식민 통치 이후의 사회를 비교·대조함으로써 식민 통치 이후의 티브 사회에 나타난 변화를 이해했는지 확인하는 문제이다.

해설

① 놋쇠막대를 얻고자 하는 수요가 증가하였다.
→ 1문단의 식민 통치 이전의 티브 사회에서 놋쇠막대가 불완전한 화폐의 기능을 가지고 있었다는 내용과, 3문단의 놋쇠막대가 부분적으로만 화폐의 기능을 가지고 있었다는 내용을 통해 알 수 있다. 19세기 식민 통치 이후 범용 화폐가 도입되었고, 범용 화폐는 모든 가치의 척도 수단으로 활용되었기 때문에 티브 사람들은 범용 화폐를 마련하기 위해 애썼다는 내용이 이후에 이어지므로 놋쇠막대를 얻고자 하는 수요가 감소했을 것이라고 추론할 수 있다.

② 친족 집단 간 유대를 유지, 강화하는 요인이 늘어났다.
→ 5문단에서 확인할 수 있다. 범용 화폐가 도입된 이후, 시장 경제가 확산되었고 혼인 관습은 전통적인 교환혼에서 신부값 혼인으로 바뀌었다. 전통적인 교환혼에서 형성될 수 있었던 친족 집단 간의 유대는 신부값 혼인으로 인해 약화되었다.

③ 전통적인 위세 영역에서 부채 개념이 등장하게 되었다.
→ 위세 영역에서 부채는 식민 통치 이전부터 있었기에 새롭게 등장한 것이 아니다. 티브 족의 경제는 생계·위세·극상 영역으로 나뉘어 있었는데, 전통적인 위세 영역인 혼인 관습은 교환혼이었다. 교환혼은 잉골을 교환하는 것인데, 잉골은 놋쇠막대나 소로 대체할 수 없었기 때문에 자신은 잉골과 결혼했지만 상대에게 잉골을 보내지 못할 경우에 부채가 발생했다. 따라서 3문단의 마지막 문장처럼 부채 개념이 등장하게 된 전통적인 경제 영역은 위세 영역이 아니라 생계 영역이었다.

④ 식량 생산이 늘어남에 따라 식량 부족 현상이 완화되었다.
→ 3문단에서 확인할 수 있다. 티브 사회에서 위세를 높이려는 남성들은 농산물을 팔아 생긴 돈으로 신부값을 지불하거나 다른 위세 영역의 재화를 구입하였고, 이로써 식량의 외부 유출이 심화된 나머지 식량 생산이 늘어났음에도 불구하고 식량 부족 현상이 심화되었다.

⑤ 현금의 필요성이 커짐에 따라 환금 작물 재배가 확대되었다.
→ 3문단에서 확인할 수 있다. 현금의 필요성이 커짐에 따라 티브인들은 현금을 마련하기 위해 직접 교역에 뛰어들거나 외부 상인들과 계약을 맺고 환금 작물을 재배하여야만 했다.

07

정답 ③

분석 및 접근

식민 통치 이후 티브 사회의 변동에 대해 글쓴이의 관점을 제대로 이해했는지 확인하는 문제이다. 글쓴이는 식민 통치로 인하여 티브 사회의 경제가 변화했고, 이로 인해 티브 사회의 관습과 문화도 변화했다고 보고 있다.

해설

① 사회 변동에서 내적 동인을 중시하고 있다.
→ 3문단에서 글쓴이가 티브 사회의 변동을 내적 동인이 아니라 식민 통치라는 외적 동인에 의해 발생한 것으로 보고 있다는 점을 확인할 수 있다.

② 여성의 삶에 대해 양성 평등적 관점에서 접근하고 있다.
→ 4문단과 5문단을 통해 추론할 수 있다. 식민 통치 이전에 여성은 교환혼의 대상이었고, 식민 통치 이후에는 다른 재화와 같이 화폐를 지불하고 소유할 수 있는 재화로 인식되었다.

③ 개별 사회가 지닌 사회 문화 체계의 고유성에 주목하고 있다.
→ 글쓴이는 티브 사회가 고유하게 지닌 경제 형태(생계·위세·극상 영역)가 외부의 동인에 의해 어떻게 변모했는지를 다루고 있기 때문에 개별 사회 문화 체계의 고유성에 주목하고 있다는 진술은 적절하다.

④ 경제 체제의 변화보다 정치 권력의 교체에 강조점을 두고 있다.
→ 글쓴이는 정치 권력의 교체보다 경제 체제의 변화에 더 강조점을 두고, 그에 따라 변모하는 사회 양상을 설명하고 있다.

⑤ 공동체 질서의 교란과 가치 체계의 혼돈을 분리하여 파악하고 있다.
→ 4문단과 5문단에서 추론할 수 있다. 글쓴이는 공동체 질서의 교란과 가치 체계의 혼돈을 분리하지 않고 연관해서 파악했다. 즉, 범용 화폐의 도입으로 인한 공동체 경제 질서의 교란과 그에 따른 혼인 방법의 변화 등을 동일한 맥락에서 인식했다.

08

정답 ②

분석 및 접근

지문에 드러나 있지 않은 잉골의 관리자들의 상황을 추론하는 문제이다. 전통적인 교환혼에서 신부값 혼인으로 바뀐 후 잉골의 관리자들이 손해를 보고 있다고 생각하게 되었다는 진술과 여성의 수는 한정되어 있는데 신부값은 엄청나게 상승했다는 진술, 티브 경제 영역 간의 구분이 사라지게 되었다는 진술 등을 바탕으로 식민 통치 이후에 티브 사회가 어떻게 변했는지에 대한 세부적인 정보를 추론해야 한다.

해설

① 잉골 확보에 점점 더 큰 어려움을 겪고 있다.
→ 5문단의 '더구나 여성의 수는 한정되어 있어'라는 부분을 통해 추론할 수 있다.

② 여성을 얻더라도 위세가 커지지 못하고 있다.
→ 5문단에 따르면 신부값이 상승하는 상황에서 신부값을 여성이 아닌 화폐로 받게 된 잉골의 관리자들이 손해를 보고 있다는 생각에 불만을 가졌다는 사실은 나와 있지만, 이로 인해 이들의 위세가 커지지 못하고 있다는 것은 지문만으로는 추론할 수 없다.

③ 영역별 위계 질서의 동요에 불만을 느끼고 있다.
→ 잉골의 관리자들이 신부값을 화폐로 받게 된 사실에 손해를 보고 있다고 생각하게 되었다는 점에서 이들이 위계 질서의 동요에 불만을 가졌을 것임을 추론할 수 있다.

④ 잉골과 화폐의 교환 추세에 저항하지 못하고 있다.
→ 5문단에서 관리자들이 잉골과 화폐의 교환 추세에 불만을 가지고 있었지만 상품 시장 경제가 확산되면서 잉골과 화폐 교환 추세를 받아들일 수밖에 없었다고 했다. 따라서 잉골 관리자들은 이러한 추세에 저항하지 못했다는 것을 추론할 수 있다.

⑤ 새로운 시장 경제 체제의 확산에 잘 적응하지 못하고 있다.
→ 범용 화폐의 도입으로 새로운 시장 경제 체제는 확산되었고, 이로 인해 티브 경제의 각 영역 간의 구분이 사라졌다. 하지만 3문단에서 빈부 격차가 심화되었다는 내용과, 5문단에서 잉골의 관리자들이 시장 경제 체제에 불만을 느꼈다는 내용을 통해 새로운 시장 경제 체제의 확산에 잘 적응하지 못했다는 것을 추론할 수 있다.

III 대비

p.80

01	02	03	04	05
⑤	①	①	⑤	③
06	07	08	09	10
⑤	⑤	②	⑤	②
11				
②				

[01~02]

선배의 독해 전략

압축 전략과 경험 전략을 비교, 대조하는 지문이므로 대비점에 초점을 두어 읽고, 일치/불일치 문제에 대비하여 각 특성에 주의한다. 두 번째 문제처럼 각 특성을 기반으로 특정 상황에서 어떤 방식이 적합할지에 관한 문제가 출제되기도 하니 각 전략이 활용되는 조건을 체크해두면 문제풀이에 도움이 된다.

01

정답 ⑤

분석 및 접근

경험 전략을 설명하는 데 쓰인 개념과 그 개념의 특징을 파악하는 문제이다. 지문은 신제품의 개발 전략 방식을 설명하는 데 압축 전략과 경험 전략을 비교·대조하고 있다. 선택지 내용이 압축 전략의 특성에 관한 것인지, 또는 경험 전략의 특성에 관한 것인지를 판단하기 위해서는 지문을 구조적으로 이해하는 것이 필요하다.

해설

① 즉각적이고 유연한 판단으로 대안을 결정한다.
→ 4문단의 '명확하지 않고 변화하는 환경에 대처하기 위해서는 직관력을 키우고 유연한 선택 대안을 구사해야 한다는 것이다.'라는 부분을 통해 확인할 수 있다.

② 실시간적 교류 활동으로 제품 개발을 가속화한다.
→ 4문단의 '그렇게 해야 불확실한 환경을 재빨리 학습하고 환경 변화에 따라 유연하게 대응할 수 있다고 본다.'는 부분과 5문단의 '이 전략은 즉각적으로 결정하기, 실시간 교류와 경험, 유연성 등을 중요시한다.'는 부분을 통해 확인할 수 있다.

③ 반복 설계와 시험을 통해 학습된 경험을 활용한다.
→ 4문단의 '선형적이기보다는 반복적이고, 기획적이기보다는 경험적이다. 반복을 통해 신제품 개발 속도를 빠르게 할 수 있다고 보아 시제품 제작을 통해 제품 설계를 가속화시킬 것을 주장한다.'는 부분과 5문단의 '수없이 많은 반복과 시험 활동 때문에 팀 구성원들이 '큰 그림'을 잃는다면 개발 과정은 통제 밖으로 벗어날 우려가 크다.'는 부분을 통해 확인할 수 있다.

④ 진행 상황에 대한 공식적 점검을 수시로 실행한다.
→ 5문단의 '빈번한 이정표 관리, 강력한 리더 배치 등을 활용함으로써 제품 개발을 가속화하려는 경향이 있다.'는 부분을 통해 확인할 수 있다.

⑤ 개발 활동 내용을 순차적으로 배열하여 효율성을 제고한다.
→ 4문단에 따르면 경험 전략의 접근 방식은 기획적이기보다는 경험적이다. 또한 5문단에 따르면 경험 전략은 즉각적으로 결정하는 것이 중요하다. 그리고 2문단에 따르면 활동을 효율적인 순서로 배열하는 것이 압축 전략이다. 따라서 개별 활동을 순차적으로 배열하여 효율성을 제고하는 것은 경험 전략이라기보다 압축 전략이라 볼 수 있다.

02

정답 ①

분석 및 접근

지문을 읽고 제품을 개발할 때 고려해야 할 조건을 찾는 문제이다. 지문에서는 압축 전략과 경험 전략을 제품 개발 방식으로 들고 있다. 각각의 개별 전략의 특성을 바탕으로 각 전략이 활용되는 조건을 찾아야 한다.

해설

① 개발에 허용된 시간
→ 1문단에 따르면 압축 전략은 예측이 가능한 단계들로 구성된 제품 개발 과정을 단축할 수 있다는 특성이 있다. 각 단계 소요 시간의 합이 전체 과정의 소요 시간이므로, 이 전략은 각 단계에서 걸리는 시간을 단축하고자 한다. 또한 4문단에 따르면 경험 전략 또한 반복을 통해 신제품 개발 속도를 빠르게 할 수 있다고 보아 시제품 제작을 통해 제품 설계를 가속화할 것을 주장한다. 이와 같이 각각의 제품 개발 전략은 개발 과정에 걸리는 시간을 고려하고 있지만, 개발 그 자체에만 허용된 시간을 고려하고 있다고 보기 힘들다.

② 계획 수립의 용이성
→ 2문단에 따르면 압축 전략에서는 계획을 통해 불필요한 단계를 제거하고, 효율적으로 활동 순서를 배치하는 등의 방법으로 시간을 줄인다고 하였다. 그런데 경험 전략이 사전에 계획되지 않은 직관적이고 즉각적인 선택 대안을 유연하게 구사하는 것을 중요시한다고 했기에, 계획 수립에 대해 부정적이라 생각하고 본 선택지를 적절하지 않다고 판단할 수도 있다. 그러나 경험 전략은 단지 기존의 과정을 압축하여 가속화하는 것만으로는 빠른 신제품 개발이 어려운 영역에서의 현실적 대안으로 제시된 것으로, 그 목적이 수시로 현재 진행 상황을 재평가하여 코스를 이탈하는 행동을 막아 구성원들이 '큰 그림'을 잃고 개발 과정의 통제 밖으로 벗어나지 않게 하는 것에 있다. 따라서 경험 전략 또한 계획 수립의 용이성을 인정한다고 봐야 한다.

③ 진출하려는 시장의 상황
→ 4문단의 '이 전략은 시장 상황이 불투명하거나 첨단 기술을 적용해야 하는 불확실한 상황에서 선택된다.'는 부분을 통해 확인할 수 있다.

④ 기업이 보유한 인적 역량
→ 5문단의 '빈번한 이정표 관리, 강력한 리더 배치 등을 활용함으로써'라는 부분을 통해 확인할 수 있다.

⑤ 제품에 적용될 기술의 특성
→ 4문단의 '첨단 기술을 적용해야 하는 불확실한 상황에서 선택된다.'는 부분을 통해 확인할 수 있다.

[03~05]

선배의 독해 전략

본 지문은 '예'와 '형'이라는 핵심 기준을 중심으로 유종원과 진자앙의 주장을 구분하여 독해하는 지문이다. 본 지문 역시 지문을 읽기 전 발문을 체크하여 위와 같은 핵심 기준을 미리 확인할 수 있다. 출제자가 학생들에게 묻고 싶은 것은 무엇일까? 우리는 이를 어디서 알 수 있을까? 문제의 발문과 선택지의 구조다. 지문을 읽는 길을 알려주는 지도와 같으니, 지문을 읽기 전 발문을 먼저 검토하는 연습을 하자.

03

정답 ①

해설

① 진자앙은 서원경의 행위가 예를 어긴 것이라고 보았다.
→ 부합하지 않는다. 진자앙은 예와 형을 구분하고 있으며, 진자앙이 형을 어긴 부분에 대해서는 사형에 처해야 한다고 봤으나 예를 지킨 부분에 대해서는 정문을 세워 주려 했다.

② 호소할 곳 없는 백성에 대한 유종원의 염려가 나타난다.
→ 부합한다. 유종원은 5문단에서 호소할 곳 없는 백성에 대한 염려를 나타내며 이를 위해 근본을 따져 형과 예의 적용을 명확하게 해야 함을 주장한다.

③ 보복 살인의 악순환을 경계하는 진자앙의 고심이 엿보인다.
→ 부합한다. 5문단에서 확인할 수 있다.

④ 유종원은 진자앙의 건의 내용이 갖는 자체 모순을 분석하였다.
→ 부합한다. 6문단에서 진자앙의 건의 내용이 갖는 모순을 분석하였다.

⑤ 유종원은 서원경의 복수를 효의 실천으로 보아 높이 평가하였다.
→ 부합한다. 6문단에서 확인할 수 있다.

04

정답 ⑤

해설

① 예를 이해하고 적용하는 데는 성인의 가르침과 제도가 훌륭한 전거가 된다.
→ 적절하다. 2문단의 성인의 제도에서 도리를 밝히는 것과 6문단에서 주례, 춘추공양전의 예시를 들었던 것을 통해 알 수 있다.

② 예는 의를 좇는 이가 나아갈 바이자, 도리를 밝혀 상벌을 정하는 기준이 된다.
→ 적절하다. 2문단에서 확인 가능하다. 예는 도리를 밝혀 상벌을 정하는 기준이 된다.

③ 형은 해를 피하려는 이에게 의지가 되며, 사실을 기반으로 시비를 가리는 수단이 된다.
→ 적절하다. 2문단에서 확인 가능하다. 형은 사실에 터 잡아 시비를 가리는 기준이 된다.

④ 형은 범죄 행위를 규정하고 그것을 강제력으로 금지하여 합당한 행위를 유도하는 규칙이 된다.
→ 적절하다. 2문단에서 형은 사실을 기반으로 시비를 가림으로써 무질서를 막는 것이라 진술되어 있다. 또한 '형에서 저지르지 말라고 한 해악을 저지른다면 용서해서는 안 된다.'는 구절에서 형이 범죄를 규정하고 그것을 강제력으로 금지하는 역할을 했다고 추론할 수 있다.

⑤ 예는 혼란을 방지하려는 목적이 있다는 점에서 처벌 법규인 형과는 서로 근본을 달리하는 규범이 된다.
→ 적절하지 않다. 2문단에서 확인 가능하다. 예와 형은 모두 무질서를 방지하려는 점에서 그 근본이 같다.

05

정답 ③

해설

① 한 사건에서 죄에 대한 처벌과 예에 대한 포상을 동시에 할 수도 있다고 본다.
→ 유종원의 견해와 일치하지 않는다. 유종원은 예와 포상을 동시에 할 수 없다고 본다.

② 어떤 경우라도 부모의 죽음에 대해서는 복수해야 한다고 생각한다.
→ 유종원의 견해와 일치하지 않는다. 4문단에서 확인 가능하다. 법에 의해 죽은 것은 복수할 수 없다고 본다.

③ 예에 합당한 행위에 대하여 형을 부과할 수 없다고 본다.
→ 유종원의 견해와 일치하며 진자앙의 견해와는 대립된다. 유종원은 예에 합당한 행위에는 형을 부과할 수 없다고 보지만 진자앙은 예에 합당한 행위에도 형을 부과할 수 있다고 본다.

④ 예와 형은 모두 존중되어야 할 규범이라고 생각한다.
→ 유종원의 견해와 일치하지만 진자앙의 견해와는 대립되지 않는다.

⑤ 복수를 일반적으로 허용하는 것에 대해 찬성한다.
→ 유종원의 견해와 일치하지 않는다. 5문단에서 확인 가능하다.

[06~08]

선배의 독해 전략

전통경제학 이론과 연방 대법원의 판결 흐름, 그리고 행동경제학의 관점을 이해하는 것이 필요하다. 주가와 기업의 진정한 가치라는 개념에 관해 어떠한 논증이 이루어지는지 주목하여 지문을 읽어보자. 기존에 알고 있던 지식이 아닌 지문에서 정의한 바에 따라 이론과 개념을 이해할 필요가 있다. 특히 관련 내용에 대한 사전지식이 풍부한 학생인 경우 더욱 주의가 필요하다.

06

정답 ⑤

분석 및 접근

지문의 논증을 재구성하는 문제이다. ㉠은 '원고 측의 손을 들어 주는 판결'이다. 연방 대법원이 이러한 판결을 내리게 된 전제는 2문단에 제시되어 있다. 연방 대법원은 베이식 사가 합병 과정을 공개하지 않음으로써 투자자들로 하여금 잘못된 결정을 하게 하여 재산상의 손실을 입게 했다고 추정할 만한 충분한 합리적 근거가 있다고 판단하였다.

해설

① 인수합병을 부인한 공시로 인해 주가가 기업의 진정한 가치를 반영하지 못했다.
→ 당시 경제학은 기업의 진정한 가치에 관한 모든 정보가 주가에 반영된다고 보았다. 그런데 베이식 사는 인수합병이 진행 중이라는 정보를 공식적으로 부인함으로써 주가가 기업의 진정한 가치를 반영하지 못하였다. 이는 원고 승소 판결에 담긴 판단 내용이라 할 수 있다.

② 인수합병을 부인한 공시로 인해 주식 투자자들에게 재산상의 손실이 발생했다.
→ 인수합병을 하고 있다는 정보를 공식적으로 부인함으로써 주식 투자자들이 잘못된 결정을 하게 됐고, 이로 인해 주주들이 재산상의 손실을 입게 되었다고 추정하였다. 이는 원고 승소 판결에 담긴 판단 내용이라 할 수 있다.

③ 인수합병이 진행 중이라는 정보가 주식시장에 유포되었다면 주가가 상승했을 것이다.
→ 2문단에서 연방 대법원은 베이식 사가 인수합병 과정을 공개하지 않았기 때문에 투자자가 재산상의 손실을 보았다고 판단하였다. 이를 통해 연방 대법원은 인수합병 과정이 공개되었다면 투자자들이 손실을 보지 않았을 것임을 전제하고 있음을 추론할 수 있다. 여기서 합병 이전에 주식을 처분한 투자자들이 손실을 보았다고 했으므로 인수합병이 진행 중이라는 정보가 주식시장에 유포되었다면 주가가 상승했을 것이라는 것도 알 수 있다. 이는 원고 승소 판결에 담긴 판단 내용이라 할 수 있다.

④ 인수합병 진행이 공시되었다면 주식 투자자들은 이것이 반영된 주가를 근거로 투자 결정을 했을 것이다.
→ 인수합병이 진행 중이라는 정보가 반영된 주가를 근거로 주식 투자자들이 투자 결정을 했다면, 주가가 이전보다 상승하여 주주들이 이익을 얻었거나 최소한 재산상의 손실을 입지 않았을 것이라고 연방 대법원은 전제하고 있다. 이는 원고 승소 판결에 담긴 판단 내용이라 할 수 있다.

⑤ 인수합병을 부인한 공시를 보았던 주식 투자자들이 그동안 공시자료를 근거로 주식 투자를 해 왔다는 사실이 입증되어야 한다.

→ 이는 원고 승소 판결이 이미 전제하고 있는 내용을 부정하는 것이기에 ㉠에 담긴 판단이라고 할 수 없다. 2문단 마지막에 언급되어 있듯이 당시 전통적 경제학 이론은 ㉠의 판단에 확실한 영향력을 미쳤는데, 당시 정당성을 얻고 있었던 전통적 경제학 이론의 주요 내용은 사람들이 모두 기업의 진정한 가치를 염두에 두고 주식 투자를 하고 해당 기업의 진정한 가치에 관한 모든 정보는 주가에 반영되기 때문에 기업의 진정한 가치와 주가는 일치한다는 것이었다. 그런데 본 선택지와 같이 원고가 그동안 공시자료를 근거로 주식 투자를 해 왔다는 것을 스스로 입증해야 한다는 것은, 위의 전통적 이론이 전제하고 있는 기본 가정을 부정하고 이를 입증해야만 사실로 인정하겠다는 의미이므로 ㉠에 포함되는 내용이라 볼 수 없다. 그리고 본 선택지의 내용은 ㉠보다는 ㉡의 입장에서 요구될 수 있는 판단이기도 하다. 따라서 이는 원고 승소 판결에 담긴 판단이라고 추론할 수 없는 진술이다.

07

정답 ⑤

분석 및 접근

지문의 세부정보를 추론하는 문제이다. ㉡에 포함되는 것을 찾으려면, 전통적 이론의 논증 구조를 반박할 수 있는 논의에 관해 드러난 정보를 바탕으로 추론해야 한다. 전통적 이론은 다음의 세 가지를 만족한다.

1) 사람들은 기업의 진정한 가치를 염두에 두고 주식 투자를 한다.
2) 기업의 진정한 가치에 관한 모든 정보는 주가에 반영된다.
3) 기업의 진정한 가치와 주가는 일치한다.

전통적 이론의 정당성을 약화시키려면, 이러한 속성이 주식시장의 정보 전달 메커니즘에서 결정적인 것이 아닐 수 있음을 제시해야 한다. 다음은 지문에 제시된 전통적 이론의 정당성을 약화시킬 수 있는 논의 내용을 정리한 것이다.

1) 주식 투자자들의 진정한 관심은 기업의 가치에 있는 것이 아니라, 주식의 매매 차익에 있다.
2) 매매 차익을 얻을 기회란 주가와 기업의 진정한 가치가, 적어도 단기적으로는, 일치하지 않을 때에만 발생한다.
3) 주식 투자자들의 비합리적 특성이 주식시장에서 발현되면, 전문적인 투자자들까지도 주가와 진정한 가치의 괴리를 키우는 역설적인 행동을 하게 된다. 이로 인해 주가가 기업의 진정한 가치를 반영하는 것이 더욱 어려워진다.

해설

① 주식 투자자들은 기업에 대한 정보의 진위 여부를 판단하기 쉽지 않다.

→ 주식 투자자들이 기업에 대한 정보의 진위 여부를 판단하기 쉽지 않다면, 주가와 기업의 진정한 가치 간의 괴리가 커질 것이다. 3문단에 따르면 이로 인해 전문적인 주식 투자자들은 주가와 기업의 진정한 가치가 일치하지 않기에 발생하는 매매 차익 획득 기회를 얻게 된다. 또한 4문단의 행동경제학에 따르면 주식 투자자들은 기업에 대한 정확한 정보를 알 수 없기 때문에 심리적으로 대세에 편승하려는 경향이 있다. 따라서 전통적 이론의 정당성을 약화시킬 논의에 포함된다고 추론할 수 있다.

② 주가가 기업의 진정한 가치에 대한 정보를 신속하게 반영하지 못하고 있다.

→ 주가가 기업의 진정한 가치에 대한 정보를 신속하게 반영하지 못한다면, 주가와 진정한 가치 간의 괴리가 커질 것이다. 이러한 불일치로 인해 매매 차익 획득 기회가 생긴다. 따라서 전통적 이론의 정당성을 약화시킬 논의에 포함된다고 추론할 수 있다.

③ 주식 투자자들은 기업의 진정한 가치보다는 타인의 선택에 더 큰 영향을 받는다.

→ 4문단에 따르면 주식 투자자들은 주가가 어느 시점에서 진정한 가치와 일치할지를 정확하게 알 수 없으므로, 다수에 맞서기보다 대세에 편승하는 선택을 할 것이라고 하였다. 대세에 편승하는 선택을 하는 것은 기업의 진정한 가치를 고려하기보다 타인의 선택에 더 큰 영향을 받는다는 것을 의미한다. 따라서 전통적 이론의 정당성을 약화시킬 논의에 포함된다고 추론할 수 있다.

④ 주식 투자자들은 대부분 미래의 주가 등락 추세에 대해 같은 방향으로 예상한다.

→ 이는 4문단의 행동경제학이 합리적인 인간을 전제한 전통적인 경제학 이론을 비판할 때 포함될 수 있는 내용이다. 따라서 전통적 이론의 정당성을 약화시킬 논의에 포함된다고 추론할 수 있다.

⑤ 전문적인 주식 투자자는 그렇지 않은 주식 투자자에 비해 기업의 진정한 가치에 대한 더 많은 정보를 가지고 시장에 참여한다.

→ 주가가 기업의 진정한 가치를 반영한다는 전통적 이론이 성립하기 위해서는, 기업의 진정한 가치에 관심을 기울이는 전문적인 주식 투자자들과 부족한 정보를 가지고 주식시장에 참여하는 일반 투자자들 사이에 끊임없는 상호 작용이 있어야만 한다. 그리고 이것이 가능하기 위해서는 적어도 단기적으로는 주가와 기업의 진정한 가치가 일치하지 않는 때가 존재한다는 것을 인정해야만 한다. 그런데 전통적 경제학 이론은 이를 부정하고, 이를 부정한다면 전통적 경제학 이론 자체도 성립할 수 없다는 문제가 생긴다. 이 문제를 약점으로 지적한 것이 1980년대 초부터의 논의이다. 따라서 본 선택지의 내용은 ㉠이 성립하기 위한 전제로서 ㉡이 지적한 내용이라고 볼 수 있으므로 전통적 이론의 정당성을 약화시킬 논의에 포함된다고 추론할 수 없다.

08

정답 ②

분석 및 접근

'행동경제학'의 관점을 추론하는 문제다. '행동경제학'은 전통적 이론의 예상과는 다르게 행동하는 인간의 비합리적인 모습을 제시하면서 전통적 이론의 문제점을 지적하고 있다. '행동경제학'의 관점에 따를 때 인간은 1) 자신의 미래를 통제할 수 있다고 과신하는 반면, 2) 남들이 성공할 때 자신만 뒤처지는 것을 지나치게 두려워하는 비합리적인 특성을 지닌 존재이다. 이러한 특성이 주식시장에서 발현되면, 인간은 주가와 진정한 가치의 괴리를 키우는 역설적인 행동을 하게 되며, 이는 전문적인 투자자들도 마찬가지인 것을 알 수 있다.

해설

① 주식 투자자들은 남들이 돈을 벌 때 자신만 돈을 벌지 못하는 상황을 두려워하여 주식 매매에서 다수의 편에 선다.
→ 남들이 돈을 벌 때 자신만 돈을 벌지 못하는 상황을 두려워하는 것은 행동경제학이 제시한 인간의 특성 2)에 해당한다. 이러한 비합리적 특성으로 인해 주식 투자자들은 주식 매매에서 다수의 편에 서게 된다. 이는 대부분의 주식 투자자들이 대세에 편승하는 선택을 할 것이라는 부분을 바꿔 쓴 것이다. 따라서 이는 행동경제학이 동의할 진술이다.

② 주식 투자자들은 스스로의 능력을 과신하므로 기업의 진정한 가치에 관한 어떠한 정보에도 관심을 기울이지 않는다.
→ 주식 투자자들이 스스로의 능력을 과신하는 것은 행동경제학이 제시한 인간의 특성 1)에 해당한다. 이러한 특성으로 인해 주식 투자자들은 주가와 진정한 가치의 괴리를 키우는 역설적인 행동을 하게 된다고 하였다. 즉, 주가가 어느 시점에서 진정한 가치와 일치할지를 정확하게 알 수 없기 때문에 현재의 추세가 반전되기 직전에 (주가가 진정한 가치보다 낮아지기 이전에) 빠져나갈 수 있다고 자신한다. 이는 기업의 진정한 가치에 관한 정보에 어느 정도 관심을 기울여야 이러한 판단과 행동이 가능해진다. 따라서 어떠한 정보에도 관심을 갖지 않을 것이라 단정할 수 없기에 행동경제학은 이러한 진술에 동의하지 않을 것이다.

③ 주식 투자자들은 비합리적인 특성을 띠기 때문에, 주식시장에 더 많은 정보가 제공되더라도 주가가 이를 반영하기는 쉽지 않다.
→ 주식 투자자들이 비합리적인 특성을 띤다는 것은 행동경제학이 제시한 인간의 특성과 부합한다. 이로 인해 주식 투자자들은 주가와 진정한 가치의 괴리를 키우는 행동을 하게 된다. 그러므로 더 많은 정보가 제공된다고 하더라도 주가가 기업의 진정한 가치를 반영하기는 어려울 것이라 충분히 추론 가능하다. 따라서 이는 행동경제학이 동의할 진술이다.

④ 전문적인 주식 투자자는 주식시장의 정보 전달 메커니즘 내에서 주요한 행위자로 참여한다.
→ 4문단에 따르면 행동경제학은 주식시장의 정보 전달 메커니즘에 관한 전통적 이론의 문제점을 비판하는 과정에서 전문적인 주식 투자자도 비합리적 특성을 가지고 주가와 진정한 가치의 괴리를 키우는 행동을 한다고 보았다. 따라서 이는 행동경제학이 동의할 진술이다.

⑤ 미래 주가의 불확실성으로 인해 전문적인 주식 투자자도 기업의 진정한 가치에 근거한 주식 매매를 하기 어렵다.
→ 4문단에 따르면 행동경제학은 전문적인 주식 투자자들도 주가가 어느 시점에서 진정한 가치와 일치할지를 정확하게 알 수 없으므로 현재의 추세가 반전되기 직전에 빠져나갈 수 있다고 자신하며, 다수에 맞서는 대신 대세에 편승하는 선택을 할 것이라고 보았다. 이는 미래 주가의 불확실성으로 인해 전문적인 주식 투자자도 기업의 진정한 가치에 근거한 주식 매매를 하기 어렵다는 뜻이다. 따라서 이는 행동경제학이 동의할 진술이다.

[09~11]

선배의 독해 전략

최선이 어렵다면 차선을 택해야 할 텐데, 지문은 과연 무엇을 '차선'이라고 볼까? 좋은 조건이 많으면 많을수록 더 나은 방식일까? 아니면 핵심 조건이 충족되지 못했다면 아무리 다른 조건이 많이 충족되어도 소용이 없을까? 스스로의 선입견이 아닌 지문에서 정의하는 바에 집중하여, 각 관점에 세모 표시를 하며 건조하게 지문을 읽을 필요가 있다. 첫 번째 문제는 내용일치/불일치 문제형식이나 본 지문을 잘 읽었는지 점검하는 리트머스지니 잘 활용하여 스스로의 독해를 점검하자.

09

정답 ⑤

해설

① 파레토 최적 조건들 중 하나가 충족되지 않을 때라면, 나머지 조건들이 충족된다고 하더라도 차선의 효율성이 보장되지 못한다.
→ 적절하다. 1문단에 따르면 하나 이상의 효율성 조건이 이미 파괴되어 있는 상황에서는 충족되는 효율성 조건의 수가 많아진다고 해서 경제 전체의 효율성이 향상된다는 보장을 할 수 없다.

② 전체 파레토 조건 중 일부가 충족되지 않은 상황에서 차선의 상황을 찾으려면 나머지 조건들의 재구성을 고려해야 한다.
→ 적절하다. 1문단에서 확인할 수 있다.

③ 주어진 전체 경제상황을 개선하는 과정에서 기존에 최적 상태를 달성했던 부문의 효율성이 저하되기도 한다.
→ 적절하다. 1문단에 따르면 하나의 왜곡을 시정하는 과정에서 새로운 왜곡이 초래되는 것이 일반적인 현실이라고 했다.

④ 차선의 문제가 제기되는 이유는 여러 경제부문들이 독립적이지 않고 서로 긴밀히 연결되어 있기 때문이다.
→ 적절하다. 1문단에서 확인할 수 있다.

⑤ 경제개혁을 추진할 때 비합리적인 측면들이 많이 제거될수록 이에 비례하여 경제의 효율성도 제고된다.
→ 적절하지 않다. 1문단에 따르면 하나 이상의 효율성 조건이 이미 파괴되어 있는 상황에서는 충족되는 효율성 조건의 수가 많아진다고 해서 경제 전체의 효율성이 향상된다는 보장을 할 수 없다.

10

정답 ②

해설

① 관세동맹 이전 A, B국은 X재를 생산하지 않고 C국에서 수입하고 있었다. 관세동맹 이후에도 A, B국은 X재를 C국에서 수입하고 있다.
→ 적절하지 않다. 바이너는 관세동맹의 효과를 무역창출과 무역전환으로 구분하여 무역창출은 경제 전체의 효율성을 증대시키지만 무역전환은 효율성을 떨어뜨린다고 설명했다. 무역전환 효과가 더 크다면 세계 경제의 효율성이 떨어질 수 있음을 지적했으나 1번 선택지는 무역창출과 무역전환이 일어나지 않으므로 바이너의 입장을 지지하는 사례로 활용될 수 없다.

② 관세동맹 이전 B국은 X재를 생산하고 있었고 A국은 최저비용 생산국인 C국에서 수입하고 있었다. 관세동맹 이후 A국은 B국에서 X재를 수입하게 되었다.
→ 적절하다. 관세동맹 이후 A국은 최저비용 생산국인 C국 대신에 B국에서 X재를 수입하여 무역전환 효과가 나타나고 있다. 이는 세계 경제 전체의 효율성을 떨어뜨리는 사례로 바이너의 입장을 지지하는 사례로 활용될 수 있다.

③ 관세동맹 이전 A, B국은 모두 X재를 생산하고 있었고 C국에 비해 생산비가 높았다. 관세동맹 이후 A국은 생산을 중단하고 B국에서 X재를 수입하게 되었다.
→ 적절하지 않다. 무역전환 효과가 나타났다고 보기 힘들다.

④ 관세동맹 이전 B국이 세 국가 중 최저비용으로 X재를 생산하고 있었고 A국은 X재를 B국에서 수입하고 있었다. 관세동맹 이후에도 A국은 B국에서 X재를 수입하고 있다.
→ 적절하지 않다. B국이 항상 최저비용으로 생산하고 있었으므로 무역전환 효과가 나타났다고 보기 힘들다.

⑤ 관세동맹 이전 A, B국 모두 X재를 생산하고 있었고 A국이 세 국가 중 최저비용으로 X재를 생산하는 국가이다. 관세동맹 이후 B국은 생산을 중단하고 A국에서 X재를 수입하게 되었다.
→ 적절하지 않다. B국은 관세동맹 이후 무역창출 효과를 불러일으켜 세계 경제 전체의 효율성을 증대시켰다.

11

정답 ②

해설

① ㉠은 직접세가 여가에 미치는 효과를 고려하지 않고 ㉰가 ㉯보다 효율적이라고 본다.
→ 적절하다. 핸더슨은 간접세보다 직접세가 낫다고 주장하므로 직접세가 부과된 ㉰가 ㉯보다 효율적이라고 본다.

② ㉡은 ㉮와 ㉰의 효율성 차이를 보임으로써 립시와 랭커스터의 주장을 뒷받침한다.
→ 적절하지 않다. ㉮는 모든 조건에서 파레토 최적 조건이 성립한 경우이며 ㉰는 하나 이상의 효율성 조건이 파괴되어 있는 상황이다. 차선의 문제는 하나 이상의 효율성 조건이 깨져 있음을 전제로 하기 때문에 이 둘의 비교를 통해서는 리틀이 립시와 랭커스터의 주장을 뒷받침할 수 없다.

③ ㉡은 ㉯와 ㉰의 효율성을 비교할 수 없다는 점을 보임으로써 ㉠을 비판한다.
→ 적절하다. 리틀은 3문단에서 핸더슨의 주장이 직접세가 노동 시간과 여가에 영향을 미치지 않는다는 가정을 할 수 있는 경우에서만 성립하는 것이라고 비판하였다. 따라서 리틀은 ㉰에 직접세가 부과됨으로 인해 일반 상품과 여가 사이에 파레토 최적 조건이 성립하지 않게 되었으므로 ㉯와 ㉰의 효율성을 비교할 수 없다는 점을 보이며 핸더슨을 비판할 것이다.

④ ㉢은 ㉱가 ㉰보다 효율적일 수 있다는 것을 보임으로써 립시와 랭커스터의 주장을 뒷받침한다.
→ 적절하다. 콜레트와 헤이그는 모두 차등 세율이 부과된 상황에서 효율성 조건이 3개 모두 깨져 있지만 2개의 효율성 조건이 깨져 있는 ㉰보다 더 효율적일 수 있다는 것을 보임으로써 립시와 랭커스터의 주장을 뒷받침할 것이다.

⑤ ㉢은 ㉱가 ㉰보다 효율적일 수 있다는 것을 보임으로써 이를 간접세가 직접세보다 효율적인 사례로 제시한다.
→ 적절하다. 콜레트와 헤이그는 차등 세율의 간접세를 통해 노동 시간과 소득을 늘릴 수 있다고 보았다. ㉱가 ㉰보다 효율적일 수 있다는 것을 보인다면 자신의 주장을 뒷받침하는 사례로 사용할 수 있다.

IV 나열

p.93

01	02	03	04	05
②	②	⑤	④	①
06	07	08	09	10
①	②	③	⑤	⑤
11				
⑤				

[01~02]

선배의 독해 전략

언론의 보도에 관한 각 이론의 개념 구조를 기준으로 읽되, 두 번째 문제처럼 각 가설에 따라 설명되는 지점과 설명되지 않는 지점을 구분하여 읽는다. 특히 1문단에 제시된 전제나 문제의식을 잊지 않도록 주의한다.

01

정답 ②

분석 및 접근

지문의 세부정보를 정확하게 파악했는지 확인하는 문제이다.

해설

① 수용자들의 동일한 반응을 유도한다.
→ 1문단에서 '과학기술에 대한 언론의 프레임 설정과 대중의 인식 정도에 따라 대중의 보도 내용 수용이 달라진다.'고 하였다. 즉, 과학기술 보도는 수용자인 대중의 동일한 반응을 유도하는 것이 아니기에 과학기술 보도의 결과로 대중의 반응이 다르게 나타나게 된다. 따라서 적절하지 않다.

② 과학기술 전문가가 위험 인지를 증폭시키기도 한다.
→ 3문단의 위험 커뮤니케이션 증폭 모델에 따르면, 위험 사건이 수용자인 대중에게 전달되는 과정에서 정보원과 전달자의 이해관계나 요구 사항이 개입하여 위험 인지가 증폭될 수 있다고 하였다. 여기서 정보원에는 과학자가 포함되고, 선택지의 과학기술 전문가는 과학자를 바꿔 쓴 것이다.

③ 수용자의 과거 경험과 위험 인지는 낮은 상관관계를 갖는다.
→ 2문단에 따르면 인간의 연상 효과에 기초하여 점화 효과가 나타난다. 연상 효과는 매스미디어가 제공하는 어떤 소리나 이미지에 노출되면 두뇌 속에 저장되어 있던 관련 이미지의 연상이 촉발되는 것이다. 이는 인간의 과거 경험이 두뇌 속에 저장되어 있기 때문에 가능한 현상이다. 이러한 연상의 촉발 결과가 점화 효과인데, 이를 통해 수용자는 보도 내용이 위험하다고 인지하게 된다. 따라서 수용자의 과거 경험과 위험 인지는 높은 상관관계를 가지므로 과학기술 보도에 대한 이해로 적절하지 않다.

④ 보도의 내용이 전문적일수록 뉴스의 부정 편향성이 증폭된다.
→ 2문단에서 뉴스에 내재된 위험성이 클수록 부정 편향성의 효과도 확대될 것이라고 하였다. 따라서 보도 내용의 전문성만 가지고는 부정 편향성 정도를 판단할 수 없다.

⑤ 긍정적 내용의 보도는 수용자에게 낮은 가치를 지닌 뉴스로 인식될 것이다.
→ 2문단의 부정 편향성 가설에 의하면 보도 시 설정된 프레임이 긍정적일 때보다 부정적일 때 그 보도를 대중이 주목할 가능성이 더 높아지고 정보로서의 가치도 더 높게 인식하는 경향이 있다고 하였다. 그렇다고 해서 긍정적 내용의 보도는 대중에게 낮은 가치를 지닌 뉴스로 인식될 것이라고 단정할 수는 없다. 이러한 선택지는 가능성이 있는 이야기를 단정적으로 서술하여 오답이 된 경우이다. 따라서 과학기술 보도에 대한 이해로 적절하지 않다.

02

정답 ②

분석 및 접근

언론의 과학기술 보도에 관한 새로운 상황을 제시하고, 이를 지문에 언급된 이론적 모델들로 설명할 수 있는지를 확인하는 창의적 이해 문제이다. <보기>는 신종 플루와 관련한 최근의 언론 보도 내용이고, 선택지에는 언론 보도를 수용한 사람들이 보인 반응이 제시되어 있다. 지문에 등장하는 '부정 편향성 가설', '위험 커뮤니케이션 증폭 모델', '슬로비치 모델'의 개념 구조를 기준으로 설명할 수 있는 수용자의 반응과 설명할 수 없는 반응을 구분해야 한다.

해설

① 신종 플루에 대한 대응이 실효를 거두지 못한다는 인식이 신종 플루로 인한 대재앙의 공포로 이어지고 있다.
→ 슬로비치 모델을 통해 설명할 수 있다. 슬로비치 모델에 따르면 언론의 집중 보도는 수용자 개개인의 위험 인지를 증폭시키며, 이로 인해 수용자인 대중은 위험의 크기와 위험 관리의 적절성에 대하여 판단하는 정보 해석 단계로 넘어간다. 이 단계에서 이미 증폭된 위험 인지는 보도된 위험 사건에 대한 해석에 영향을 미쳐 보도 대상에 대한 신뢰 훼손과 부정적 이미지 강화로 이어진다.

② 신종 플루가 광범위하게 확산되었다는 언론 보도를 믿기 힘들므로 정정 보도를 내도록 요구하겠다는 사람들이 생겨났다.
→ 지문에 나오는 '부정 편향성 가설', '위험 커뮤니케이션 가설', '슬로비치 모델'은 모두 과학기술에 대한 언론의 프레임 설정과 대중의 인식 정도에 따라 대중의 보도 내용 수용이 달라진다고 하였다. 이는 모두 대중이 언론 보도를 사실로 인식하고 받아들였음을 전제할 때 가능한 모델이다. 따라서 신종 플루와 관련된 보도를 믿기 힘들다는 반응은 글의 이론적 모델들로 설명할 수 없다.

③ A사의 분뇨 배출이 신종 플루 발생의 원인이라는 의혹이 확산되면서 집단소송을 통해 A사의 책임을 묻겠다는 사람들이 늘어났다.
→ 슬로비치 모델을 통해 설명할 수 있다. 슬로비치 모델은 언론의 과학기술 보도가 어떻게 사회적인 증폭 역할을 수행하게 되었는지, 그리고 그 효과가 사회적으로 어떤 식으로 확대 재생산될 수 있는지를 보여준다고 하였다. 보도로 인해 증폭된 위험 인지는 위험 사건에 대한 해석에 부정적인 영향을 미치는데, 이러한 부정적 영향은 관련 기업의 매출 감소, 소송의 발생 등 다양한 사회적 파장을 일으키게 된다. 따라서 집단소송을 통해 A사의 책임을 묻겠다는 사람들이 늘어난 현상은 슬로비치 모델을 통해 설명할 수 있다.

④ 신종 플루의 인체 감염 건수가 늘고 있다는 보도에 2년간 100명 이상의 사망자를 낸 2005년 조류 독감의 공포를 떠올리는 사람들이 늘고 있다.
→ 점화 효과를 통해 설명할 수 있다. 2문단에서 점화 효과는 기본적으로 연상 효과에 기초한다고 했다. 인간의 두뇌는 신종 플루 보도에 노출되면서 두뇌 속에 이미 저장되어 있던 관련 이미지, 즉 2005년 조류 독감의 공포를 떠올리게 된 것이다.

⑤ 신약이 개발되었다는 보도에도 불구하고 동물 실험에서 발생한 사고로 미루어 보아 그 효능과 안전성을 신뢰하기 어렵다는 반응이 확산되고 있다.
→ 부정 편향성 가설을 통해 설명할 수 있다. 부정 편향성 가설에 따르면 보도 시 설정된 프레임이 긍정적일 때보다 부정적일 때에 그 보도를 대중이 주목할 가능성이 더 높아지고 정보로서의 가치도 더 높게 인식하는 경향이 있다. 신약이 개발되었다는 보도는 긍정적인 정보인 반면, 동물 실험에서 사고가 발생했다는 점은 부정적인 정보이다. 부정적인 면을 보다 가치 있는 정보로 인식하는 경향으로 인해 신약의 효능과 안전성을 신뢰하기 어렵다는 반응이 확산되고 있는 것이다.

[03~05]

선배의 독해 전략

아스피린의 작용 메커니즘을 이해하는 지문으로, 아래의 표와 같이 스스로 COX 형태, 관련 세포, 생성 물질, 효과, 아스피린과 결합 시 효과로 각 기준을 나누어 지문을 검토하였는지 점검하자. 본 지문처럼 과정이나 기전이 중요한 지문의 경우 지문 옆 여백에 간단히 메모하는 방식이 유용하다. 어렵고 많은 정보가 제시된 지문일수록 선택지는 의외로 간단히 풀리는 경우가 있으니, 강화/약화, 증가/감소, 소멸/생성, 억제/확산 등 선택지의 대비어에 주목하면 빠른 문제 해결에 도움이 된다.

03

정답 ⑤

분석 및 접근

COX 형태	관련 세포	생성 물질	효과	아스피린과 결합 시 효과
COX-1	혈소판	트롬복산 A_2	혈액 응고 유도	혈액 응고 억제
	위 점막 세포	프로스타글란딘 E_2	위 점막 보호	위 점막 보호 작용 약화
COX-2	면역 세포	프로스타글란딘 E_2	통증	진통 효과
COX-3	혈관 내피 세포	프로스타글란딘 I_2	혈액 응고 억제	혈액 응고 유도
	중추 신경의 시상 하부 세포	프로스타글란딘 E_2	발열	해열 효과

해설

① 혈소판의 COX-1 억제 ⇨ 트롬복산의 생성 억제 ⇨ 통증 완화
→ 적절하지 않다. 아스피린이 혈소판의 COX-1을 억제하면 트롬복산의 생성도 억제되지만, 그 결과가 통증 완화 효과로 나타나는 것이 아니라 혈액 응고 억제 효과로 나타난다.

② 면역 세포의 COX-2 억제 ⇨ 트롬복산의 생성 억제 ⇨ 염증 완화
→ 적절하지 않다. 1문단에 따르면 면역 세포는 통증을 유발하는 프로스타글란딘 E_2를 생성한다. 따라서 2문단에서와 같이 염증이 진행될 때 아스피린이 면역 세포의 COX-2를 억제하면 트롬복산이 아니라 프로스타글란딘의 생성이 억제되며, 그 결과로서 진통 효과가 나타난다.

③ 중추 신경계의 COX-2 억제 ⇨ 프로스타글란딘의 생성 억제 ⇨ 발열 감소
→ 적절하지 않다. 1문단에 따르면 중추 신경계에서만 발현되는 COX는 COX-2가 아니라 COX-3이다.

④ 혈관 내피 세포의 COX-2 억제 ⇨ 프로스타글란딘의 생성 억제 ⇨ 통증 완화
→ 적절하지 않다. 혈관 내피 세포는 혈액 응고를 억제하는 프로스타글란딘 I_2를 생성한다. 따라서 혈관 내피 세포의 COX-2를 억제하면 프로스타글란딘의 생성이 억제되면서 통증 완화가 아니라 혈액 응고 효과가 나타나게 된다.

⑤ 위 점막 세포의 COX-1 억제 ⇨ 프로스타글란딘의 생성 억제 ⇨ 위 점막 보호 작용 약화
→ 적절하다. 1문단에 따르면 COX-1은 거의 모든 세포에 늘 존재하는 효소이다. 따라서 위 점막 세포에도 COX-1이 있다고 볼 수 있다. 아스피린이 위 점막 세포의 COX-1을 억제하면 위 점막을 보호하는 작용을 하는 프로스타글란딘의 생성이 억제됨으로써 위 점막 보호 작용이 약화될 것이다. 이는 3문단에서도 확인할 수 있다. 아스피린은 위 점막 보호 기능을 줄일 뿐 아니라 그 자체로도 산성이기 때문에 위장에 자극을 주어 위산 과다와 관련된 질환을 가진 경우에 사용하기 어렵다.

04

정답 ④

해설

① 셀레콕시브는 아스피린과 통증 억제 메커니즘은 같지만, 작용 범위는 제한적이다.
→ 적절하다. 3문단에 따르면 셀레콕시브나 로페콕시브는 아스피린의 부작용을 완화할 수 있는 진통제로서 아스피린과 통증 억제 메커니즘이 같다. 하지만 COX-2에만 선택적으로 결합할 수 있으므로, 그 작용 범위는 제한적임을 알 수 있다.

② 이브프로펜의 임상 작용은 아스피린의 경우와 같이 세포의 종류에 따라 다르게 나타난다.
→ 적절하다. 이브프로펜은 아스피린의 부작용을 줄이기 위한 대체 물질이다. 따라서 이브프로펜의 임상적인 작용도 면역 세포, 시상 하부 세포, 혈소판 등 세포의 종류에 따라 다르게 나타날 것이다.

③ 이브프로펜은 가역적으로 작용하기 때문에 아스피린보다 위 점막 손상과 혈액 응고 억제 작용이 작다.
→ 적절하다. 3문단에서 이브프로펜은 아스피린과 통증 억제 메커니즘은 동일하지만, 가역적으로 COX에 결합하기에 아스피린의 부작용을 줄이는 대체 물질로 쓰일 수 있다고 하였다. 본문에 따르면 이러한 차이점 외에 이브프로펜과 아스피린의 차이점은 없다. 따라서 이브프로펜의 가역적 결합이 아스피린의 부작용인 위 점막의 손상과 혈액 응고 억제 작용을 완화할 것이라고 추론할 수 있다.

④ 아스피린은 저용량에서는 진통 작용과 혈액 응고 억제 작용을 보이지만 고용량에서는 혈액 응고 억제 작용만 보인다.
→ 적절하지 않다. 아스피린의 용량 차이는 아스피린의 임상 작용에 의한 효과를 구분하기 위해 지문에서 설정한 기준과 무관하다. 본문에서는 아스피린이 어떤 세포에서 어떤 종류의 COX와 결합하느냐를 기준으로 효과의 차이가 발생한다고 했지 얼마나 많고 적은 용량을 써야 하는지는 언급하지 않았다.

⑤ 로페콕시브는 트롬복산에 의한 혈액 응고 작용에는 영향이 없고, 프로스타글란딘에 의한 혈액 응고 억제 작용만을 차단하여 혈액 응고를 촉진한다.
→ 적절하다. 3문단에 따르면, 로페콕시브는 COX-2에만 선택적으로 결합한다. 그런데 혈소판에 의해 생성되는 트롬복산은 COX-1이 억제되었을 때 영향을 받는다. 따라서 로페콕시브는 트롬복산에 의한 혈액 응고 작용에는 영향을 주지 않을 것이다. 한편 1문단에 따르면 혈액 응고 억제 작용을 보이는 프로스타글란딘은 혈관 내피 세포에서 생성되는데, COX-2는 혈관 내피 세포에서 발현된다. 즉 로페콕시브는 프로스타글란딘에 의한 혈액 응고 억제 작용만을 차단하여 혈액 응고를 촉진할 것으로 추론할 수 있다.

05

정답 ①

분석 및 접근

지문에 나와 있는 내용을 다른 방식으로 표현한 뒤, 이를 다시 지문의 개념 구조를 기준으로 해석해야 하는 창의적 이해 문제이다. 이 문제에서는 아스피린과 셀레콕시브를 복용하고 있는 환자의 병력과 치료 계획을 진료 기록부 형식으로 표현하였다. 따라서 3문단에 언급한 아스피린의 부작용을 고려한 의사의 조치로 적절한 것과 그렇지 않은 것을 구분할 수 있어야 한다.

해설

① COX 억제제가 중복 처방되었으니 수술 후 처방에서 셀레콕시브를 뺀다.
→ 적절하지 않다. COX 억제제로서 아스피린과 셀레콕시브가 중복으로 처방되고 있지만 아스피린은 동맥 경화를 위한 치료제로, 셀레콕시브는 류머티즘성 관절염에 대한 치료제로 각각 다른 용도로서 쓰이고 있다. 셀레콕시브는 COX-2에만 선택적으로 결합한다. 즉, 셀레콕시브는 면역 세포에서 발현되는 COX-2의 활성화를 억제하여 통증을 완화하는 효과를 낸다. 한편 아스피린은 혈소판의 COX-1을 억제함으로써 혈액 응고를 억제하여 혈전을 예방하는 동맥 경화의 치료제로 사용된다. 따라서 셀레콕시브를 빼면 류머티즘성 관절염을 치료하기 어려워질 것이다.

② 동맥 경화의 합병증을 예방하기 위하여 수술 후 아스피린을 다시 처방한다.
→ 적절하다. 3문단에 의하면 아스피린의 혈액 응고 억제 작용은 수술을 받는 환자에게 오히려 부작용을 유발할 수 있다. 따라서 수술 전에는 아스피린을 복용하지 않도록 해야 하겠지만, 수술 후에도 아스피린을 처방하지 않으면 동맥 경화가 심화되어 합병증이 생길 수도 있다. 따라서 동맥 경화의 합병증을 예방하기 위해서는 수술 후 아스피린을 다시 처방해야 하므로 적절한 조치이다.

③ 오랜 기간 아스피린을 복용하였으니 위장 계통 검사의 필요성을 알려준다.
→ 적절하다. 진료 기록부의 환자는 5년째 아스피린을 복용하고 있다. 3문단에서 아스피린은 위 점막을 위산으로부터 보호하는 기능을 줄일 뿐 아니라 그 자체로도 산성이어서 위장에 자극을 준다고 하였으므로 오랜 기간 아스피린을 복용한 환자에게 위장 계통 검사의 필요성을 알려 주는 것은 의사의 조치로 적절하다.

④ 혈액 검사 결과, 지혈 작용이 회복되지 않으면 수술 전 혈소판 수혈도 고려한다.
→ 적절하다. 수술을 받을 환자에게 지혈 작용, 즉 혈액 응고 작용이 일어나지 못하면 과다 출혈이 예상되므로 수술을 받기 어렵다. 지혈 작용은 혈소판의 기능과 관련이 있다. 따라서 원활한 수술 진행을 위해서 수술 전 혈액 응고 유도 작용을 보이는 트롬복산을 활발히 생성하는 혈소판을 수혈하는 것을 고려하는 것은 진료 기록부의 환자에 대한 의사의 조치로 적절하다.

⑤ 수술 시 출혈에 의한 합병증을 줄이기 위해 수술 전 아스피린 복용을 중지시킨다.
→ 적절하다. 아스피린을 복용하면 혈액 응고를 억제하는 작용을 하여 수술 시 출혈이 멈추지 않을 수 있으며, 이로 인한 합병증이 생길 수도 있다. 따라서 수술 전 환자에게 아스피린 복용을 중지시키는 것은 진료 기록부의 환자에 대한 의사의 조치로 적절하다.

[06~08]

선배의 독해 전략

동역학적 국소화, 약한 국소화, 앤더슨 국소화의 개념과 특징에 주목하여 읽는다. 길이의 길고 짧음, 각 특성과 조건에 따라 내용일치/불일치 문제가 출제되니 개념마다 공통점과 차이점에 주목한다. 본 지문의 경우 특히 지문의 내용을 통해 명확히 알 수 없는 내용, 즉 관련 없는 선택지도 등장하니 주의를 요한다.

더 알아보기

국소화

물질 내에서 파동 함수가 일정한 영역을 벗어나지 못하는 현상 또는 그렇게 되어 가는 현상으로, 그 원인에 따라 강한 국소화와 약한 국소화가 있다.

06

정답 ①

분석 및 접근

지문의 세부정보를 정확하게 파악했는지 확인하는 문제이다.

해설

① 국소화 길이가 결맞음 길이보다 길면 일어난다.
→ 적절하지 않다. 앤더슨 국소화는 파동이 일정한 공간 안에서 더 이상 진행하지 못하고 완전히 갇히는 현상이다. 3문단에 따르면 결맞음 길이가 국소화 길이보다 길어야 국소화가 일어난다. 따라서 비교의 방향이 반대로 뒤집힌 선택지이다.

② 무수히 많은 경로들이 갖는 무작위적 위상 때문에 생긴다.
→ 적절하다. 2문단의 '임의의 위치에서 출발한 전자 파동이 다른 임의의 위치에 도달하기 위해서는 불규칙하게 배열된 수많은 원자들과 충돌할 수밖에 없으므로, 전자의 이동 경로가 무수히 존재하게 된다.'는 부분을 통해 확인할 수 있다.

③ 전자들 사이의 상호 작용의 크기에 따라 결맞음 길이가 변한다.
→ 적절하다. 3문단의 '온도가 높아지면 전자들 사이의 상호 작용과 원자들의 요동이 커져 결맞음이 어긋나면서'라는 부분을 통해 확인할 수 있다.

④ 차원에 따라 비결정질이 도체가 될 수도 있는 현상을 설명한다.
→ 적절하다. 3문단의 '비결정질이 1차원인 형태에서는 전자가 국소화되어 부도체가 되지만, 3차원에서는 조건에 따라 전자의 상태가 국소화되지 않아 도체가 될 수도 있다.'는 부분을 통해 확인할 수 있다.

⑤ 전자가 비결정질의 한 점에서 다른 점으로 이동할 확률로써 판별된다.
→ 적절하다. 2문단의 '이는 임의의 위치에서 출발한 전자를 다른 임의의 위치에서 발견할 확률이 0에 가까워진다는 뜻이므로, 전자 파동이 멀리 진행할 수 없고 공간적으로 완전히 갇혀 국소화됨을 의미한다.'는 부분을 통해 확인할 수 있다.

07

정답 ②

분석 및 접근

지문의 세부정보를 정확하게 파악했는지 확인하는 문제이다.

해설

① 동역학적 국소화와 약한 국소화는 폐곡선 경로 때문에 생긴다.
→ 적절하지 않다. 폐곡선 경로는 약한 국소화에만 해당하는 속성이다.

② 앤더슨 국소화와 동역학적 국소화는 파동이 완전히 갇히는 현상이다.
→ 적절하다. 2문단의 '앤더슨 국소화란 파동이 더 이상 진행하지 못하고 일정한 공간 안에 완전히 갇히는 현상을 말한다.'는 부분과 5문단의 '파동은 혼돈계에서 확산되지 않고 완전히 갇혀 국소화된다.'는 부분을 통해 확인할 수 있다.

③ 앤더슨 국소화와 약한 국소화는 비결정질이 도체인지 부도체인지를 결정한다.
→ 적절하지 않다. 약한 국소화에서는 비결정질이 도체인지 부도체인지가 중요하지 않다. 그리고 비결정질이 도체인지 부도체인지는 앤더슨 국소화가 결정하는 것이 아니라 3문단에 언급된 앤더슨 국소화의 조건 중 차원에 따라 양상이 달라지는 항목에 해당한다.

④ 약한 국소화와 동역학적 국소화는 앤더슨 국소화의 개념을 그대로 적용한 것이다.
→ 적절하지 않다. 세 개념의 적용 상황과 성질이 조금씩 다르다. 따라서 앤더슨 국소화의 개념을 그대로 적용했다고 볼 수 없다.

⑤ 앤더슨 국소화와 동역학적 국소화는 고체를 이루는 원자 배열의 불규칙성 때문에 생긴다.
→ 적절하지 않다. 고체를 이루는 원자 배열의 불규칙성은 비결정질을 의미한다. 동역학적 국소화는 혼돈계에서 일어나는 현상이므로 동역학적 국소화를 빼야 한다.

08

정답 ③

분석 및 접근

<보기>의 상황에 지문의 문맥을 적용하여 해석하는 문제이다.

해설

· A: 4문단의 '자기장 안에서는 두 방향으로 도는 파동의 위상에 변동이 생겨 약한 국소화 효과가 거의 나타나지 않는다.'는 부분을 통해 자기장이 있으면 저항은 작아진다는 것을 알 수 있다.
· B: 온도와 국소화의 관계이다. 3문단의 '온도가 높아지면 결맞음 길이가 0으로 접근한다.'는 부분을 통해 온도가 높아지면 국소화가 사라진다는 것을 알 수 있다. 따라서 온도를 높여야 한다.

[09~11]

선배의 독해 전략

면역의 과정과 능동/수동 면역 등을 구분하여 이해하여야 하는 지문으로, '혈청'이 필요한지 '혈청의 항체'가 필요한지 등 과학 지문에 약한 학생일 경우 유독 어렵게 느껴질 수 있는 지문이기도 하다. 특정 개념이 헷갈릴 때는 A나 B로 대치하여 읽는 것도 방법이다. 언어이해에서 중요한 것은 해당 과학지식을 잘 알고 있는지가 아니라 해당 소재가 제시된 지문이 복잡하고 어렵더라도 빠른 시간 내에 효율적으로 독해할 수 있는지이다.

더 알아보기

항체
항원의 자극에 의하여 생체 내에 만들어져 특이하게 항원과 결합하는 단백질로, 생체에 그 항원에 대한 면역성이나 과민성을 준다.

혈청
피가 엉기어 굳을 때 혈병(血餅)에서 분리되는 황색의 투명한 액체로, 면역 항체나 각종 영양소, 노폐물을 함유한다.

09

정답 ⑤

분석 및 접근

지문의 세부정보를 정확하게 파악했는지 확인하는 문제이다. 지문의 논지가 전개되는 데 필요한 정보가 선택지에 제시된 정보와 일치하는지를 확인해야 한다.

해설

① 특정한 질병으로 사망한 시신을 처리하던 사람의 경우에 그 질병의 원인균에 대한 감염이 일어났을 것이다.
→ 1문단의 시신을 처리하던 사람이 그 질병에 대한 저항성이 높다는 사실은 일찍부터 밝혀져 있었지만, 면역의 특성과 메커니즘은 확인되지 않았었다는 내용과 2문단의 파스퇴르의 실험을 통해 면역 반응을 유발하는 것은 병원균이라는 것이 밝혀졌다는 내용을 통해 확인할 수 있다. 따라서 특정한 질병으로 사망한 시신을 처리하던 사람의 경우 그 질병의 원인균에 대한 감염이 일어났다고 추론할 수 있다.

② 파스퇴르의 실험으로는 수탉이 보인 면역 반응이 항독소 면역인지 용균성 면역인지 알 수 없다.

→ 3문단의 항독소 면역이란 병원균이 생성하는 독소를 중화시켜 면역 반응을 일으키는 것이라는 내용, 4문단의 용균성 면역이란 병원균이 생성하는 독소에는 영향을 미치지 못하지만 병원균에 직접 작용하여 면역 반응을 일으키는 것이라는 내용, 2문단의 파스퇴르의 실험으로 보인 면역 반응이 어떠한 메커니즘으로 일어나는지 밝혀내지 못했다는 내용을 통해 수탉의 면역 반응이 항독소 면역인지 용균성 면역인지 알 수 없다는 것을 추론할 수 있다.

③ 베링은 디프테리아 항체가 독소를 중화하여 개체가 병에 대한 저항성을 얻는다는 것을 증명하였다.

→ 3문단에 따르면 항독소 면역은 병원균이 생성하는 '독소'를 중화시키는 면역이다. 따라서 디프테리아 항체가 독소를 중화하여 개체가 병에 대한 저항성을 얻는다는 것을 추론할 수 있다.

④ 파이퍼의 실험에서 면역이 없는 쥐에 면역 혈청과 함께 주입된 균은 주입된 혈청 속의 항체에 의하여 면역 반응을 유발하였다.

→ 4문단에 따르면 용균성 면역은 병원균이 생성하는 독소에는 영향을 미치지 못하지만, 병원균에 직접 작용하여 면역 반응을 일으키는 것을 의미한다. 이를 통해 면역이 없는 쥐에 면역 혈청과 함께 주입된 균은 주입된 혈청 속의 항체에 의하여 면역 반응을 유발하였다는 것을 알 수 있다.

⑤ 보르데의 실험에서 56°C에 노출된 혈청은 항체가 파괴되어, 면역 반응을 위해서는 신선한 혈청의 항체가 필요하였다.

→ 5문단의 장기간 보존된 혈청 또는 짧은 시간 동안 56°C에 노출된 혈청은 그 항체가 파괴되어 그 기능을 잃지만, 면역성이 없는 정상 동물의 신선한 혈청을 소량 첨가하면 면역 반응을 회복한다는 진술을 통해 면역 반응을 위해서는 신선한 혈청의 항체가 필요한 것이 아니라 신선한 혈청이 필요한 것임을 알 수 있다.

10

정답 ⑤

분석 및 접근

태아적아구증을 지문에 소개된 면역 반응을 활용하여 해석하는 문제이다.

해설

ㄱ. 엄마의 혈액으로부터 태아로 전해진 항체는 일종의 용균성 면역 반응을 보였다.

→ 4문단에 따르면 용균성 면역은 면역화된 개체의 혈액에서 추출한 항체가 항원을 만나 일으키는 면역 반응을 의미한다. 엄마의 항체가 태아의 Rh 인자를 항원으로 인식하여 반응한 결과 태아의 혈구가 파괴되면, 이를 태아적아구증이라 한다. 따라서 이는 용균성 면역 반응에 해당한다.

ㄴ. 반복된 임신으로 인한 질병의 발생률 증가는 태아의 보체 형성의 증가가 원인이다.

→ <보기>에서 보체(면역성이 없는 동물의 혈청)는 태아의 혈구이다. 5문단에서 보체는 '정상 동물에 이미 존재하며, 면역 반응을 통해 양이 증가하지 않는 물질'이라 하였으므로 '태아의 보체 형성의 증가'는 정의와 맞지 않은 진술이다.

ㄷ. 파스퇴르의 실험에서 사용된 조류 콜레라균처럼, 태아 혈구의 Rh 인자는 엄마에게 항원으로 인식되었다.

→ ㉠의 연장선상에서 판단하면 된다. 용균성 면역의 구조를 적용하여 해석할 수 있는 <보기>이다.

ㄹ. Rh^- 혈액형의 엄마가 임신 전에 Rh^+ 혈액에 노출이 된 경험이 있다면 첫 번째 임신의 경우에도 질병이 발생할 수 있다.

→ Rh^- 혈액형의 엄마가 항원에 노출된 경험이 있으면 항체가 형성된다. 따라서 임신 이외에도 Rh^+ 혈액에 노출된 경험이 있다면 첫 번째 임신이라도 태아적아구증이 나타날 수 있다.

11

정답 ⑤

분석 및 접근

<보기>는 지문의 능동 면역과 수동 면역의 원리를 바탕으로 설정된 실험이다. 획득 면역은 크게 두 가지로 나누어지는데 하나는 능동 면역이고, 다른 하나는 수동 면역이다. 능동 면역은 개체가 항원을 인식해 스스로 면역 반응을 일으키는 것이고, 수동 면역은 다른 개체에서 생성된 항체를 주입하여 면역 반응을 일으키는 것이다.

해설

㉠ 오랜 기간 배양액 속에 방치되어 병원성이 약화된 조류 콜레라균을 수탉들에 주사

→ 수탉들은 주입된 균에 대해 스스로 항원을 인식해 면역 반응을 일으켰으므로 능동 면역이다.

㉡ 말의 혈액으로부터 추출한 항디프테리아 혈청을 주사

→ 말의 혈액에서 추출한 항디프테리아 혈청을 인간에게 주사한 것이므로 수동 면역이다.

㉢ 약화된 비브리오 콜레라균을 접종

→ 약화된 비브리오 콜레라균을 접종함으로써 개체가 스스로 면역 반응을 일으키는 것이므로 능동 면역이다.

㉣ 면역화된 쥐의 혈액에서 추출한 면역 혈청과 함께 주입

→ 항체가 있는 혈청을 주입하여 면역 반응을 일으키는 것이므로 수동 면역이다.

V 연역논증

p.103

01	02	03	04	05
③	③	④	①	②
06	07	08	09	10
②	⑤	⑤	②	③
11	12	13	14	15
②	④	④	②	④

01 정답 ③

선배의 독해 전략

문제를 많이 풀어보아 선입견이 많이 생긴 경우, 혹은 기존에 자신이 알고 있는 지식을 활용하여 문제를 풀이하는 경우 선택지를 판단할 때 당황했을 수 있다. 지문에 따르면 완전히 참인 명제와 완전히 거짓인 명제에서 진릿값이 일치하는 경우도 있고, 진릿값을 할당할 수 없는 경우도 발생한다. '이런 유형의 지문은 보통 이런 선택지가 답이지'라는 예상이 문제풀이에 도움이 될 때도 있지만, 헷갈리게 만드는 선입견일 수도 있다. 문제풀이의 기준은 지문임을 다시 떠올리며 매력적인 오답을 고르지 않도록 주의하자.

해설

ㄱ. 전통적인 2치 논리와 퍼지논리 모두에서 참 또는 거짓의 진릿값이 일치하는 경우가 있다.
→ 적절하다. 지문에 따르면 '완전히 참인 명제'와 '완전히 거짓인 명제'에 대해서는 2치 논리와 퍼지논리 모두 진릿값이 각각 1과 0으로 동일하다.

ㄴ. 만약 갑돌이가 대머리 집합에 속하는 원소성의 정도가 0.7이라면, "갑돌이는 대머리이다."는 전통적인 2치 논리의 진릿값을 가지지 않는다.
→ 적절하다. 2치 논리는 '이 명제에 1, 0의 진릿값을 할당할 수 없다.' 고 할 것이다.

ㄷ. 원소 a가 집합 S에 속할 확률과 원소 a가 집합 S에 속하는 원소성의 정도가 일치하는 경우, 퍼지논리는 무모순률의 법칙을 위반하지 않는다.
→ 적절하지 않다. 원소성 정도와 집합 S에 속할 확률이 일치하는 것은 무모순률 위반 여부와 관련이 없다. 퍼지논리가 무모순률을 위반하는 것은 1과 0이 아닌 0.7을 인정하기 때문이다.

02 정답 ③

선배의 독해 전략

X/Y, P/Q, A/B 등 스스로에게 가장 편리한 기호로 바꾸어 읽는 방법이 효율적이다. X가 Y의 원인이라는 인과 개념에 대해 갑희와 을보가 다르게 해석한다는 점이 포인트인데, 비슷하지만 전혀 다른 결론이 제시되기도 하니 간단한 기호로 치환하여 문제를 해결할 필요가 있다.

분석 및 접근

제시문에 언급된 갑희와 을보의 인과 개념을 요약하면 다음과 같다.
- "X가 Y의 원인이다"에 대한 갑희의 해석: ~X → ~Y
- "X가 Y의 원인이다"에 대한 을보의 해석: X → Y

이제 각 선택지들이 올바른지 아닌지 하나씩 판단해보면 다음과 같다.

해설

① '연기가 나지 않았으면 불도 나지 않았다. 그러나 연기는 불의 원인이 아니다.' 이 주장이 옳다고 밝혀지더라도 갑희의 개념은 인과 관계를 해석하기에 충분하다.
→ 타당하지 않다. "연기가 나지 않았으면 불도 나지 않았다."는 주장은 ~X → ~Y의 형식이므로, 갑희의 해석과 동일한 형식을 지닌다. 그럼에도 불구하고 연기는 불의 원인이 아니라면, 갑희의 인과 개념이 틀린 것이다.

② '토양에 A 성분이 함유되어 있지 않으면 B 성분도 함유되어 있지 않다'고 밝혀진 경우, '토양의 A 성분 함유가 B 성분 함유의 원인이다'라는 주장에 을보가 동의할 가능성은 없다.
→ 타당하지 않다. "토양에 A 성분이 함유되어 있지 않으면 B 성분도 함유되어 있지 않다."는 주장은 ~X → ~Y의 형식이므로, 갑희는 A가 B의 원인이라고 주장할 것이다. 그런데 이에 대하여 을보가 반드시 반대한다고 판단할 필요는 없다. 왜냐하면 ~X → ~Y가 성립할 때, X → Y가 동시에 성립할 수도 있고, 따라서 을보 역시 A가 B의 원인이라고 주장할 수 있기 때문이다. 따라서 갑희의 주장에 을보가 동의할 가능성이 있다.

③ '수진이가 음악회에 가지 않았더라면 그 남자를 만나지 않았을 것이다'라는 주장이 틀렸다면, 갑희는 수진이가 음악회에 간 것이 그 남자를 만나게 된 원인은 아니라고 말할 것이다.
→ 타당하다. "수진이가 음악회에 가지 않았더라면 그 남자를 만나지 않았을 것이다."는 주장은 갑희의 해석과 동일한 패턴이므로, 이 주장이 옳다면 갑희는 음악회에 간 것이 그 남자를 만난 원인이라고 주장할 것이다. 하지만 그 주장이 옳지 않기 때문에, 음악회에 간 것이 그 남자를 만난 원인이 아니라고 갑희는 주장할 것이다.

④ 기압계의 수치가 떨어지는 경우 항상 날씨가 흐려짐에도 불구하고 '기압계 수치의 강하가 흐린 날씨의 원인이다'라는 주장을 부인할 수 있다면, 을보의 인과 개념이 타당하다는 사실이 밝혀진 셈이다.
→ 타당하지 않다. 기압계의 수치가 떨어지는 경우 항상 날씨가 흐려지는 상황은 을보의 해석 패턴과 동일하므로, 을보는 기압계 수치 하강이 날씨가 흐려지는 것의 원인이라고 주장할 것이다. 그런데 그 주장을 부인할 수 있다면, 결국 을보의 인과 개념이 타당하지 않다는 것이 밝혀진 셈이다.

⑤ '지우가 부적을 지니고 치르는 경기에서 지우의 팀은 항상 승리를 거둔다'는 주장이 참인 경우에도 '지우가 부적을 지닌 것이 승리의 원인은 아니다'라고 누군가가 말한다면, 그는 갑희와는 다른 인과 개념을 적용하고 있는 것이다.

→ 타당하지 않다. "지우가 부적을 지니고 치르는 경기에서 지우의 팀은 항상 승리를 거둔다."는 주장은 을보의 해석 패턴과 동일하므로, 을보는 부적이 승리의 원인이라고 주장할 것이다. 따라서 누군가가 부적이 승리의 원인이 아니라고 주장한다면, 이는 갑희가 아닌 을보와 다른 인과 개념을 적용하고 있는 것이다.

03

정답 ④

분석 및 접근

주어진 논증들이 타당한 연역추론인지를 묻는 문제이다. 따라서 각 선택지의 논증을 전제와 결론으로 구분한 다음, 어떤 형식을 가지고 있는 논증인지 확인해 보아야 한다.

해설

① 영호는 주식 투자에서 이득을 보았는데, 주식 투자에서는 손해를 보는 사람이 있어야 이득을 보는 사람도 있다. 따라서 누군가는 주식 투자에서 손해를 보았다.

→

전제1	영호 주식 이득
전제2	이득 → 손해
결론	손해

'주식 투자에서는 손해를 보는 사람이 있어야 이득을 보는 사람도 있다.'는 진술의 기호식은 '손해 → 이득'이 아니라 '이득 → 손해'임에 유의한다. 그 이유는 손해 보는 사람의 존재가 이득 보는 사람의 존재를 위한 '필요조건'이기 때문이다. 따라서 본 선택지의 논증은 타당한 전건긍정식임을 알 수 있다.

② 오직 고온에서 저온으로 열의 이동이 발생할 때에만 열에서 동력을 얻을 수 있다. 따라서 열에서 동력을 얻을 수 있었다면 고온에서 저온으로 열의 이동이 발생한 것이다.

→

전제1	동력 → 열의 이동
전제2	동력
결론	열의 이동

'오직 고온에서 저온으로 열의 이동이 발생할 때에만 열에서 동력을 얻을 수 있다.'는 진술은 '동력 → 열의 이동'으로 기호화됨에 유의한다. 일반적으로 '오직 A인 경우에만 B이다.'는 'B → A'로 기호화된다. 따라서 본 선택지의 논증은 타당한 전건긍정식임을 알 수 있다.

③ 마이클 조던이 최고의 농구 선수라면 공중에 3초 이상 떠 있을 수 있어야 한다. 하지만 마이클 조던은 2.5초밖에 공중에 떠 있지 못한다. 그러므로 마이클 조던을 최고의 농구 선수라고 할 수 없다.

→

전제1	최고의 농구 선수 → 3초 이상
전제2	~3초 이상
결론	~최고의 농구 선수

본 선택지의 논증은 타당한 후건부정식이다.

④ 도덕적 판단이 객관성을 지닌다면 도덕적 판단은 경험적 근거를 가지며 유전적 요인과는 무관할 것이다. 사람들이 히틀러의 유대인 학살 행위를 잘못이라고 판단하는 것으로 볼 때, 도덕적 판단은 경험적 근거를 가진다. 따라서 도덕적 판단이 유전적 요인과 무관하다면 도덕적 판단은 객관성을 지닌다.

→

전제1	객관성 → 경험적 ∧ ~유전적
전제2	경험적
결론	~유전적 → 객관성

본 선택지의 논증은 전건긍정식도 아니고 후건부정식도 아니기 때문에 타당하지 않은 논증이다.

⑤ 푸른 리트머스종이를 산성 용액에 넣으면 붉은색으로 변화하고 알칼리성 용액에 넣으면 색깔이 변화하지 않는다. 이제 산성이든지, 알칼리성인 어떤 용액 속에 푸른 리트머스종이를 넣었다. 만약 푸른 리트머스종이의 색깔이 붉은색으로 변화하지 않으면 우리는 그 용액이 알칼리성이라고 결론지을 수 있다.

→

전제1	산성 → 붉은색
전제2	산성 ∨ 알칼리성
전제3	~붉은색
결론	알칼리성(~산성)

본 선택지의 논증은 타당한 후건부정식이다.

[04~05]

선배의 독해 전략

입증, 반증, 무관을 구분하여 이해하는 데 도움이 되는 지문이다. 본 지문과 같이 특정 역설이나 문제점이 주요 소재로 제시될 경우 해결방법이 무엇인지 묻는 문제가 출제되는 경우가 많으니 지문을 읽을 때 해결될 수 없는 한계점과 개선 가능한 지점을 구분하며 읽자. 또한 까마귀의 역설이 무엇인지 이해하는 과정에서 되려 까마귀의 역설에 빠지는 경우가 많은데, 이를 방지하기 위해 간단히 메모하며 읽는 자세가 필요하다. 정보량이 많으면 지문 옆 여백과 간단한 기호, 메모법을 적극적으로 활용하여 시간 관리를 하자.

더 알아보기

반증
어떤 사실이나 주장이 옳지 아니함을 그에 반대되는 근거를 들어 증명함 또는 그런 증거

동치
두 개의 명제가 동일한 결과를 가져오는 일로, 예를 들면 '그가 정직하지 않은 것은 아니다.'와 '그는 정직하다.'는 표현이 달라도 동일한 내용을 나타내고 있어 어느 쪽을 사용하여도 동일한 결과를 가져온다.

04

정답 ①

분석 및 접근

많은 정보를 나열한 지문이기 때문에 경우의 수를 표로 정리하는 것이 내용을 효율적으로 파악하는 데 유리하다. 1번 선택지와 같이 지문에 주어진 조건을 모두 받아들이고 H2와 H3이 동치라는 점을 인정했다면, 이는 까마귀의 역설이 나타나는 조건이 모두 수용된 상태가 된다. 이 경우 c는 H2와 무관한 사례가 된다. 따라서 1번 선택지는 적절하지 않다. 이처럼 나머지 선택지도 모두 표와 대조해보며 판단하면 된다.

구분	a	b	c	d	조건
	까마귀&검다	까마귀∧~검다	~까마귀∧검다	~까마귀∧~검다	
H1	입증	반증	무관	무관	니코드
H2	무관	반증	무관	입증	니코드
	입증	반증	무관	입증	니코드 동치
H3	입증	반증	입증	입증	니코드 동치

해설

① 니코드 조건과 동치 조건을 모두 받아들이고 아울러 H2와 H3이 동치라는 점을 인정한다면, c는 H2의 반증사례가 된다.
→ 적절하지 않다. c는 H2와 무관한 사례다.

② 니코드 조건과 동치 조건을 모두 받아들이고 아울러 H1과 H2가 동치라는 점을 인정하면, a와 d는 모두 H2의 입증사례가 된다.
→ 적절하다. 표에 따르면 a와 d는 모두 입증사례가 된다.

③ 니코드 조건과 동치 조건을 모두 받아들이더라도 H1과 H2가 동치가 아니라고 가정한다면, a는 H1의 입증사례이지만 H2와는 무관한 사례가 된다.
→ 적절하다. 표에 따르면 a는 H2와는 무관한 사례가 된다.

④ 니코드 조건과 동치 조건을 모두 받아들이고 아울러 H1, H2, H3이 모두 동치라는 점을 인정한다면, 모든 사례는 H1이 입증사례이거나 반증사례가 된다.
→ 적절하다. 두 조건을 받아들이고, H1, H2, H3 모두 동치라는 점을 인정하면 모든 사례는 H1이 입증사례이거나 반증사례가 된다.

⑤ 니코드 조건과 동치 조건을 모두 받아들이고 아울러 H1과 H2는 동치라는 점도 인정하지만 이들이 H3과 동치가 아니라고 가정한다면, c는 H1과 무관한 사례가 된다.
→ 적절하다. H1과 H2가 H3과는 동치가 아니라고 가정한다면, c는 H1과 무관한 사례가 된다.

05

정답 ②

분석 및 접근

까마귀의 역설이 무엇인지, 그리고 이를 해소하는 방안은 무엇인지에 대한 문제다. 처음부터 선택지를 기준으로 판단하는 것이 아니라, 까마귀의 역설을 해소하는 방안이 무엇인지 먼저 분석한 후 적절하지 않은 선택지를 고르는 것이 좋다.

해설

① 입증사례가 되기 위해서는 니코드 조건 외에도 충족시켜야 할 조건이 더 있음을 밝힌다.
→ 적절하다. 입증사례가 되기 위해 니코드 조건 외에 다른 조건들이 필요하다면, 니코드 조건을 만족시켰다는 것만으로 입증이 성립되었다고 말하기 어려워진다. 그렇다면 입증사례의 범위가 과도하게 넓어지는 '까마귀의 역설'이라는 문제가 생기지 않을 수 있다.

② 검지 않은 까마귀는 H1의 반증사례가 되는 반면, H2와 H3의 반증사례는 될 수 없음을 밝힌다.
→ 적절하지 않다. b는 세 가설 모두의 반증사례이다. 그리고 이 부분은 '까마귀의 역설'에 해당하지 않는다. 따라서 이런 방식으로는 역설이 해소되는 것이 아니라 오히려 문제가 심각해진다.

③ 한 사례가 어떤 가설을 입증한다고 해서 그 가설과 동치인 다른 가설도 입증한다고 볼 수 없음을 밝힌다.
→ 적절하다. 동치 조건에 대한 공격이다. 까마귀의 역설은 동치 조건을 전제로 하고 있으므로, 이를 공격하는 것은 역설을 해소하는 방법이 될 수 있다.

④ H1과 H3은 서로 동치이지만, 양자가 입증사례를 공유하려면 논리적 동치 이상의 내용적 일치가 요구됨을 밝힌다.
→ 적절하다. '논리' 요인 이외의 외적 요인을 추가하여 문제를 해결하려는 전략이다.

⑤ H1과 H2는 각각 까마귀와 검지 않은 것에 관한 주장이기 때문에 별개로 입증되어야 할 독립적인 가설임을 밝힌다.
→ 적절하다. 두 가설이 논리적으로 동치라는 점을 인정하지 않는 전략이다.

06

정답 ②

분석 및 접근

A의 논증을 기호화하면 다음과 같은 양도논증이 성립한다.

- 전제1: 관찰 불가능한 것 인정함 ∨ 관찰 불가능한 것 인정하지 않음
- 전제2: 관찰 불가능한 것 인정하지 않음 → 인과 관계 인정 안 함
- 전제3: 관찰 불가능한 것 인정함 → 알지 못하는 것을 인정함
- 결론: 알지 못하는 것 인정하지 않음 → 인과 관계 인정 안 함

해설

- 갑의 판단은 옳지 않다. A의 논증이 타당한 양도논증인 것은 사실이다. 그러나 타당하다고 해서 결론의 참이 보장되는 것은 아니다. 어떤 논증이 타당하다는 것은 단지 '전제가 참일 때, 결론이 참'이라는 뜻일 뿐이다.
- 을의 판단은 옳다. '관찰 불가능한 것이라고 해서 우리가 알지 못하는 것이라고 할 수는 없다.'는 주장은 A의 논증 중 '우리가 만약 관찰 불가능한 것들의 존재를 인정한다면, 우리는 알지 못하는 것을 인정하는 셈이 된다.'라는 전제3을 반박한다.
- 병의 판단은 옳지 않다. 병이 예로 든 양도논증의 경우, 사랑과 미움은 모순 관계가 아니므로 소위 '뿔 사이로 피하기 방법'으로 반박할 수 있기 때문이다. 그러나 A의 논증은 '뿔 사이로 피하기 방법'으로 반박할 수 없다. 관찰 불가능한 것들의 존재에 대해서 인정하는 것과 인정하지 않는 것은 모순 관계이므로 두 선언지 중 하나는 항상 참일 수밖에 없기 때문에 선언명제가 언제나 필연적으로 참이므로 논리적으로 반박이 불가능하다.

[07~09]

선배의 독해 전략

결정론과 비결정론의 관계, 각 관점의 핵심 기준, 그리고 결정론 중에서도 온건한 결정론을 각각 구분하여 이해하여야 한다.

더 알아보기

항진명제

복합 명제를 구성하는 단위 명제들의 진릿값에 관계없이 항상 참인 복합 명제

양도논법

대전제가 두 개의 가언적 명제의 연언으로 되어 있고, 소전제가 대전제의 두 전건을 선언적으로 긍정하든가 혹은 두 후건을 선언적으로 부정하는 형태로 되어 있는 삼단 논법

07

정답 ⑤

분석 및 접근

지문의 세부정보를 파악했는지 일차적으로 확인하는 문제이다. 여기서 세부정보는 지문의 논증 구조와 관련 없는 지엽적인 정보가 아니라 지문의 핵심 논지의 지배를 받는 정보이다. 그러므로 세부정보를 파악할 때는 언제나 지문의 핵심 논지와의 연관성을 고려해야 한다.

해설

① 비결정론자는 결정론과 비결정론이 모순 관계가 아니라고 생각한다.

→ 결정론과 비결정론은 모순 관계이다. 5문단의 '결정론과 비결정론은 서로 모순 관계에 있는 주장이므로 두 이론 중 하나는 반드시 옳을 수밖에 없다.'는 부분을 통해서 알 수 있다. 따라서 이는 지문의 내용과 일치하지 않는 진술이다.

② 비결정론자는 자유 의지가 있기 위해서는 세상의 모든 일에 원인이 없어야 한다고 주장한다.

→ 비결정론자는 자유 의지를 인정하지 않는다. 이는 4문단의 '자유 의지는 결정론과 비결정론 어느 쪽과도 양립할 수 없다.'는 내용을 통해서 알 수 있다. 따라서 '자유 의지가 있기 위해서는'이라는 전제는 성립하지 않는다. 또한 4문단에서 비결정론자는 사건에 원인이 있는 경우와 없는 경우를 나누고, 여기서 세상 모든 일이 아니라 인간의 행동에 대해서만 원인이 없다고 보았다. 따라서 '세상의 모든 일에 원인이 없어야 한다고 주장'했다는 것은 지문의 내용과 일치하지 않는 진술이다.

③ 엄격한 결정론자는 강제에 의한 행동에는 원인이 없다고 생각한다.

→ 행동의 원인에 강제가 있는 경우와 강제가 없는 경우를 나누어 생각한 사람은 엄격한 결정론자가 아니라 온건한 결정론자이다. 그리고 온건한 결정론자는 강제에 의한 행동에는 원인이 없는 것이 아니라 자유 의지가 없다고 생각한다. 따라서 지문의 내용과 일치하지 않는 진술이다.

④ 온건한 결정론자는 원인이 있다는 것과 강제는 양립 불가능하다고 생각한다.

→ 6문단에 따르면 온건한 결정론자는 자유 의지와 강제는 양립 불가능한 모순 관계라고 생각한다. 따라서 선택지의 '원인'을 '자유 의지'로 고쳐야 하기에 지문의 내용과 일치하지 않는 진술이다.

⑤ 온건한 결정론자는 어떤 행동에 대해서는 도덕적 책임을 물을 수 있다고 주장한다.

→ 6문단의 온건한 결정론자에 따르면 원인이 있더라도 강제되지 않은 행동은 자유 의지가 있다. 그리고 2문단에서 자유 의지가 없는 사람은 자신의 행동에 대한 책임을 지지 않는다고 하였다. 왜냐하면 책임은 자유 의지가 있어야만 발생하기 때문이다. 온건한 결정론자는 강제되지 않은 원인에 따른 행동에 대해서는 자유 의지가 있다고 본다. 따라서 도덕적 책임을 묻는 것이 가능하므로 지문의 내용과 일치하는 진술이다.

08

정답 ⑤

분석 및 접근

지문의 논증 구조를 재구성하는 문제이다. ㉠의 추론 과정은 다음과 같다.

(가) 결정론 ∨ 비결정론(A ∨ B)
(나) 결정론 → ~자유 의지(A → ~C)
(다) 비결정론 → ~자유 의지(B → ~C)
(라) ∴ ~자유 의지(~C)

<보기>의 논증은 양도논증이다. 지문에서 결정론과 비결정론은 모순 관계이기 때문에 '결정론 ∨ 비결정론'은 항상 참인 명제가 된다. 결정론이 성립해도 자유 의지가 없고, 비결정론이 성립해도 자유 의지가 없다면, 항상 자유 의지를 갖지 못하게 되는 결론을 얻게 된다.

해설

① <보기>의 '비결정론' 자리에 결정론과 반대 관계가 되는 이론을 대입하면 딜레마는 성립하지 않는다.

→ 1문단의 '모순 관계는 어느 한 진술이 옳으면 다른 진술은 그를 수밖에 없는 관계이고, 반대 관계는 둘 다 옳을 수는 없지만 둘 다 그를 수는 있는 관계이다.'는 부분을 통해 알 수 있다. <보기>의 양도논증에서 결정론과 반대 관계가 되는 이론을 대입한다면, 사람이 자유 의지를 가질 수 있는 예외가 있을 수 있다. 따라서 딜레마는 성립하지 않는다.

② (가)가 필연적으로 옳은 진술이기 때문에 이 딜레마가 성립할 수 있다.

→ (가)는 항진명제, 즉 항상 참인 명제이다. (가)가 항진명제인 이유는 결정론과 비결정론이 서로 모순 관계이기 때문이다. 이는 1번 선택지와 같은 맥락에서 이해할 수 있는 진술이다.

③ 온건한 결정론자들은 (나)의 진술이 옳지 않다고 주장하여 딜레마에서 빠져나온다.

→ 온건한 결정론자들은 (나)의 결정론과 자유 의지가 양립 가능하다고 주장함으로써 이 딜레마에서 빠져나오고 있다. 결정론이 성립하더라도, 즉 어떤 행동에 원인이 있다고 해도 그것이 강제에 의한 것이 아니어서 내가 다른 식으로 행동할 수 있었던 자유 의지는 있다는 것이다. 그러므로 온건한 결정론자들은 자유 의지와 모순 관계인 것은 결정론이 아니라 강제라고 주장한다. 결정론과 자유 의지가 양립 가능하다면 위의 양도논증에서 두 개의 뿔 (나)와 (다) 중에서 (나)를 꺾어 논증을 무너뜨릴 수 있다.

④ 진술 (가), (나), (다)가 옳다면 (라)를 받아들일 수밖에 없다.

→ 양도논증은 연역논증에 해당한다. 연역논증은 전제가 100% 참이면 결론도 100% 참인 논증이다. 전제 (가), (나), (다)가 모두 옳다면 결론인 (라)도 필연적으로 참이 된다.

⑤ (라)가 도출되는 것은 진술 (나)와 (다)가 서로 반대 관계이기 때문이다.
→ (라)가 도출되는 것은 진술 (나)와 (다)가 서로 반대 관계이기 때문이 아니라 진술 (가)의 결정론과 비결정론이 모순 관계이기 때문이다. 참고로 양도논증에서 결론인 (라)가 도출되는 것은 진술 (나)와 (다)가 '연언 관계'이기 때문이다. 모든 전제는 ∧(그리고)의 관계에 놓여 있다. 즉 모든 전제가 동시에 성립하므로 (라)가 결론으로서 도출되는 것이다.

09

정답 ②

분석 및 접근

온건한 결정론자의 논증을 비판하는 문제이다. 그런데 이 문제는 지금까지의 반론 형성 문제와 다른 점이 있다. 온건한 결정론자를 비판할 때 어떤 관점에서 이를 비판하라는 것인지 특정한 관점을 제시하지 않고 있다는 것이 특이하다. 그렇다면 온건한 결정론자에 대한 다양한 측면을 공격하는 것이 가능해지고, 이는 선택지에도 반영되어 나타날 것이다. 비판이 가능하려면 먼저 상대방의 논증에 대해 정확하게 알고 있어야 한다. 정확한 비판은 상대방의 논증에 대한 정확한 분석에 기반을 둔 것이기 때문이다. 따라서 6문단에 드러난 온건한 결정론자의 관점에 따른 논증 구조를 정확하게 파악해야 한다. 다음으로 상대 논증의 어느 부분을 공격할 수 있을지 찾아야 한다. 개념을 공격할 수도 있고, 전제를 공격할 수도 있다. 그리고 결론을 공격할 수도 있으며, 전제와 결론의 논리적 연결 관계, 즉 추론 방식을 공격할 수도 있다.

해설

① 어디까지가 자유 의지에 의한 것이고 어디까지가 강제에 의한 것인지 그 경계가 모호한데, 당신은 자유 의지와 강제를 구별한다.
→ 개념의 모호성을 지적하면서 개념을 공격하고 있다. 자유 의지와 강제의 경계가 모호하다면 자유 의지와 강제가 모순 관계라고 한 온건한 결정론자의 논증은 약화될 것이다.

② 당신의 논리대로라면 어떤 노력을 하든 결과는 전혀 달라지지 않는데, 그것은 다른 식으로 행동할 수 있는 것이 아니므로 자유 의지가 없게 된다.
→ 온건한 결정론자의 전제를 정확하게 파악하지 못한 채 반박을 수행하고 있다. 온건한 결정론자에 의하면 노력을 하면 결과가 달라질 수 있는데, 이는 사람에게 자유 의지가 있어 다른 식으로 행동할 수도 있었기 때문이다. 따라서 정확하지 못한 분석에 기반을 둔 본 선택지의 반박은 상대방의 논증에 아무런 영향을 미치지 못한다.

③ 내가 자유롭게 선택했다고 생각한 행동도 나쁜 결과에 대해 위협을 느껴 결정했다고 볼 수 있으므로, 모든 행동은 외부의 힘에 의해 강제된 것으로 볼 수 있다.
→ 전제를 공격하고 있다. 온건한 결정론자는 원인을 강제된 원인과 강제되지 않은 원인으로 한 단계 분화하였다. 여기서 온건한 결정론자가 설정한 강제되지 않은 원인이 실제로는 존재하지 않는다고 한 것이 본 선택지이다. 즉, 온건한 결정론자의 전제에 대한 반례를 설정하여 논증이 타당하지 않음을 보여주고 있다.

④ 나는 자유 의지에 의해 행동한다고 생각하지만 사실은 나도 모르게 다른 식으로 행동할 수 없는 경우가 있으므로, 자유 의지가 있다는 당신의 주장은 옳지 않다.
→ 전제를 공격하고 있다. 자유 의지에 대한 반례를 설정함으로써 온건한 결정론자의 논증을 약화시키고 있다.

⑤ 행동의 원인이 되는 사건들의 연쇄를 내가 태어나기 이전까지 따라갈 수 있고 그러면 다른 식으로 행동할 수 없으므로, 원인이 있다는 것은 여전히 자유롭지 않은 것이다.
→ 전제를 공격하고 있다. 온건한 결정론자는 행동의 원인을 강제된 원인과 강제되지 않은 원인으로 한 단계 분화한 다음, 강제된 원인의 경우에는 자유 의지가 존재하지 않지만 강제되지 않은 원인일 경우에는 자유 의지가 존재한다고 주장함으로써 결정론과 자유 의지의 딜레마를 해소하였다. 그런데 선택지의 진술이 옳다면 모든 원인은 강제에 의한 것이 된다. 이는 온건한 결정론자의 전제에 대한 반례를 설정함으로써 강제되지 않은 원인이라는 갈래 자체를 차단하고 있다. 따라서 이는 온건한 결정론자에 대한 반박으로 타당하다.

[10~12]

선배의 독해 전략

호펠드의 이론에서 권리 개념을 어떻게 보고, 네 쌍의 근본 개념은 어떻게 구성되는지를 파악하는 것이 핵심이다. 3~4문단을 토대로 여백에 권리자 - 상대방이라는 큰 기준 아래 청구권, 자유권, 형성권, 면제권에 대해 메모해두어야 문제를 빠르게 해결할 수 있다. 메모할 때 각 권리의 정의와 권리 간 관계를 중심으로 메모하되, 지문에 근거한 표현으로 정리하는 것이 도움이 된다. 단 메모를 너무 자세히 하여 정작 선택지 판단 시간이 부족하지 않도록 주의하여야 한다.

10

정답 ③

해설

① 권리 문장에 사용되는 권리 개념의 다의성 문제를 해소할 수 있는 방안을 제시함.
→ 적절하다. 1문단에서 확인할 수 있는 진술이다.

② 권리에 대한 법률가들의 통념적 구별이 가질 수 있는 개념적 오류를 비판함.
→ 적절하다. 1문단에서 확인할 수 있는 진술이다.

③ 권리 문장의 분석을 통하여 권리들 간에 우선순위가 발생하는 근거를 해명함.
→ 적절하지 않다. 호펠드가 권리 문장을 분석한 것은 맞지만 권리들 간의 우선순위를 밝히지는 않았다.

④ 권리 문장을 사용한 법률가들의 추론에 논리의 비약이 내재해 있음을 규명함.
→ 적절하다. 5문단의 '퀸 대 리덤' 사건에 대한 호펠드의 평가에서 도출할 수 있는 진술이다.

⑤ 권리 개념들 간의 관계적 특성을 반영한 권리의 일반 이론을 모색함.
→ 적절하다. 2문단에서 확인할 수 있는 진술이다.

11

정답 ②

분석 및 접근

개념 간의 복잡한 관계를 추론해야 하는 어려운 문제이다. 이 문제의 효율적인 풀이를 위해서는 지문에서 해결의 실마리에 해당하는 단서를 정확하게 짚어낼 수 있어야 한다. 이 문제의 단서는 3문단에 있다. 다음은 두 사람 사이의 단일한 권리 관계를 정리한 것이다.

· A가 청구권을 가지고 있다면 B는 자유권을 가질 수 없다.
(청구권과 자유권은 동시에 성립할 수 없다: 모순 관계)
→ B가 자유권을 가지고 있다면 A는 청구권을 가질 수 없다.

· A가 형성권을 가지고 있다면 B는 면제권을 가질 수 없다.
(형성권과 면제권은 동시에 성립할 수 없다: 모순 관계)
→ B가 면제권을 가지고 있다면 A는 형성권을 가질 수 없다.

해설

1, 3, 5번 선택지는 권리의 주체와 상대방의 관계에 대한 진술이다. 만일 A가 청구권을 가지고 있다면 B는 행위를 할 의무를 진다. 이는 1번 선택지가 성립하는 경우에 해당한다. 만일 A가 자유권을 가지고 있다면 B는 청구권(일정한 권리)을 가질 수 없다. 이는 3번 선택지가 성립하는 경우에 해당한다. 만일 A가 청구권을 가지고 있지 않다면 B에게 일정한 의무를 요구할 수 없다. 이는 5번 선택지가 성립하는 경우에 해당한다. 만일 A가 청구권을 가지고 있다면 B는 자유권을 가질 수 없고 동시에 일정한 행위를 할 의무를 진다. 이는 4번 선택지가 성립하는 경우에 해당한다. 그러나 본문에 등장하는 네 가지의 권리 개념 중에 권리와 의무를 하나의 주체에게 동시에 귀속시키는 개념은 없다. 따라서 2번 선택지는 제시된 개념 간의 관계에서 도출할 수 없는 선택지이다.

12

정답 ④

해설

① A는 B에게 몸싸움을 걸지 말라고 요구할 청구권을 가지고 있다.
→ 적절하지 않다. <보기>에서 B는 A와 정당하게 몸싸움을 했다. 따라서 A가 몸싸움을 걸지 말라고 B에게 요구할 청구권을 가지고 있다고 볼 수 없다.

② A는 C에게 그의 판정이 잘못되었는지 여부를 알려 줄 의무를 위반하고 있다.
→ 적절하지 않다. A에게 C의 판정이 잘못된 것인지 여부를 알려 줄 의무는 없다. C에게 A에 대한 청구권이 없기 때문이다.

③ B는 C의 판정만으로 퇴장당하게 되는 피형성적 지위에 있지 않다.
→ 적절하지 않다. C는 심판으로서 판정 과정에서 선수의 지위를 변동시킬 수 있는 형성적 지위에 있다. 따라서 B는 심판의 처분에 따를 수밖에 없는 피형성적 지위에 있다고 볼 수 있다.

④ C는 D에 의해 판정의 자율성을 침해 받지 않을 면제권을 가지고 있다.
→ 적절하다. C는 심판으로서 판정 과정에서 선수의 지위를 변동시킬 수 있는 형성적 지위에 있기에, 감독 D에 의해 판정의 자율성을 침해 받지 않을 면제권을 가지고 있다고 볼 수 있다.

⑤ D는 E가 시합에 나가지 않을 자유권을 침해하고 있다.
→ 적절하지 않다. 감독 D는 선수 E에게 시합에 나가라고 요구할 수 있다. 이는 D에게 E에 대한 청구권이 있기 때문이며, 그에 따라 E에게는 시합에 나갈지 여부를 결정할 수 있는 자유권이 없다고 볼 수 있다.

[13~15]

선배의 독해 전략

지문에서 명령, 금지, 소극적/적극적 허용의 개념을 어떻게 정의하는지에 주목하여 읽는다. 일상적으로 사용되는 '명령'이나 '금지'의 개념이 아닌 지문에서 정의한 바에 따라 선택지를 판단할 필요가 있다.

13

정답 ④

해설

① 명확한 법을 갖는 것보다 유연한 법을 갖는 것이 중요하다.
→ 옳지 않다. 글쓴이는 '19세기 분석법학'은 현실의 변화에 유연하게 대처하지 못한 대신, '엄밀성'을 추구함으로써 '자유의 영역을 선제적으로 확보하는 데 기여해 온 것으로 평가할 수 있다'고 서술한다(마지막 문단 첫 번째 문장).

② 자유는 법 이전에 존재하는 권리가 실정법에 의해 승인된 것이다.
→ 옳지 않다. 글쓴이는 '19세기 분석법학'이 추구한 엄밀성으로 인해 자유의 영역을 선제적으로 확보하는 데 기여했다고 서술하고 있으므로 이를 통해 법이 실제 권리보다 먼저 자유를 승인했음을 알 수 있다.

③ 법의 지배를 강화하려면 법을 형식 논리적으로 적용해서는 안 된다.
→ 옳지 않다. 글쓴이는 법을 논리적으로 적용하는 것의 중요성을 말하고 있다(마지막 문단 첫 번째 문장). 또한 19세기 분석법학의 엄밀성은 명시적인 규정에 반하는 자의적 판결을 내리려는 시도에 대해 법률의 문언에 충실해야 한다는 점을 일깨우고 있으며, 따라서 사법 통제의 차원에서도 의의를 지닐 수 있다고 서술한다(마지막 문단 뒤에서 두 번째 문장).

④ 분석적 엄밀성을 추구하는 것이 결과의 합당성을 보장하는 것은 아니다.
→ 옳다. 글쓴이는 일도양단의 논리적인 선택만을 인정함으로써 자칫 부당한 법 상태를 옹호하게 될 수도 있다는 한계를 인정하고 있다(마지막 문단 첫 번째 문장). 또한 결과의 합당성을 고려해야 한다는 이유를 들어 명시적인 규정에 반하는 자의적 판결을 내리려는 시도를 제지하기 위해 법률의 문리적 해석을 강조하고 있다.

⑤ 법으로부터 자유로운 영역을 인정하는 입장은 자유의 확보에 기여한다.
→ 옳지 않다. 글쓴이는 법으로부터 자유로운 영역을 인정하는 입장인 '개방적 법체계' 내에서는 금지되지 않은 것이 곧 허용된 것이라고 말할 수 없다고 서술한다(4문단 세 번째 문장). 이어 글쓴이는 개방적 법체계의 주장을 비판하며, 그렇게 법을 해석하면 자유의 질은 오히려 현저히 저하될 것이라고 주장한다.

14

정답 ②

분석 및 접근

'개방적 법체계'의 기준에 따라 <보기>를 해석해야 한다. '개방적 법체계'의 입장에서는 금지되지 않은 것이 곧 허용된 것이라고 말할 수 없기 때문에, 적극적 허용이 금지를 부정한다는 명제는 성립하지 않는다. 문제에서 개방적 법체계를 전제로 해야 가능한 것으로 볼 수 없는 것을 고르라고 하고 있기 때문에, 개방적 법체계를 전제로 하지 않아도 허용되지 않는 선택지를 골라야 한다.

해설

① 출생한 이후부터 사람이므로 태아를 죽게 하는 것은 타인의 생명을 침해하는 것은 아니지만, 허용되지는 않는다.
→ '개방적 법체계'를 전제로 해야 가능한 것으로 볼 수 있다. '태아'는 사람이 아니므로 죽여도 타인의 생명을 침해하는 것이 아니다. 그러나 금지되지 않은 것이 곧 허용된 것은 아니기 때문에 태아를 죽이는 것이 허용되는 것은 아니다.

② 자살은 타인의 생명을 침해하는 것이 아니지만, 타인의 자살을 돕는 것은 타인의 생명을 침해하는 것이므로 허용되지 않는다.
→ '개방적 법체계'를 전제로 해야 가능한 것으로 볼 수 없다. 타인의 자살을 돕는 행위는 타인의 생명을 침해하는 것이 아니다. 이는 굳이 개방적 법체계를 전제하지 않더라도 폐쇄적 법체계로 설명할 수 있다.

③ 말기 암 환자의 생명 유지 장치를 제거하는 행위는 생명을 침해하는 것이지만, 환자의 존엄성을 지켜 주기 위해 그것을 제거하는 것은 허용된다.
→ '개방적 법체계'를 전제로 해야 가능한 것으로 볼 수 있다. 생명 유지 장치를 제거하는 행위는 생명을 침해하는 행위이지만, 동시에 환자의 존엄성을 지켜 주는 행위이기도 하다. 개방적 법체계 내에서는 적극적 허용이 금지를 부정한다는 명제는 성립하지 않는다고 하고 있으므로, 환자의 존엄성을 유지할 수 있게 하는 행위를 적극 허용하는 것이, 곧 생명을 침해하는 행위를 금지하는 것을 부정하는 것이 아니라는 것을 알 수 있다.

④ 생명이 위태로운 타인을 구해 주어야 한다는 뜻은 아니지만, 아무리 무관한 타인이라도 그의 생명이 침해되는 것을 보고만 있는 것이 허용되지는 않는다.
→ '개방적 법체계'를 전제로 해야 가능한 것으로 볼 수 있다. 생명이 위태로운 타인을 내버려 두는 것은 타인의 생명을 침해하는 것이 아니다. 개방적 법체계 내에서 타인의 생명이 침해되는 상황을 보고 그냥 지나치는 것을 금지하고 있지는 않지만, 이를 타인이 죽도록 내버려 두게 허용한 것이라 볼 수는 없다.

⑤ 어떤 경우라도 타인의 생명을 침해하는 것은 허용되지 않지만, 두 사람 모두를 구할 수는 없는 상황에서 둘 중 하나라도 살리기 위한 행위는 그것이 곧 나머지 한 사람의 생명을 침해하는 것일지라도 허용된다.
→ '개방적 법체계'를 전제로 해야 가능한 것으로 볼 수 있다. <보기>는 타인의 생명을 침해하는 것을 허용하지 않고 있는데, 만약 두 사람을 모두 구할 수는 없는 상황이라면, 이는 타인의 생명을 완전히 침해하는 결과가 된다. 하지만, 한 사람이라도 구할 경우에 타인의 생명을 침해하지 않는 원칙을 지킬 수 있다.

15

정답 ④

해설

① 어떤 행위가 명령의 대상이 된다면 반드시 적극적 허용의 대상이 된다. 그러나 금지의 대상이 된다면 반드시 소극적 허용의 대상이 된다.
→ 일치한다. [A]의 두 번째 문장에서 확인할 수 있다.

② 어떤 행위가 금지의 대상이 된다면 절대로 적극적 허용의 대상이 되지 않는다. 그러나 금지의 대상이 되지 않는다면 반드시 적극적 허용의 대상이 된다.
→ 일치한다. 금지는 적극적 허용의 부정이지만, 소극적 허용을 함축한다. 또한 명령은 적극적 허용을 함축한다. 따라서 금지의 대상이 되지 않는다면 명령의 대상이 되므로 적극적 허용의 대상이 된다.

③ 어떤 행위가 명령의 대상이 된다면 절대로 금지의 대상이 되지 않는다. 그러나 명령의 대상이 되지 않는다고 해서 반드시 금지의 대상이 되는 것은 아니다.
→ 일치한다. 명령은 행위를 해야 하도록 하는 것이며, 금지는 행위를 하지 않도록 하는 것이다(1문단 세 번째 문장). 이 둘은 모순관계에 있으므로 명령의 대상이 되면 금지의 대상이 되지 않는다. 그러나 명령의 대상이 되지 않는 것이 금지의 대상이 되는 것은 아니다.

④ 어떤 행위가 명령의 대상이 된다면 절대로 소극적 허용의 대상이 되지 않는다. 그러나 명령의 대상이 되지 않는다고 해서 반드시 소극적 허용의 대상이 되는 것은 아니다.
→ 일치하지 않는다. 3번 선택지에서 명령의 대상이 되지 않는다고 해서 반드시 금지 대상이 되는 것은 아니라는 것을 알 수 있다. 따라서 명령의 대상이 되지 않는 경우 금지의 대상이 될 수도 있고, 되지 않을 수도 있다. 또한 금지는 소극적 허용을 함축한다고 했으므로 명령의 대상은 소극적 허용의 대상이 될 수도 있고 안 될 수도 있다.

⑤ 어떤 행위가 적극적 허용의 대상이 된다고 해서 소극적 허용의 대상이 되지 않는 것은 아니다. 그러나 적극적 허용의 대상이 되지 않는다면 반드시 소극적 허용의 대상이 된다.
→ 일치한다. [A]는 '소극적 허용과 적극적 허용은 서로 배제하거나 함축하지 않는다'고 진술하고 있다. 즉 이는 둘이 무관한 범주라는 것이며 따라서 어떠한 행위는 적극적 허용과 소극적 허용 모두에 해당할 수 있다. 그렇지 않은 경우에는, 적극적 허용 대상이 아니라면 반드시 소극적 허용 대상이 될 것이다.

VI 귀납논증 (1) 인문

p.118

01	02	03	04	05
②	⑤	⑤	⑤	③
06	07	08	09	10
②	②	①	①	②
11	12	13		
④	①	⑤		

[01~03]

선배의 독해 전략

욕구 충족 이론을 중심으로 세 가지 이론이 제시되니 각 이론을 비교하여 이해하고, 이론마다 무엇이 복지 수준을 강화/약화한다고 설명하는지 검토하며 독해한다.

01

정답 ②

해설

① '쾌락주의적 이론'은 개인의 쾌락이 감소하면 복지도 감소한다고 본다.
→ 2문단에 따르면 '쾌락주의적 이론'은 개인의 쾌락 정도가 복지 수준을 결정한다고 설명한다. 따라서 개인의 쾌락이 감소하면 복지도 감소할 것이므로 적절하다.

② '욕구 충족 이론'은 개인들 간의 복지 수준을 서로 비교할 수 없다고 본다.
→ 한 개인의 복지 수준이 다른 사람들보다 높다고 할 경우에 관한 도덕철학적 입장 중 하나로 '욕구 충족 이론'이 소개됐다. 따라서 개인들 간의 복지 수준을 서로 비교할 수 있다고 보는 것은 욕구 충족 이론의 기본 전제라고 할 수 있으므로 적절하지 않다.

③ '객관적 목록 이론'은 쾌락이 증가하더라도 복지 수준은 불변할 수 있다고 본다.
→ 2문단에 따르면 '객관적 목록 이론'은 쾌락이 복지 수준을 결정하는 요소가 아니고, 특정 목록이 실현되는 정도가 복지 수준을 결정하는 요소라고 했다. 따라서 쾌락이 증가하더라도 복지 수준은 불변할 수 있다고 볼 것이므로 적절하다.

④ '객관적 목록 이론'은 내재적 가치를 지닌 것들이 복지를 증진할 수 있다고 본다.
→ 2문단에 따르면 '객관적 목록 이론'은 어떤 것들이 내재적 가치가 있는지를 말해 주는 실질적인 복지 이론이며, 그것의 내재적 가치는 그것이 쾌락을 주는지 또는 개인에 의해 욕구되는지 여부와 직접적인 관련이 없다고 했다. 따라서 객관적 목록 이론은 내재적 가치를 기준으로 복지 증진 여부를 판단한다고 추론 가능하므로 적절하다.

⑤ '합리적 욕구 충족 이론'은 모든 욕구의 충족이 복지에 기여하는 것은 아니라고 본다.
→ 5문단에 따르면 '합리적 욕구 충족 이론'은 모든 욕구들의 충족이 아니라, 관련된 정보에 입각하여 타인이 아닌 자기에게 이익이 되는 합리적인 욕구의 충족만이 복지에 기여한다고 보았다. 따라서 적절하다.

02

정답 ⑤

해설

ㄱ. 욕구를 충족하는 것은 복지 증진의 필요조건이기는 하지만 충분조건은 아니다.
→ 적절하지 않다. 욕구를 충족하는 것만으로 복지가 향상이 되고, 복지가 증진되었다는 것은 욕구가 충족되었다는 것이다. 따라서 욕구 충족과 복지 증진은 서로 필요충분조건이라고 보아야 할 것이다.

ㄴ. 복지에 기여하는 행위는 그 전후로 개인의 심리 변화를 유발하지 않아도 된다.
→ 적절하다. 개인의 욕구가 충족되는 것만으로도 복지에 기여하는 행위가 된다는 것이 '욕구 충족 이론'의 관점이다. 그러한 행위가 쾌락 등과 같은 개인의 심리 변화까지 유발할 필요는 없다.

ㄷ. 미적 향유가 복지에 기여한다면 그 자체가 좋은 것이기 때문이 아니라 그것이 내가 원하는 것이기 때문이다.
→ 적절하다. 개인의 욕구에 중점을 맞추고 있는 '욕구 충족 이론'에 따를 때 복지에 기여하는 것은 개인이 가진 욕구에 의한 것이지 그 자체의 성질에 의한 것이 아니다. 그 자체가 좋은 것이기에 복지에 기여한다는 입장은 '객관적 목록 이론'의 입장이다.

03

정답 ⑤

분석 및 접근

이 문제에는 3가지 사례가 <보기>로 제시된다. 3가지 사례가 각각 본문의 이론에 해당하는지 혹은 문제점에 해당하는지를 살펴보려면 24가지의 경우의 수가 나온다. 이를 모두 분석하는 것은 시간적으로 상당히 부담이 되므로, 해당 문제에서 어떤 점을 중점적으로 묻는지를 먼저 파악하고 지문에 접근하는 전략이 보다 효율적일 것이다. 이번 문제와 같이 다양한 입장을 여러 사례에 대입하는 문제는 꾸준히 나올 수 있는 유형이므로 이 유형의 문제에 대한 전략적 접근법을 잘 정리하고 가는 것이 바람직하다.

해설

① (가)는 '욕구 충족 이론'의 문제점과 관련하여 ㉠의 사례로 활용할 수 있겠군.
→ 적절하다. 타인의 질병에 대해 갑이 원하는 것(쾌유)이 이루어졌다고 하더라도, 갑이 그것을 전혀 모르는 상황이므로 이는 갑의 삶에 아무런 영향도 주지 못하는 사례이다. 따라서 ㉠의 사례로 활용하기에 적절하다.

② (가)는 '쾌락주의적 이론'과 '합리적 욕구 충족 이론' 모두의 관점에서는 갑의 복지가 증진된 사례로 활용할 수 없겠군.
→ 적절하다. '쾌락주의적 이론'에 따를 때 갑의 쾌락이 증진되었다는 내용을 (가)에서 찾아볼 수 없으므로 갑의 복지가 증진되었다고 볼 수 없다. 그리고 '합리적 욕구 충족 이론'의 관점에서도 (가)는 타인의 이익일 뿐 갑에게는 이익이 되지 않는 욕구이므로 이것이 충족되었다고 해서 갑의 복지가 증진되었다고 할 수 없다.

③ (나)는 '욕구 충족 이론'의 문제점과 관련하여 ㉡의 사례로 활용할 수 있겠군.
→ 적절하다. (나)에서 을은 시험 전날 공부를 하려는 욕구와 파티에 참석하려는 욕구의 충돌로 인해 갈등하고 있다. 개인이 일관된 욕구 체계를 갖고 있지 않아서 욕구 간의 충돌을 해결하기 힘든 '욕구 충족 이론'의 문제점을 제시하는 ㉡의 사례로서 적절하다.

④ (나)에 나타난 갈등은 항목들 간의 우선순위를 설정하지 않은 '객관적 목록 이론'에서는 해결하기 어렵겠군.
→ 적절하다. '객관적 목록 이론'에서는 개인의 삶을 좋게 만드는 목록이 존재하고 그에 기하여 복지가 향상됐는지를 평가하지만, 그 목록 내의 항목 간에 우선순위가 설정되지 않았을 경우에는 각 행위가 모두 복지에 동일하게 기여하기 때문에 (나)의 갈등을 해결하기 어려울 것이다.

⑤ (다)는 '욕구 충족 이론'의 관점에서는 병의 복지가 증진된 사례가 될 수 없겠군.
→ 적절하지 않다. (다)에서 병은 자신이 원하는 바를 그대로 실행하였기 때문에 병의 욕구가 충족되었다고 볼 수 있다. 객관적으로 옳은지 그른지를 떠나 병의 욕구는 충족되었으므로 '욕구 충족 이론'의 관점에서는 병의 복지가 증진된 사례라고 볼 수 있다.

[04~07]

선배의 독해 전략

베나타의 논증을 중심으로 읽되, 두 번째와 세 번째 문제를 참고하여 지문에서 전제하는 바를 간단히 메모하는 것이 문제풀이에 도움이 된다. 더불어 각 관점이 전제하는 바가 무엇인지를 비교하며 읽는다.

04

정답 ⑤

분석 및 접근

베나타 제시문은 전반적으로 문제에서 묻는 바를 지문에서 찾아 정확하게 대답을 해야 하는 형식으로 출제되었다. 즉, 주관식 문제와도 같기 때문에 선택지를 지우는 것은 의미가 없었으며 오히려 선택지를 지웠을 경우 무관의 함정에 빠질 가능성이 높아 특히 주의하여야 했다.

해설

① 누군가에게 해를 끼치는 행위에는 윤리적 책임을 물을 수 있다.
→ 일치한다. 1문단에서 다른 인간을 존재하게 하는 것은 그 다른 인간이 태어나 많은 고통을 겪을 것이 전제되기 때문에 출산에 대한 정당성이 있어야 한다고 주장하였다.

② 아이를 기르는 즐거움은 출산을 정당화하는 근거가 되지 못한다.
→ 일치한다. 1문단에서 아이를 기르는 즐거움에 대한 것은 주관적 판단이므로 언제나 정당화할 수는 없다고 하였다.

③ 태어나지 않는 것보다 태어나는 것이 더 나은 이유가 있어야 한다.
→ 일치한다. 1문단에서 다른 인간을 존재하게 하여 위험에 처하게 할 때에는 그럴만한 충분한 이유가 있어야 한다고 주장하였다.

④ 고통보다 행복이 더 많을 것 같은 사람도 태어나게 해서는 안 된다.
→ 일치한다. 2문단에서 베나타의 논증이 등장한다. 고통보다 행복이 더 많을 것 같은 사람이라도 베나타는 선과 악의 비대칭성을 들어 태어나게 해서는 안 된다고 주장하고 있다. 즉 행복이 부재하는 것은 나쁜 것이지만 이것은 사람이 존재할 때에만 유효할 뿐이고, 악이 부재하는 것은 사람이 존재하는 것과는 관련 없이 항상 선이기 때문에, 존재하지 않음으로써 선이 있는 진짜 혜택을 누리는 것이 더 낫다고 하였다.

⑤ 좋은 것들의 부재는 그 부재를 경험할 사람이 없는 상황에서조차도 악이 될 수 있다.
→ 일치하지 않는다. 선이 부재하는 것은 그 선을 잃을 누군가가 있을 때에만 나쁜 것이라고 하였다.

05

정답 ③

해설

㉠은 선의 부재는 사람이 존재할 때에만 악이 된다는 베나타의 주장을 비판하기 위한 것이다. 즉, ㉠은 사람이 존재하지 않을 때에도 선의 부재는 나쁘다는 것을 주장하고 있다. 그런데 이에 대해 베나타가 비판을 하고자 한다면 ㉠이 주장하는 바와 베나타가 주장하는 바가 다름을 입증해야 한다. 즉, ㉠의 전제가 베나타의 전제와 다르기 때문에 애초에 그 주장이 반박이 될 수 없음을 보여야 한다. 베나타는 이 세상에 태어나는 것이 고통이므로 애초에 존재하지도 않는 것이 선임을 주장하는 반면, ㉠은 이미 존재하여 행복하게 살던 사람을 존재하지 않게 만드는 것이다. 따라서 이 차이를 파악하면 ③이 정답임을 쉽게 찾을 수 있다.

06

정답 ②

해설

㉡은 좋고 나쁨의 평가 기준은 좋은 일이나 나쁜 일을 경험할 수 있는 주체인 인간이 있을 때에만 유의미하며, 경험의 주체가 존재하지 않는다면 선과 악 역시 평가할 수 없다고 주장하고 있다. 따라서 ㉡에게 존재하지 않는 사람에 대한 선과 악인 (2)와 (4)는 가치 평가를 할 수 없는 명제들일 것이므로 (2)와 (4)는 좋지도 나쁘지도 않다고 진술한 ②가 정답이다.

07

정답 ②

해설

이 문제를 풀기 위해서는 <보기>가 의도하는 대로 표를 그리거나 간단히 정리하는 것이 효율적이다. <보기>의 세계 1과 세계 2에서 각각 갑과 을 간의 관계를 보면 세계 2에서는 갑, 을이 존재하지 않기 때문에 행복이 없는 것은 나쁘지 않고, 고통이 없는 것은 좋다는 사실이 동일하다. 차이는 갑과 을이 존재하는 세계 1에서 발생한다. 그런데 베나타와 달리 <보기>는 세계 1이 더 좋을 가능성에 대해서 언급하고 있다. 그 이유는 <보기>는 갑과 을을 비교할 때 '조금만, 엄청난' 등 양적인 기준을 사용하고 있기 때문이다. 따라서 베나타와 달리 존재하는 것이 더 좋을 수 있다고 주장할 수 있는 근거는 양적인 관점에서 행복이 고통을 더 능가할 수 있다는 사실 때문이라고 추론할 수 있다.

[08~10]

선배의 독해 전략

'파시즘'을 중심으로 한 여러 관점의 공통점과 차이점을 이해하고, <보기>에 등장한 입장과 연결한다. 파시즘을 어떻게 이해하고, 목적이나 형태를 어떻게 파악하고 있는지 관점마다 다르므로 관점에 세모 표시를 하여 정확히 파악할 필요가 있다.

08

정답 ①

분석 및 접근

지문의 핵심 개념에 대한 정의와 속성을 정확히 이해하였는지 측정하고자 하는 문제이다.

해설

① 마르크스주의자들의 해석 중에는 계급 간 대립을 부인하면서 파시즘을 해석하는 경우도 있다.
→ 2문단에 따르면 기본적으로 계급투쟁 개념에 바탕을 둔 것이 마르크스주의적 해석이기에 마르크스주의자들의 해석 중 계급 간 대립을 부인하면서 파시즘을 해석한다는 것은 적절하지 않은 내용이다. 따라서 본 선택지는 적절하지 않다.

② 이탈리아와 독일, 소련의 억압적 체제들을 하나의 범주로 파악한 것은 냉전 상황을 배경으로 하고 있다.
→ 3문단에 따르면 2차 대전 이후 냉전 분위기 속에서 여러 파시즘을 뭉뚱그려 전체주의로 범주화하는 경향이 나타났다고 한다. 따라서 본 선택지는 적절하다.

③ 파시즘이라는 용어는 이탈리아에서 특정 시기에 있었던 정치 현상을 가리켰지만, 지시 대상이 점차 확장되었다.
→ 1문단에 따르면 파시즘은 본래 무솔리니가 이끈 정치 운동 등만을 지칭하였으나 점차 다양한 대상을 가리키는 용어로 자리 잡았다고 한다. 따라서 본 선택지는 적절하다.

④ 전체주의 이론은 파시즘과 스탈린주의의 서로 다른 기반과 목적을 간과하고 표면적 특징만을 추출했다는 비판을 받았다.
→ 3문단에 따르면 전체주의 이론은 파시즘과 스탈린주의의 차이점을 간과하고 동일한 범주로 묶었다는 비판을 받았다고 하였다. 따라서 본 선택지는 적절하다.

⑤ 파시즘을 국수주의적이며 제국주의적인 성향의 대자본이 폭력을 수단으로 정권을 유지하려 한 정치 체제로 보는 것이 마르크스주의의 대표적 해석이다.
→ 2문단에 따르면 마르크스주의적 해석의 대표 격인 '코민테른 테제'가 정의하는 파시즘이란 '금융 자본의 가장 반동적이고 국수주의적이며 제국주의적인 분파의 공공연한 테러 독재'이다. 즉 파시즘을 자본주의의 도구라고 보았다는 점에서 본 선택지는 적절하다.

09

정답 ①

분석 및 접근

지문의 핵심 개념인 파시즘을 둘러싼 그리핀과 팩스턴의 관점을 정확히 파악하였는지 측정하고자 하는 문제이다.

해설

① ㉠은 파시즘의 최종 목표가 '파시즘적 인간'을 완성해 내는 것이고, 폭력의 사용 및 자본과의 협력은 이를 위한 도구였다고 보았다.
→ 4문단에 따르면 그리핀의 해석에 따른 파시즘의 목적은 특정한 민족 혹은 종족 공동체의 정치 문화와 사회 문화에 대한 혁명적인 변화이다. 이러한 신화가 실현되기 위해 구성원들이 '파시즘적 인간'으로 거듭 날 필요가 있다고 보았다. 즉 파시즘의 최종 목표와 도구가 잘못 연결되었으므로 본 선택지는 적절하지 않다.

② ㉠은 파시즘이 역사적 상황의 변화로 인해 맞이한 민족적 고난을 지도적 엘리트에 의해 극복한다는 '신화'를 세력의 단결과 체제유지의 수단으로 삼았다고 보았다.
→ 4문단에 따르면 그리핀은 파시즘을 근대적 대중 정치의 한 부류로 보았다. 자유주의 몰락 이후의 질서라는 고난 속에서 쇠퇴의 위기에 처한 민족공동체가 새로운 엘리트의 지도 아래 부활하는 것을 신화로 정의하고, 이러한 신화를 수단 삼아 내적 응집력과 대중의 지지라는 추동력을 얻어낸다고 보았다. 따라서 본 선택지는 적절하다.

③ ㉡은 독일 나치즘에서는 독단적 폭력이, 이탈리아 파시즘에서는 형식적 관료주의가 두드러졌다고 보았다.
→ 5문단에 따르면 팩스턴은 이중 국가 개념을 파시즘 체제 분석에 적용시켰다. 그는 파시즘 정권이 형식적 관료주의와 독단적 폭력이 혼합된 기묘한 형태였으며, 독일 나치즘은 독단적 '특권 국가'가 우세한 반면 이탈리아 파시즘은 관료적으로 움직이는 '표준 국가'가 우위를 점한다는 차이점이 있다고 보았다. 따라서 본 선택지는 적절하다.

④ ㉡은 파시즘 치하에서 이중적 권력 기구가 갈등 속에서도 병존하는 현상을 권위주의적 독재에서 파생한 것이라고 파악하였다.
→ 5문단에 따르면 팩스턴은 파시즘을 전통적인 권위주의적 독재의 변종으로 규정하였다는 점에서 본 선택지는 적절하다.

⑤ ㉠은 파시즘에서 나타난 근대적 성격에 주목하여 혁명적 성격을 가졌다고 파악했고, ㉡은 기득권층과의 연합에 주목하여 혁명적 성격을 가지지 않았다고 파악했다.
→ 4문단의 그리핀이 파시즘을 근대적 대중 정치의 한 부류이자 일종의 '근대적 혁명'이라고 보았던 점, 그리고 5문단과 같이 팩스턴이 그리핀의 주장을 거부하면서 혁명으로 보이는 파시즘이 실은 기성 제도 및 전통적 엘리트 계층과 연합했다는 것을 중시하였다는 점 모두를 잘 요약한 선택지다. 따라서 본 선택지는 적절하다.

10

정답 ②

분석 및 접근

파시즘을 둘러싼 여러 관점을 이해하고 <보기>에 등장한 입장과 연결하여 논증 관계를 파악할 수 있는지 측정하고자 하는 문제이다.

해설

① (가)는 '소유 관계'와 '계급 구조'에 주목하는 것으로 보아 탈하이머와 바이다의 주장에 동의하는 입장을 보일 것이다.
→ 2문단에 따르면 탈하이머와 바이다는 마르크스적 해석의 대표적인 해석인 '코민테른 테제'에 동의하지 않았으므로 본 선택지는 적절하지 않다.

② (가)는 '전통문화와 타협'하는 대중의 '수동적 동의'를 강조하는 것으로 보아 그리핀의 주장을 비판하는 입장을 보일 것이다.
→ 4문단에 따르면 그리핀은 파시즘을 근대적 대중 정치의 영역에서 보고, 민족공동체를 신화를 실현하기 위해 역동성과 민족에 대한 헌신으로 무장하여 똘똘 뭉친 집단으로 설정하고 있다. 그러나 (가)는 이와 달리 파시즘이 전통문화와 타협하였으며 대중의 수동적 동의를 확보하려고 하였다고 말한다. 따라서 이러한 (가) 입장에 따르면 그리핀의 주장을 비판하는 태도를 취하였으리라 봄이 타당하다는 점에서 본 선택지는 적절하다.

③ (나)는 '사회 개혁'을 중시하고 '민족적 모순'을 언급하는 것으로 보아 그리핀의 주장에 동의하는 입장을 보일 것이다.
→ (나)는 파시즘을 사회 개혁의 실패, 이탈리아 고유의 민족적 모순의 발현이라고 보고 있으나, 4문단에 따르면 그리핀은 이와 달리 파시즘을 일종의 근대적 혁명으로 묘사하고 쇠퇴의 위기에 처한 민족공동체가 부활하는 신화적 모습을 그려내고 있다. 따라서 (나)는 그리핀의 주장에 동의하는 입장이 아니라 오히려 충돌하는 입장이라 볼 수 있다는 점에서 본 선택지는 적절하지 않다.

④ (다)는 '의회'와 '부르주아 국가'를 파괴한다는 점에 주목하는 것으로 보아 팩스턴의 주장에 동조하는 입장을 보일 것이다.
→ (다)는 파시즘을 소부르주아의 정치적 육화로 보는데, 갈수록 더 난폭하게 폭력을 행사할 것이라 보고 있다. 그러나 5문단에 따르면 팩스턴은 파시즘을 형식적 관료주의와 독단적 폭력이 혼합된 형태라고 본다는 점에서 팩스턴의 주장에 동조한다고 보기 어렵다. 따라서 본 선택지는 적절하지 않다.

⑤ (다)는 '정치적 육화'라는 말로 '소부르주아'가 파시즘의 수단이라고 강조하는 것으로 보아 톨리아티의 주장을 비판하는 입장을 보일 것이다.
→ 2문단에 따르면 톨리아티는 파시즘이 소부르주아적 성격의 대중적 기반 위에 있었다고 파악하였다. 이에 (다) 입장은 파시즘을 소부르주아의 정치적 육화라고 보았으므로 톨리아티의 주장을 비판하는 입장이 아니라 오히려 동조하는 입장에 가깝다는 점에서 본 선택지는 적절하지 않다.

[11~13]

선배의 독해 전략

지문의 핵심 개념인 소유, 지배, 경영의 정의를 정확히 파악하고 이에 대한 벌리의 관점을 중심으로 독해한다. 마지막 사례문제의 경우 제시된 내용에서 1차 뉴딜과 2차 뉴딜을 구분하여 지문의 내용과 비교하며 읽는 것이 포인트다.

11

정답 ④

분석 및 접근

지문의 핵심 개념을 둘러싼 여러 관점을 정확히 이해하였는지 측정하고자 하는 문제이다. 각 관점에 대한 일치/불일치 문제로 선택지가 '○○ 견해에 따르면~' 등으로 구성되어 있다. 내용적으로는 1문단에 제시된 '오늘날 교과서적 견해'를 놓치지 않도록 주의할 필요가 있다. 정답 선택지는 6문단의 내용과 명백히 충돌하므로 비교적 손쉽게 찾을 수 있다.

해설

① 소유와 지배의 분리에 대한 오늘날 교과서적 견해는 전통적인 법학 논리에 입각한 견해를 받아들이고 있다.
→ 1문단에 따르면 오늘날 교과서적 견해에서 바라보는 '소유와 지배의 분리'라는 개념은 경영자들이 주주의 이익보다 자신들의 이익을 앞세우는 문제의 심각성을 강조하는 개념이다. 그리고 3문단에 따르면 전통적인 법학의 논리에 입각한 견해는 재산권을 불가침의 권리로 간주하며, 이러한 견해에 따르면 회사는 오로지 주주의 이익을 위해서 운영되어야 한다. 따라서 오늘날 교과서적 견해는 전통적인 법학 논리에 입각한 견해를 받아들인다고 볼 수 있으므로 본 선택지는 적절하다.

② 벌리는 회사법에서 회사의 사회적 책임을 강조할 경우 회사 지배자들의 권력을 키워 주는 결과를 낳는다고 보았다.
→ 5문단에 따르면 벌리는 회사체제에서 회사는 공동체의 이익을 위해 운영되어야 한다고 보았다. 그러나 6문단에 따르면 회사법에서 주주 이외에 주인을 인정하지 않아야 한다고 주장했는데, 그 이유는 주인이 여럿일 경우 경제력이 집중된 회사 지배자들의 사회적 권력을 키워주는 결과를 낳을 것이라고 보았기 때문이다. 따라서 본 선택지는 적절하다.

③ 전통적인 경제학의 논리에 따르면 사회적으로 가장 좋은 결과를 낳을 수 있도록 재산권이 인정되는 것이 바람직하다.
→ 4문단에 따르면 전통적인 경제학의 논리는 재산권의 보호를 사회적으로 바람직한 목적을 위한 수단으로 본다고 하였다는 점에서 본 선택지는 적절하다.

④ 벌리에 따르면 주주가 회사 이윤에 대한 유일한 청구권자가 아니기 때문에 경영자의 신인의무 대상을 주주로 한정해서는 안 된다.
→ 6문단에 따르면 벌리는 회사법 영역에서 주주에 대한 신인의무를 경영자뿐 아니라 지배자에게도 부과하여 비활동적 재산권을 보호하는 것이 회사가 공동체의 이익을 위해 운영되도록 하기 위한 방법이라고 하였다. 따라서 본 선택지는 적절하지 않다.

⑤ 벌리와 달리 오늘날 교과서적 견해에 따르면 대주주의 영향력이 강해지는 것이 소유와 지배의 분리에 따른 문제를 해결하는 데 도움이 될 수 있다.

→ 1문단에 따르면 오늘날 교과서적 견해는 '소유와 지배의 분리'를 경영자들이 주주의 이익보다 자신들의 이익을 앞세우는 문제점의 심각성을 강조하는 개념이라고 하였으므로 대주주의 영향력이 강해진다면 이에 따른 문제를 해결하는 데 도움이 될 수 있다. 더불어 5문단에 따르면 벌리는 주주를 위하여 회사가 운영되어야 한다는 견해 역시 차악의 현실적인 대안일 뿐 회사는 공동체의 이익을 위해 운영되어야 한다고 밝혔다는 점에서 본 선택지는 적절하다.

12

정답 ①

분석 및 접근

지문의 핵심 개념인 소유, 지배, 경영의 정의를 정확히 파악하고 이에 대한 벌리의 관점을 추론할 수 있는지 측정하고자 하는 문제이다. '지배'에 대한 벌리의 생각에 대해 묻고 있으므로 무엇보다 벌리의 개념 정의에 주목할 필요가 있다. 기존에 해당 개념에 대해 가지고 있던 배경지식으로 풀지 않도록 주의한다.

해설

① 준공공회사에서는 공동체의 이익을 위해 수행되는 기능이다.

→ 2문단에 따르면 벌리는 소유와 지배가 분리된 현대 회사를 준공공회사라고 불렀다. 그리고 5문단에 따르면 벌리는 회사체제에서 회사는 공동체의 이익을 위해 운영되어야 한다고 보았다. 즉 준공공회사라는 정의와 벌리가 이에 관해 가진 입장과 주장을 잘못 연결하였으므로 본 선택지는 적절하지 않다.

② 전통적인 의미의 사유재산에서는 소유자가 수행하는 기능이다.

→ 2문단에 따르면 산업혁명 이전에는 소유, 지배, 경영이 모두 통합된 경우가 일반적이었다고 하였으므로 적절한 선택지라고 할 수 있다.

③ 회사체제의 회사에서 이 기능의 담당자는 위험을 부담하지 않는다.

→ 4문단에 따르면 전통적인 경제학의 논리에 입각하면 회사는 지배자를 위해 운영되어야 한다는 견해가 제시된다. 그리고 벌리는 이러한 견해에 대하여 위험을 부담하지 않는 지배자를 위하여 회사가 운영되는 것은 최악의 결과를 낳는다고 비판한다. 이를 토대로 할 때 벌리는 회사체제의 회사에서 지배 기능을 담당하는 자가 위험을 부담하지 않는다고 간주했을 것이기에 본 선택지는 적절하다.

④ 회사체제의 회사에서는 활동적 재산을 점유한 자가 수행하는 기능이다.

→ 2문단에 따르면 지배는 물적 자산과 사람들로 조직된 살아 움직이는 사업체를 어떻게 사용할지를 결정하는 것, 즉 활동적 재산의 점유가 되었다고 한다. 따라서 본 선택지는 적절하다고 할 수 있다.

⑤ '경영'의 담당자에 의해 수행될 수도 있다고 인정하지만 '경영'과 동일시하지 않는다.

→ 1문단과 2문단에 따르면 벌리는 소유, 지배, 경영을 분리하여 개념화하였으며, 세 가지 개념 중 지배는 다양한 주체에 의해 수행될 수 있다고 하였다. 이를 토대로 할 때 본 선택지는 적절하다고 할 수 있다.

13

정답 ⑤

분석 및 접근

벌리의 관점을 정확히 이해하여 이를 새로운 사례에 적용할 수 있는지 측정하고자 하는 문제이다. 지문에 나온 바와 같이 <보기> 역시 회사법 영역과 회사법 바깥의 영역으로 구성되어 있다. 이는 1번 선택지, 4번 선택지를 힌트로 알 수 있다. 현재 논의되고 있는 시대적 상황과 토대, 전제조건을 잊지 않는다면 5번 선택지의 '준공공회사로의 변화'가 적절치 않음을 알 수 있다.

해설

① 1차 뉴딜은 지배에 의해 회사가 약탈되는 것을 막기 위한 회사법 영역의 개혁이라고 볼 수 있다.

→ 6문단에 따르면 벌리는 회사법 영역에서 주주에 대한 신인의무를 경영자뿐 아니라 지배자에게도 부과하여 지배에 의한 회사의 약탈로부터 비활동적 재산권을 보호할 필요가 있다고 하였다. <보기>에 따르면 1차 뉴딜은 주주의 재산권을 엄격하게 보호하는 원칙을 확립한 개혁이라는 점에서 본 선택지는 적절하다.

② 1차 뉴딜은 주주의 이익을 위해 회사가 운영되도록 하는 원칙을 확립한 개혁이라고 볼 수 있다.

→ 6문단 및 <보기>의 1차 뉴딜의 내용을 잘 연결한 선택지로, 1번 선택지와 같은 맥락에서 1차 뉴딜은 회사법 영역에서 주주의 이익을 위해 회사가 운영되도록 하는 개혁이라고 볼 수 있다. 따라서 본 선택지는 적절하다.

③ 2차 뉴딜은 주주의 재산권이 사회의 이익에 자리를 양보하도록 만드는 개혁이라고 볼 수 있다.

→ 6문단에 따르면 회사법 바깥의 영역에서 공동체에 대한 회사의 의무를 이행하도록 하는 현실적인 시스템을 정착시켜 비활동적 재산권, 즉 주주의 재산권이 사회의 이익에 자리를 양보하도록 할 수 있다고 보았다. 따라서 본 선택지는 적절하다.

④ 2차 뉴딜은 회사가 공동체의 이익을 위해 운영되도록 하기 위한 회사법 바깥 영역의 개혁이라고 볼 수 있다.

→ 3번 선택지와 같은 맥락으로, 6문단에 따르면 벌리는 회사법 바깥의 영역에서 현실적인 시스템을 마련하여 사회의 이익을 위해 회사가 운영되도록 할 필요가 있다고 하였다. 따라서 본 선택지는 적절하다.

⑤ 1차 뉴딜과 2차 뉴딜은 준공공회사로의 변화를 추구한다는 점에서 일관성이 있다고 볼 수 있다.

→ 2문단에 따르면 20세기 회사체제에서는 많은 사업체들에서 지배가 소유에서 분리되는 현상이 나타났다. 벌리는 이렇듯 소유와 지배가 분리된 현대 회사를 준공공회사로 불렀다. <보기>의 1차 뉴딜과 2차 뉴딜은 이미 소유와 지배가 분리된 상태에서 이루어진 개혁이라고 볼 수 있으므로 현대 회사에 해당하기에 선택지의 진술에서 준공공회사로의 변화를 추구한다는 점이 적절하지 않다.

VII 귀납논증 (2) 자연

p.130

01	02	03	04	05
②	②	③	②	④
06	07	08	09	10
③	②	①	⑤	④
11	12			
③	④			

[01~03]

선배의 독해 전략

- 과학 지문을 만나면 당황하는 수험생들을 자주 만나게 되는데, 법학 지문이나 기타 인문사회 지문들과 마찬가지로 문제에서 요구하는 내용은 원칙적으로 지문을 기반으로 한다는 점에서 동일하다. 지문을 읽기 전 발문을 체크하여 문제에서 요구하는 정보가 무엇인지 파악하고, 그를 지문에서 침착하게 찾아내면 문제를 해결가능하다.
- 또한 추론이나 응용문제가 출제되기보다는 내용일치/불일치를 구별하는 문제가 출제되는 등 지문 난도가 높을수록 선택지 판단은 수월하게 구성되기도 한다. 선택지에서 대칭/비대칭, 변화/고정, 유지 등을 파악하는 정도로 간단히 해결할 수 있는 경우가 많으니 차분히 검토하는 자세가 필요하다.

더 알아보기

성운
구름 모양으로 퍼져 보이는 천체로서, 기체와 작은 고체 입자로 구성되어 있다.
변광성
빛의 세기나 밝기가 시간에 따라서 변하는 항성

01 정답 ②

해설

① 성운은 우주 전체에 고루 퍼져 분포한다.
→ 적절하다. 마지막 문단에 따르면 성운이 독립된 은하임이 분명하고, 2문단에서 성운은 우주 전체에 고루 퍼져 있음에도 납작한 면 안에서 거의 보이지 않는 이유가 다른 별 등에 의해 빛이 가려졌기 때문이라는 해석이 타당하다고 했다.

② 안드로메다 성운은 별 주위에 행성이 생성되는 초기의 모습이다.
→ 적절하지 않다. 마지막 문단에서 성운은 별 주위에 행성이 생성되는 초기 모습이 아니라, 독립된 은하임이 분명해졌다고 하였다.

③ 밤하늘을 관찰할 때 은하수 안보다 밖에서 성운이 더 많이 관찰된다.
→ 적절하다. 은하수란 은하 원반의 납작한 면과 나란한 방향에서 별이 많이 관찰되는 모습을 의미하는 것인데, 2문단에 따르면 행성 생성 초기설과 후기설 모두 성운이 납작한 면 안에서 많이 관찰되지 않는다는 점에서는 동의하고 있다. 행성 생성 초기설은 은하수 안에는 성운이 거의 존재하지 않는다고 주장했고, 후기설은 성운이 관찰되지 않는다고 주장했다.

④ 밤하늘에 은하수가 관찰되는 이유는 우리 은하가 원반 모양이기 때문이다.
→ 적절하다. 1문단에 따르면 원반의 납작한 면과 나란한 방향으로는 별이 많이 관측될 것이고, 이것은 은하수의 특징과 일치한다.

⑤ 타원 모양의 성운은 성운이 독립된 은하라는 가설을 뒷받침하는 증거이다.
→ 적절하다. 2문단에서 우리 은하는 멀리서 비스듬한 방향으로 보았을 때 타원 모양인데, 성운 역시도 타원 모양이라는 '모양'의 유사성을 들어 독립된 은하라는 가설을 뒷받침했다.

02 정답 ②

해설

ㄱ. 성운의 모양이 원반 형태이다.
→ 적절하지 않다. 별들의 거리를 대략적으로 측정한 결과를 통해 우리 은하가 원반 형태임을 알아냈지만 성운의 모양이 원반 형태라는 점은 성운이 독립적인 은하라고 주장하는 근거로서 활용되고 있을 뿐이다.

ㄴ. 별의 겉보기 밝기는 거리가 멀수록 어둡다.
→ 적절하다. 겉보기 밝기는 거리가 멀수록 어둡기에, 고유 밝기를 알아내어 이를 겉보기 밝기와 비교하는 식으로 해당 성운의 거리를 알아낸다고 했으므로 이는 거리 측정에 이용된 사실임을 알 수 있다.

ㄷ. 밝기가 시간에 따라 대칭적으로 변하는 변광성이 성운 안에 존재한다.
→ 적절하지 않다. 3문단에서 밝기가 비대칭적으로 변하는 세페이드 변광성의 개념을 제시하였고, 이를 이용하여 성운의 거리를 알게 된 것은 사실이나 대칭적으로 변하는 변광성을 거리 측정에 이용하지는 않았다.

03 정답 ③

분석 및 접근

A는 대칭적으로 밝기가 변하는 일반적인 변광성이고, B는 비대칭적으로 밝기가 변하는 세페이드 변광성이다.

해설

① A는 세페이드 변광성이다.
→ 적절하지 않다. A는 밝기가 대칭적으로 변하고 있다. 따라서 비대칭적으로 밝기가 변화하는 세페이드 변광성이라고 할 수 없다.

② B는 크기와 밝기가 비슷한 두 별로 이루어져 있다.
→ 적절하지 않다. 세페이드 변광성이 밝기가 비슷한 두 별로 이루어졌는지에 대하여는 본문에서 제시된 바가 없다.

③ ⓐ는 밝은 별이 어두운 별을 가리고 있는 시기이다.
→ 적절하다. 세페이드 변광성이 아닌 변광성은 두 별이 서로 가리지 않는 시기, 밝은 별이 어두운 별 뒤로 가는 시기, 어두운 별이 밝은 별 뒤로 가는 시기, 총 3개의 시기가 있고 각 시기마다 별의 밝기가 다른데, 가장 밝은 때(서로 가리지 않는 시기)보다 다소 밝기가 낮은 시기가 ⓐ이므로, ⓐ는 밝은 별이 어두운 별을 가리고 있는 시기일 것이다.

④ ⓑ를 측정하여 A의 거리를 알 수 있다.
→ 적절하지 않다. 세페이드 변광성의 경우 그 밝기 변화 주기 등을 통하여 그 거리를 알 수 있다. 세페이드 변광성이 아닌 변광성의 경우에는 밝기 변화 주기 등을 안다고 해서 그 거리를 알 수 있는지는 본문에서 제시된 바가 없다.

⑤ ⓒ를 알아야만 B의 최대 겉보기 밝기를 알 수 있다.
→ 적절하지 않다. ⓒ는 세페이드 변광성의 밝기 변화 주기이다. 이러한 주기로부터 고유 밝기를 밝혀내면 겉보기 밝기와의 비교를 통해 그 거리를 알 수 있다. 또한 최대 밝기가 밝을수록 변화 주기가 더 길다는 내용은 본문에서 제시되었으나, 변화 주기를 알아야만 B의 최대 겉보기 밝기를 알 수 있다는 내용은 본문에서 제시된 바가 없다.

[04~06]

선배의 독해 전략

- 과학, 정보기술 지문의 경우 지문이나 문제에 그래프나 표가 제시되는 경우가 많다. 이를 활용하여 지문을 읽으면 효율적인 문제풀이가 가능하다.
- 본 지문 역시 4번 문제의 수성의 구조 그림을 활용하여, 지문을 읽으며 4번 문제의 ㉠~㉤에 메모하였다면 4번 문제를 바로 해결해낼 수 있고, 핵심 쟁점을 이해하는 데에도 도움이 된다.

04

정답 ②

분석 및 접근

수성의 지각 내부 구조에 대해 서술된 것을 토대로 ㉠~㉤을 확정지어야 한다. 지문에 따라 ㉠은 지각, ㉡은 상부 맨틀, ㉢은 하부 맨틀, ㉣은 액체 핵, ㉤은 고체 핵임을 알 수 있다.

해설

① ㉠의 표면은 지구에 비해 높낮이가 작다.
→ 적절하다. 마지막 문단의 세 번째 문장에서 확인할 수 있다.

② ㉠, ㉡의 밀도는 지구의 상부 맨틀보다 높다.
→ 적절하지 않다. 지구의 상부 맨틀의 밀도보다 높은 밀도를 가지는 수성의 외곽층은 지각과 상부 맨틀 그리고 하부 맨틀로 구성되어 있다. 따라서 ㉢을 포함하지 않는 외곽층의 밀도는 지구와 비교했을 때 어떻게 될지는 알 수 없다.

③ ㉢의 존재는 메신저의 탐사로 새롭게 제기되었다.
→ 적절하다. 마지막 문단의 첫 번째 문장에서 확인할 수 있다.

④ ㉢, ㉣은 황 성분을 포함하고 있다.
→ 적절하다. 마지막 문단의 마지막 문장과 1문단 두 번째 문장에서 확인할 수 있다.

⑤ ㉢, ㉣, ㉤은 철 성분을 포함하고 있다.
→ 적절하다. 마지막 문단의 마지막 문장과 1문단 두 번째 문장에서 확인할 수 있다.

05

정답 ④

해설

① 자기장의 존재
→ 적절하다. 2문단의 세 번째 문장에서 확인할 수 있다.

② 전도성 핵의 존재
→ 적절하다. 2문단의 세 번째 문장에서 확인할 수 있다.

③ 철-황-규소 층의 존재
→ 적절하다. 2문단 뒤에서 두 번째 문장에서 확인할 수 있다.

④ 암석 속 잔류자기의 존재
→ 적절하지 않다. 2문단의 마지막 문장에서 '감지된 자기장이 핵의 고체화 이후에도 암석 속에 자석처럼 남아 있는 잔류자기일 가능성도 있었다.'고 했으므로 잔류자기는 고체 상태의 핵을 지지하는 증거가 될 수 있다.

⑤ 현재 알려진 경도칭동의 측정값
→ 적절하다. 5문단의 마지막 문장에서 확인할 수 있다.

06

정답 ③

해설

ㄱ. 핵이 더 클 것이다.
→ 적절하다. 4문단의 세 번째 문장에서 '행성의 전체 크기에서 핵이 차지하는 비율이 클수록 정규관성모멘트가 커진다'고 했는데, <가정>에 따르면 정규관성모멘트가 증가하고 있다. 따라서 핵이 더 클 것이라고 판단할 수 있다.

ㄴ. 경도칭동이 더 작을 것이다.
→ 적절하지 않다. 5문단의 첫 번째 문장을 보면 경도칭동의 크기는 관성모멘트가 작을수록 커진다. 그런데 <가정>에 따르면 관성모멘트가 감소하고 있다. 따라서 경도칭동이 더 작을 것이라는 판단은 적절하지 않다.

ㄷ. 반지각이 더 두꺼울 것이다.
→ 적절하다. 마지막 문단에서 확인할 수 있다.

[07~09]

선배의 독해 전략

암흑 물질의 존재를 가정하게 된 상황과 대폭발 이론이 제시하는바, 그리고 암흑 에너지의 특징이 무엇인지를 중심으로 독해한다. 또한 용어의 명칭은 비슷하나 다른 개념인 경우, 지문에서 정의하는 바가 중요하다. 암흑 에너지는 밀어내는 힘이고 암흑 물질은 끌어당기는 힘이니 헷갈리지 않도록 주의하자.

더 알아보기

임계

사물이 어떠한 기준에 의하여 분간되는 한계나 경계

07

정답 ②

분석 및 접근

지문의 세부정보를 파악하고, 이를 기반으로 하여 한 단계 더 나아가 숨겨진 정보(맥락)를 추론하는 문제이다.

해설

① 암흑 에너지와 암흑 물질은 서로 반대되는 힘으로 우주 팽창에 작용한다.
→ 7문단을 통해 추론할 수 있다. 암흑 에너지는 밀어내는 힘, 즉 척력이고, 암흑 물질은 질량을 통해 중력을 만들어내므로 인력을 지니고 있다. 이 두 가지 힘은 서로 반대되는 힘이다. 암흑 에너지가 우주 밀도의 70%, 암흑 물질이 우주 밀도의 20%를 차지하고 있는 것으로 추측되는 근거는 서로 밀어내는 힘이 더 커서 결과적으로 우주의 팽창이 가속되고 있음을 지지할 수 있기 때문이다.

② 우주의 모양과 운명은 임계 밀도의 변화를 측정함으로써 예측할 수 있다.
→ 추론할 수 없는 진술이다. 4문단에 따르면 임계 밀도는 우주의 팽창을 멈추게 할 정도의 중력을 만들어 내는 밀도로, 이는 변수가 아니라 상수임을 알 수 있다. 우주의 모양과 운명은 임계 밀도의 변화를 측정함으로써 예측할 수 있는 것이 아니라, 우주의 평균 밀도와 임계 밀도의 차이를 측정함으로써 예측할 수 있다.
- 평탄 우주(팽창): 우주의 평균 밀도 = 임계 밀도
- 열린 우주(팽창): 우주의 평균 밀도 < 임계 밀도
- 닫힌 우주(수축): 우주의 평균 밀도 > 임계 밀도

③ 우주의 미래에 대한 컴퓨터 시뮬레이션 초기값에는 우주 평균 밀도가 포함된다.
→ 7문단을 통해 추론할 수 있다. 우주는 미래에도 팽창을 계속할 것임을 전제하고 있다. 그러려면 우주의 평균 밀도가 임계 밀도 이하의 값을 지녀야 한다. 이와 같은 우주의 평균 밀도 추정값이 컴퓨터 시뮬레이션을 위해 입력되어야 할 것이다.

④ 급팽창 이론은 우주 전체의 암흑 물질 밀도를 추정할 수 있는 근거를 제시하였다.
→ 5문단과 6문단을 통해 추론할 수 있다. 급팽창 이론은 현재의 우주가 평탄 우주라고 하였다. 이는 우주 평균 밀도가 임계 밀도와 같음을 의미한다. 하지만 현재 측정할 수 있는 우주의 질량은 임계 밀도에 도달하기 위해 필요한 질량에 크게 미치지 못하고 있어서 암흑 물질의 존재를 가정하였다. 이후 암흑 물질의 실체에 대한 논란에 따라 암흑 에너지의 존재를 가정하게 되었고, 이에 암흑 에너지와 암흑 물질의 밀도를 추정할 수 있게 되었다.

⑤ 평탄 우주는 표준 대폭발 이론을 지지하지는 않지만 급팽창 이론과는 양립 가능하다.
→ 4문단과 5문단을 통해 추론할 수 있다. 4문단에 따르면 표준 대폭발 이론은 우주의 평균 밀도가 임계 밀도에 가까운 이유를 설명하지 못한다. 이에 평탄 우주가 표준 대폭발 이론을 지지하지 않음을 알 수 있다. 하지만 5문단에 따르면 급팽창 이론은 우주가 왜 평탄 우주의 모양을 하고 있는지 설명할 수 있다. 따라서 급팽창 이론은 평탄 우주와 양립 가능하다고 추론할 수 있다.

08

정답 ①

분석 및 접근

지문에 등장한 핵심 개념의 속성을 추론하는 문제이다. 정보 간의 관계를 기반으로 하여 암흑 에너지의 특징을 추론해야 한다.

해설

ㄱ. 우주 배경 복사의 관측 온도가 가속적으로 감소한다.
→ 적절하다. 7문단에 따르면 미래의 우주는 팽창을 가속할 것임을 알 수 있다. 또한 2문단의 '우주의 팽창에 따른 냉각 과정'을 통해 우주의 팽창이 냉각으로 이어진다는 것을 알 수 있다. 그리고 우주의 온도는 우주 배경 복사의 온도를 관측함으로써 알 수 있다. 따라서 우주의 팽창이 가속된다면, 우주 배경 복사의 관측 온도도 가속적으로 감소하게 될 것이다.

ㄴ. 우주 평균 밀도가 임계 밀도를 넘어 가속적으로 증가한다.
→ 적절하지 않다. 팽창 우주가 된다는 것은 우주의 평균 밀도가 임계 밀도를 넘어서지 못함을 의미한다.

ㄷ. 우주 안의 정상적인 물질의 총질량이 가속적으로 증가한다.
→ 적절하지 않다. 지문에서 정상적인 물질의 총질량이 변화하는지는 다루지 않아 알 수 없다. 실제로는 질량 보존의 법칙에 의해 우주 안의 총질량은 불변한다.

09

정답 ⑤

분석 및 접근

구체적인 사례를 <보기>에 적용하는 문제다. 지문의 내용과 연관된 추가 정보를 제시하고, 이를 지문의 내용에 적용하여 종합적으로 판단해야 한다. <보기>는 우주 배경 복사가 발견된 상황을 기술한 것이고, [가]는 표준 대폭발 이론이 등방성을 설명하지 못한다는 약점을 지적한 것이다. <보기> 구조 분석을 통해 파악한 내용과 [가] 간의 연관성을 찾아야 한다.

해설

① 우주 배경 복사가 등방적이라는 사실은 표준 대폭발 이론으로 예측된 것이었으나, 극초단파 복사가 우주 배경 복사로 받아들여진 것은 급팽창 이론이 등방성을 설명한 이후의 일이다.
→ [가]에서 우주 배경 복사의 등방성은 표준 대폭발 이론의 약점이라고 지적되었다. 따라서 이는 우주 배경 복사의 등방성과 표준 대폭발 이론 간의 관계를 왜곡하고 있다.

② 우주 배경 복사는 펜지아스와 윌슨이 발견할 당시에 등방적이라는 사실까지는 알려지지 않았지만, 후에 그 등방성이 밝혀짐에 따라 표준 대폭발 이론의 지지 증거에서 반대 증거로 역전되었다.
→ <보기>에서 우주 배경 복사는 펜지아스와 윌슨에 의해 등방적이라는 사실이 밝혀졌다고 언급하고 있다. 따라서 선택지의 앞부분은 틀린 진술이다. 선택지의 뒷부분은 [가]를 통해 추론할 수 있다. 후에 그 등방성이 밝혀졌다는 것은 표준 대폭발 이론이 주장한 우주 배경 복사가 등방적이라는 사실이 알려졌음을 뜻한다. 이는 표준 대폭발 이론의 약점이 되었고, 지지 증거에서 반대 증거가 되었다.

③ 표준 대폭발 이론을 입증하는 증거로 등장한 우주 배경 복사가 표준 대폭발 이론의 미해결 문제로 바뀌었던 것은, 후에 이 복사가 지평선 거리를 넘어서 상호 작용하고 있다는 사실이 추가로 발견되었기 때문이다.

→ 선택지는 우주 배경 복사가 지평선 거리를 넘어서 상호 작용하고 있다는 것을 사실로 설정하였다. 따라서 추가적으로 발견된 사실이 아니라 원리에 대한 설명이기에 적절하지 않은 진술이다.

④ 디키 등은 극초단파 복사가 전 우주에 골고루 퍼져 있는 대폭발의 잔열이므로 지평선 거리와 무관하게 등방성이 관측된다고 하였으나, 구스는 지평선 거리 너머의 등방성을 부인함으로써 급팽창 이론을 제시하였다.

→ 정보 간의 관계를 잘못 설정한 진술이다. 디키 등은 극초단파 복사가 대폭발의 잔열이기 때문에 등방성이 관측된다고 이야기한 적이 없다. 또한 구스는 지평선 거리 너머의 등방성을 부인한 것이 아니라 급팽창 이론으로 이를 설명하였다. 등방성이 나타나는 이유는 5문단에 제시되어 있다.

⑤ 극초단파 복사는 등방성 때문에 우주 배경 복사로 확인되어 표준 대폭발 이론의 증거로 간주되었으나, 표준 대폭발 이론은 우주 배경 복사가 전 우주에서 왜 등방적인지는 설명할 수 없었기 때문에 불완전한 이론이 되었다.

→ <보기>와 [가]의 내용을 함께 고려한 적절한 진술이다. 앞부분은 <보기>의 내용을, 뒷부분은 [가]의 내용을 추론한 것이다. <보기>의 극초단파 복사는 등방성을 지니고 있는 것으로 보아 우주 배경 복사임을 알 수 있고, 이것이 우주 초기에 일어났던 대폭발의 잔열이라는 것을 미루어 볼 때, 우주 배경 복사가 표준 대폭발 이론의 증거임을 추론할 수 있다. 하지만 [가]에 따르면 표준 대폭발 이론이 우주 배경 복사가 왜 등방적인지 설명하지 못했기 때문에 표준 대폭발 이론이 불완전한 이론으로 간주되었다.

[10~12]

선배의 독해 전략

구조, 문단별 독해가 특히 중요한 지문이다. 암흑 물질의 존재에 대해 문제를 제기하고, 그 존재를 밝히기 위해 각 조건을 제시한 후 추가 정보를 통해 후보군을 소거해 나가는 지문이다. 방향성이 있는 지문으로, 정보나열이 아닌 지문의 흐름 위주로 독해한다. 문단별 번호를 붙이고 핵심 쟁점과 기준을 염두에 두며 읽는 습관을 들여놓는 것이 중요하다.

10

정답 ④

분석 및 접근

지문의 세부정보를 정확하게 파악했는지 확인하는 문제이다. 특히 암흑 물질을 설명하기 위한 '입자'의 필요 조건은 3문단에서 확인할 수 있다.

해설

① 빛과의 미약한 상호 작용

→ 2문단에서 암흑 물질은 중력에 의한 상호 작용을 제외하고는 빛과 상호 작용을 하지 않거나 하더라도 미약하게 하는 성질이 있어야 한다고 했다. 따라서 암흑 물질을 설명하기 위한 '입자'의 필요 조건이 아니라 '암흑 물질'의 필요 조건이기에 적절하지 않다.

② 은하 전체에서의 균일한 분포

→ 지문 안에서 확인할 수 없는 조건이다. 따라서 이는 암흑 물질을 설명하기 위한 입자의 필요 조건이라 볼 수 없기에 적절하지 않다.

③ 더 가벼운 입자로 붕괴할 가능성

→ 4문단에 따르면 윔프는 더 이상 가벼운 입자로 붕괴하지 않는 특징을 지닌다. 그럼에도 불구하고 윔프는 우주가 식으면 느리게 움직이고 양자 요동으로 만들어진 씨앗에 모여들어 은하의 형성을 돕기 때문에 암흑 물질을 설명할 수 있는 입자로 보고 있다. 따라서 암흑 물질을 설명하기 위한 입자의 필요 조건이라 볼 수 없기에 적절하지 않다.

④ 은하 형성을 도울 수 있는 느린 속도

→ 3문단에서 암흑 물질을 설명하는 입자는 우주 구조 형성 단계에서 느리게 움직여, 은하의 형성을 방해하지 않고 오히려 중력 구심점에 모여 은하 형성을 도울 수 있어야 한다고 했다. 이러한 특성을 지닌 윔프와 액시온은 암흑 물질을 설명할 수 있지만, 빠르게 움직이는 중성미자는 은하의 형성을 방해하여 암흑 물질을 설명하기 위한 입자가 되지 못한다. 따라서 이는 암흑 물질을 설명하기 위한 입자의 필요 조건에 해당하기에 적절하다.

⑤ 결정 검출기나 증폭기에 의해 검출될 가능성

→ 6문단에 따르면 결정 검출기에 의해 검출되는 것은 윔프이고, 증폭기에 의해 검출되는 것은 액시온이다. 이러한 실험은 암흑 물질의 실체를 파악하기 위해 특정 입자의 특성에 따라 고안된 검출 방법이다. 따라서 암흑 물질의 필요 조건이 아니라 충분 조건이기에 적절하지 않다.

11

정답 ③

분석 및 접근

지문의 세부정보를 추론하는 문제로, 지문에 제시된 상관관계를 중심으로 선택지를 파악한다.

해설

① 우주 초기에는 윔프의 생성과 소멸이 활발하였으므로 그 개수가 지금보다 많았다.

→ 4문단에서 윔프는 우주 초기의 높은 온도에서 다른 입자들과 열평형 상태를 이루기 때문에 쉽게 생성·소멸되지만, 우주가 팽창하면서 온도가 내려가면 다른 입자로부터 윔프를 만들어 낼 에너지가 부족해져 생성되지는 않고 소멸만 일어난다고 했다. 따라서 우주 초기에는 윔프의 개수가 지금보다 많았을 것임을 추론할 수 있다.

② 액시온이 암흑 물질의 후보가 되기 위해서는 쿼크가 양성자, 중성자가 되는 상전이 과정이 중요하다.

→ 2문단에서 암흑 물질의 후보가 되려면 우주 공간에 존재하는 입자의 밀도가 암흑 물질의 질량 밀도를 설명할 수 있어야 한다고 하였다. 그리고 5문단에서 암흑 물질의 질량 밀도를 설명하려면 물 컵 정도의 공간에 10^{16}개 이상의 액시온이 있어야 한다고 하였다. 그런데 우주 초기의 높은 온도에서는 자유롭던 쿼크가 우주의 온도가 낮아지면 양성자, 중성자가 되는 상전이 과정을 거치게 되는데, 이때 액시온이 많이 생성된다고 하였으므로 액시온이 암흑 물질의 후보가 되기 위해서는 쿼크가 양성자, 중성자가 되는 상전이 과정이 중요하다고 추론할 수 있다.

③ 중성미자는 별의 주요 구성 성분인 양성자와 전자에 비해 상당히 가볍기 때문에 암흑 물질의 질량 밀도를 설명할 수 없다.

→ 5문단에 따르면 액시온은 그 질량이 전자 질량의 수십억 분의 일보다 작을 정도로 상당히 가벼운 입자이다. 그럼에도 불구하고 액시온은 암흑 물질의 질량 밀도를 설명할 수 있기 때문에 암흑 물질의 후보로 인정받고 있다. 따라서 중성미자는 암흑 물질의 질량 밀도를 설명할 수 없다는 이유를 양성자와 전자에 비해 상당히 가볍기 때문이라고 단정하는 것은 적절한 추론이라 볼 수 없다. 그리고 3문단에서 중성미자의 질량은 아직 알려져 있지 않지만 중성미자가 암흑 물질을 설명할 수 있을 정도의 질량을 가진다고 가정하고 우주의 구조 형성에 대한 가상 실험을 해보면, 중성미자는 빠르게 움직이기에 초기 우주의 중력 구심점을 흩트려 은하 형성을 방해한다고 했으므로 중성미자의 질량이 주요 원인이라고 하기는 어렵다.

④ 은하 중심을 벗어난 영역에서 별과 별 사이에 암흑 물질이 지금보다 더 많다면 바깥 궤도를 돌고 있는 별의 속도는 더 빨라질 것이다.

→ 1문단에 따르면 은하 질량의 대부분을 차지하는 별은 은하 중심에 모여 있다. 그렇다면 은하 중심을 벗어난 영역에서는 궤도 내에서의 질량이 작을 것이다. 질량이 작으면 행성의 궤도 반경이 클수록 별의 회전 속도가 줄어든다고 하였다. 하지만 은하 내부에는 질량은 가지지만 보이지는 않는 암흑 물질이 있으므로, 행성의 궤도 반경이 커져도 별의 회전 속도는 변하지 않았다. 이를 통해 은하 질량과 별의 회전 속도는 정비례 관계임을 파악할 수 있다. 따라서 은하 중심을 벗어난 영역에서 암흑 물질이 지금보다 더 많다면 별의 회전 속도는 더 빨라질 것이라고 추론할 수 있다.

⑤ 양성자 질량의 수십 배 정도의 에너지를 가지고 은하 중심으로부터 온 반양성자 우주선이 많이 검출될 경우, 윔프가 소멸한 결과로 해석할 수 있을 것이다.

→ 6문단에 따르면 윔프가 소멸될 때 윔프의 질량이 빛이나 일반 물질의 에너지로 변환된다. 그리고 4문단에 따르면 윔프는 양성자의 수십 배 정도의 질량을 가지는 것으로 예측되고 있다. 따라서 양성자 질량의 수십 배 정도에 달하는 에너지는 윔프가 소멸되면서 윔프의 질량이 변환된 것이라 볼 수 있다. 또 6문단에서 반입자 우주선이 특정한 에너지 스펙트럼에서 초과 검출되면 윔프의 존재를 간접적으로 확인할 수 있다고 하였다. 따라서 양성자 질량의 수십 배 정도의 에너지를 가지고 은하 중심으로부터 온 반양성자 우주선이 많이 검출될 경우, 윔프가 소멸한 결과로 해석할 수 있다는 것을 추론할 수 있다.

12

정답 ④

분석 및 접근

새롭게 제시된 글의 구조를 파악한 다음, 지문 전체의 개념 구조상에서 동일한 추론 형식을 찾아내는 문제이다. 지문과 <보기>의 상황은 전혀 다른 이야기로, 내용상 연관성이 없으며 지문의 개념 구조와 상·하위 관계를 이루고 있지도 않다. 하지만 밑줄 친 부분의 앞뒤 문맥의 흐름상에서 유사성을 발견하여 각각의 개념에 대응하는 개념을 지문에서 찾아 연결해야 한다. 따라서 제시된 글은 지문의 개념 구조를 유추하는 형식으로 되어 있음을 파악할 수 있다.

해설

① ㉠ - 은하

→ 해왕성의 존재를 파악하기 위한 범위가 태양계라면, 지문 내에서 암흑 물질의 존재를 파악하기 위한 범위인 은하와 대응할 것이라고 유추할 수 있다.

② ㉡ - 회전 운동하는 별의 속도

→ 천왕성의 궤도를 관측한 결과가 이론상 예측한 것과 일치하지 않는다는 사실이 알려졌다고 했으므로 이는 지문의 관측 결과와 이론상 예측한 값이 일치하지 않는 속성을 가진 회전하는 별의 속도와 대응할 것이다.

③ ㉢ - 암흑 물질

→ 천왕성 바깥쪽을 도는 새로운 행성은 천왕성의 궤도를 관측한 값과 이론상 예측된 값이 불일치하는 이유를 설명하기 위해 도입한 것이다. 지문에서 천왕성의 궤도와 대응하는 '회전 운동하는 별의 속도'의 실제 관측 결과가 이론과 불일치하는 현상을 설명하기 위해 암흑 물질을 도입했으므로, 암흑 물질이 ㉢과 대응된다고 추론할 수 있다.

④ ㉣ - 윔프의 질량

→ 외행성의 위치는 뉴턴 역학을 이용해 '예측'할 수 있는 것이다. 이는 행성을 직접 관찰하여 얻어지는 것이 아니라 이론적으로 예측되는 것이다. 그런데 지문에서 입자 물리학의 최신 이론이 예측하고자 한 것은 '암흑 물질의 후보'인 윔프와 액시온이었다. 따라서 외행성의 위치에 대응하는 개념은 윔프의 질량이 아니라 암흑 물질의 후보이다.

⑤ ㉤ - 액시온의 존재

→ 해왕성의 존재는 성능이 좋은 망원경으로 관찰했더니 비로소 예측했던 장소에서 확인할 수 있었다. 이와 같이 지문 내에서 예측한 내용을 실험을 통해 확인한 대상은 윔프나 액시온이기에 해왕성의 존재와 대응되는 개념은 액시온의 존재다.

I 실전 연습문제 (1) 생물학

p.158

01	02	03	04	05
④	④	⑤	④	⑤
06	07	08	09	10
②	⑤	①	⑤	⑤
11	12			
②	⑤			

[01~03]

선배의 독해 전략

지문의 두 번째 단락에 제시된 구조도를 중심으로 역류 열전달 이론을 이해하는 것이 효율적이다. 지문과 구조도를 비교하며 각 기관/요소에 메모하며 읽으면 빠르게 해당 문제를 해결할 수 있다.

01

정답 ④

분석 및 접근

지문을 읽고 논지가 전개되는 데 필요한 논거의 속성이 지문과 일치하는지 확인하는 문제이다. 지문에서는 역류 열전달 이론을 설명하며 정소 온도의 항상성을 유지하는 방법을 소개하고 있다.

해설

① 정낭 근육은 정낭 내에서 정소의 움직임에 관여한다.
→ 4문단의 '정소 내 온도가 상승하거나…정낭 근육에 의해 정소가 몸에서 멀어지게 되며, 정소의 온도가 하강하거나…정낭 근육에 의해 정소가 몸에 가까워진다는 사실과 부합한다.'는 부분을 통해 확인할 수 있다.

② 정소의 온도는 생산되는 정자의 수와 밀접한 관련이 있다.
→ 3문단의 '정소의 온도가 높아지면 생산되는 정자의 수가 감소하고 심한 경우 정소가 손상될 것이 예상된다.'는 부분을 통해 확인할 수 있다.

③ 열의 전도는 정소 온도의 항상성 유지에 핵심적인 역할을 한다.
→ 2문단의 '정소에서 나온 정소 정맥의 혈액이 체내에서 들어오는 혈액으로부터 열을 흡수함으로써 정낭 동맥의 혈액 온도를 떨어뜨리고 이렇게 하여 차가워진 정소 동맥 혈액에 의해 정소 온도가 체온보다 낮은 상태로 유지된다.'는 부분을 통해 확인할 수 있다.

④ 역류 열전달 이론은 정소로 혈액이 지속적으로 공급되는 기제를 설명한다.
→ 5문단의 '역류 열전달 이론은 정소의 온도를 체온보다 낮게 유지시키는 열역학적 기제를 제시하였다.'는 부분을 통해 정소로 혈액이 지속적으로 공급되는 기제를 설명한 것은 역류 열전달 이론이 아니라 스칸단 연구임을 알 수 있다.

⑤ 스칸단 연구진의 가설에 따르면 정소의 온도 조절에 가장 중요한 역할을 하는 것은 정낭이다.
→ 3문단과 4문단을 통해 확인할 수 있다. 스칸단 연구진은 정낭의 구조가 정소의 온도 유지에 중요한 역할을 한다는 가설을 주장했다.

02

정답 ④

분석 및 접근

역류 열전달 이론의 구체적 모형을 해석할 수 있는지 측정하는 문제이다. 역류 열전달 이론의 핵심은 망사 구조의 역할이다.

해설

① ㉠은 양의 체온과 비슷할 것이다.
→ 이 실험은 '양'을 대상으로 한 연구이다. ㉠은 양의 체내에 있는 정낭 동맥의 온도이므로 양의 체온과 비슷할 것이라 추론할 수 있다.

② ㉠에서 ㉡으로의 변화는 정소 정맥이 정낭 동맥의 열을 흡수했기 때문이다.
→ ㉠은 정낭 동맥의 혈액 온도이고, ㉡은 정소 동맥의 혈액 온도이다. 정낭 동맥에서 정소 동맥으로 혈액이 흐르면서 망사 구조로 된 정소 정맥이 열을 흡수하여 정소 동맥의 혈액 온도가 낮아졌다.

③ ㉠에서 ㉡으로의 변화와 ㉢에서 ㉣로의 변화는 망사 구조의 기능 때문이다.
→ 두 가지 변화 모두 정소 정맥이 정낭 동맥의 열을 흡수하면서 동시에 발생하는 것이다.

④ ㉡에서 ㉢으로의 변화는 역류 열전달 이론에 의해 설명된다.
→ ㉠에서 ㉡으로의 변화와 ㉢에서 ㉣로의 변화는 역류 열전달 이론으로 설명할 수 있지만, ㉡에서 ㉢으로의 변화는 역류 열전달 이론으로 설명할 수 없다.

⑤ ㉢에서 ㉣로의 변화는 정소 정맥이 정낭 동맥의 열을 흡수했기 때문이다.
→ ㉢은 정소를 통과한 정소 정맥의 혈액 온도이고, ㉣은 정낭 정맥의 혈액 온도이다. 망사 구조의 정소 정맥이 정낭 동맥의 열을 흡수하여 정낭 정맥으로 빠져나가는 것을 알 수 있다.

03

정답 ⑤

분석 및 접근

지문을 읽고 스칸단 연구진이 제안한 가설을 입증 또는 강화시킬 수 있는 실험을 선택하는 문제이다. 스칸단 연구진의 가설은 3문단과 4문단에 구체화되어 있으므로 3문단과 4문단을 정확히 독해해야 한다.

해설

ㄱ. 동면 포유동물의 동면 중과 동면 후의 정낭 표면 온도를 비교한다.
→ 4문단에 동면 포유동물의 사례가 등장한다. 선택지의 사례는 동물의 정소 위치와 번식 사이의 관계에 대한 것이다. 따라서 정낭 표면 온도를 비교한다는 것은 정소의 위치가 정낭 표면 온도에 영향을 미친다는 가설을 입증하기 위한 실험으로 적절하다.

ㄴ. 번식력을 갖춘 양과 그렇지 못한 새끼 양의 정낭 표면 온도를 비교한다.
→ 3문단에서 스칸단 연구진은 정소에서 발생한 열이 정낭 표면을 통해 방출됨으로써 정소 온도를 조절한다고 하였다. 그리고 번식력을 갖춘 동물의 경우를 제시했다. 따라서 이를 입증하기 위해 번식력을 갖춘 양과 그렇지 못한 양의 정낭 표면 온도를 비교한 사례를 추가한다면, 스칸단 연구진의 가설이 강화될 것이므로 정소의 위치가 정낭 표면 온도에 영향을 미친다는 가설을 입증하기 위한 실험으로 적절하다.

ㄷ. 박쥐의 짝짓기 계절 동안과 짝짓기 계절 후의 정낭 표면 온도를 비교한다.
→ 4문단에서 동면 포유동물의 사례가 등장한다. 선택지의 사례는 동물의 정소 위치와 번식과의 관계에 대한 것이다. 이 사례는 정낭 표면에 관한 진술이므로 정소 위치가 정낭 표면 온도에 영향을 미친다는 가설을 입증하기 위한 실험으로 적절하다.

[04~06]

선배의 독해 전략

세포가 분화되는 과정에 주목하며 내부 세포와 외부 세포를 구분하여 독해한다. 본 지문과 같이 낯선 명칭이 다수 등장할 경우, A/B로 표기하며 관계를 추론하여 문제를 해결할 수도 있고, 각 개념을 구분하는 기준이나 관계성(상하, 포함, 대비 등)이 제시된 곳은 없는지에 주목하며 읽는다.

04

정답 ④

해설

① 속세포덩어리로 세포가 분화되는 과정
→ 적절하다. 2문단에서 설명하는 내용에 해당한다.

② 속세포덩어리로 분화될 세포의 양극성 존재 여부
→ 적절하다. 4문단에서 설명하는 내용에 해당한다.

③ 속세포덩어리로 분화될 세포가 최초로 형성되는 시기
→ 적절하다. 1문단에서 설명하는 내용에 해당한다.

④ 속세포덩어리가 될 세포의 수를 결정하는 물질의 종류
→ 적절하지 않다. 속세포덩어리가 될 세포의 '수'의 결정에 관해서는 진술하고 있지 않다.

⑤ 속세포덩어리가 될 세포를 형성하기 위한 세포 분열의 방법
→ 적절하다. 3문단부터 마지막 문단에 걸쳐 설명하는 내용에 해당한다.

05

정답 ⑤

해설

① 내부 세포에서 CDX2를 발현시키는 물질의 기능이 활성화된다.
→ 적절하지 않다. 마지막 문단의 네 번째 문장에서 확인할 수 있다. 16-세포 상실배아가 되면 내부 세포의 OCT4가 CDX2의 발현을 억제하여 잔류 CDX2가 점차 없어진다.

② 보존 분열에 의해 형성된 세포에서 '히포' 신호 전달 기전이 활성화된다.
→ 적절하지 않다. 마지막 문단과 2문단의 세 번째 문장에서 확인할 수 있다.

③ 표층 세포의 바깥쪽 부분에서 CDX2의 발현을 억제하는 OCT4의 영향력이 증가한다.
→ 적절하지 않다. 마지막 문단의 세 번째 문장에서 확인할 수 있다.

④ 분화 분열에 의해 형성된 내부 세포에서 CDX2 양에 대한 OCT4 양의 비율이 감소한다.
→ 적절하지 않다. 2문단의 세 번째 문장에서 확인할 수 있다.

⑤ 표층 세포와 내부 세포 간에 CDX2의 분포를 결정하는 양극성 결정 물질의 양에 차이가 생긴다.
→ 적절하다. 4문단에서 확인할 수 있다.

06

정답 ②

분석 및 접근

32-세포 상실배아의 표층 세포들은 이후 초기 배반포의 영양외배엽 세포로 분화된다. 이를 설명하는 가설 중 하나가 '내부-외부 가설'인데, '내부-외부 가설'은 하나의 세포가 주변 세포와의 접촉 정도와 외부 환경에의 노출 여부에 따라 서로 다르게 분화된다고 본다. 또 상실배아의 내부 세포는 표층 세포보다 주변 세포와의 접촉 정도가 더 크고 바깥 환경과 접촉하지 못한다고 하였다. 그리고 '양극성 가설'은 '내부-외부 가설'과 달리 특정 물질들의 분포에 따라 한 세포가 성질이 다른 두 부분으로 구분된다고 설명한다. 즉 표층 세포에는 원래 가지고 있던 양극성 결정 물질의 분포를 유지하지만 내부 세포에는 양극성 결정 물질이 없다.

해설

- ㉠은 이 배아의 내부 세포를 표층으로 옮겨 배양한다. 따라서 영양외배엽 세포로 분화할 것을 판단할 수 있다.
- ㉡은 16-세포 상실배아의 내부 세포를 채취하여 단독 배양한다면 이때 배양될 세포 유형은 영양외배엽 세포가 될 것이므로 영양외배엽임을 알 수 있다.
- ㉢은 표층 세포에 쏠려 있는 양극성 결정 물질의 기능을 억제하는 물질을 주입한 후에 단독 배양하였다. 즉 ㉢의 내부 세포와 같은 형국이 되었음을 알 수 있다. 1문단의 두 번째 문장에 따르면 이 내부 세포는 속세포덩어리 세포로 분화될 것이다.

[07~09]

선배의 독해 전략

- 지문을 읽기 전 지문이나 문제에 그래프나 표, <보기>가 등장하는지 확인한다. 일부 지문의 경우 해당 <보기>를 먼저 검토하거나 그 내용을 확인한 이후에 지문을 읽으면 미리 구조나 핵심 기준을 파악할 수 있다.
- 8번 문제의 <보기>와 같이 세포, 조작, 배양된 세포 유형, 가설이 제시될 경우 어떤 쟁점을 두고 각 가설이 대립하는지 혹여 모두 전제하는 가정이나 공통점은 없는지, 차이점은 무엇인지 등을 염두에 두고 독해한다.
- 또한 과학이나 예술 지문의 경우 대칭/비대칭, 확산/수축/발산/소멸, 증가/감소 등의 대비구조가 등장하는 경우가 있으니 주의를 요한다. 다만 일부 고난도의 지문의 경우 이와 같이 명시적인 대비가 아닌 병렬적 입장에서 논지를 제시한 이후 선택지에서 대비관계인 것처럼 매력적으로 구성하는 경우가 있으니 단정적으로 표현한 선택지를 유의할 필요가 있다.

07

정답 ⑤

해설

① 구형의 수정란은 형태발생물질의 도움으로 신체 구조의 전후좌우가 비대칭적인 성체로 발생하게 된다.
→ 적절하다. 구형의 수정란은 형태발생물질의 도움으로 신체 구조의 전후좌우가 비대칭적인 성체로 발생할 수 있게 된다. 형태발생물질의 도움이 없다면 수정란은 다양한 구조와 기능을 갖는 성체로 발생할 수 없게 될 것이다.

② 단순 확산으로 전달되는 형태발생물질의 농도는 형태발생물질 분비 조직과의 물리적 거리에 반비례한다.
→ 적절하다. 1문단에 따르면 형태발생물질 분비 조직과의 거리가 가까울수록 농도가 진하고 거리가 멀수록 농도가 옅어진다.

③ 모든 세포는 동일한 유전자를 가지고 있지만 특정 전사인자의 활성화 여부에 따라 서로 다른 단백질을 만들어낸다.
→ 적절하다. 2문단에서 확인할 수 있다.

④ 형태발생물질의 비대칭적 확산을 위해서는 형태발생물질 분비 조직의 주변 세포에 있는 수용체 또는 소낭의 역할이 필요하다.
→ 적절하다. 4문단에서 소낭의 흡수에 의한 형태발생물질 전달을 확인할 수 있다.

⑤ 형태발생물질은 척색이 있는 동물의 발생에서는 단순 확산의 형태로, 초파리와 같은 무척추 동물의 발생에서는 비대칭적 확산의 형태로 주로 쓰인다.
→ 적절하지 않다. 5문단에 따르면 척색이 있는 동물도 각 발생 단계에서 각 세포가 처해 있는 환경이 다르므로 한 가지 모델로만 설명하는 것이 불가능하다. 또한 척색이 없는 동물이라고 하여 비대칭적 확산이 주로 쓰인다는 내용도 본문의 내용만으로는 알 수 없다.

08

정답 ①

해설

ㄱ. 신경관을 이루는 세포들의 운명이 결정되기 전에 척색을 제거하면 바닥판세포가 형성되지 않을 것이다.
→ 적절하다. 1문단에 따르면 초기 형태인 신경관에 있는 세포는 척색에서 발생하는 형태발생물질의 농도 구배에 의해 지붕판세포, 사이신경세포, 운동신경세포, 신경세포, 바닥판세포 순으로 분화된다. 그런데 신경관을 이루는 세포들의 운명이 결정되기 전에 척색을 제거한다면 바닥판세포로 분화되지 못할 것이다.

ㄴ. 신경관을 이루는 세포들의 운명이 결정되기 전에 척색을 다른 위치로 이동하면 그 위치와 가장 가까운 곳에서 지붕판세포가 생길 것이다.
→ 적절하지 않다. 척색에 가장 가까운 쪽에는 바닥판세포가 생긴다.

ㄷ. 분화되지 않은 신경관에 있는 세포들을, 바닥판세포를 형성하는 Shh의 역치보다 높은 농도의 Shh와 함께 배양하면 사이신경세포보다 바닥판세포가 더 많이 형성될 것이다.
→ 적절하다. 2문단에 따르면 Shh의 농도가 특정 역치 이상이 되면 바닥판세포의 형성에 필요한 전사인자가 더 많이 활성화되어 바닥판세포가 더 많이 형성될 것이다.

ㄹ. 운동신경세포를 결정짓는 Shh 농도의 역치는 사이신경세포를 결정짓는 Shh 농도의 역치보다 낮을 것이다.
→ 적절하지 않다. 운동신경세포는 사이신경세포보다 척색에 가깝게 존재하므로 운동신경세포를 결정짓는 Shh 농도의 역치는 사이신경세포의 그것보다 높을 것이다.

09

정답 ⑤

해설

① Wg 수용체의 비대칭적 분포는 Wg의 농도 구배에 기인한다.
→ 적절하지 않다. 인과관계 설정이 잘못됐다. Wg 수용체가 이미 비대칭적으로 분포하고 있기에 농도 구배가 이루어질 수 있는 것이지 농도 구배에 의해 수용체가 비대칭적으로 분포하는 것이 아니다.

② Wg를 발현하는 세포로부터 앞쪽으로 멀어질수록 Wg 수용체의 농도는 높다.
→ 적절하지 않다. 앞쪽에 가까울수록 농도는 높다.

③ 소낭에 의해 전달되는 Wg의 양은 Wg를 발현하는 세포에서 멀어질수록 많다.
→ 적절하지 않다. Wg를 발현하는 세포에서 멀어질수록 Wg의 양은 적을 것이다.

④ Wg 합성 장소에서 앞쪽과 뒤쪽으로 같은 거리만큼 떨어진 두 세포에서 만들어지는 mRNA는 동일하다.
→ 적절하지 않다. Wg는 앞쪽으로만 분포되고 뒤쪽으로는 분포되지 않는다.

⑤ Wg 수용체 유전자 또는 소낭을 통해 Wg 수송을 촉진하는 유전자는 Wg 합성 장소 앞쪽에서 발현한다.
→ 적절하다. 3문단에서 확인할 수 있다.

[10~12]

선배의 독해 전략

지문을 읽기 전 발문 검토를 통해 지문을 읽을 때 어떤 부분에 주목하여야 하는지 미리 파악하는 것이 효율적이다. 첫 번째 문제는 세균이 항생 물질에 저항하는 방법, 두 번째 문제는 지문 후반부에 각 표시된 밑줄 부분을 활용하여 리보솜의 기능을 억제하는 항생 물질이 직접 차단하는 단계, 마지막 문제는 X의 증식을 억제하는 방법을 물어보고 있으니 세균이 항생 물질에 대응하는 방식과 항생 물질이 세균을 어떻게 억제하는지 그 과정과 기전을 중심으로 지문을 독해한다.

10

정답 ⑤

분석 및 접근

세균이 항생 물질에 저항하는 방법이 아닌 것을 고르라고 하였으니 나머지 4개의 선택지는 모두 항생 물질에 저항하는 방법으로 적절한 내용일 것이다. 발문을 미리 검토하여 지문의 해당 부분을 읽을 때 선택지를 하나씩 검토하여 본 문제는 바로 해결하는 것이 효율적이다.

해설

① 항생 물질이 작용하는 세포 부위의 구조를 변경한다.
→ 또 다른 내성의 형태 중 하나로 세균이 항생 물질의 표적이 되는 자신의 효소나 세포의 여러 부위를 변화시켜 항생 물질의 작용을 무력화시킨다고 하였으므로 적절한 선택지다.

② 항생 물질의 화학 구조에 변화를 가져오는 효소를 발현한다.
→ 항생 물질을 화학적으로 변형하거나 파괴하는 효소를 생성하여 내성을 보이는 세균도 있다고 하였으므로 적절한 선택지다.

③ 항생 물질이 결합되는 효소 단백질의 일부 구조를 변화시킨다.
→ 표적이 되는 효소의 구조 일부를 변화시켜 항생 물질에 대한 반응성을 없애기도 한다고 하였으므로 적절한 선택지다.

④ 항생 물질의 유입량보다 배출량이 더 큰 세포막 수송계를 이용한다.
→ 지문에 따르면 항생 물질은 세포막에 있는 특정 수송계를 이용해 세균 내부로 침투하여 작용한다고 하며, 어떤 내성 세균은 해당 수송계의 작동을 부분적으로 방해하여 항생 물질이 쉽게 흡수되지 못하도록 함으로써 생존력을 증가시킨다고 하였다. 이러한 능력은 고용량의 항생 물질을 사용하면 무력화시킬 수 있는데, 침투한 항생 물질을 에너지를 사용하여 세포 밖으로 빠르게 배출하는 내성 세균도 있다고 하였으므로 배출량이 더 큰 수송계를 이용한다는 본 선택지는 적절하다.

⑤ 항생 물질이 결합되는 리보솜을 변형하여 그 항생 물질을 분해한다.
→ 지문에 따르면 리보솜의 일부 구조를 변형함으로써 단백질 생산 능력은 그대로 유지하면서도 항생 물질과 결합하는 부위만 없애 생명 활동을 지속하기도 한다고 하였다. 즉 리보솜과 결합하여 분해를 촉진하는 것이 아니니 본 선택지는 적절하지 않다.

11

정답 ②

분석 및 접근

리보솜의 기능을 억제하는 어떤 항생 물질이 있음을 전제하고, ⓐ인 복합 내성을 지닌 플라스미드의 형성 과정 중 이 항생 물질이 직접 차단하는 단계를 고르라고 하였으니 리보솜의 기능을 억제하는 것을 고르면 된다는 점에서 정답은 단백질을 다량 합성하는 ㉡이 되므로, 2번 선택지가 가장 적절하다.

해설

① ㉠
→ 플라스미드 복제본을 만드는 것은 무관한 내용이다.

② ㉡
→ 리보솜의 기능을 억제하는 것이니 단백질을 다량 합성하는 것이 필요하므로 본 선택지가 가장 적절하다.

③ ㉢
→ 접합부 형성은 무관하다.

④ ㉣
→ DNA 조각 분리는 무관한 내용이다.

⑤ ㉤
→ DNA 조각 연결 역시 무관한 내용이다.

12

정답 ⑤

분석 및 접근

A1은 억제되지 않으므로 X의 증식을 억제하는 방법과 관련이 없으니 A1이 언급된 선택지는 제거한다. 또한 문제에 따르면 X는 A3이 자신의 세포막을 통하여 쉽게 흡수되지 않도록 한다고 제시하였으니 A3은 투과가 잘 되지 않는다는 점을 알 수 있고, 이에 고용량을 사용하여야 한다는 점을 알 수 있다. 결과적으로 A1은 없고, 고용량의 A3을 사용한 5번 선택지가 정답이다.

해설

① 고용량의 A1과 일반 용량의 A2를 함께 사용
→ A1은 관련이 없으니 소거할 수 있는 선택지다.

② 일반 용량의 A1과 고용량의 A2를 함께 사용
→ A1은 관련이 없으니 소거할 수 있는 선택지다.

③ 고용량의 A1과 일반 용량의 A3을 함께 사용
→ A1은 관련이 없으니 소거할 수 있는 선택지다.

④ 고용량의 A2와 일반 용량의 A3을 함께 사용
→ A3은 고용량을 사용하여야 한다는 점에서 적절하지 않은 선택지다.

⑤ 일반 용량의 A2와 고용량의 A3을 함께 사용
→ 투과가 잘 되지 않는 A3을 고용량으로 사용하니 적절한 선택지다.

II 실전 연습문제 (2) 철학

p.168

01	02	03	04	05
⑤	⑤	③	④	①
06	07	08	09	10
②	②	④	③	④
11	12			
①	④			

[01~03]

선배의 독해 전략

본 지문과 같이 '~의 본질'에 대해 논하는 지문의 경우 여러 관점을 제시하고 일부 관점을 옹호하며 마무리하거나, 모두 비판하고 글쓴이의 견해로 마무리하는 경우 등이 있다. 명시적으로 글쓴이가 드러나지 않더라도 특정 이론을 평가하는 내용이 있지는 않은지(~라는 점에서 현실적이지 않다, ~라는 문제점이 있다 등) 주의해야 하며, 해당 본질에 관해 과거/현대를 비교하거나 시기별 변화 과정을 서술하는 내용이 제시될 수 있으니 발문을 미리 검토하여 지문의 흐름을 예상하며 읽을 필요가 있다.

01 정답 ⑤

분석 및 접근

지문의 세부정보를 정확하게 파악했는지 확인하는 문제이다.

해설

① 기술의 본질에 대한 탐색 방식으로, 어원 분석 방법과 통시적 사례 비교 방법의 상충을 검증하였다.
→ 기술의 본질은 지문의 주제이고, 탐색 방식은 주제를 구체화한 것이다. 그리고 지문에서 어원 분석 방법과 통시적 사례 비교를 사용하는 것은 맞지만, 두 방법 간의 상충을 검증하지는 않았다. 따라서 글을 바르게 이해한 것으로 볼 수 없다.

② 기술의 본질 규정을 위해 수단과 행위 영역 사이의 차이점을 해명함으로써 문제의 소재를 명료히 하였다.
→ 수단과 행위는 1문단의 '기술은 목적을 위한 수단'이라고 한 부분과 '기술은 인간 행위의 하나'라고 한 부분에서 그 의미를 찾을 수 있다. 그러나 글쓴이가 수단과 행위 영역 사이의 차이점을 해명하고 있다는 부분은 본문에서 찾을 수 없으며, 수단과 행위는 둘 다 기술의 본질을 밝혀주지 못한다고 하였기에 본 선택지는 적절하지 않다.

③ 기술이 자연에서 드러내고 싶어 하는 바와 자연의 본성이 잘 드러나는 것은 비례 관계에 있음을 증명하려고 했다.
→ '기술이 자연에서 드러내고 싶어 하는 바'는 현대 기술을, '자연의 본성이 잘 드러나는 것'은 과거 기술을 의미한다. 그런데 글쓴이는 현대 기술과 과거 기술의 비례 관계를 증명하려고 한 것이 아니라 현대 기술과 과거 기술을 비교하여 기술의 본질을 어떻게 이해해야 할지를 제시하고 있기에 글을 바르게 이해한 것으로 볼 수 없다.

④ 기술의 내재적 속성이 대상에 구현되는 과정에서 개입되는 인간의 창의성 정도에 따라 제작과 창작 능력을 차별화하였다.
→ 2문단에 따르면 글쓴이의 관심은 제작과 창작의 차이점이 아니라 공통점에 있다. 따라서 글을 바르게 이해한 것으로 볼 수 없다.

⑤ 기술의 본질을 탐구해야 할 필요성을 제시하고 기술의 본질이 왜곡된 상태에서 벗어나 기술을 그 자체로 이해할 것을 주장하였다.
→ 기술의 본질을 탐구해야 할 필요성을 3문단에서, 기술의 본질이 왜곡된 상태는 3문단과 4문단에서, 기술을 그 자체로 이해할 것을 주장한 부분은 5문단에서 제시됐다. 즉 본 선택지는 지문 전체의 내용을 적절하게 요약한 진술이다. 따라서 이는 글을 바르게 이해한 것에 해당한다.

02 정답 ⑤

분석 및 접근

㉠과 ㉡의 관계를 지문의 논증 구조에 드러난 대로 파악하는 문제이다. 과거 기술과 현대 기술은 등위 개념이므로 속성 간의 공통점과 차이점을 기준으로 개념 간의 관계를 파악해야 한다.

해설

① ㉠은 자연 에너지를 있는 그대로 저장하기 위해서 자연의 이용을 최대한 자제한다.
→ 과거 기술이 자연 에너지를 있는 그대로 드러내는 것은 맞지만, 자연의 이용을 최대한 자제했다기보다는 기술로 자연 에너지를 저장하기 위해 자연을 이용한 것에 더 가깝다. 따라서 과거 기술에 대한 설명으로 적절하지 않다.

② ㉡은 자연의 고유한 본래적인 존재를 드러내기 위해 자연을 변형한다.
→ 현대 기술은 자연을 변형하지만, 그 목적이 자연의 고유한 본래적인 존재를 드러내기 위한 것이 아니라 자연을 강제적으로 끌어내어 자원을 이용하기 위해서였다. 자연 고유의 본래적인 존재를 드러내기 위한 기술은 과거 기술이다. 따라서 현대 기술에 대한 설명으로 적절하지 않다.

③ ㉡은 탈은폐를 효율적으로 수행하기 위해 ㉠의 테크네 개념을 확장한다.
→ 현대 기술은 과거 기술의 테크네 개념을 확장한 것이 아니라, 과거 기술과 정반대의 태도를 취하고 있다. 즉, 밖으로 끌어내어 앞으로 내어 놓는 자연스러운 방식이 아니라, 안에 은폐되어 있는 것을 억지로 밖으로 끌어내려는 도발적 요청이다. 따라서 현대 기술에 대한 설명으로 적절하지 않다.

④ ㉡은 ㉠보다 감추어져 있는 어떤 것을 더 온전하게 밖으로 끌어내어 앞에 내어 놓는다.
→ ㉡과 ㉠의 위치를 바꾼 진술이다. 현대 기술이 아니라 과거 기술이 감추어져 있는 어떤 것을 더 온전하게 밖으로 끌어내어 앞에 내어 놓는다. 따라서 과거 기술과 현대 기술에 대한 설명으로 적절하지 않다.

⑤ ㉠과 ㉡은 자연이자 현실인 세계의 구성에 참여하고 있다.
→ 이는 과거 기술과 현대 기술의 공통점이다. 2문단에서 기술은 인간과 세계의 관계를 규정함으로써, 세계 구성에 직접 참여하는 것이라고 한 점을 통해 알 수 있다. 따라서 과거 기술과 현대 기술에 대한 설명으로 적절하다.

03

정답 ③

분석 및 접근

지문의 논지를 기준으로 구체적 사례를 해석하는 문제이다. 주변부는 항상 중심의 지배를 받는다는 일관성의 원리에 따라 사례를 해석해야 한다. 제시된 사례에서 수력 발전소와 강의 관계를 미루어 볼 때, 수력 발전소는 현대 기술을 구체화한 것이다. 수력 발전소는 강 물줄기에 숨겨져 있는 에너지를 채굴·변형·저장·분배한다. 강이 고유한 본래적인 존재를 포기하고 단순히 전력 공급자로서 기능하고 있는 것이다. 따라서 강 물줄기가 발전소에 맞추어 변조되었다는 것은 강이 하나의 부품처럼 탈은폐되었음을 의미한다.

해설

① 수력 발전소는 인간이 강을 도발적으로 닦달하는 방식이다.
→ 4문단에 따르면 현대 기술의 탈은폐를 수행하는 주체는 인간이다. 인간은 수력 발전소라는 현대 기술을 통해 강으로 구체화된 자연을 도발적으로 닦달하고 있다.

② 수력 발전소가 세워진 후, 강의 정체성은 수력 발전소라는 존재에 의해 규정된다.
→ 4문단에서 현대 기술의 도발적 요청은 세계에 있는 존재에 폭력을 가해서 강제적으로 자신의 모습을 잃어버리게 만든다고 하였다. 수력 발전소에 의해 강은 본래적인 존재를 포기하고 단지 수력 발전소의 부품이 되었다.

③ 수력 발전소는 그 동력을 강에 의존하면서 강의 본래적인 가치를 증대시키고 있다.
→ 3문단에 따르면 동력을 자연에 의존하면서 자연의 본래적인 가치를 증대시키는 것은 현대 기술이 아니라 과거 기술의 속성에 해당하기에 적절하지 않다.

④ 수력 발전소가 세워진 후, 강의 존재는 수압 공급자라는 기능으로 한정되고 있다.
→ 4문단에 따르면 현대 기술로 인해 자연은 자신의 고유한 본래적인 존재를 포기하고 단순히 에너지 공급자로서, 재료로서, 기능으로서 하나의 부품처럼 탈은폐된다고 하였다. 수력 발전소에 의해 강의 존재는 전력을 생산하기 위해 수압을 공급하는 기능으로서 탈은폐된 것이기에 적절하다.

⑤ 수력 발전소가 세워지기 전, 강은 자신의 본질과 다르게 존재하라는 요구를 받지 않았다.
→ 3문단에 따르면 과거 기술의 탈은폐는 현실을 현실로서 있도록 내버려두면서 고유한 본래적인 존재를 자연스럽게 드러냈다. '수력 발전소가 세워지기 전'은 현대 기술이 아니라 과거 기술이 사용되었을 때를 의미한다. 따라서 강은 수력 발전소가 세워지기 전에는 자신의 본질을 그대로 드러냈을 것이다.

[04~06]

선배의 독해 전략

현대의 환경 위기를 문제 제기로 활용하여 관점마다 이성을 어떻게 파악하고, 다르게 개념화하는지 논증하는 지문이다. 선택지에서 '~주의는 ~'라는 구조로 구성되어 있으므로 각 관점이 주장, 전제하는바가 해결방법으로 제시하는 방향과 일치하는지, 무관한지 검토하여 해결한다.

04

정답 ④

분석 및 접근

지문의 핵심 개념에 대한 정의와 속성을 정확히 이해하였는지 측정하고자 하는 문제이다.

해설

① 가장 강화된 이성주의는 인간에 대한 자연의 형이상학적 우위를 정초한다.
→ 5문단에 따르면 객관적 관념론은 최고도로 강화된 이성주의를 통해 철학적 근대의 딜레마에 대한 해결을 모색할 수 있음을 보여준다고 했기에 가장 강화된 이성주의는 객관적 관념론을 의미한다. 그리고 앞선 4문단에서 자연과 인간은 본질적으로 동근원적이라고 보았으므로 어느 하나가 형이상학적으로 우위라는 결론의 도출은 적절하지 않다. 따라서 가장 강화된 이성주의는 자연의 형이상학적 우위를 정초한다는 본 선택지는 적절하지 않다.

② 현대의 환경 위기는 새로운 억압적 정치 체제의 대두와 함께 도래한 것이다.
→ 1문단에 따르면 현대의 환경 위기는 근대 이후 구현되어 온 인본주의적 가치들을 위협할 수 있는 요인이라고 한다. 신유형의 독재나 제국주의를 유발함으로써 민주주의 등의 이념들을 위기에 처하게 할 수 있다고 보았기 때문이다. 따라서 현대의 환경 위기가 새로운 억압적 정치 체제를 유발한 것이지 함께 도래한 것은 아니다.

③ 포스트모더니즘은 철학적 근대의 딜레마를 이성에 근거하여 해소하고자 한다.
→ 5문단에 따르면 포스트모더니즘은 현대의 환경 철학 담론에서 근대를 원천적으로 거부한다고 하였으므로 이성에 근거하여 해소하고자 한다는 본 선택지는 적절하지 않다.

④ 인본주의적 이념들의 사상적 토대를 제공한 것은 철학적 근대의 주목할 만한 성과이다.
→ 1문단에 따르면 인본주의적 가치들은 무엇보다도 철학적 근대를 통해 정초되었다. 즉 철학적 근대가 그 기초를 제공하였으며, 앞서 철학적 근대는 현대의 환경 위기를 유발한 책임이 있더라도 경시할 수 없는 미덕을 동시에 지닌다고 하였으므로 본 선택지는 적절하다.

⑤ 인간의 이성적 주체성을 옹호하는 철학사적 흐름은 억압적 자연관으로 귀결될 수밖에 없다.
→ 4~5문단에 따르면 객관적 관념론은 최고도로 강화된 이성주의를 통해 자연과 인간이 각자 사물 양태의 이성, 의식 양태의 이성이라는 점에서 본질적으로 동근원적이라고 하였으므로 이성적 주체성을 옹호한다고 하여 반드시 억압적 자연관으로 귀결될 수밖에 없다고 보는 것은 적절하지 않다.

05

정답 ①

분석 및 접근

지문에서 데카르트주의와 칸트주의의 주장과 근거를 파악하고 이 둘의 차이를 파악할 수 있는지 측정하고자 하는 문제이다.

해설

① ㉠은 ㉡과 달리 자연의 자기 목적을 이성적 인식의 기준으로 설정한다.

→ 2문단에 따르면 데카르트주의는 자연을 주체에 대한 근본적 타자로서, 그 어떤 자기 목적이나 내면도 없는 단적인 물질적 실체이자 열등한 존재로 인식한다고 하였다. 따라서 데카르트주의가 칸트주의와 달리 자연의 자기 목적을 이성적 인식의 기준으로 설정한다는 본 선택지는 적절하지 않다.

② ㉡은 ㉠과 달리 인간을 자연 법칙을 수립하는 주체로 승인한다.

→ 3문단에 따르면 칸트주의는 앞선 데카르트주의와 달리 진리를 '발견되는 것'이 아니라 '만들어지는 것'으로 본다고 하였으므로 본 선택지는 적절하다.

③ ㉠과 ㉡은 모두 자연을 인식과 사용의 대상으로 생각한다.

→ 2문단과 3문단에 따르면 데카르트주의와 칸트주의 모두 인간의 자연 지배를 정당화하고 자연을 '인식'과 '사용'의 대상으로 보았다. 여기서 더 나아간 것이 칸트주의로 '인식'과 '사용'할 수 있을 뿐만 아니라 '제작'의 대상으로까지 여겼던 것이다. 따라서 본 선택지는 적절하다.

④ ㉠과 ㉡은 모두 자연에 대한 인간 이성의 우위를 주장한다.

→ 2문단과 3문단에 따르면 데카르트주의와 칸트주의 모두 인간과 자연을 위계적으로 구분 짓는다. 즉 인간은 이성적 사유의 주체인 반면 자연은 주체에 대한 근본적 타자로 인간에게 지배받아 마땅한 물질적 실체, 한낱 재료라고 보았다. 따라서 본 선택지는 적절하다.

⑤ ㉠과 ㉡은 모두 환경 위기에 대한 철학적 책임이 있는 것으로 평가된다.

→ 1문단에 따르면 환경 위기는 자연과 인간을 근본적으로 차별하는 세계관을 사상적 토대로 하는데, 철학적 근대가 바로 이러한 사상사적 맥락에서 가장 큰 책임을 가진 것으로 지적된다. 철학적 근대는 데카르트주의의 발흥 및 완성의 과정으로 이루어졌다는 것이 일반적 통념이고, 칸트주의 역시 데카르트주의와 맥락을 같이 한다는 점에서 본 선택지는 적절하다.

06

정답 ②

분석 및 접근

지문의 핵심인 객관적 관념론의 주장과 근거에 대해 파악하고 이를 토대로 사고를 확장하여 추론할 수 있는지 측정하고자 하는 문제이다.

해설

① 자연 법칙을 탐구하는 자연과학은 의식 양태의 이성이 사물 양태의 이성을 인식하는 것이라고 여길 수 있을 것이다.

→ 4문단에 따르면 객관적 관념론은 자연을 사물 양태의 이성으로 보고, 인간을 의식 양태의 이성이라고 보았으므로 본 선택지는 적절하다.

② 이성의 위상을 지고의 형이상학적 차원까지 높임으로써 자연 법칙도 인간 의식의 투영을 통해 만들어지는 것으로 여길 것이다.

→ 본 문제는 객관적 관념론에 대해 추론하는 것이나, 본 선택지의 뒷부분이 칸트주의에 대한 설명이므로 적절하지 않다. 3문단에 따르면 칸트주의는 진리를 발견되는 것이 아니라 만들어지는 것으로 보는 노선이다. 즉 칸트주의는 자연을 '제작'의 대상으로 보고 자연에 대한 억압적 지배를 정당화하였다. 따라서 본 선택지의 '이성의 위상을 지고의 형이상학적 차원까지 높인다'는 것은 객관적 관념론에 대한 설명이 맞지만 그 결론에 해당하는 부분이 객관적 관념론에 대한 추론이 아니므로 적절하지 않다.

③ 삼라만상이 절대적 이성의 발현이므로 반이성으로 보이는 어떤 것도 궁극적으로는 이성 영역에 포섭된다고 설명할 수 있을 것이다.

→ 4문단에 따르면 객관적 관념론이 바라보는 이성이란 세계의 모든 것에 선행하면서 동시에 그 모든 것을 가능케 하는 조건이라고 보며 절대적 위상을 지닌다고 보았다. 거기다 앞서 객관적 관념론이 바라보는 '이성'이 이전의 근대 철학에서와는 사뭇 다른 층위의 의미를 지닌다는 점도 언급하였다는 점에서 반이성으로 보이는 어떠한 것도 객관적 관념론의 입장에서는 궁극적으로 '이성'에 포섭된다고 볼 여지가 있으므로 본 선택지는 적절하다.

④ 이성이 절대적 진리치를 지닌다는 관점에 의거하여 모든 역사적 사건도 이성의 법칙에 따라 진행되는 것으로 이해할 수 있을 것이다.

→ 4문단에 따르면 객관적 관념론은 이성이 절대적 위상을 지닌다고 보았으며 인간사는 절대적 이성이 시공간의 차원으로 외화한 현상적 실재라고 본다는 점에서 적절한 선택지다.

⑤ 억압적 자연 지배의 책임을 져야 한다는 비판이 제기된다면 자연과 인간의 동근원성을 강조하는 일원론적 관점을 근거로 반박할 수 있을 것이다.

→ 4문단에 따르면 객관적 관념론은 철학적 근대의 완성이라 불릴 정도로 강한 이성주의적 면모로 인해 본 선택지에서 언급한 비판을 받을 여지가 있다. 그러나 객관적 관념론은 자연과 이성을 본질적으로 동근원적이라고 보았다는 점에서 앞서 제기된 비판에 대해 적절한 반박을 제시한 것이므로 본 선택지는 적절하다.

[07~09]

선배의 독해 전략

도덕 행위자와 피동자, 그리고 현상적 의식 및 감응력이라는 지문의 주요 개념에 대한 이해를 중심으로 전개되는 지문으로, 문제 역시 이들 개념을 중심으로 일치/불일치 문제로 구성되었다. 지문을 읽기 전 발문을 체크하여 미리 핵심 개념이 무엇인지 검토할 필요가 있다.

07

정답 ②

분석 및 접근

본문에 대한 이해로 적절하지 않은 것을 고르는 문제로서 도덕 공동체의 구성원, 도덕 행위자와 피동자 등 지문 내 기본적인 개념에 대해 이해하였는지 확인하는 문제다.

해설

① 도덕적 행위를 할 수 없는 존재도 도덕 공동체에 들어올 수 있다.
→ 적절하다. 1문단에 따르면 영유아 등 도덕적 행위를 할 수 없는 존재도 도덕 공동체에 들어올 수 있는 존재로서 잠재적인 구성원이라 지칭하고 있다.

② 도덕 피동자는 능동적인 주의력은 없지만 수동적인 의식적 상태는 있다.
→ 적절하지 않다. 도덕 피동자 중 하나인 영유아의 사례가 본 선택지의 반례가 될 수 있다. 영유아는 고통과 쾌락을 느끼고 이를 좇거나 회피할 수 있다는 점에서 능동적인 주의력이 있는 존재이기 때문이다. 따라서 단정적으로 도덕 피동자가 능동적인 주의력이 없다고 할 수는 없다.

③ 관계론적 접근에서는 동물이 도덕적 고려의 대상이 아닐 수도 있다.
→ 적절하다. 4문단에 따르면 관계론적 접근에서는 도덕적 행위자가 동물과 맺는 관계에 따라 도덕적 고려의 대상인지 아닌지가 결정된다. 이에 본 선택지에서 '~아닐 수도 있다'라고 표현한 것과 같이 관계에 따라 도덕적 고려의 대상이 될 수도 있고 되지 않을 수도 있다는 것을 추론할 수 있다.

④ 식물인간이 고통을 느끼지 못한다고 판단하는 것은 자극에 반응이 없기 때문이다.
→ 적절하다. 3문단에 따르면 이를 행동주의적 관찰에 따른 판단이라고 했다.

⑤ 식물인간은 도덕 공동체의 구성원이 되어도 스스로 책임질 수 있는 존재는 아니다.
→ 적절하다. 지문에 따르면 식물인간은 의식도 없고 도덕 행위자에 해당되지 않는다. 따라서 지문의 마지막 문장에 따라 도덕 공동체에 받아들일 수 있는 여지가 있어 구성원이 된다고 하더라도, 자신을 스스로 책임질 수 있는 도덕 행위자라고는 할 수 없다.

08

정답 ④

분석 및 접근

'현상적 의식'과 '감응력'에 대해 추론한 것으로 가장 적절한 것을 고르는 문제다. 따라서 지문을 읽기 전 발문을 검토하여 '현상적 의식'과 '감응력'에 주목하여 지문을 읽는 것이 효율적이다. 그리고 해당 내용을 지문에서 읽고 바로 지문과 문제를 상호 검토한다면 빠르게 문제를 풀 수 있다.

해설

① '감응력 마비자'는 현상적 의식을 가지고 있지 못하다.
→ 적절하지 않다. 지문 내에서 '감응력 마비자'란 현상적 의식은 있으나, 감응력은 없는 존재이다. 따라서 감응력 마비자가 현상적 의식을 가지고 있지 못하다고 볼 수 없다.

② 감응력은 정보 접수적 측면은 없지만 능동적 측면은 있다.
→ 적절하지 않다. '감응력'은 수동적 측면과 함께 능동적 측면도 있는 영역이므로, 감응력에 정보 접수적 측면이 없다고 말할 수 없다.

③ 현상적 의식과 달리 감응력은 행동주의적 기준으로 포착되지 않는다.
→ 적절하지 않다. 2문단의 첫 번째 문장에 따르면 싱어와 커루더스를 비롯한 많은 철학자들은 '감응력'을 도덕적 고려의 기준으로 삼았다.

④ 커루더스는 현상적 의식이 있지만 감응력이 없는 존재를 고차원적 의식이 없다고 생각한다.
→ 적절하다. 2문단에 따르면 커루더스는 고차원적 의식을 감응력의 기준으로 보고 동물을 도덕 공동체에서 제외한다. 따라서 커루더스는 현상적 의식이 있지만 감응력이 없는 존재를 고차원적 의식이 없다고 생각할 것이다.

⑤ 싱어는 감응력 없이 현상적 의식의 상태에 있는 대상에게 위해를 가하는 것을 비윤리적이라고 주장할 것이다.
→ 적절하지 않다. 2문단에 따르면 싱어 역시 '감응력'을 도덕적 고려의 기준으로 삼는다는 점에서, 감응력이 없는 대상에게 위해를 가하는 것을 두고 비윤리적이라고 주장할 것을 단정할 수 없다.

09

정답 ③

분석 및 접근

㉠에 대한 비판으로 가장 적절한 것을 고르는 문제다. 비판 문제를 풀이할 때에는 지문에서 주요하게 검토하는 논점의 범위 내에서 상대가 말한 바를 정확히 이해하여, 상대방이 하는 주장에 대한 한계나 상대가 미처 고려하지 못하고 간과한 지점 등에 대한 비판이 이루어져야 한다는 점을 기억할 필요가 있다. 이에 본 문제 역시 ㉠에 대한 이해가 먼저 되어야 하며, 5개의 선택지 중 애초에 ㉠에 대한 이해가 잘못된 선택지를 먼저 제외하는 식으로 풀이하는 것이 효율적이다.

해설

① 감응력이 있는 현상적 의식을 가진 존재만을 도덕적으로 고려하면 고통과 쾌락을 덜 느끼는 사람을 차별하게 되지 않을까?
→ 적절하지 않다. 지문에서는 주로 현상적 의식은 있지만 감응력이 '없는' 존재를 도덕적 고려의 대상으로 받아들일 수 있는 것인지에 대해 논의하고 있으므로, 감응력이 '있는' 존재에 대한 것은 알 수 없다.

② 도덕 피동자가 책임질 수 있는 도덕적 행동을 할 수 없더라도 도덕 행위자는 도덕 피동자에게 도덕적 의무를 져야 하는 것 아닐까?
→ 적절하지 않다. 도덕 피동자와 도덕 행위자 모두 지문 내에 등장한 개념이기는 하나, 도덕 행위자의 도덕적 의무나 이들이 피동자를 어떻게 보호할지에 대한 내용은 본 지문의 주요한 논점이 아니다.

③ 외부의 자극에 대한 수동적인 의식적 상태는 자신이 어떻게 취급받는지에 신경 쓰지 않는다는 뜻인데 여기에 도덕적 고려를 할 필요가 있을까?
→ 적절하다. ㉠은 현상적 의식은 있지만 감응력이 없는 식물인간이라고 하더라도 도덕 공동체의 일원이 될 여지가 있지 않겠느냐는 주장이므로, 가장 적절한 비판이라 할 수 있다. 본 선택지의 표현 중 '자신이 어떻게 취급받는지'는 3문단에서 '감응력'을 정의할 때 제시된 표현으로, 3문단에 따르면 '감응력'이란 자신이 어떻게 취급받는지에 신경 쓸 수 있다는 뜻이다. 따라서 현상적 의식이 있지만 감응력이 없는 식물인간을 도덕 공동체의 일원이라고 보아야 하지 않느냐는 ㉠에 대해 수동적 의식 상태는 도덕적 고려의 대상이 될 수 없다는 점을 지적하는 것은 지문 내 정의를 활용한 가장 적절한 비판이다.

④ 식물인간의 도덕적 고려 여부는 식물인간이 누구와 어떤 관계를 맺느냐가 아니라 어떤 도덕적 속성을 가지고 있느냐를 보고 판단해야 하지 않을까?
→ 적절하지 않다. ㉠이 관계론적 접근에 따라 도덕 공동체의 편입 여부를 검토하였다거나 이를 주장한 것이 아님에도 마치 ㉠의 기준이 '관계성'인 것처럼 표현하는 것은 옳지 않다.

⑤ 일상에서 특별한 능동적인 주의력이 필요한 의식 상태라고 하는 것도 알고 보면 외부 자극에 대한 정보가 최소한 접수되는 정도의 의식적 상태가 아닐까?
→ 적절하지 않다. 이는 '식물인간이란 현상적 의식은 있고 감응력은 없는 상태의 사람이다.'라는 지문과 ㉠의 공통되는 전제다. 논의에서 이미 서로가 공통적으로 정의한 전제에 대해 의문을 가지는 것은 ㉠의 주장에 대한 잘못된 이해에 기반한 것이라 볼 수 있다.

[10~12]

선배의 독해 전략

롤스와 싱어가 '평등'에 대해 어떻게 개념화하는지 대비되는 구조로 전형적인 지문이다. 한 개념에 관해 특정 인물들의 견해가 다양하게 등장할 경우 공통점, 차이점은 무엇인지와 혹여 글쓴이의 견해가 숨어 있지는 않은지 유의하며 읽는다. 문제에 <보기>가 제시될 경우, 사례 문제인지 힌트를 주는 내용인지 검토하고 지문을 읽기 시작하면 효율적인 문제풀이가 가능하다.

10

정답 ④

분석 및 접근

평등이라는 지문의 핵심 개념을 이해하고 있는지 묻는 문제다. 선택지의 구조에 주목하여 읽는 것이 중요하다.

해설

① 형식적 정의에서는 차별적 대우가 허용되지 않는다.
→ 적절하지 않다. 3문단에 따르면 규칙이 일관되게 적용되었을 때 형식적 정의가 실현된다. 그러나 2문단에 제시된 조건적 평등 원칙이라는 규칙을 일관되게 적용한다면 합리적인 이유가 있는 경우에는 차별적 대우가 허용된다. 따라서 차별적 대우가 허용되지 않는다고 단정할 수 없다.

② 조건적 평등과 달리 절대적 평등은 결과적인 평등을 가져온다.
→ 적절하지 않다. 1문단에 따르면 절대적 평등은 모든 측면에서 똑같이 대우하는 것이다. 그러나 1문단에서 밝힌 바와 같이 인간은 저마다 타고 태어난 능력과 소질이 다르므로 모든 측면에서 똑같이 대우한다고 하더라도 결과는 각기 다를 수 있다. 따라서 결과적인 평등을 가져온다고 단정할 수 없다.

③ 불평등은 충분한 이유가 있더라도 평등의 이념에 부합하지 않는다.
→ 적절하지 않다. 2문단에 제시된 '이유 없는 차별 금지'라는 조건적 평등 원칙의 정의에 부합하지 않는 선택지이므로 적절하지 않다. 평등에 대한 요구는 충분한 이유가 제시되지 않은 불평등을 제거하는 것이 목표다. 따라서 불평등의 범주가 합리적 이유가 제시된 경우와 제시되지 않은 경우로 나누어지므로 이를 고려하였을 때 불평등은 충분한 이유가 있더라도 평등의 이념에 부합하지 않는다고 단정할 수 없다.

④ 규칙에 따라 유사한 경우는 유사하게 취급해도 결과는 불평등할 수 있다.
→ 적절하다. 3문단에 따르면 규칙에 따라 유사한 경우를 유사하게 취급하여 형식적 정의를 실현한다고 하더라도 그 결과까지 평등할 것이라 담보할 수 없다. 따라서 지문의 핵심 논지는 결과가 불평등할 수 있으므로 실질적 정의를 보장하기 위해 규칙의 내용까지 중요하게 고려하자는 것이다.

⑤ 인간의 능력은 절대적으로 평등하게 만들 수 있지만 자율성에 어긋날 수 있다.
→ 적절하지 않다. 1문단에 따르면 인간은 저마다 능력과 소질을 다르게 가지고 태어난다는 점에서 이를 똑같게 만들 수 없다고 한다. 따라서 인간의 능력을 절대적으로 평등하게 만들 수 있다고 단정할 수 없다.

11

정답 ①

분석 및 접근

롤스와 싱어의 핵심 논지와 논거를 적절히 이해하고 있는지 묻는 문제다.

해설

① 롤스에서 평등의 근거가 되는 특성을 가지지 못한 존재는 부도덕하다.
→ 적절하지 않다. 롤스가 말하는 평등의 근거가 되는 특성은 도덕적 인격이다. 4문단에 따르면 도덕적 인격이라고 해서 도덕적으로 훌륭하거나 부도덕한 것이 아니라 도덕과 무관하다는 말과 대비되는 뜻이다. 따라서 도덕적 인격을 가지지 못한 존재는 부도덕한 것이 아니라 도덕과 무관하다고 할 수 있다.

② 롤스에서 영역 성질은 정도의 차를 감안하지 않는 동일함을 가리킨다.
→ 적절하다. 4문단에 따르면 영역 성질은 원의 경계선을 기준으로 원의 내부와 외부로 나뉘는 것과 같이 정도의 차를 감안하지 않고 해당 성질을 가지고 있는지 여부로 나뉜다. 따라서 정도의 차를 감안하지 않는 동일함을 가리킨다고 할 수 있다.

③ 싱어에서는 인간이 아닌 존재가 느끼는 고통과 쾌락도 도덕적으로 고려해야 한다.
→ 적절하다. 5문단에 따르면 싱어는 평등의 근거로 이익 평등 고려의 원칙을 내세운다. 즉 싱어는 고통과 쾌락을 느낄 수 있는 능력을 가지고 있어야 이해관계를 가지며, 그러한 존재만이 평등한 도덕적 고려의 대상이 된다고 하였다.

④ 싱어에서는 도덕적으로 평등하다고 인정받는 사람들도 차별적 대우를 받을 수 있다.
→ 적절하다. 싱어는 기본적으로 고통과 쾌락을 느낄 수 있는 능력을 갖고 있으면 평등한 도덕적 고려의 대상으로 본다. 그러나 이러한 능력을 가진 사람들이라고 하더라도 도덕적 인격을 가지지 않는 경우가 있을 수 있으므로 차별적 대우를 받을 수도 있다.

⑤ 롤스와 싱어는 도덕에 대한 민감성이 사람마다 다름을 인정한다.
→ 적절하다. 롤스와 싱어의 공통점에 대해 묻고 있다. 먼저 싱어의 경우 5문단에서 직접적으로 도덕에 대한 민감성의 수준은 사람에 따라 다르다고 명시한다. 롤스의 경우에도 도덕적 인격을 정의하며 이 능력을 최소치만 갖고 있다면 평등한 대우에 대한 권한을 갖는다고 하였다. 즉 롤스와 싱어 모두 도덕적 인격이 사람마다 그 정도가 다를 수 있음을 인정한 것으로 볼 수 있다.

12

정답 ④

분석 및 접근

<보기>의 갑, 을, 병은 도덕적 능력과 고통을 느끼는 능력을 가지고 있는지 여부에 따라 도덕적 고려의 대상인지 아닌지로 나뉜다. 롤스와 싱어의 기준을 각 사례에 적용하여 이해할 수 있는지 측정하고자 하는 문제다.

해설

① 갑에 대해 싱어는 도덕적 고려의 대상이 아니라고 보겠군.
→ 적절하다. 갑은 고통을 느끼는 능력을 회복 불가능하게 상실하였으므로 싱어는 도덕적 고려의 대상이 아니라고 볼 것이다.

② 을이 도덕적 능력이 있는 사람보다 더 고통을 느낀다면 싱어는 더 대우를 받아야 한다고 생각하겠군.
→ 적절하다. 싱어의 기준은 고통을 느끼는 능력이다. 따라서 만약 을이 더 고통을 느낀다면 이해관계가 강한 존재이므로 더 대우를 받아야 한다고 생각할 것이다.

③ 을이 도덕적 고려의 대상임을 설명할 수 있다는 점에서 싱어는 자신의 설명이 통상적인 평등 개념에 부합한다고 생각하겠군.
→ 적절하다. 을은 도덕적 능력은 선천적으로 결여하였지만 고통을 느낄 수 있는 존재이다. 5문단에서 싱어는 롤스에 따르면 도덕적 능력을 태어날 때부터 가지고 있지 않은 존재는 도덕적 지위를 가지고 있지 못하게 된다며 이와 같은 롤스의 설명은 통상적인 평등 개념에 어긋난다고 비판한다. 따라서 싱어는 고통을 느낄 수 있는 능력을 기준으로 한 자신의 설명이 통상적인 평등 개념에 부합한다고 볼 것이다.

④ 병에 대해 롤스는 그 질병에 걸리지 않은 사람과 달리 평등하지 않게 생각하겠군.
→ 적절하지 않다. 4문단에 따르면 롤스는 도덕적 인격을 규정하는 최소한의 요구 조건으로서의 도덕적 능력은 잠재 능력을 기준으로 판단하는 것이지 그 실현 여부에 따라 판단하지 않는다고 하였다. 따라서 질병에 걸려 도덕적 능력을 일시적으로 상실했더라도 그 잠재성은 인정될 것이므로 롤스는 병을 도덕적 인격이 있는 존재로 평등하다고 생각할 것임을 알 수 있다.

⑤ 갑과 을에 대해 싱어는 롤스가 도덕적 인격임을 설명하지 못할 것이라고 보겠군.
→ 적절하다. 갑과 을은 공통적으로 도덕적 능력이 결여된 존재이다. 5문단에 따르면 롤스의 설명에 의거할 때 도덕적 능력을 태어날 때부터 가지고 있지 않은 을이나 영구적으로 상실한 갑과 같은 사람은 도덕적 지위를 가지고 있지 못하게 된다. 따라서 싱어는 갑과 을에 대해 롤스가 이들이 도덕적 인격임을 설명하지 못할 것이라고 볼 것이다.

III 실전 연습문제 (3) 예술

p.178

01	02	03	04	05
①	②	⑤	①	①
06	07	08	09	10
③	⑤	②	⑤	③
11	12			
⑤	⑤			

[01~03]

선배의 독해 전략

본 지문은 평론가인 글쓴이가 「탁류」라는 소설을 분석하며 초봉을 몰락시키는 개념인 '교환의 정치경제학'과 희망의 가능성을 의미하는 '증여의 윤리'를 구분하며 전개되는 구조이다. 글쓴이(평론가)의 견해를 소설을 쓴 작가의 견해와 일치한다거나 평론가와 소설가를 동일시하는 착각을 하지 않도록 주의한다.

01

정답 ①

분석 및 접근

글쓴이가 드러낸 글 전반의 흐름과 문제의식을 이해할 수 있는지 측정하고자 하는 문제이다.

해설

① 시대의 특수성을 고려하여 삶의 양태에 대한 소설가의 비판적 인식을 추적한다.
→ 1문단에서 글쓴이는 채만식의 「탁류」가 1935년에서 1937년에 이르는 시대에 살고 있는 조선인의 궁핍한 현실을 중요한 문제로 삼은 작품이라고 지적했다. 그리고 자본주의의 기제가 인간의 순수한 영혼을 잠식한다는 점도 지적하며 소설 내에 초봉의 몰락 과정이 등장할 것임을 간접적으로 예고했다. 이를 고려할 때 시대의 특수성을 고려하여 삶의 양태에 대한 소설가의 비판적 인식을 추적한다는 진술은 적절하다.

② 인물의 내면 심리에 대한 세밀한 분석을 통해 소설가의 내면 심리를 천착한다.
→ 지문에 소설가 채만식의 내면 심리를 천착한 부분은 없다.

③ 궁핍으로 인한 연명의 문제보다 윤리의 문제를 중시한 소설가의 인식을 비판한다.
→ 5문단에 따르면 오히려 글쓴이는 '증여의 윤리'라는 개념을 전면에 내세우며 윤리의 문제를 중시했음을 알 수 있다.

④ 인간의 존재론적 모순에 대한 소설가의 염세적 시선에 주목하여 삶의 의미를 반추한다.
→ 지문에 인간의 존재론적 모순에 대해 논의한 바는 없다.

⑤ 현실을 대하는 소설가의 이중적 태도를 인물들이 표방하는 이념의 분석을 통해 통찰한다.
→ 매력적인 오답이다. 소설가가 현실을 대하는 데 이중적 태도를 내세웠다기보다는 오히려 글쓴이가 해당 소설에 대해 이중적 태도를 보이고 있다.

02

정답 ②

분석 및 접근

본문의 핵심 소재인 '초봉'의 몰락 과정을 통시적으로 이해했는지 묻는 문제다.

해설

① ㉠은 자본주의 기제로부터 영향을 받기 이전에 가족에 대한 증여자로서 '초봉'이 지녔던 순수한 영혼을 환기한다.
→ 적절하다. 2문단에 따르면 소설의 앞부분에서 초봉은 자기희생을 마다하지 않는 순수한 영혼의 소유자로 등장한다. 따라서 ㉠은 순수한 영혼을 환기한다고 볼 수 있다.

② ㉡은 '초봉'이 노동에 의해 빈곤에서 벗어날 수 있다는 믿음을 되찾으면서 교환의 정치경제학이라는 틀 속에 빠져들기 시작한다는 점을 알려준다.
→ 적절하지 않다. 2문단에 따르면 '초봉'의 고유한 모럴은 노동을 통해 무언가를 축적해 나가는 삶의 방식이었다. 따라서 ㉡은 노동에 의해 빈곤에서 벗어날 수 있다는 믿음을 잃어가는 과정이라고 할 수 있다.

③ ㉢은 '초봉'이 물신주의적 가치관을 수용하게 됨으로써 인간과 사물을 환금의 가능성으로만 파악하게 되었음을 나타낸다.
→ 적절하다. ㉢과 1문단에서 글쓴이가 「탁류」를 분석한 내용을 연결시켜 볼 때, 자본주의 기제가 '초봉'의 순수한 영혼을 잠식해 들어가는 과정이라 할 수 있다.

④ ㉣은 '초봉'의 몰락 과정이 순진성의 세계를 끈덕지고도 교활하게 파괴하는 식민지 근대화 과정과 상통함을 보여준다.
→ 적절하다. ㉣에서는 '초봉'의 몰락이 끈덕진 과정을 통해 일어났음을 추론할 수 있다. 한편, 1문단에서 드러난 글쓴이의 문제의식을 함께 고려한다면 이를 식민지 근대화 과정과도 연결할 수 있다.

⑤ ㉤은 구원의 힘이 역설적 방식으로 존재함을 강조하는 것으로, 왜곡된 자본주의 논리를 벗어날 힘이 '초봉'의 몰락 과정에서 생성되어 가기도 함을 시사해 준다.
→ 적절하다. 5문단에 따르면 '초봉'의 몰락 과정과 함께 구원의 힘이 어느 정도 존재함을 확인할 수 있다. 따라서 자본주의 기제가 순수한 영혼을 잠식하는 한편, '증여의 윤리'도 함께 등장한다는 사실을 간접적으로 알려 주는 것이라 할 수 있다.

03

정답 ⑤

분석 및 접근

지문의 '증여의 윤리'를 실제 작품에 적용할 수 있는지 파악하고자 했다.

해설

'입술'을 꽉 다무는 계봉의 모습은 의식적으로 '증여의 윤리'를 수용하려는 태도를 보인다기보다는 의식적으로 수용하지 않으려는 태도를 보인다고 할 수 있다. 계봉은 '일하는 만큼 대가를 얻어야 한다'는 철칙을 보여주며 자본주의 기제로부터의 '구원의 힘'이 잠재한다는 것을 보일 뿐이다.

[04~06]

선배의 독해 전략

헤겔의 관점에서 왜 '예술의 종언'을 맞이하게 되었다고 이야기하는지 그 취지를 이해하고, 헤겔의 관점에 따라 각 예술 장르를 어떻게 평가하는지 주목하며 읽는다.

04

정답 ①

분석 및 접근

지문을 읽고 ㉠의 문맥적 의미를 추론하는 문제이다. ㉠의 문맥적 의미는 4문단에 구체화되어 있다. 그러므로 ㉠의 의미를 구체적으로 풀어내기 위해서는 4문단의 구조적인 역할을 감안하고 독해해야 하며, 4문단을 제대로 이해하기 위해서는 이 문단이 '내용-진리-이념-이성적 사유' 대 '형식-감성'의 개념적 대조를 바탕으로 구성되어 있다는 점을 알아야 한다.

해설

① 예술이 진리 매개라는 목적을 달성하고자 하더라도 정신의 작동 방식이 감성적 단계를 넘어선 시대에는 그 실현 가능성이 없다.
→ 이 글은 '내용-진리-이념-이성적 사유' 대 '형식-감성'의 개념적 대조를 바탕으로 구성되어 있다. 특히 초기 예술이 담당했던 과제, 즉 진리 매개는 근대에 철학으로 이관되었으며, 이러한 발전의 방향은 불가역적이기에 되돌릴 수 없다. 그러므로 예술이 진리 매개라는 목적을 달성하고자 하더라도 정신의 작동 방식이 감성적 단계를 넘어선 시대인 근대에서는 그 실현 가능성이 없다.

② 예술의 본질은 순수한 심미적 가치의 구현이지만, 진리 매개라는 이질적 목적이 개입함으로써 예술의 자율성이 훼손된다.
→ 진리 또한 순수한 논리로서 이질적 목적이라 할 수 없고, 예술의 자율성에 대한 논의는 문맥과도 무관하다.

③ 예술이 진리 매개를 그것의 유일한 과제로 삼음으로써 주제의 다양화가 원천적으로 불가능하게 된다.
→ 주제의 다양화는 지문의 논지에서 벗어난 내용이다.

④ 예술이 진리 매개를 추구하여 매우 난해한 행위로 변함으로써 대중과의 소통이 불가능해진다.
→ 대중과의 소통은 지문의 초점에서 벗어난 내용이다.

⑤ 예술이 진리 매개를 지나치게 지향함으로써 양식적 쇠퇴라는 부정적 결과를 초래한다.
→ 양식적 쇠퇴는 이 글의 중심 화제와 거리가 먼 내용이다.

05

정답 ①

분석 및 접근

ⓐ의 관점에서 ⓑ를 어떻게 평가했는지 파악하는 문제이다. 특히 6문단의 정보를 구조적으로 이해하는 것이 중요하다. ⓐ는 일부 예술가와 예술 애호가들이고, ⓑ는 체계 이론 미학이다. ⓐ는 ⓑ를 '절반의 성공'이라고 평가하였다. 그 이유는 체계 이론 미학이 헤겔 미학을 전거로 삼으면서 그 원래의 핵심 주제를 방기했기 때문이다. 이와 동일한 명제적 의미를 가진 진술을 찾아야 한다.

해설

① 고전적인 학설을 활용했지만, 그것의 핵심적 논점에서 벗어났다.
→ '고전적인 학설'은 헤겔 미학을 의미하며, '핵심적 논점에서 벗어났다'는 원래의 핵심 주제를 방기했다는 것을 의미한다. 따라서 이는 ⓐ가 ⓑ를 평가한 것으로 적절한 진술이다.

② 체계적인 이론을 정립했지만, 그것의 현실적 실용화는 미흡했다.
→ 현실적 실용화는 지문에서 ⓐ의 관심사가 아니다. 이는 화제에서 이탈한 진술이다.

③ 유의미한 주제를 제시했지만, 그것의 대중적 공론화가 어려웠다.
→ 일부 예술가와 예술 애호가들의 관점에서 체계 이론 미학은 핵심 주제를 방기하였기 때문에 유의미한 주제를 제시했다고 보기 어렵다. 그리고 대중적 공론화는 지문에서 ⓐ의 관심사가 아니다. 이는 화제에서 이탈한 진술이다.

④ 흥미로운 현상을 발견했지만, 그것의 인과적 규명에는 실패했다.
→ 인과적 규명은 지문에서 ⓐ의 관심사가 아니다. 이는 화제에서 이탈한 진술이다.

⑤ 매력적인 가설을 수립했지만, 그것의 경험적 검증에는 실패했다.
→ 가설이나 검증과는 관련이 없다. 그리고 가설이나 검증은 지문에서 ⓐ의 관심사가 아니다. 이는 화제에서 이탈한 진술이다.

06

정답 ③

분석 및 접근

<보기>에 주어진 관점에 대해 헤겔의 관점에서 비판하는 문제이다. 헤겔 미학의 관점은 3문단과 4문단에 구체화되어 있다. <보기>는 오페라가 장르적 통합성을 갖춘 종합 예술이라고 주장한다. 즉 오페라의 장르적 특성에 근거하여 예술성을 긍정하는 것이다. 하지만 헤겔은 예술의 본질을 순수한 이성적 사유에 근거한 진리성이라고 생각한다. 따라서 완성도 높은 양식이 예술의 본래적 가치 구현을 보장하지 않는다.

해설

① 오페라의 양식적 장대함은 고대 그리스 비극의 현대적 재현이다.
→ 고대 그리스 비극은 근대 이전의 예술이므로 진리를 매개한다. 오페라의 양식적 장대함을 긍정적인 어조로 표현하고 있는 것으로 보아 이는 <보기>의 관점을 지지하는 사례에 해당한다.

② 오페라가 절대적 진리를 담으려면 종합적 기법의 완성도를 더 높여야 한다.
→ 헤겔의 관점에서 근대 이후의 예술은 진리 매개의 가능성이 없다. 그런데 오페라가 절대적 진리를 담기 위해 노력해야 한다는 점에 초점을 맞추고 있으므로 이는 헤겔의 관점에서 이탈한 진술이다.

③ 오페라의 완성도 높은 양식이 예술의 본래적 가치의 구현을 의미하지는 않는다.
→ 헤겔의 관점에서 예술의 양식(형식)에 대해 평가한 것으로 적절한 진술이다.

④ 오페라의 통합적 성격은 오히려 예술에 더 이상의 양식적 발전이 불가능함을 보여 준다.
→ 예술의 양식적 발전은 쟁점에 해당하지 않는다. 양식적 측면에 초점을 맞추고 있으므로 헤겔의 평가와 반대된다.

⑤ 오페라가 가치 있는 장르가 되려면 앞으로 화려한 양식 속에 이성적 사유를 담아내야 한다.
→ 2번 선택지와 마찬가지로 이는 헤겔의 관점에서 이탈한 진술이다.

[07~09]

선배의 독해 전략

음정이나 화음에 대해 잘 알고 있지 않더라도 지문에서 주어진 내용을 토대로 다른 일치/불일치 문제를 풀듯이 동일하게 해결하면 된다. 지문에 제시된 시대별 특징에 주목하고, 지문에서 어떤 음정이 가장 협화적이고 덜 협화적이라고 평가하는지 등에 초점을 두어 선택지를 하나씩 평가하면 된다.

07

정답 ⑤

분석 및 접근

지문의 세부정보를 문맥에 맞게 파악했는지 확인하는 문제이다.

해설

① 완전음정 <도-솔>은 완전음정 <도-도>보다 덜 협화적이다.
→ 적절하다. 2문단에 따르면 완전음정 중에서도 완전 1도인 <도-도>가 가장 협화적이며 완전 5도인 <도-솔>은 이보다 덜 협화적이라는 것을 알 수 있다.

② 르네상스 시대보다 중세 시대에 협화적인 음정을 더 많이 사용하였다.
→ 적절하다. 4문단에서 확인할 수 있다.

③ 2도-3도-1도의 진행은 불협화음정-불완전음정-완전음정의 단계적 진행이다.
→ 적절하다. 4문단에서 확인할 수 있다.

④ 장3화음과 단3화음은 근음 위에 쌓은 3도 음정의 성질에 따라 구별된다.
→ 적절하다. 5문단에서 확인할 수 있다.

⑤ 화음의 개념에 근거한 선율만으로는 곡의 주요 3화음을 알 수 없다.
→ 적절하지 않다. 6문단의 선율이 화음에 근거하여 만들어진다는 부분을 통해 확인할 수 있다. 그리고 수평적인 선율 안에 화음의 구성음이 내재한다고 했기 때문에 선율을 알면 곡의 주요 3화음을 알 수 있다고 추론해야 한다.

08

정답 ②

분석 및 접근

선법 음악에서 조성 음악으로 변화하는 지문의 핵심적인 문맥의 흐름을 파악하는 문제이다.

해설

① 음의 재료가 협화적 음정에서 불협화적 음정으로 바뀌었다.
→ 적절하지 않다. 선법 음악에서도 협화적 음정을 주로 사용한 것이지 불협화적 음정을 사용하지 않았던 것은 아니다.

② 대위적 양식에서 추구하던 선율들의 개별적인 독립성이 쇠퇴하였다.
→ 적절하다. 선법 음악은 음정으로 구성된 선율의 흐름을 중시한다. 선법 음악은 대위적 개념에 근거한 것인데, 대위법이란 두 개 이상의 선율이 독립성을 유지하면서 선율과 선율 사이의 조화를 이루는 것이다. 반면에 조성 음악은 화음을 조화롭게 연결하여 만든 맥락인 화성을 중시한다. 이러한 변화는 6문단에 직접적으로 표현되어 있다. 이 변화 과정에서 다성부의 구조가 쇠퇴하는 대신 선율과 화성으로 구성된 구조가 등장했다는 부분을 통해 선율들의 개별적 독립성보다는 선율과 화성 화음들의 구성음들의 조화가 중시되었음을 알 수 있다.

③ 수직적인 음향을 강조하던 것이 수평적인 선율을 중시하는 것으로 바뀌었다.
→ 적절하지 않다. 수평적인 선율보다 수직적인 화음을 중시하는 양식으로 변화하였다.

④ 화성적 맥락으로 전환되면서 3도 관계의 화음들이 근본적인 화성 진행을 만들었다.
→ 적절하지 않다. 7문단에 따르면 5도 관계에 놓인 세 화음이 화성적 맥락을 형성하는 근본적인 역할을 한다고 하였다.

⑤ "화성은 선율의 결과이다."라는 사고가 발달하면서 선율과 화성의 구조를 사용하였다.
→ 적절하지 않다. 조성 음악은 '선율이 화음에 근거하여 만들어진다'고 하였으므로 '선율은 화음의 결과이다.'로 바꿔 쓰는 것이 문맥상 타당하다.

09

정답 ⑤

분석 및 접근

지문 내용을 기준으로 구체적 사례를 판단하는 문제다. <조건>을 감안하여 선택지가 문맥에 부합하는지 여부를 판단해야 한다.

해설

① ㉠의 화음에는 '미'가 내재되어 있다.
→ 적절하다. ㉠은 <도-미-솔>의 으뜸화음이므로 '미'가 내재되어 있다.

② ㉡에는 버금딸림 7화음이 사용되었다.
→ 적절하다. <파-라-도> 위에 3도를 한 번 더 쌓으면 <파-라-도-미>의 버금딸림 7화음이 된다.

③ ㉢에는 딸림 7화음이 사용되었다.
→ 적절하다. 딸림화음은 <솔-시-레>인데 이 위에 3도를 한 번 더 쌓으면 <솔-시-레-파>의 딸림 7화음이 된다.

④ 으뜸화음에서 시작하여 으뜸화음으로 끝난다.
→ 적절하다. 마지막 마디는 <도-미-솔>의 으뜸화음이므로, 으뜸화음에서 시작해 으뜸화음으로 끝난 것이 맞다.

⑤ 각 마디의 첫 음은 그 마디에 사용된 화음의 근음이다.
→ 적절하지 않다. 으뜸화음의 근음은 <도>, 버금딸림 7화음의 근음은 <파>, 딸림 7화음의 근음은 <솔>이다. 따라서 첫 마디가 모두 근음이라면 '도-파-솔-도'가 되어야 한다. 그런데 <보기>는 '솔-도-레-미'이므로 잘못된 선택지이다.

[10~12]

선배의 독해 전략

세 문제의 발문이 명확한 방향을 제시하므로 지문을 읽기 전 발문을 체크하여, 본 지문을 읽을 때 '열심히' 읽는 것이 아니라, 작품의 제목과 글쓴이의 견해, 그리고 각 견해에 주목하여 읽어야겠다는 점을 힌트로 얻을 수 있다. 특히 세 견해를 묻는 마지막 문제의 경우 각 견해의 기준에 주목할 필요가 있고, 단정적인 선택지에 주의할 필요가 있다.

10

정답 ③

해설

① <바다>는 표제적 제목 없이는 재현으로 볼 수 없다.
→ 옳다. 2문단에서 확인 가능하다.

② <브로드웨이 부기우기>는 제목과 함께 고려할 때 재현으로 볼 수 있다.
→ 옳다. 2문단에서 확인 가능하다.

③ <전원 교향곡>에서 자연의 소리를 닮은 부분은 제목과 함께 고려해야만 재현으로 볼 수 있다.
→ 옳지 않다. 3문단에서 확인 가능하다. 전원 교향곡의 새소리 같은 경우는 음악에 대한 참조 없이도 명백히 재현으로 지각되는 사례로 나와 있다.

④ <물레질하는 그레첸>의 주기적으로 반복되는 반주 음형은 제목과 함께 고려할 때 재현으로 볼 수 있다.
→ 옳다. 4문단에서 확인 가능하다.

⑤ <1812년 서곡>에 포함된 '프랑스 국가'는 순수하게 음악적인 관점에서는 그 등장을 이해할 수 없는 부분이다.
→ 옳다. 6문단에서 확인 가능하다.

11

정답 ⑤

해설

① 순수한 음악적 측면만으로 재현 대상에 대한 인식을 불러일으킬 수 있는 음악 작품이 흔히 존재한다.
→ 옳지 않다. 3문단에서 제목에 대한 참조 없이도 명백히 재현으로 지각되는 사례가 드문 것이 사실이라고 밝히고 있다.

② 음악의 재현 가능성을 옹호하려면 회화적 재현을 판단하는 기준을 대신할 별도의 기준이 마련되어야 한다.
→ 옳지 않다. 글쓴이는 3, 4문단을 통해 음악 작품의 가사는 물론 작품의 제목이나 작품의 모티브가 되는 표제까지도 작품의 일부로 보는 기존의 입장을 근거로 삼아 음악의 재현 가능성을 옹호하고 있다.

③ 제목의 도움 없이는 재현 여부를 알 수 없다는 점이 음악과 전형적인 회화에서 공통적으로 발견되는 특성이다.
→ 옳지 않다. 제목의 도움 없이 재현 여부를 알 수 없다는 점은 음악의 특징이고 전형적인 회화는 제목의 도움 없이도 재현 여부를 알 수 있다.

④ 음악적 재현이 가능하기 위해서는 음악 작품의 의도를 전혀 모르고 감상자가 작품을 충분히 이해하는 경우가 전형적이라야 한다.
→ 옳지 않다. 이러한 주장은 음악이 재현의 조건을 만족시키지 못한다고 생각하는 학자들의 작품 이해와 관련된 또 다른 문제 제기이며 글쓴이는 6문단에서 이에 대한 반대 입장도 제시하고 있다. 또한 이러한 주장에 따른 사례가 전형적인지 아닌지는 글쓴이가 음악적 재현이 가능한지를 판단하는 기준으로 삼는 것이 아니다.

⑤ 재현에 대한 지각적 경험과 재현 대상에 대한 지각적 경험 사이에 닮음이 존재해야 한다는 조건을 만족시키는 음악 작품이 존재한다.
→ 옳다. <전원 교향곡> 또는 6문단에 제시된 내용들을 통해 확인 가능하다.

12

정답 ⑤

해설

① ㉠은 이것을 예술 작품의 일부로서 제목이 갖는 중요성을 입증하는 사례로 이용할 수 있다고 할 것이다.
→ 추론 가능하다. ㉠의 입장은 음악 작품의 가사는 물론 작품의 제목이나 작품의 모티브가 되는 표제까지도 작품의 일부로 보는 입장이다. 이 입장에서는 보기를 통해 제목이 갖는 중요성을 입증할 수 있다고 볼 것이다.

② ㉡은 슈만이 자신이 듣고 있는 곡의 재현 대상을 몰랐더라도 곡의 전체적인 조합만큼은 이해할 수 있었다고 할 것이다.
→ 추론 가능하다. ㉡ 입장은 음악 작품은 재현된 대상에 대한 인식이 작품의 이해를 위해 필수적이지 않다는 입장이다. ㉡ 입장에서는 보기의 음악이 스코틀랜드의 재현으로서 의도되었다는 사실을 모르고도 2악장의 주제에 파, 솔, 라, 도, 레의 다섯 음의 조합과 구조를 파악했으므로 이것이 곧 <스코틀랜드>를 음악적으로 이해한 것이라는 입장을 취할 것이다.

③ ㉡은 5음 음계가 사용된 이유에 대한 정보가 그 곡이 교향곡으로서 지니는 순수한 음악적 구조를 이해하는 데에 꼭 필요한 것은 아니라고 할 것이다.
→ 추론 가능하다. ㉡의 입장에서는 의도를 모르더라도 음악적으로 이해하는 것이 가능하다고 보기 때문에 위와 같이 말할 수 있다.

④ ㉢은 슈만이 자신이 듣고 있는 곡의 제목을 잘못 알았기 때문에 그 음악을 완전히 이해하지는 못했다고 할 것이다.
→ 추론 가능하다. ㉢의 입장은 작품의 제목이나 표제가 무시된 채 순수한 음악적 측면만이 고려된다면 작품의 완전한 이해가 불가능할 수 있다고 본다.

⑤ ㉢은 이탈리아 풍경과는 이질적인 5음 음계로 인해 슈만이 자신이 듣고 있는 곡의 음악적 구조 파악에 실패했다고 할 것이다.
→ 추론 가능하지 않다. 음의 조합과 구조는 의도나 제목을 모르더라도 파악 가능한 부분이며, ㉢의 입장은 음의 조합과 구조를 이해하는 것만으로는 작품의 완전한 이해가 아니라고 지적하고 있을 뿐이다.

Ⅳ 실전 연습문제 (4) 고전

p.188

01	02	03	04	05
①	⑤	③	①	②
06	07	08	09	10
⑤	④	②	④	④
11	12			
①	①			

[01~03]

선배의 독해 전략

'모반'과 '모반대역'을 구분하고, 막동과 끝동의 형량에 대하여 각 신하들의 주장이 어떠한지를 중심으로 지문을 독해한다.

01

정답 ①

분석 및 접근

의금부에서 노비들의 죄를 논할 때, 전제로 삼은 명률 규정의 내용을 찾는 문제다.

해설

지문에는 당시 노비들이 상전을 모해한 것을 처벌하는 규정이 명률에 마련되어 있지 않아 의금부가 '모반'과 '모반대역'의 내용을 검토한 후에 가장 적절한 것을 적용하여 노비들을 처벌하려 했던 상황이 제시되어 있다. 따라서 ①이 가장 적절하다.

02

정답 ⑤

해설

① 간아는 김 씨와 노주(奴主) 관계가 아니어서 간아에 대하여 모반(謀叛)이나 모반대역은 적용되지 않는다.
→ 적절하다. 간아는 김 씨와 사촌 동서지간이므로 김 씨와 대등한 지위를 가진 사람이다. 따라서 이들 간에는 군신 관계 내지는 주종관계가 성립할 수 없으므로, 모반이나 모반대역의 죄를 적용할 수 없다.

② 금동과 노덕에 대하여는 의금부에서 올린 대로 결정되었으므로, 이들의 죄는 모반(謀叛)으로 판정되었다고 볼 수 있다.
→ 적절하다. 의금부는 금동과 노덕에게 모반죄를 적용했는데, 거기에 대해서는 군신 모두 이견이 없었다.

③ 막동의 죄를 모반(謀叛)이라 보는 쪽은 막동이 김 씨를 해하려 했다는 것보다는 간아와 내통했다는 것에 주안점을 둔다.
→ 적절하다. 막동은 주인인 김 씨를 모해하는 과정에 처음부터 참여한 것이 아니라, 사건의 공모자인 금동과 노덕이 옷을 맡기는 과정에서 사건에 대해 알게 된 것이다. 그가 모반죄로 처음에 장 100, 유 3,000리로 처결받은 것은 의금부가 그에게 모반죄의 '알면서 자수하지 않은' 죄를 적용했기 때문이다.

④ 끝동의 죄를 모반대역이라 보는 쪽은 끝동이 모해의 실정을 알았다면 사형에 처해야 한다는 입장이다.
→ 적절하다. 끝동 역시 주인 김 씨를 모해하는 과정에 처음부터 참여한 것은 아니고, 사건 진행 과정에서 그것을 알고 숨겨준 죄를 범했을 뿐이다. 그가 처음에 장 100, 유 3,000리를 처결받은 것은 의금부가 그에게 모반죄를 적용했기 때문이다. 나중에 그를 사형에 처한 것은 그에게 모반대역죄의 '실정을 알면서 고의로 숨겨 준' 죄로 변경했기 때문이다.

⑤ 막동과 끝동의 행위가 모해를 공모한 것으로 판정된 까닭에 의금부는 적용 조문을 바꾸어 사형에 처할 수밖에 없었다.
→ 적절하지 않다. 처음부터 주인 김 씨를 모해하려 한 사람은 금동과 노덕이고, 막동과 끝동은 이를 알면서도 고의로 숨겨 주었을 뿐이다. 따라서 의금부가 이 두 사람을 처음에 장 100, 유 3,000리에 처결한 것은 모반죄를 적용한 것임을 알 수 있다. 나중에 이를 바꾸어 이들을 사형에 처한 것은 모반대역죄의 '실정을 알면서 고의로 숨겨 준' 죄를 적용했기 때문이다.

03

정답 ③

해설

① 사형 판결과 관련하여 조정의 공론을 거치려는 것으로 보아 국왕의 결정에 대한 정당성을 강화하려고 한다.
→ 적절하다. 성종 8년 12월 23일에 신하들 간에 의견이 갈리자 성종은 그다음 날 대간들과 의논해 최종 결정을 내린다. 이는 성종이 공론을 통해 자기 결정의 정당성을 강화하려 한 것으로 볼 수 있다.

② 노비의 상전을 사직에까지 견주려 하는 것으로 보아 가(家)의 위계질서를 국(國)의 위계질서에 준하는 것으로 여긴다.
→ 적절하다. 의금부는 노비가 상전을 모해한 것에 대한 규정이 명률에 없자, 이를 모반죄를 가져와 처벌하려 했다. 이는 상전을 국가에 준하는 존재로 간주한 것으로 해석할 수 있다.

③ 여러 반론 속에서 사형의 입장을 견지하는 것으로 보아 소수 의견이라도 그것이 옳다면 적극 수용해야 한다고 생각한다.
→ 적절하지 않다. 막동과 끝동의 참형 여부를 두고 논란이 있었지만, 그들을 참형에 처하자는 달성군 서거정의 의견을 따른 신료들이 더 많았고, 성종은 그 의견을 받아들였다. 따라서 참형 주장이 소수 의견이라는 진술은 옳지 않다.

④ 의금부가 올린 계본에 대하여 적용 조문을 바꾸어 처결하라는 것으로 보아 법규에 근거한 법 집행의 원칙을 염두에 둔다.
→ 적절하다. 원래 의금부는 막동과 끝동에게 모반죄를 적용해 사형에는 처하지 않으려 했다. 그러나 성종이 대간들을 모아 처벌에 관해 공론화를 했고, 결론은 두 사람을 사형에 처하는 것으로 났다. 그래서 의금부는 이들을 사형에 처하기 위해 새로 모반대역죄를 적용해 재판결했다. 이러한 일련의 과정은 의금부가 법규에 근거해 법 집행을 하려 한 것으로 볼 수 있다.

⑤ 동부승지 이경동의 견해에 대해 모반대역의 적용을 따져 보아야 한다는 것으로 보아 적용 조문들의 차이를 정확하게 안다.
→ 적절하다. 성종은 이경동의 의견에 반박했다. 성종이 말한 내용은 모반대역의 '실정을 알면서 고의로 숨겨 준 자는 참형에 처한다'는 대목에 해당한다. 이로 보아 성종은 적용 조문들의 차이를 정확히 알고 있었다고 볼 수 있다.

[04~06]

선배의 독해 전략

상고 시대의 법과 지금의 법이 어떻게 다른지 구분하고, 글쓴이의 입장이 어느 한쪽 극단에 치우치지 않았음에 주의하여야 한다.

04

정답 ①

분석 및 접근

글쓴이의 핵심논지를 파악했는지 확인하는 문제이다. 글쓴이의 입장에 주목하여야 한다는 힌트가 제시된 것으로 지문을 읽을 때 글쓴이의 입장에 주목하며 읽을 필요가 있다.

해설

① 교화를 중시하고 형벌의 과도한 적용을 삼가야 한다고 생각한다.
→ 글쓴이의 입장을 어느 한쪽으로 단정하지 않을 필요가 있다. 지금의 사법기관에 대해 비판한 5문단을 염두에 두고 본 선택지를 적절하지 않은 것으로 착각할 수 있다. 그러나 일부 문단이 아니라 전체적인 흐름을 볼 때 글쓴이는 교화를 중시하며 형벌의 과도한 적용도, 과소한 적용도 삼가야 한다고 생각함을 알 수 있다. 2문단에 따르면 형법은 교화를 돕는 수단이며 비록 지금의 법을 통해 간악한 이를 효과적으로 막지 못한다고 하더라도 무거운 형벌을 과도하게 적용하는 것은 적당하지 않다고 본다. 더불어 7문단에 따르면 글쓴이는 교화가 쇠퇴하여 지금의 세태가 통탄스럽다고 평가한다. 따라서 본 선택지는 글쓴이의 입장과 일치한다.

② 살인을 저지른 중죄인이 유배되는 일은 없어야 한다고 주장한다.
→ 3문단에 따르면 변방으로의 유배를 그대로 집행하는 것이 살인자와 피해자 모두를 보전하는 일이라고 한다. 따라서 살인을 저지른 중죄인이 유배되는 일은 없어야 한다고 단정한 본 선택지는 적절하지 않다.

③ 인명이 소중하므로 사형과 같은 참혹한 형벌의 폐지에 찬성한다.
→ 인명이 소중하다고 본 것은 맞으나, 이러한 이유로 사형과 같은 형벌의 폐지를 주장한 것은 아니다. 6문단에 따르면 인명은 지극히 중한 것임에 따라 무고한 사람이 살해되었을 때 이를 목숨으로 갚도록 해야 한다고 봤다. 따라서 본 선택지는 글쓴이의 입장과 반대되므로 적절하지 않은 선택지이다.

④ 형벌로 보복을 대신하려고 하는 응보적인 경향에 대해 반대한다.
→ 글쓴이는 응보적인 경향에 대해 반대하는 것이 아니라 오히려 앞선 3번 선택지와 같이 무고한 사람이 살해되었을 경우 목숨으로 갚아야 한다고 본다. 따라서 본 선택지는 글쓴이의 입장과 일치하지 않는다.

⑤ 무고하게 살해된 피해자를 고려하면 의형은 합당한 처벌이라고 본다.
→ 6문단에 따르면 글쓴이는 무고하게 살해된 피해자를 고려할 때 의형이 아니라 목숨으로 갚는 형벌이 합당하다고 본다. 글쓴이의 입장 중 형벌의 응보적 역할을 긍정하는 측면만 염두에 둔다면 헷갈리기 쉬운 선택지이다. 그러나 글쓴이는 강력한 처벌만 주장하는 것이 아니라 교화를 돕는 수단으로서 백성들이 그른 짓을 하지 않도록 하는 형벌이 부여되어야 한다고도 봤다. 따라서 본 선택지는 글쓴이의 입장과 일치하지 않는다.

05

정답 ②

분석 및 접근

㉠ 상고 시대의 법과 ㉡ 지금의 법의 특성을 명확히 이해했는지 확인하는 문제이다.

해설

① ㉠에서는 경미한 죄에도 오형을 적용하도록 되어 있었다.
→ 1문단에 따르면 경죄에 대해서는 채찍이나 회초리를 쳤으나, 따져 볼 여지가 있는 경우 돈으로 대속할 수 있도록 하였다. 따라서 상고 시대 법에서 경죄에도 오형을 적용하였다고 단정하기 어렵다.

② ㉠에서는 중죄에 대한 형벌을 육형으로 하는 것이 원칙이었다.
→ 1문단에서 상고 시대 법의 원칙과 예외를 정리하였다면 본 선택지가 적절함을 알 수 있다. 육형은 오형과 유배형을 포함하는 개념으로 중죄에 대한 형벌에 대해서는 육형으로 하는 것이 원칙이었다.

③ ㉡에서는 유배형도 정식의 형벌이므로 속전의 대상이 되지 않는다.
→ 유배형이 정식의 형벌이라는 것과 속전의 대상이 되는지 여부는 원인-결과의 관계로 이어지지 않는다. 이는 지문에 없는 구조이므로 본 선택지는 적절하지 않다.

④ ㉠에서 오형에 해당하지 않는 형벌은 ㉡에서도 집행하지 않는다.
→ 상고 시대 법에서 오형에 해당하지 않는 형벌이란 유배형, 채찍이나 회초리 등이다. 그러나 지금의 법에서도 이와 같은 형벌을 집행하므로 지문과 일치하지 않는 선택지이다.

⑤ ㉠에서의 오형은 잔혹한 형벌이라 하여 ㉡에서는 모두 사라지게 되었다.
→ 글쓴이가 지금의 사법기관을 비판한 5문단을 염두에 두었을 때 헷갈리기 쉬운 선택지이다. 그러나 1문단에 나타난 오형의 정의를 살펴보면 죽이는 형벌, 즉 사형도 오형에 해당한다. 따라서 오형이 지금의 법에서 모두 사라졌다고 할 수 없으므로 적절하지 않은 선택지이다.

06

정답 ⑤

분석 및 접근

지문과 <보기>의 핵심논지를 적절히 파악하여 비교 평가할 수 있는지 확인하는 문제이다. <보기> 역시 윗글과 마찬가지로 상고 시대와 지금의 법을 비교하여 서술하고 있다. 먼저 상고 시대에 유배형은 임시방편과 같은 것이었으며, 속전은 반드시 가벼운 형벌에만 해당했던 것이 아니라 의심스러운 경우 중대한 형벌에도 적용되었을 수 있다는 가능성을 열어놓고 있다. 더불어 지금의 법에서도 속전은 정황이 의심스럽거나 사면에 해당하는 경우에만 한정적으로 이루어지고 있다는 점을 강조한다. 이는 속전이 부유한 자가 자신의 죄를 면피하려는 목적으로 오용되지 않도록 하여야 한다는 의지를 보여 준다. 5문단에서 지금의 법을 집행하는 자들이 흠휼을 잘못 해석하고 있다는 의견을 피력한 것과 같이, <보기> 역시 흠휼의 의미는 죄 없는 자를 죽이지 않으려는 것이지 살리기만 하자는 것이 아님을 명시한다. 즉 죽여야 할 자, 죄가 명확한 자는 제대로 처벌하여야 하고 죽여야 할 자라면 죽여야 하는 것이지 끝없이 살리는 것은 덕이 아니라는 것이다.

해설

① 법을 엄격하게 집행해야 한다고 보는 점은 두 글이 같은 태도이다.
→ 5문단에 따르면 지금의 사법기관은 응보에 따라 화복이 이루어진다는 말을 잘못 알고 있다고 비판하며, 죄에 따라 법을 엄격히 적용하여야 한다고 본다. 더불어 7문단에 따르면 똑같은 일에 법을 달리하고 똑같은 죄에 논의를 달리하는 것을 비판하였다. <보기> 역시 죽여야 할 사람을 끝없이 살리려고만 하는 것은 덕이 아니라고 하였다. 따라서 두 글 모두 법을 엄격하게 집행하여야 한다는 입장이라고 볼 수 있으므로 적절한 선택지이다.

② 속전의 남용에 대해 흠휼을 오해한 소치로 보는 점은 두 글이 같은 태도이다.
→ 1문단에 따르면 속전이란 형벌을 돈으로 대속할 수 있도록 하는 것이다. 5문단에 따르면 지금의 사법관들은 죄수를 신중히 살핀다는 흠휼을 잘못 이해하여서, 사람의 죄를 관대하게 다루어 법 적용을 벗어나도록 해 주는 것으로 안다고 본다. <보기> 역시 흠휼은 한 사람이라도 죄 없는 자를 죽이지 않으려는 것이지 살리기만 좋아하는 것이 아니라고 하였다. 따라서 속전의 남용에 대해 흠휼을 오해한 소치로 보는 점에 있어서는 두 글이 같은 태도라고 볼 수 있어 적절한 선택지이다.

③ 상고 시대에 중죄를 속전할 수 있었는지에 대해서는 두 글이 서로 달리 보고 있다.
→ 1문단에 따르면 상고 시대 법에서 중죄인에 대해 원칙적으로는 오형을, 예외적으로는 오형 대신 유배형을 부여하였다고 보아 중죄를 속전할 수 없었다고 본다. 그러나 이에 반해 <보기>에서는 상고 시대에 속전은 꼭 가벼운 형벌에만 해당했던 것은 아니라고 보아 중죄에 대해서도 속전할 수 있었다고 본다. 따라서 두 글이 상고 시대에 중죄를 속전할 수 있었는지에 대해 서로 달리 보고 있다는 본 선택지는 적절한 선택지이다.

④ 중죄에 대한 속전이 부자들의 전유물이므로 폐지하자는 것에 대해서는 두 글이 다른 태도를 보일 것이다.
→ 먼저 1문단에 따르면 상고 시대 법에서는 중죄에 대해 속전을 할 수 없었다. 그러나 3문단에 따르면 지금은 살인과 상해라는 중죄에 대해서도 속전할 수 있도록 하여 재물 있는 이들이 사람을 죽이거나 다치게 하도록 만들었다고 비판한다. 이러한 흐름에 따르면 글쓴이는 중죄에 대한 속전이 부자들의 전유물이므로 폐지하자고 볼 것임을 알 수 있다. 이에 반해 <보기>는 지금의 법에서 속전은 정황이 의심스럽거나 사면에 해당하는 경우에만 비로소 허용된다고 하였다. 즉 속전을 폐지하자는 입장이 아니다. 따라서 두 글은 중죄에 대한 속전의 폐지에 대해 다른 태도를 보일 것이므로 적절한 선택지이다.

⑤ 유배의 효과가 없을 때 의형이나 비형을 되살릴 수 있다는 것에 대해서는 두 글이 같은 태도를 보일 것이다.
→ 유배의 효과가 없을 경우라는 점에 유의하여 본 선택지를 판단하여야 한다. 유배의 효과가 없을 때 지문의 2문단에 따르면 예전처럼 의형, 비형을 적용할 수 있다고 본다. 그러나 <보기>의 경우 유배의 효과가 없을 때에 대한 언급이 직접적으로 나타나지 않았을 뿐만 아니라, 팔꿈치를 베어내는 비형을 참혹한 형벌이라 규정한다. 따라서 두 글이 같은 태도를 보인다고 단정할 수 없으므로 본 선택지는 적절하지 않은 선택지이다.

[07~09]

선배의 독해 전략

핵심 개념이자 기준이 되는 '정'과 '성'을 구분하여 이해하고, 글쓴이의 입장이 어떻게 되는지에 주목하여 독해한다. 특히 본 지문의 경우 '주희는~' 등 지문에서 앞서 언급한 내용을 정리하는 요약 문장이 제시되곤 하는데 이를 활용하여 논지를 파악한다.

07

정답 ④

해설

① 희로애락이라는 감정은 희로애락의 본성에서 나온다.
→ 적절하다. 2문단 뒤에서 두 번째 문장에서 확인할 수 있다.

② 희로애락의 본성은 체이고 희로애락이라는 감정은 용이다.
→ 적절하다. 1문단 마지막 문장과 2문단 뒤에서 두 번째 문장에서 확인할 수 있다.

③ 기질지성으로부터 나오는 희로애락이라는 감정은 순선하지 않다.
→ 적절하다. 3문단 네 번째 문장에서 확인할 수 있다.

④ 심이 미발일 때 희로애락의 본성은 본래의 상태로부터 벗어나 있다.
→ 적절하지 않다. 1문단 뒤에서 두 번째 문장과 3문단 두 번째 문장에서 확인할 수 있다. 심은 미발일 때 성이 온전한 모습을 유지할 수 있도록 주재하고 있으므로 희로애락의 본성이 본래 상태에서 벗어나 있는 상태는 아니라는 것을 알 수 있다.

⑤ 이발 상태의 심은 희로애락이라는 감정이 올바르게 드러나도록 주재한다.
→ 적절하다. 역시 1문단 뒤에서 두 번째 문장, 3문단 두 번째 문장에서 확인할 수 있다.

08

정답 ②

해설

① 행동거지는 마음의 발현이므로 윤리적 규범에 따라 행동하고자 한다.
→ 적절하다. 3문단 두 번째 문장에서 확인할 수 있다.

② 사회적 실천을 우선시하면서 경을 통해 경전을 학습하여 진리를 탐구하고자 한다.
→ 적절하지 않다. 주희의 수양론은 개인의 도덕적 완성을 전제로 하고, 이를 바탕으로 사회적 실천을 하는 것이다.

③ 사물의 이치를 궁구하는 데에는 마음가짐이 중요하므로 품성의 도야에 힘쓰고자 한다.
→ 적절하다. 4문단 여섯 번째, 일곱 번째 문장에서 확인할 수 있다.

④ 타고난 마음의 선한 뿌리가 사라지지 않도록 항상 깨어 있는 자세를 유지하고자 한다.
→ 적절하다. 3문단에서 주희는 인간이 도덕적 행위를 가능하게 하려면 기질지성을 변화시켜 천명지성을 보존해야 한다고 서술하고 있다. 이어서 4문단 세 번째, 네 번째 문장에서 주희가 이 문제를 해결하기 위해 도입한 방법으로 경을 통한 품성의 함양을 서술하고 있다.

⑤ 자연 및 사회 현상의 원리에 대한 탐구를 통해 궁극적으로 도덕 원리의 파악에 이르고자 한다.
→ 적절하다. 마지막 문단 첫 번째, 두 번째 문장에서 확인할 수 있다.

09

정답 ④

해설

① 경전 학습이 도덕적 인간에 이르는 방법이 될 수 있을까?
→ 적절하다. 마지막 문단에서 확인할 수 있다.

② 인간이 악한 행동이나 나쁜 감정을 보이는 이유는 무엇일까?
→ 적절하다. 3문단 세 번째, 네 번째 문장에서 확인할 수 있다.

③ 세상 만물을 관통하는 근본적 원리를 어떻게 파악할 수 있을까?
→ 적절하다. 4문단 일곱 번째 문장부터 확인할 수 있다.

④ 천리와 인도의 위상을 바꾸어 주체적인 삶을 영위하는 방법은 무엇인가?
→ 적절하지 않다. 주희는 도덕적 행위가 가능하기 위해서는 기질지성을 변화시켜 천명지성(천리)을 보존해야 한다고 하고 있다. 즉, 주희는 인도를 천리에 일치시키려 했음을 확인할 수 있다.

⑤ 이익을 좋아하는 경향이 있는 세상을 어떻게 도덕적 사회로 만들 수 있을까?
→ 적절하다. 마지막 문단 마지막 문장에서 확인할 수 있다.

[10~12]

선배의 독해 전략

언어이해에서 얼마나 다양한 소재를 활용한 지문이 출제될 수 있는지 알 수 있는 지문이다. 성리학적 논의가 본격화되기 이전과 이후를 구분하고 각 관점이 '기'를 어떻게 설명하는지 검토하며 독해한다.

10

정답 ④

분석 및 접근

성리학적 귀신론에 대해 정확히 파악하고 있는지 확인하는 문제이다.

해설

① 성리학적 귀신론은 신령으로서의 귀신 이해를 대체하는 것이었다.
→ 2문단에 따르면 성리학의 논의가 본격화되기 전에는 귀신을 신령한 존재로 여겼으나, 이후 성리학의 자연철학적 입장에서 귀신을 재해석하였다. 따라서 해당 선택지는 적절한 선택지이다.

② 조선 성리학자들은 먼 조상에 대한 제사가 단순한 추념이 아니라고 보았다.
→ 1문단에 따르면 유학자들에게 제사의 대상이 되는 귀신은 주요 논제라고 하였다. 더불어 5문단의 마지막 문장을 통해 조선 성리학자들이 제사를 통해 항구적인 도덕적 가치에 대한 의식을 강화하고자 하였다는 점을 명시한다. 따라서 조선 성리학자들에게 먼 조상에 대한 제사가 단순한 죽은 이에 대한 추모는 아니라고 할 수 있다.

③ 생성 소멸하는 기를 통해 귀신을 이해하는 것은 윤회설을 반박하는 논거였다.
→ 4문단에서 이이는 기를 통해 윤회 가능성을 부정하였다. 4문단 첫 문장에 드러난 이이의 논지를 파악한다면, 모이고 흩어지는 기를 통해 귀신을 이해하는 것이 귀신이라는 존재를 지나치게 강조하는 것을 막기 위함임을 알 수 있다. 따라서 이는 윤회설을 반박하는 논거로 쓰였다고 보는 것이 적절하다.

④ 귀신의 기가 항구적인 감통의 능력을 가진다는 것은 제사를 지내는 근거였다.
→ 리와 기의 자리가 뒤바뀐 선택지이므로 적절하지 않다. 4문단에 따르면 기가 완전히 소멸된 먼 조상도 영원한 리가 있기 때문에 자손과 감통할 수 있다고 하였으며, 감통을 일으키는 것은 리라는 점을 다시 한번 강조한다. 리와 기에 대한 언급은 2문단에서 시작되는데, 3문단에서 리는 보편 원리이자 불변하는 속성을, 기는 가변적인 속성을 지녔음을 명시한다. 리와 기는 주요 개념이기에, 이에 대한 속성을 정확히 파악할 필요가 있다.

⑤ 조선 성리학자들은 귀신이 자연 현상과 관계된 것이라는 공통적인 인식을 가졌다.
→ 1문단에 따르면 유학자들의 귀신 논의는 성리학의 자연철학적 귀신 개념에 유의하여 제례의 근거를 마련한다고 하였다. 4문단에서 이이가 윤회설을 부정한 것이 떠올라, 본 선택지가 헷갈릴 수도 있다. 또 '자연 현상/이론'이라는 이분법에 빠지지 않도록 주의해야 한다.

11

정답 ①

분석 및 접근

㉠ 서경덕과 ㉡ 이이의 핵심논지와 논거를 정확히 파악하고 있는지 확인하는 문제이다. 1~2번 선택지는 서경덕과, 3~4번 선택지는 이이와 관련된 선택지이므로 선택지를 함께 묶어 판단한다면 빠르게 문제를 해결할 수 있다.

해설

① ㉠은 형체의 존재 여부를 기의 취산으로 설명하면서 본질적인 기는 유와 무를 관통한다고 보았다.
→ 서경덕은 삶과 죽음 사이에는 형체를 이루는 기가 모이고 흩어지는 차이가 있을 뿐 기의 순수한 본질은 유무의 구분을 넘어 영원히 존재한다고 하였다. 따라서 본 선택지는 적절하다.

② ㉠은 기를 형백과 담일청허로 이원화하여 삶과 죽음에 각각 대응시켜 인간과 자연을 일원적으로 구조화하였다.
→ 서경덕은 3문단에서 형백은 기를 취산하고 담일청허는 기를 취산하지 않는다고 구분하였다. 더불어 담일청허와 관련하여 인간의 정신이 영원함을 주장하였다. 또한 서경덕의 기 개념은 불변하는 리와 가변적인 기라는 성리학의 이원적 요소를 포괄하는 것이다. 따라서 서경덕은 인간의 정신은 영원하다고 보고, 자연의 불변하는 리와 가변적인 기라는 개념을 포용하였다는 점에서 인간과 자연을 일원적으로 구조화하였다는 본 선택지는 적절하지 않다.

③ ㉡은 생명이 다하면 기는 결국 흩어져 사라지기 때문에 제사의 주관자라 하더라도 결국에는 조상과 감통할 수 없게 된다고 보았다.
→ 4문단에 따르면 이이는 기가 흩어져 사라지더라도 리의 작용으로 먼 조상과 후손이 감통할 수 있다고 보았다. 따라서 조상과 감통할 수 없다는 부분이 지문의 내용과 불일치하므로 적절하지 않은 선택지이다.

④ ㉡은 인간의 지각은 리에 근거한 기이지만 기는 소멸하더라도 리는 존재하기 때문에 지각 자체는 사라지지 않는다고 파악하였다.
→ 이이는 지각을 기의 작용으로 설명하였으며 기가 사라질 수 있다고 보았다. 따라서 지각 자체는 사라지지 않는다는 부분이 지문의 내용과 불일치하므로 적절하지 않은 선택지이다.

⑤ ㉠과 ㉡은 모두 기의 취산을 통해 삶과 죽음의 영역을 구분하였기 때문에 귀신의 영원성에 대한 근거를 물질성을 지닌 근원적 존재에서 찾았다.
→ 서경덕과 이이의 공통점에 대한 진술이므로 어느 한쪽에만 해당되지 않아도 지워낼 수 있는 선택지이다. 서경덕과 이이 모두 귀신의 영원성에 대한 근거를 물질성을 지닌 근원적 존재에서 찾지 않았다는 점에서 지문과 명확히 다르므로 적절하지 않은 선택지이다.

12

정답 ①

분석 및 접근

낙론계 유학자들의 핵심논지와 논거를 정확히 파악했는지 확인하는 문제이다. 낙론계 유학자들의 경우 이이를 계승하였다는 점을 유의하여야 한다.

해설

ㄱ. 귀신을 기의 유행으로 말하면 형이하에 속하고, 리가 실린 것으로 말하면 형이상에 속하는 것이다.
→ 5문단에 따르면 낙론계 유학자인 송명흠은 귀신을 리이면서 기인 것으로 설명하며, 형이상에 속하고 동시에 형이하에 속하는 것으로 설명하였다. 따라서 기는 형이하에 대응되고, 리는 형이상에 대응되는 것임을 알 수 있다.

ㄴ. 리가 있으면 기가 있고 기가 있으면 리가 있으니 어찌 혼융하여 떨어지지 않는 지극한 것이 아니겠는가.
→ 낙론계 유학자들은 귀신을 리와 기 어느 쪽으로 해석하는 것이 옳은가라는 논쟁에 대해 어느 하나로만 설명될 수 없는 것이라고 답하였다. 이는 리와 기를 틈이 없이 합쳐진 것이라 주장한 김원행과 모든 존재는 리와 기가 혼융된 것이라 주장한 송명흠을 통해 알 수 있다.

ㄷ. 기가 오고 가며 굽고 펼치는 것은 기가 스스로 그러한 것이니 귀신이 없음에 어찌 의심이 있을 수 있겠는가.
→ 낙론계 유학자들은 이이의 계승자이기에 귀신이 없다고 주장하지 않을 것이다. 따라서 본 선택지는 적절하지 않은 선택지이다.

ㄹ. 제사 때 능히 강림할 수 있게 하는 것은 리이고, 강림하는 것은 기이니, 귀신의 강림은 기의 강림이라 할 수 있지 않겠는가.
→ 앞선 ㄴ 선택지와 충돌하는 선택지이므로, 둘 중 하나는 적절하지 않은 선택지라 할 수 있다. 이때 낙론계 유학자들은 지속적으로 귀신은 리와 기 어느 것 하나로 설명될 수 없는 것이라 하였다. 따라서 귀신의 강림을 기의 강림으로만 보는 본 선택지는 적절하지 않다.

V 실전 연습문제 (5) 법학

p.198

01	02	03	04	05
②	③	④	①	③
06	07	08	09	10
⑤	③	⑤	⑤	①
11	12			
①	②			

[01~03]

선배의 독해 전략

원칙과 예외라는 큰 구조로 구성된 지문으로, 원칙적으로는 국가배상 책임을 인정하나 예외적으로 그 책임이 제한되는 경우가 있고, 지문에서는 그 예외를 3가지 제시한다. 대법원의 입장 역시 원칙과 예외라는 구조로 구분하며 읽는데, 원칙적으로는 재판의 위법성을 인정하지 않으나, 예외적인 경우에는 위법성을 인정하기도 한다는 점에 유의하여 문제를 풀이하여야 한다.

01

정답 ②

해설

① 프랑스를 비롯한 여러 나라에서 국가배상 제도가 법률로 도입되었다.
→ 적절하지 않다. 프랑스는 국가배상 제도를 법률로 도입한 것이 아니라 판례를 통해 도입하였다.

② 최하위 등급의 법원이 한 판결도 국가배상 책임의 대상이 될 수 있다.
→ 적절하다. 우리나라의 경우에 불복 절차를 거치지 않은 것 자체가 법관의 귀책사유로 인한 것과 같은 특별한 사정이 있으면 예외적으로 국가배상 책임의 대상이 될 수 있으며, 독일의 경우에도 법관의 직무상 의무 위반이 형사법에 의한 처벌이 될 때에 국가배상 책임의 대상이 될 수 있다.

③ 사실관계 파악은 법관의 직무가 아니므로 국가배상 책임의 대상이 아니다.
→ 적절하지 않다. 법관이 법관의 직무 수행에서 요구되는 법적 기준을 현저하게 위반한 경우에는 국가배상 책임의 대상이 될 수 있다.

④ 독일은 판례를 통해서만 재판에 대한 국가배상 책임의 인정 범위를 제한한다.
→ 적절하지 않다. 독일은 법률로 국가배상 책임의 인정 범위를 제한했다.

⑤ 우리나라의 국가배상법은 별도의 규정으로 재판에 대한 국가배상 책임을 제한한다.
→ 적절하지 않다. 5문단을 통해 국가배상 책임을 국가배상법상의 규정으로 제한하는 것이 아니라 대법원의 재판으로 제한하고 있음을 알 수 있다.

02

정답 ③

해설

① 국가배상 청구가 심급 제도를 대체하는 불복 절차로 기능하는 것을 허용하지 않는다.
→ 적절하다. 4, 5문단에서 확인 가능하다. 우리 대법원은 재판에 대한 불복 절차가 마련되어 있는 경우에는 이러한 절차를 거치지 않고 국가배상 책임을 묻는 것을 인정하지 않는다.

② 법적 절차를 거치지 않은 피해자의 권리를 법적 안정성의 유지를 위해 희생하는 것을 허용한다.
→ 적절하다. 5문단에서 확인 가능하다. 불복 절차를 따르지 않은 탓에 손해를 회복하지 못한 사람은 원칙적으로 국가배상에 의한 보호를 받을 수 없다.

③ 판결이 확정되어 기판력이 발생하면 그 확정 판결로 인해 생긴 손해에 대해서는 국가배상 책임을 인정하지 않는다.
→ 적절하지 않다. 5문단에서 확인 가능하다. 비록 확정 판결이라고 하더라도 법관이 그에게 부여된 권한의 취지에 명백히 어긋나게 이를 행사하였다고 인정할 만한 특별한 사정이 있는 경우에는 국가배상 책임을 인정할 수 있다.

④ 법관이 법을 어기면서 이루어진 재판에 대해서는 법관의 직무상 독립을 보장하는 취지에 어긋나기 때문에 그 위법성을 인정한다.
→ 적절하다. 5문단에서 확인 가능하다.

⑤ 법관의 직무상 독립을 위해, 판결에 나타난 법관의 법령 해석이 상급 법원의 해석과 다르다는 것만으로 재판의 위법성을 인정하지 않는다.
→ 적절하다. 5문단에서 확인 가능하다. 법관이 직무상 독립에 따라 내린 판단에 대하여 이후에 상급 법원이 다른 판단을 하였다는 사정만으로는 재판의 위법성이 인정되지 않는다.

03

정답 ④

해설

ㄱ. 법관의 직무상 독립 보장만을 이유로 이 사건에서 국가배상 책임을 부인할 수는 없다.
→ 적절하다. 소를 제기한 날짜를 오인한 것은 법관이 직무 수행에서 요구되는 법적 기준을 현저하게 위반한 상황이기 때문에 확정 판결이라고 하더라도 재판의 위법성을 인정할 수 있다.

ㄴ. 법원은 A의 심판 청구서가 적법한 청구 기간 내에 헌법재판소에 제출되었다고 보아 헌법재판소 결정의 위법성을 인정할 수 있다.
→ 적절하다. 대법원은 헌법재판소가 오인하지 않았다면 적법한 청구 기간 내에 심판 청구서가 제출되었다고 볼 것이다. 따라서 대법원은 헌법재판소의 결정에 위법성을 인정할 수 있을 것이다.

ㄷ. 1997년에는 헌법재판소의 결정에 대한 불복 절차가 마련되어 있지 않았기 때문에 A의 국가배상 청구는 법원이 받아들이지 않았을 것이다.
→ 적절하지 않다. 불복 절차가 마련되어 있는 경우에 이러한 절차를 거치지 않고 국가배상 책임을 묻는 것은 인정될 수 없지만, 불복 절차가 마련되어 있지 않았을 경우에는 A의 국가배상 청구를 받아들일 수 있을 것이다.

[04~06]

선배의 독해 전략

1문단에서 강조한 바와 같이 인권 보호의 취지에서 차별을 금지한다는 점을 잊지 않아야 하고, '~가 없는 한/~에 한하여/~해야만/~하는 경우에만' 등과 같은 표현에 주의하며 독해한다.

04

정답 ①

분석 및 접근

지문의 세부사항을 확인하는 문제이다. 실제 기출문제에서는 매우 지엽적인 것은 묻지 않고 한 지문에 배당된 세 문제 중 아직 물어보지 못했으나 중요한 구조에 해당하는 사항을 물어볼 때가 많다. 예를 들어 지문에 드러나지 않은 대전제나, 1문단에 제시되어 잊혀질 수 있는 전제 등이 해당된다. 따라서 큰 구조에 해당하는 선택지를 먼저 판별한 후, 그 다음에 자잘한 세부사항을 묻는 선택지를 판별하는 것이 효율적이다.

해설

① 종교적 신념의 차별을 금지하는 법규가 정당하다면 인권 보호라는 취지를 지닌다.
→ 적절하다. 1문단에 따르면 종교적 신념은 전통적 의미에서의 차별에 해당하며 인권 보호의 취지에서 이에 대한 차별을 금지하고 있다.

② 장애를 이유로 하는 차별의 금지는 장애의 유형이 다르더라도 보호되는 효과가 달라지지는 않는다.
→ 적절하지 않다. 2문단에 따르면 차별을 금지하는 사유가 갖는 속성에 따라 보호 정도가 달라질 수 있다고 하였다.

③ 사회적 신분을 이유로 하는 차별의 금지는 우리 헌법 질서에서 가치 판단의 대상에 포함되지 않는다.
→ 적절하지 않다. 사회적 신분 역시 전통적 의미에서의 차별에 해당하며, 인권 보호라는 가치 판단이 개입되어 있음을 1문단에서 확인할 수 있다.

④ 성별에 대한 차별 금지 법규와 연령에 대한 차별 금지 법규는 근로자에 대한 보호의 정도가 동일하다.
→ 적절하지 않다. 성별에 대한 차별 금지는 전통적인 의미에서의 차별이고, 연령에 대한 차별 금지는 전통적인 의미에서의 차별에 비해 보호의 정도가 약하다. 이는 4문단에서 확인할 수 있다.

⑤ 여성 근로자에 대한 차별 금지 법규는 여성에 대한 차별을 소극적으로 수정하기 위한 경우에는 적용되지 않는다.
→ 적절하지 않다. 적용되지 않는다는 것은 완전한 부정을 의미한다. 그러나 3문단에 따르면 여성 근로자에 대한 차별의 소극적 수정은 보호의 정도를 약하게 하는 것으로 언급되어 있으므로 여전히 법규가 적용된다고 보아야 한다.

05

정답 ③

해설

① 특정 종교를 갖고 있다는 이유로 기업에서 고용을 거부하는 것은 우리나라의 헌법 질서에 반한다.
→ 적절하다. 종교는 전통적인 의미에서의 차별에 해당하며, 헌법에서는 이에 대한 차별을 금지하고 있다.

② 고령의 전문직 종사자의 노동 시장 참여를 촉진할 목적으로 연령에 대한 차별 금지 법규를 제정하는 것은 가능하다.
→ 적절하다. 연령에 대한 차별 금지 법규가 정책적으로 필요한 상황이라면 제정할 수 있다.

③ 동일 조건의 개별 근로자에 대한 임금 차별을 금지하는 강행 규정이 있더라도 당사자들이 자유롭게 계약을 한다면 임금의 차이가 정당화될 수 있다.
→ 적절하지 않다. 고용 관계의 근로 조건이 강행 규정으로 마련되어 있다면 당사자 간의 계약이 있다 해도 임금의 차이가 정당화되지 않을 수 있다. 이는 2문단의 마지막 문장과 양립할 수 없다.

④ 근로자에 대한 인권 보호의 취지 및 정책적 목적 없이 연령에 따른 차별을 획일적으로 금지하는 법규는 사용자의 영업에 대한 자유를 침해할 여지가 있다.
→ 적절하다. 마지막 문단에서 확인할 수 있다.

⑤ 학력·학벌에 대한 차별 금지 법규가 인권 보호의 취지를 고려하지 않고 특정한 정책적 목적에만 의존하여 제정된 경우에는 그 정당성이 보장되지 않는다.
→ 적절하다. 인권 보호의 취지를 고려하지 않은 상태라면 정책적 목적만 가지고 차별 금지 법규가 정당함을 단정할 수 없다. 마지막 문단을 통해 알 수 있다.

06

정답 ⑤

해설

ㄱ. 특정 연령층에게 취업 특혜를 부여함으로써 결과적으로 60대 이상 고령자의 취업 기회를 상대적으로 제한하게 된 법규는 국민의 평등권을 침해하지 않을 것이다.
→ 적절하다. 우선 연령에 대한 차별 금지는 전통적인 차별 금지보다 보호 정도가 약하며, 만약 이것이 사업자의 영업 활동을 과도하게 제한한다면 ㉠을 주장하는 사람은 차별 금지를 반대할 것이다.

ㄴ. 사용자와 근로자가 자유로운 계약을 통해 정년을 45세로 정했다면 차별 금지 원칙을 위반하지 않을 것이다.
→ 적절하다. 자유로운 계약을 통해 정년을 정한 것은 연령을 이유로 한 차별이 아니기 때문에 차별 금지 원칙을 위반한 것이라 보기 어렵다.

ㄷ. 50세를 넘은 퇴역 군인은 예비군 관련 직책을 맡을 수 없다는 법규를 제정하더라도 차별 금지 원칙에 위배되지 않을 것이다.
→ 적절하다. ㉠의 근거는 연령에 따른 노동 능력의 변화에 있기에 50세를 넘어 퇴역한 군인이라면 예비군 관련 노동 능력이 없다고 판단하여 이것이 차별 금지 원칙에 위배되지 않는다고 할 것이다.

[07~09]

선배의 독해 전략

시대적 변화와 글쓴이의 관점, 평가 등에 주목하여 읽는다. 시대적 흐름, 각 훈령 등 법령이 여럿 등장하여 정보량이 많은 편이므로 시간 관리에 주의할 필요가 있다. 본 지문은 2022학년도 언어이해 첫 번째 지문으로 특히 첫 번째 문제의 정답률이 낮았다. 해당 문제는 일치/불일치 구성으로 고난도의 문제라고 할 수 없음에도 불구하고 정답률이 특히 낮았다는 점에서 지문이 배치되는 순서에 따라 정답률이 달라질 수 있음을 알 수 있다. 헷갈리거나 막히는 지문이 나왔을 때 어떻게 대처할지 미리 연습할 때부터 자신만의 전략을 세워놓는 것이 도움이 된다.

07

정답 ③

분석 및 접근

부랑인 정책의 시대적 변화와 흐름, 개별 속성에 대해 정확히 이해하였는지 측정하고자 하는 문제다.

해설

① 부랑인 정책은 갱생 중심에서 격리 중심으로 초점이 옮겨갔다.
→ 3문단에 따르면 1950년대 부랑인 정책이 일제 단속과 시설 수용에 그친 것과 달리 1960년대에는 부랑인을 저렴한 노동력으로 개조하여 국토 개발에 활용하고자 하였다고 한다. 따라서 본 선택지는 시점상 반대되는 내용이므로 적절하지 않다.

② 부랑아의 시설 수용 기간에 한도를 두는 규정이 법령에 결여되어 있었다.
→ 4문단에 따르면 <아동복리법 시행령>은 부랑아를 보호하면서 적절한 조치를 취한다는 목적을 규정하였으면서도 규정된 보호 기간이 임의로 연장되기도 하였다고 한다. 따라서 한도를 두는 규정이 결여되었다는 본 선택지는 적절하지 않다.

③ 부랑인의 수용에서 행정기관과 민간 복지기관은 상호 협력적인 관계였다.
→ 4문단에 따르면 사회복지를 위한 제도적 기반이 충분히 갖추어져 있지 않은 상황에서 국영 또는 사설 복지기관들은 유사 행정기구로 자리매김하였으며 일부는 국가보조금을 착복하기도 하였다고 한다. 더불어 6문단에 따르면 국가는 복지기관을 통해 규율하고 인권과 복리 보장과 관련된 국가적 책무를 민간 영역에 전가하기도 하였다고 한다. 따라서 본 선택지는 적절하다.

④ 개척단원이 되어 도시를 떠난 부랑인은 대체로 개척지에 안착하여 살아갔다.
→ 4문단에 따르면 부랑인 가운데 상당수는 가혹한 노동 등을 이유로 중도에 탈출하였으며, 남아 있던 이들은 많은 경우 약속된 땅을 얻지 못했다. 또한 부랑인 출신이라는 딱지 때문에 헐값에 땅을 팔고 떠나기도 하였으므로 본 선택지는 적절하지 않다.

⑤ 부랑인 정책은 치안 유지를 목적으로 하여 사회복지 제공의 성격을 갖지 않았다.
→ 1문단에 따르면 <근로보도법> 및 <재건국민운동에 관한 법률>과 함께 <아동복리법> 및 <생활보호법>에도 부랑인에 대한 관련 규정이 마련되었다. 4문단에서도 사회법적 '보호'를 함께 규정하였음을 알 수 있으므로 본 선택지는 적절하지 않다.

08

정답 ⑤

분석 및 접근

주장에 대한 비판과 근거를 명확히 이해했는지 측정하고자 하는 문제다.

해설

① 상위 규범과 하위 규범 사이의 위계를 교란시켰다.
→ 2문단에 따르면 행정규칙에 속하는 <내무부훈령 제410호>를 통한 인신 구속은 보다 상위 규범인 헌법에 위배되는 것이기도 하므로 본 선택지는 적절하다.

② 근거 법령의 목적 범위를 벗어나는 사항을 규율했다.
→ 2문단에 따르면 훈령은 상급 행정기관이 하급기관의 조직과 활동을 규율할 목적으로 발하는 것이라고 하였다. 이러한 목적에도 불구하고 본 훈령은 복지 제공을 목적으로 하는 <사회복지사업법>을 근거 법률로 하고 있으면서 <사회복지사업법>에서 위임하고 있지 않은 치안 유지를 내용으로 하는 단속 규범이라는 점에서 본 선택지는 적절하다.

③ 법률을 제정하는 국회의 입법권을 행정부에서 침해하는 결과를 초래했다.
→ 2문단에 따르면 <내무부훈령 제410호>는 행정기관에서 발한 훈령인데, 이를 통한 인신 구속은 국민의 자유와 권리를 필요한 경우 국회에서 제정한 법률로써 제한하도록 규정한 헌법에 위배되는 것이라는 점에서 본 선택지는 적절하다.

④ 부랑인을 포괄적으로 정의함으로써 과잉 단속의 근거로 사용될 여지가 있었다.
→ 2문단에 따르면 걸인 등을 비롯하여 '기타 건전한 사회 및 도시 질서를 저해하는 자'를 모두 '부랑인'으로 규정하였다는 점에서 본 선택지는 적절하다.

⑤ 부랑인 단속을 담당하는 하급 행정기관이 훈령을 발한 상급 행정기관의 지침을 위반하도록 만들었다.
→ 2문단에 따르면 <내무부훈령 제410호>는 근거 법령의 목적 범위를 벗어나는 사항을 규율하고, 헌법을 위배할 소지가 있다고 할 수 있다. 그러나 하급 행정기관이 정작 단속을 할 때 상급 행정기관의 지침을 위반하도록 만들었다는 내용은 지문 내에서 확인할 수 없다는 점에서 본 선택지는 적절하지 않다.

09

정답 ⑤

분석 및 접근

지문의 핵심과 구조를 파악하고, 이를 <보기>와 연결하여 분석할 수 있는지 측정하고자 하는 문제다.

해설

① 부랑인을 '우범 소질'을 지닌 잠재적 범죄자로 규정한 것은 한 사회의 '자기 정화'를 보여준다고 할 수 있다.
→ 적절하다. <보기>에 따르면 정상과 비정상, 건전 시민과 비건전 시민의 구분과 위계화가 이루어지고 '건전 사회의 적'으로 상정된 존재는 사회로부터 배제된다고 하였다. 이에 부랑인을 '적'으로 상정하여 배제하고자 한 것은 '자기 정화'를 보여준다고 할 수 있다.

② 부랑인을 '개조'하여 국토 개발에 동원하고자 한 것은 삶을 길들이고 훈련시키는 기획을 보여준다고 할 수 있다.
→ 적절하다. <보기>에 따르면 국가는 각종 '안전장치'를 통해 인구의 위험을 조절하는 과정에서 삶을 길들이고 훈련시킨다고 하였다. 이는 3문단의 국가는 부랑인을 저렴한 노동력으로 개조하여 국토 개발에 활용하고자 하였다는 내용과 연결된다.

③ 부랑인을 생산적 주체와 거기에 이르지 못한 주체로 구분 지은 것은 변형된 국가인종주의의 특징을 보여준다고 할 수 있다.
→ 적절하다. <보기>에서 효용성을 최적화하여 '순종적인 몸'을 만들어내는 기술이 동원된다고 하면서, 건전 시민과 비건전 시민을 구분 짓는 것 역시 변형된 국가인종주의의 발현이라 볼 수 있다고 하였다. 이에 생산적 주체와 이에 이르지 못한 주체를 구분 짓는 것 역시 변형된 국가인종주의의 특징이라 볼 수 있다.

④ 치안관리라는 명분을 위해 부랑인의 존재를 이용한 것은 건전 시민과 비건전 시민의 구분과 위계화를 보여준다고 할 수 있다.
→ 적절하다. 2문단에 따르면 건전한 사회 및 도시 질서를 저해하는 자를 모두 '부랑인'으로 규정하였는데, 이는 <보기>에서 밝힌 것처럼 건전 시민과 비건전 시민의 구분과 위계화가 이루어진 것이라 볼 수 있다.

⑤ 부랑인의 갱생을 지향하는 법체계에 배제의 기제가 내재된 것은 '순종적인 몸'을 만들어내는 기술과 '안전장치'가 배척 관계임을 보여준다고 할 수 있다.
→ 적절하지 않다. <보기>에 따르면 국가는 '안전장치'를 통해 위험을 조절하고, 그 과정에서 '순종적인 몸'을 만들어내는 기술을 동원한다고 하였다. 이에 둘은 배척 관계가 아니라 오히려 상호 협력관계, 혹은 연결된 관계라고 볼 여지가 더 크다.

[10~12]

선배의 독해 전략

첫 번째 문제의 첫 번째 선택지와 같이 '법의 발견'과 '법의 형성' 사이에 본질적인 차이가 없다는 것이 본 지문의 핵심 논지다. 주요 개념인 법의 발견과 법의 형성의 특징과 정의에 주목하며 독해한다.

10

정답 ①

해설

① 법의 발견과 법의 형성 사이에 본질적인 차이는 없다.
→ 일치한다. 3문단에 따르면 법의 발견과 법의 형성을 구분하는 것 역시 논란으로부터 자유롭다고 말할 수는 없으나, 어떤 것이든 법의 의미 내용을 구체화하려는 활동의 본질에는 차이가 없다고 하였다.

② 법의 해석은 법의 흠결을 보충하는 활동에서 비롯한다.
→ 일치하지 않는다. 지문은 법의 해석이 어디에서 비롯하였는지 언급하지 않았다. 다만 일반적이고 추상적인 법을 개별 사례에 적용하기 위해 해석이 필요하다는 것을 명시하였을 뿐이다.

③ 법문의 가능한 의미 범위를 넘어선 해석적 시도는 정당화될 수 없다.
→ 일치하지 않는다. 법문의 가능한 의미 범위를 넘어선 해석적 시도가 정당화될 수 있는지에 대해서는 따로 살펴보아야 한다고 했으므로 정당화될 수 없다고 단정했다고 볼 수 없다.

④ 법문이 명료한 개념들로만 쓰인 경우라면 해석이 개입할 여지가 없다.
→ 일치하지 않는다. 2문단의 넓은 의미에서의 법을 언급하는 부분을 보면, 명료한 개념들로 쓰인 경우에 벌어지는 가장 단순한 법의 적용조차도 해석의 결과라고 보았음을 알 수 있다.

⑤ 법이 재량적 판단을 허용하는 개념을 도입함으로써 해석적 논란을 차단할 수 있다.
→ 일치하지 않는다. 2문단에 따르면 법이 재량적 판단을 포함하고 있는 경우에도 법문의 가능한 의미 범위 내에서 이루어지고 있는지 여부는 다투어질 수 있다고 했기에 해석적 논란을 완전히 차단할 수 있다고 단정할 수 없다.

11

정답 ①

분석 및 접근

<보기>는 법의 해석을 관련 있는 사례 간의 유추일 뿐이라고 하면서 선례의 구속성을 부정했다. 즉, 선례와 사례를 구분하지 않고 동등한 개별 사례로 보고 있는 입장이다. 따라서 1문단에서 의심의 여지가 없는 선례와 비교하고 어떤 비교 관점이 중요한지 결정하는 것을 해석이라고 정의했던 것과 대비된다고 볼 수 있다.

해설

① 법의 발견에 대해 추가적 정당화를 요구하고 있다.
→ 적절하지 않다. <보기>는 당연히 허용되는 법의 발견에 대해서는 언급하지 않았다. 오히려 사례 간 비교를 언급하고 있으므로 법의 형성에 대하여 언급한다고 볼 수 있다.

② 법관의 임의적인 법 적용을 사실상 허용하고 있다.
→ 적절하다. <보기>는 선례를 사례와 동등하게 보아 구속력을 부정함으로써 임의적 법 적용을 사실상 허용하고 있다고 볼 수 있다.

③ 규범 대 사례의 관계를 사례 대 사례의 관계로 대체하고 있다.
→ 적절하다. 선례와 사례를 구분하지 않고 동등한 개별 사례로 보았다.

④ 선례로 확립된 사례들과 단순한 참조 사례들을 구별하지 않고 있다.
→ 적절하다. 선례와 사례를 구분하지 않고 동등한 개별 사례로 보았다.

⑤ 참조 사례들 간의 차이가 법적으로 의미가 있을지 판단하는 것은 해석의 몫임을 간과하고 있다.
→ 적절하다. <보기>는 법의 해석이 사실상 '유추'라고 하였으나, 본문의 글쓴이는 이에 대하여 법적 의미를 판단하는 것이 해석의 몫임을 주장했다.

12

정답 ②

분석 및 접근

ⓐ는 원래 취지에 따른 법 적용이며, ⓑ는 점차 대상이 확대된 법 적용이다. <보기>는 구체적인 법문을 명시함으로써 언어적으로 ⓐ와 ⓑ가 어떻게 해석되고 있는지에 대해서 유추할 수 있게 하였다.

해설

① 가벌성의 범위를 기준으로 삼으면, 처벌의 대상이 줄어든다는 점에서 법의 축소라고 할 수 있다.
→ 적절하다. 5문단에서 법의 축소와 확장에 대해 가벌성의 범위로 표현할 수 있다고 언급하였다. 그리고 이를 기준으로 삼을 때 ⓐ에서 ⓑ로 변화하면서 처벌하지 않는 경우가 확대되었다고 볼 수 있다. 법이 처벌하지 '않는' 경우를 명시하고 있기 때문이다. 따라서 법 적용 대상의 확대로 처벌의 대상이 줄어든 것이므로 법의 축소라고 추론하는 것은 타당하다.

② 시민적 자유의 제약 가능성을 기준으로 삼으면, 시민이 누리는 표현의 자유를 제한한다는 점에서 법의 축소라고 할 수 있다.
→ 적절하지 않다. 본문에서는 법의 실질적 의미에 비추어 시민적 자유와 권리에 제약을 가하는 정도가 커지는 것을 법의 축소라고 볼 수 있다고 하였다. 그런데 ⓐ에서 ⓑ로 법 적용 대상이 확장되면서 더 많은 시민들의 표현의 자유가 제약되었으므로 이는 법의 축소가 아니라 법의 확장에 해당할 것임을 알 수 있다.

③ 법규의 적용 범위를 기준으로 삼으면, 언론에서 일반 시민으로 적용 범위가 넓어진다는 점에서 법의 확장이라고 할 수 있다.
→ 적절하다. 적용 범위 대상이 늘어났으므로 확장에 해당한다.

④ 입법자가 의도했던 법의 외연을 기준으로 삼으면, 법의 보호를 받는 대상이 늘어난다는 점에서 법의 확장이라고 할 수 있다.
→ 적절하다. 법의 보호를 받는 대상을 기준으로 삼는다면 언론에서 일반 시민으로 그 대상이 확대된 것이므로 확장이라 할 수 있다.

⑤ 법문에 명시된 요건을 기준으로 삼으면, 명시되지 않은 부가 조건이 더 이상 적용되지 않는다는 점에서 법의 축소라고 할 수 있다.
→ 적절하다. 법문에 명시된 요건에서는 이 법문을 적용하는 대상의 범주에 관해 언급하고 있지 않지만, ⓐ의 취지상 그 대상이 언론으로 제한됐다는 점에서 명시되지 않은 부가 조건이 포함되어 있다고 볼 수 있다. 그런데 ⓑ로 점차 변화하면서 부가 조건의 의미는 사라지고 그 대상이 일반 시민이 되었으므로 법의 축소라고 할 수 있다.

VI 실전 연습문제 (6) 정치

p.208

01	02	03	04	05
②	③	⑤	③	②
06	**07**	**08**	**09**	**10**
①	⑤	②	②	①
11	**12**			
③	①			

[01~03]

선배의 독해 전략

이론마다 유권자의 정치적 선택을 어떻게 설명하는지, 득표 최대화 지점은 어디라고 보는지를 구분하며 읽는다. 마지막 문제의 경우 주어진 사례의 상황을 정확히 이해하여야 풀이할 수 있으므로, 지문을 연결하여 예선과 본선으로 나누어 결과를 예측한다.

01

정답 ②

해설

① 초기 사회심리학 이론은 유권자의 투표 선택이 심리적 요인 때문에 일관성이 없다고 보았다.
→ 초기 사회심리학 이론은 유권자의 심리적 일체감 때문에 일관된 선택을 한다고 생각했다. 따라서 일관성이 없다는 해석은 지문의 내용과 양립 불가능하다.

② 공간 이론은 유권자와 정당 간의 이념 거리를 통해 효용을 계산하여 유권자의 투표 선택을 설명하였다.
→ 세련된 유권자 가설에 입각한 공간 이론에 대한 적절한 설명이다.

③ 후기 공간 이론의 등장으로 득표 최대화에 대한 초기의 근접 이론과 방향 이론 간의 이견이 해소되었다.
→ 이론 간의 논쟁은 아직 해소되지 않았다. 지문에 따르면 분석 대상이 되는 정치 제도가 어떤 구조인지에 따라서 현실 설명력이 높은 이론이 달라질 수 있기 때문에, 유권자의 선택을 설명하는 이론은 여전히 논쟁 중이라고 했다.

④ 후기 공간 이론에서는 유권자의 투표 선택을 설명하는 데 있어서 이념의 비중이 커졌다.
→ 후기 이론으로 넘어가면서 공간 이론과 방향 이론 모두 심리적 속성에 주목한다. 그런데 이념은 심리적 속성이 아니라 이념적 일관성에 해당하는 부분이므로, 지문의 내용과 양립 불가능하다.

⑤ 후기 공간 이론은 정당 일체감을 합리적인 것으로 인정하여 세련된 유권자 가설을 입증했다.
→ 후기 공간 이론이 심리적 일체감을 합리적인 것으로 인정한 적은 없다. 그리고 세련된 유권자 가설을 완전히 입증한 적도 없다.

02

정답 ③

해설

① 초기 근접 이론은 ㉠에서 지지율 하락을 경험한 여당이 중위 유권자의 위치로 이동함을 설명할 수 있다.
→ 초기 근접 이론은 득표 최대화 지점이 중위 유권자들이 모여 있는 지점이라고 주장했기에 지지율 하락을 경험한 여당이 중위 유권자가 주로 분포하는 지점으로 이동하는 현상을 설명할 수 있다.

② 후기 근접 이론은 ㉠에서 정당 일체자의 이탈을 우려한 야당이 중위 유권자의 위치로 이동하지 못함을 설명할 수 있다.
→ 후기 근접 이론은 왜 정당이 중위 유권자 지점으로 이동하지 못하는가에 대한 답을 제시했기에 ㉠에서 정당 일체자의 이탈을 우려한 야당이 중위 유권자의 위치로 이동하지 못함을 설명할 수 있다.

③ 후기 방향 이론은 ㉡에서 정당 일체자의 이탈을 우려한 여당이 중위 유권자의 위치로 이동함을 설명할 수 있다.
→ 후기 방향 이론은 정당 일체감이 아닌 관용 경계로 득표 최대화 지점이 이념의 극단적 경계로 나누어지지 않는 현상을 설명했다. 정당 일체감은 후기 근접 이론이 수용하는 개념이다. 따라서 후기 방향 이론은 ㉡에서 정당 일체자의 이탈을 우려한 여당이 중위 유권자의 위치로 이동함을 설명할 수 없다.

④ 초기 근접 이론은 ㉢에서 중도적 유권자의 이탈을 우려한 여당이 중위 유권자의 위치로 이동함을 설명할 수 있다.
→ 초기 근접 이론은 득표 최대화 지점이 중위 유권자들이 모여 있는 지점이라고 주장했기에 ㉢에서 중도적 유권자의 이탈을 우려한 여당이 중위 유권자의 위치로 이동함을 설명할 수 있다.

⑤ 후기 방향 이론은 ㉢에서 중도적 유권자의 관용 경계를 의식한 야당이 이념적 극단 위치로 이동하지 못함을 설명할 수 있다.
→ 후기 방향 이론은 정당 일체감이 아닌 관용 경계로 득표 최대화 지점이 이념의 극단적 경계로 나누어지지 않는 현상을 설명했기에 ㉢에서 중도적 유권자의 관용 경계를 의식한 야당이 이념적 극단 위치로 이동하지 못함을 설명할 수 있다.

03

정답 ⑤

해설

① 초기 근접 이론은 B1이 예선을 통과할 것으로 예측할 것이다.
→ 적절하다. 초기 근접 이론은 유권자 분포의 중간 지점인 중위 유권자의 위치가 양당의 선거 경쟁에서 득표 최대화 지점임을 의미한다고 설명한다. <보기>의 B당 중위 유권자의 위치가 7이고, B1이 7이므로 B1은 예선을 통과할 것으로 예측할 수 있다.

② 초기 근접 이론은 A2가 본선에서 승리할 것으로 예측할 것이다.
→ 적절하다. 초기 근접 이론에 따르면 본선에 진출하는 두 후보자는 A2와 B1인데, 전체 유권자 수의 분포에서 보면 A2가 4, B1이 7로 중위 유권자의 위치인 5에 더 가까우므로 A2가 본선에서 승리할 것으로 예측할 것이다.

③ 초기 방향 이론은 본선에서 승자가 없을 것으로 예측할 것이다.
→ 적절하다. 초기 방향 이론은 진보와 보수를 구분하는 이념 원점을 상정하고, 이를 기준으로 정당의 이념이 유권자의 이념과 같은 방향이면서 동시에 이념 원점에서 멀리 위치할수록 그 정당에 대한 유권자의 효용이 증가하며, 반대로 정당의 이념이 유권자의 이념과 다른 방향일 경우에는 효용이 감소한다고 했다. 따라서 진보와 보수의 유권자 효용이 가장 높은 후보자인 A1과 B2가 본선에 진출할 것이다. 그러나 본선에 진출한 다음 전체 유권자 분포를 보면 두 후보 모두 득표 가능성이 매우 적기 때문에 본선 승자가 없을 것이라고 예측할 수 있다.

④ 후기 근접 이론은 A2가 본선에서 승리할 것으로 예측할 것이다.
→ 적절하다. 후기 근접 이론은 정당이 정당 일체자들로부터 멀어질 경우 지지가 감소할 수 있다는 점을 고려해서 실제로는 중위로부터 다소 벗어난 지점에 위치하게 된다고 설명한다. 따라서 A2와 B1은 각각 진보와 보수 쪽(가장자리 쪽)으로 움직일 것이다. 그런데, 두 후보자에 대한 효용이 같다면 유권자는 기권한다고 가정했으므로, B당이 중위 유권자 위치를 8로 옮기면 B1과 B2는 효용이 같아져 B당 유권자가 기권할 것으로 예상할 수 있다. 반면에 A당은 중위 유권자 위치를 2로 옮겨도 A당 후보가 A2가 되는 것은 변하지 않을 것이므로 A2가 본선에서 승리할 것이다.

⑤ 후기 방향 이론은 A1이 본선에서 승리할 것으로 예측할 것이다.
→ 적절하지 않다. 후기 방향 이론은 유권자들이 심리적으로 허용할 수 있는 이념 범위인 관용 경계라는 개념을 도입하여 정당이 관용 경계 밖에 위치하면 오히려 유권자의 효용이 감소한다고 했다. 그런데 <보기>는 관용 경계를 두 후보자가 동시에 유권자 위치의 ±2를 초과할 때 유권자는 기권한다고 가정했다. 따라서 A1은 애초에 관용 경계를 벗어난 0에 위치하기에 본선에서 승리할 것으로 예측될 수 없다.

[04~06]

선배의 독해 전략

정당의 전통적 기능과 역할 및 정당의 기능이 어떻게 변화하였는지, 또한 각 전략들이 정당의 기능을 어떻게 바라보는지 등에 주목하며 읽는다.

04

정답 ③

해설

① 정부 속의 정당 기능의 강화
→ 적절하다. 4문단에서 확인 가능하다. 탈산업사회의 도래와 함께 기득권을 위협받게 된 기성 정당들이 공적인 정치 자원의 과점을 통해 카르텔화를 촉진시키기도 했다.

② 유권자 속의 정당 기능의 약화
→ 적절하다. 3문단에서 확인 가능하다. 선거라는 목표가 강조될 경우, 계층과 직능을 대표한 기존 조직은 외곽으로 밀려나기도 하였다.

③ 조직으로서의 정당 기능의 강화
→ 적절하지 않다. 5, 6문단에서 확인 가능하다. 평당원의 권력이 약화되고 당원 수가 감소하여 당원을 확충하는 조직으로서의 정당 기능은 약화되었다고 볼 수 있으며, 정당과는 거리를 두는 인지적 시민 또한 증가함에 따라 조직으로서의 정당 기능이 강화되었다고 볼 수 없다.

④ 유권자를 정치적으로 동원하는 기능의 약화
→ 적절하다. 6문단에서 확인 가능하다. 인지적 시민이 증가함에 따라 유권자를 정치적으로 동원하는 기능이 약화되었다.

⑤ 유권자의 일반 이념을 대표하는 기능의 강화
→ 적절하다. 7문단에서 확인 가능하다. 정당들이 구체적인 계급, 계층을 동원하지는 않지만 일반 이념을 매개로 정치 영역에서 유권자들을 대표하는 기능을 강화했다.

05

정답 ②

해설

ㄱ. 지난 총선에서 지나치게 진보적인 노선을 제시해 패배했다고 판단한 A당이 차기 선거의 핵심 전략으로 중도 유권자도 지지할 수 있는 노선을 채택한 사례는 선거전문가정당 모형으로 가장 잘 설명될 수 있다.
→ 적절하지 않다. 선거전문가정당 모형은 당료를 외부 선거 전문가로 구성하는 것이다. 위의 사례는 포괄정당 체계의 모형으로 설명될 수 있다.

ㄴ. B당이 선거 경쟁력을 향상시키기 위해 의석수에 비례해 배분했던 선거보조금의 50%를 전체 의석의 30% 이상의 의석을 지닌 정당에게 우선적으로 배분하고, 나머지는 각 정당의 의석수에 비례해 배분하자고 제안한 사례는 카르텔정당 모형으로 가장 잘 설명될 수 있다.
→ 적절하다. 기성 정당들이 자신의 기득권을 유지하기 위해 소수 정당의 정치 활동을 어렵게 하는 카르텔정당 모형으로 설명될 수 있다.

ㄷ. 다당제 아래 원내 의석을 과점하며 집권했던 C당이 지지율이 급감해 차기 총선의 전망이 불투명해지자 이에 대처하기 위해 개방형 국민참여경선제를 도입한 사례는 네트워크정당 모형으로 가장 잘 설명될 수 있다.
→ 적절하지 않다. 공직후보 선출권을 일반 국민에게 개방하는 전략은 포스트카르텔정당 전략으로 설명될 수 있다. 네트워크정당 모형은 온라인 공간에서 인지적 시민과 유대를 강화하려 하는 전략이다.

06

정답 ①

해설

① 당원의 자격과 권한을 강화하면 탈산업화 시대에 다변화된 계층적 이해를 제대로 대표하지 못하게 된다.
→ 적절하지 않다. 정당의 전통적인 기능과 역할을 복원해야 한다는 주장과 부합하지 않는다. 이들은 당원의 자격과 권한을 강화하자고 할 것이며, 산업화 이후 약화된 당원의 권한을 비판할 것이다.

② 공직후보 선출권을 일반 시민들에게 개방하면 당의 노선에 충실한 정치 엘리트를 원활하게 충원할 수 없다.
→ 적절하다. 6문단에서 확인 가능하다. 이러한 포스트카르텔정당 전략은 고전적 의미의 정당 기능을 약화시켰다.

③ 신생 정당의 원내 진입을 제한하는 규칙은 대의제를 통해 이익을 집약하고 표출할 수 없는 유권자들을 발생시킨다.
→ 적절하다. 4문단에서 확인 가능하다. 이들은 신생 정당의 원내 진입을 제한하는 규칙인 카르텔정당 전략을 비판할 것이다.

④ 정당이 유권자의 일반 이념을 대표한다고 할지라도 정당의 외연을 과도하게 확장하면 당의 계층적 정체성을 약화한다.
→ 적절하다. 이들은 7문단에 제시된 이러한 주장에 대해 반론을 펴는 입장이다.

⑤ 온라인 공간에서 인지적 시민들과 유대를 강화하는 것에 지나치게 집중하면 당의 근간을 이루는 당원 확충에 어려움을 겪게 된다.
→ 적절하다. 6문단에서 확인 가능하다. 온라인 공간에서 인지적 시민과의 유대를 강화하는 네트워크정당 전략은 고전적 의미의 정당 기능을 약화시킨다는 비판을 할 것이다.

[07~09]

선배의 독해 전략

본 지문은 어떠한 원인/요소가 교착을 높이는지, 혹은 낮추는지를 중심으로 전개된다. 지문을 읽을 때 지문 옆 여백에 간단히 '○○=교착 ↑' 혹은 '○○=교착 ↓' 등으로 간단히 메모하며 읽는 것이 효율적이다.

더 알아보기

연립정부
둘 이상의 정당이나 단체의 연합에 의하여 세워진 정부

07

정답 ⑤

해설

① 대통령제에서 대통령이 의회 다수당과 연립정부를 구성하려는 경우
→ 적절하다. 7문단에서 남미 국가들처럼 연립정부를 구성하는 것도 교착을 줄이는 제도적 방안이 된다는 것을 확인할 수 있다.

② 대통령제에서 대통령이 의회 과반의 지지를 얻으려고 의회에 로비를 하려는 경우
→ 적절하다. 8문단의 '미국처럼 대통령이 야당 의원들을 설득하여 법안마다 과반의 지지를 확보하는 방안도 있다.'는 구절에서 확인할 수 있다.

③ 내각제에서 총리가 소수당과 연립정부를 구성하려는 경우
→ 적절하다. 3문단에서 내각제에서 총리가 소수당과 연립정부를 구성하여 의회의 과반을 형성하는 것도 교착을 줄이는 방안이라는 것을 확인할 수 있다.

④ 내각제에서 총리가 조기 총선을 요구해 새로운 내각을 구성하려는 경우
→ 적절하다. 3문단에서 총리가 의회를 해산하고 조기 총선을 치러 내각을 새로 구성한다면 교착을 피할 수 있다는 것을 확인할 수 있다.

⑤ 이원집정부제에서 동거정부일 때 대통령이 정국을 주도하려는 경우
→ 적절하지 않다. 4문단에 따르면 이원집정부제에서 동거정부일 경우에는 총리가 정국 운영을 주도하는데, 만약 대통령과 총리가 권한을 둘러싸고 분쟁한다면 교착은 더 커질 것이다.

08

정답 ②

해설

① 다수당이지만 필리버스터를 종결할 만큼 의석을 차지하지 못한 야당에 소속된 의장이 갈등 법안을 본회의에 직권상정하면, 교착이 완화될 것이다.

→ 적절하지 않다. 6문단에 따르면 필리버스터는 교착을 발생시킬 수 있다.

② 비례대표제를 채택한 의회선거를 대통령선거와 동시에 치르면, 시기를 달리해 두 선거를 치를 때보다 분점정부가 발생할 확률이 낮아질 것이다.

→ 적절하다. 5문단에 따르면 의회와 대통령선거를 동시에 실시하는 것은 분점정부의 발생 확률을 낮추는 효과가 있다.

③ 양원제 의회를 모두 비례대표제로 구성하면, 단순다수 소선거구제로 구성할 때보다 분점정부가 발생할 확률이 낮아질 것이다.

→ 적절하지 않다. 5문단에 따르면 비례대표제는 다당제를 유도하기 때문에 의회 다수파 형성을 어렵게 하여 분점정부가 발생할 확률이 오히려 높아질 것이다.

④ 야당이 대통령의 거부권 행사를 무력화할 만큼의 의석을 가진다면, 교착이 악화될 것이다.

→ 적절하지 않다. 5문단에서 야당이 대통령의 거부권을 막을 수 있는 의석수를 확보하고 있다면 교착이 발생하지 않을 수 있다고 하였다.

⑤ 양극화된 정당 체계에서 교섭단체 간의 합의 요건을 강화하면, 교착이 완화될 것이다.

→ 적절하지 않다. 6문단에 따르면 교섭단체 간의 합의 요건을 강화하면 오히려 교착이 더 강화될 수 있다.

09

정답 ②

해설

① K는 ㉮를 설계하면서 미국식 대통령제를 염두에 두었을 것이다.

→ 적절하지 않다. ㉮는 대통령의 입법 권한을 축소하고 결선투표제로 변경하였으며 정당 기율 관련 법제를 유지했다. 이는 프랑스식 이원집정부제를 염두에 둔 것으로 볼 수 있다.

② K는 ㉮를 설계하면서 프랑스식 이원집정부제를 염두에 두었을 것이다.

→ 적절하다. ㉮는 대통령의 입법 권한을 축소하고 결선투표제로 변경하였으며 정당 기율 관련 법제를 유지했다. 이는 프랑스식 이원집정부제를 염두에 둔 것으로 볼 수 있다.

③ K는 ㉯를 설계하면서 미국식 대통령제를 염두에 두었을 것이다.

→ 적절하지 않다. ㉯는 대통령의 입법 권한을 유지하고 비례대표제로 변경하였으며 정당 기율 관련 법제를 유지했다. 이는 남미식 대통령제를 염두에 둔 것으로 볼 수 있다.

④ K는 ㉰를 설계하면서 남미식 대통령제를 염두에 두었을 것이다.

→ 적절하지 않다. ㉰는 대통령의 입법 권한을 축소하고 의회선거 제도는 단순다수 소선거제를 유지하며 정당 기율 관련 법제를 약화했다. 이는 미국식 대통령제를 염두에 둔 것으로 볼 수 있다.

⑤ K는 ㉰를 설계하면서 프랑스식 이원집정부제를 염두에 두었을 것이다.

→ 적절하지 않다. ㉰는 대통령의 입법 권한을 축소하고 의회선거 제도는 단순다수 소선거제를 유지하며 정당 기율 관련 법제를 약화했다. 이는 미국식 대통령제를 염두에 둔 것으로 볼 수 있다.

[10~12]

선배의 독해 전략

제도가능곡선 모델에 관해 국가의 개입 정도라는 기준을 바탕으로 여러 제도를 이해한다는 점과 정비례와 반비례 관계에 주목하여 지문을 독해한다. 이와 더불어 지문에서 제시한 사회적 총비용의 개념, 그리고 시민적 자본과 국가 개입 효과가 크거나 작을 때 곡선의 모양이나 위치가 어떻게 변화하는지에 주목하여 마지막 문제를 해결한다. 지문을 읽기 전 해당 그래프를 확인하여, 그래프의 x축과 y축에 어떠한 기준이 제시되어 있는지 등을 통해 미리 쟁점을 추출할 수도 있다.

10

정답 ①

분석 및 접근

지문의 내용과 일치하는 것을 고르는 문제로서, 제도가능곡선 모델에 대하여 정확하게 이해하였는지를 측정하고자 한다.

해설

① 제도가능곡선 모델은 시장과 정부를 이분법적으로 파악하는 전통에서 탈피하여 제도의 선택을 이해한다.

→ 2문단에 따르면 전통적인 생각은 시장과 정부 가운데 어느 것을 선택해야 할 것인가가 중심이었으나, 제도가능곡선 모델은 시장 혹은 정부와 같은 이분법적 접근에서 벗어나 여러 제도들을 국가 개입 정도 순으로 배열한 곡선을 바탕으로 공적 통제의 정도에 따라 여러 단계를 종합적으로 고려하는 모델이므로 적절한 선택지이다.

② 제도가능곡선 모델에 따르면 어떤 제도가 효율적인지는 문제의 특성이 아니라 사회의 특성에 의해 결정된다.

→ 1문단에 따르면 제도가능곡선 모델은 해결하려는 문제에 따라 동일한 사회에서 다른 제도가 채택되거나 또는 동일한 문제를 해결하기 위해 사회에 따라 다른 제도가 선택되는 이유를 효율성 시각에서도 설명할 수 있게 해준다고 하였다. 또한 5문단에 따르면 동일한 문제를 해결하기 위한 곡선이라도 모양은 국가나 산업마다 다르다고 하였다. 이를 토대로 할 때, 제도가능곡선은 문제의 특성뿐만 아니라 사회의 특성까지 종합적으로 고려한다고 할 수 있으므로, 문제의 특성은 기준점이 아니라고 한 본 선택지는 적절하지 않다.

③ 제도가능곡선 모델 제안자들은 항상 효율적 제도가 선택된다고 보아 효율적 제도의 선택에 대한 설명에 집중한다.

→ 6문단의 첫 번째 문장에 따르면 제도가능곡선 모델의 제안자들은 효율적 제도가 선택되지 않는 경우도 많다는 것을 인정하므로, 본 선택지처럼 '항상 효율적 제도가 선택된다고 보아'라고 말할 수 없어 적절하지 않은 선택지가 된다.

④ 제도가능곡선 모델은 특정한 제도가 선택되는 이유를 설명하지만, 제도가 채택되는 일반적인 체계에 대한 설명을 제시하지는 않는다.

→ 제도가능곡선 모델은 효율성 시각에서 제도의 선택에 대해 체계적인 설명을 제시하는 것이 중요하다고 보았다는 점에서, 그리고 제도 환경을 둘러싼 국가나 산업에 따라 체계가 다를 수 있다는 점을 고려하고 있다는 점에서 특정한 제도가 선택되는 이유를 제시하지 않는다고 단정하기 어려우므로, 본 선택지는 적절하지 않다.

⑤ 제도가능곡선 모델은 효율성 시각에 속하지만, 사회 전체적으로 가장 이익이 되는 제도가 선택된다고 설명하지는 않는다는 점에서 효율성 개념을 재정립한다.

→ 1문단에 따르면 제도가능곡선 모델은 효율성 시각의 난점을 극복하기 위한 것이기에 효율성 시각에 속한다고 볼 수 있다. 그러나 사회 전체적으로 가장 이익이 되는 제도가 선택된다고 설명하지는 않는다고 단정할 수 없다. 제도가능곡선 모델도 무질서 비용과 독재 비용을 합한 총비용을 최소화하는 제도이기 때문이다. 그리고 6문단에서 비록 효율적 제도가 선택되지 않는 경우가 있고 심지어 그런 경우가 많다는 것을 인정하기는 했지만, 이를 인정한다고 하여 사회 전체적으로 이익이 되는 제도가 아예 선택되지 않는다고 본 것은 아니다. 따라서 맥락상으로도 적절하지 않다.

11

정답 ③

분석 및 접근

㉠에 대한 설명을 바탕으로 추론한 것으로 적절하지 않은 것을 고르는 문제로, 제도가능곡선에 대해 명확히 이해하였는지를 확인하고자 한다.

해설

① 민사소송과 정부 규제가 혼합된 제도가 효율적 제도라면, 민사소송이나 정부 규제는 이 제도보다 무질서 비용과 독재 비용을 합한 값이 더 클 수밖에 없다.

→ 2문단에 따르면 효율적 제도란 무질서 비용과 독재 비용을 합한 총비용을 최소화하는 제도를 의미한다. 따라서 만약 혼합된 제도가 효율적 제도라면, 개별 제도는 혼합된 제도보다 총비용이 더 클 수밖에 없으므로 적절한 선택지가 된다.

② 시민적 자본이 풍부한 사회에서 비효율적인 제도보다 시민적 자본의 수준이 낮은 사회에서 효율적인 제도가 무질서와 독재로 인한 사회적 총비용이 더 클 수 있다.

→ 5문단에 따르면 시민적 자본의 양은 곡선의 위치를 결정하게 되는데, 곡선의 위치는 사회적 총비용에 영향을 미치므로, 본 선택지와 같이 시민적 자본이 풍부한 사회에서 비효율적인 제도의 총비용보다 시민적 자본의 수준이 낮은 사회에서 효율적인 제도의 총비용이 더 클 수 있다고 할 수 있다. 5문단에서 밝힌 바와 같이 시민적 자본이 사회적 총비용에 영향을 미친다는 점을 잘 이해하였는지를 묻는 선택지다.

③ 정부에 대한 언론의 감시 및 비판 기능이 잘 작동하여 개인의 자유에 대한 침해 가능성이 낮은 사회는 그렇지 않은 사회보다 곡선상의 더 왼쪽에 위치한 제도가 효율적이다.

→ 정부에 대한 언론의 감시 및 비판 기능이 잘 작동하여 자유에 대한 침해 가능성이 낮은 사회는 국가 개입 효과가 더 큰 경우에 해당하므로, 그렇지 않은 사회보다 곡선상의 더 오른쪽에 위치한 제도가 효율적이라 할 것이다. 따라서 적절하지 않은 선택지가 된다.

④ 교도소 운영을 국가가 아니라 민간이 맡았을 때 재소자의 권리가 유린되거나 처우가 불공평해질 위험이 너무 커진다면 곡선이 가팔라서 접점이 곡선의 오른쪽에서 형성되기 쉽다.

→ 5문단에 따르면 민간이 교도소를 운영할 때 인권 유린, 불공정한 처우의 위험이 커진다면 국가 개입 효과가 큰 경우라 할 것이므로 곡선의 오른쪽에서 접점이 형성되기 쉽다고 할 수 있어 적절한 선택지가 된다.

⑤ 경제주체들이 교활하게 사적 이익을 추구함으로써 평판이 나빠져 장기적인 이익이 줄어들 것을 염려해 스스로 바람직한 행위를 선택할 가능성이 큰 산업의 경우에는 접점이 곡선의 왼쪽에서 형성되기 쉽다.

→ 5문단에 따르면 본 선택지는 경제주체들이 스스로 바람직한 행위를 선택할 가능성이 큰 산업인 경우이므로, 국가 개입이 동일한 정도로 증가했을 때 국가 개입의 효과가 크지 않은 산업에 해당한다고 할 수 있다. 따라서 접점이 상대적으로 곡선의 왼쪽에서 형성되기 쉽다고 할 수 있어 적절한 선택지가 된다.

12

정답 ①

분석 및 접근

제도가능곡선 모델을 바탕으로 <보기>를 해석하는 문제로 <보기>의 사례 자체보다는 지문의 내용과 지문에서 도출된 판단 기준을 활용하여 선택지를 판단할 필요가 있다. <보기>는 19세기 후반 미국의 시민적 자본 수준이 낮은 사회 모습을 제시하며, 이에 정부 등 규제당국이 민사소송에 의존했던 많은 문제들에 대한 사회적 통제를 담당하게 된 상황을 설명한다.

해설

① 철도회사와 대기업이 발달하면서 제도가능곡선이 원점에 더 가까워지는 방향으로 이동했군.

→ 철도회사와 대기업이 발달한 이후는 5문단에서 언급한 바와 같이 시민적 자본의 수준이 낮은 사회에 해당한다. 따라서 곡선의 위치를 고려할 때 원점에서 더욱 멀어지는 방향으로 이동할 것이라 할 수 있으므로 적절하지 않다.

② 철도회사와 대기업이 발달하기 전에는 많은 문제의 해결을 민사소송에 의존하는 것이 효율적이었군.

→ 철도회사와 대기업이 발달하기 이전은 <보기>에 제시된 바와 같이 소송 당사자들 사이에 불평등이 심하지 않았던 때라고 할 수 있다. 따라서 민사소송에 의존하는 것이 보다 효율적이라 할 수 있어 적절한 선택지가 된다.

③ 규제국가의 탄생으로 인해 무질서 비용과 독재 비용을 합한 사회적 총비용이 19세기 후반보다 줄었군.

→ 규제국가는 19세기 후반 시민적 자본의 수준이 낮아진 것에 대한 대응으로 탄생한 것으로서, 기존과 달리 규제당국이 사회문제에 대한 통제를 담당하게 된 것을 의미한다. 이를 제도가능곡선 모델을 바탕으로 판단한다면, 미국은 19세기 후반의 문제 상황에 대응하기 위해 효율적 제도를 선택한 것이라 할 수 있다. 따라서 이후 규제국가가 탄생한 것은 사회적 총비용이 기존보다 줄어든 상태, 즉 효율적 제도를 선택한 상태로 볼 수 있을 것이므로 적절한 선택지가 된다.

④ 규제국가는 많은 문제에서 제도가능곡선의 모양과 위치가 변화한 것에 대응하여 효율적 제도를 선택한 결과였군.

→ 규제국가는 소송 당사자들 간 불평등이 심하지 않다가 철도회사와 대기업이 발달하면서 소송 당사자들 간 불평등이 심화되어 나타나게 된 것이다. 즉 시민적 자본 수준의 변화 등 사회적 변화로 인해 곡선의 모양과 위치가 변화한 것에 대응하여 효율적 제도를 선택한 결과 규제국가로 변모하게 된 것이므로 적절한 선택지가 된다.

⑤ 철도회사와 대기업이 발달한 이후에 소송 당사자들 사이의 불평등과 사법부의 부패가 심해짐에 따라 제도가능곡선의 모양이 더욱 가팔라졌군.

→ 1번 선택지와 함께 비교하여 풀이하면 보다 효율적인 문제 해결이 가능한 선택지로서, 둘 다 철도회사와 대기업의 발달 이후에 대해 묻고 있다. 소송 당사자들 사이의 불평등과 사법부의 부패가 심해짐에 따라 시민적 자본의 수준이 낮아지고 국가 개입 효과가 커진 것이므로 제도가능곡선의 모양이 더욱 가팔라진 상황이라 할 수 있기에 적절한 선택지라 할 수 있다.